Nur Reisen ist Leben,
wie umgekehrt Leben Reisen ist.
Jean Paul

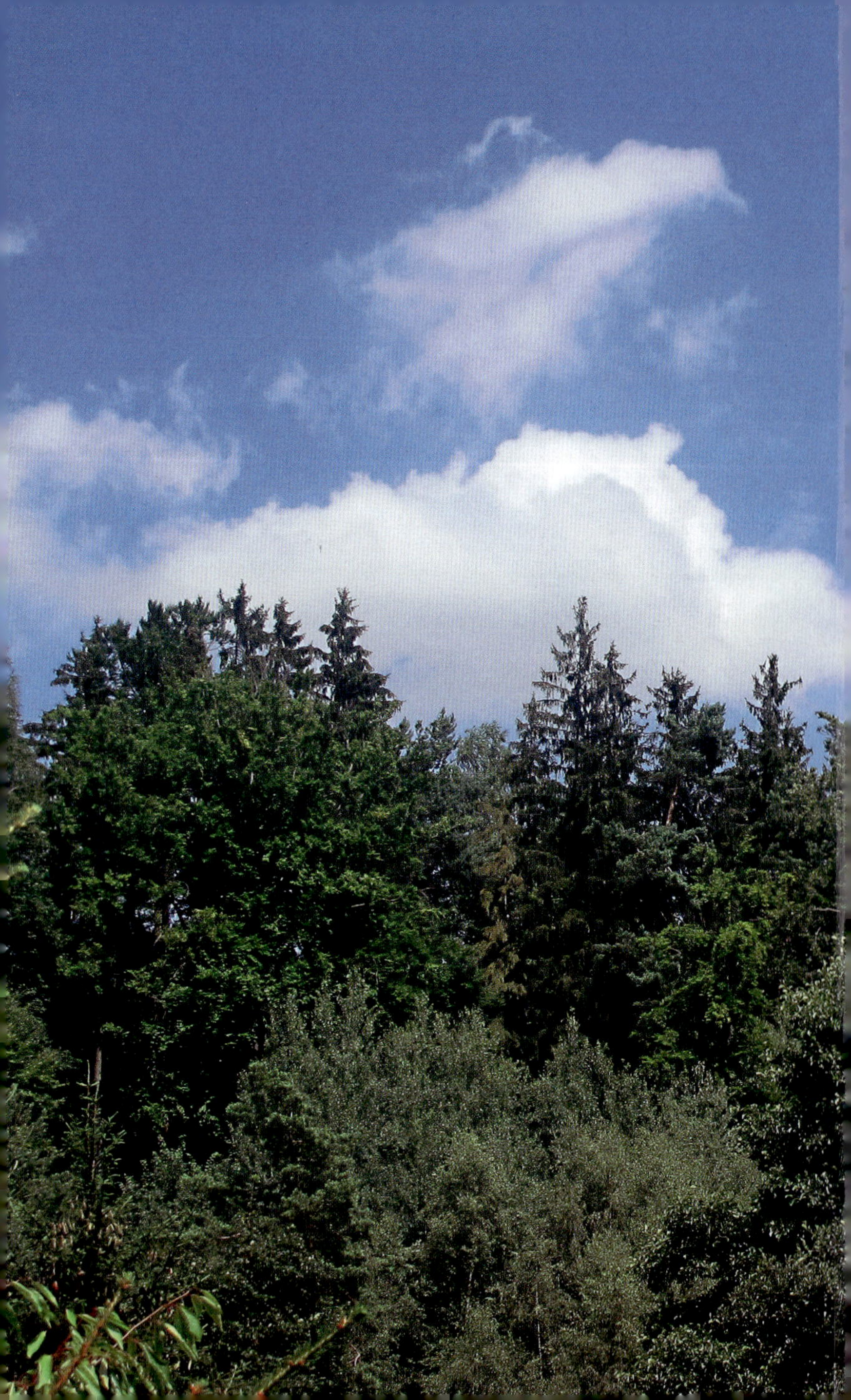

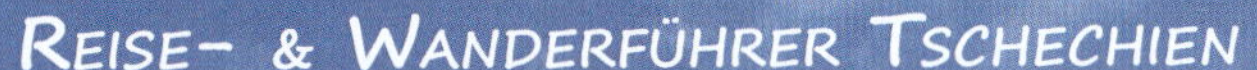

Riesengebirge
Böhmisches Paradies

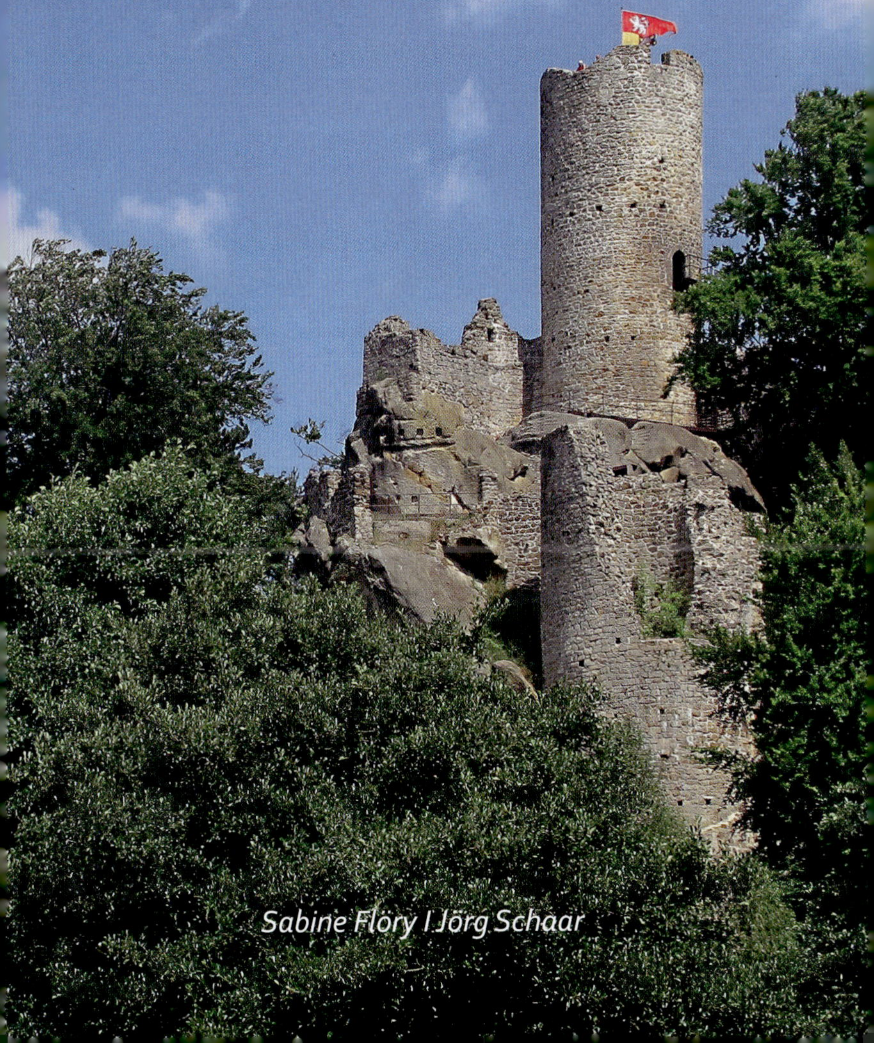

Sabine Flöry | Jörg Schaar

„Der Sinn des Reisens besteht darin,
unsere Phantasien durch die Wirklichkeit zu korrigieren.
Statt uns die Welt vorzustellen, wie sie sein könnte,
sehen wir sie, wie sie ist."
Samuel Johnson

Lernen Sie Tschechien mit offenen Augen und mit offenem Herzen kennen, lassen Sie sich mit allen Sinnen auf Land und Leute ein. Dann werden Sie werden bereichert von Ihrer Reise nach Hause zurückkehren! Sie können ein Land am intensivsten durch den Kontakt mit den Menschen erleben, und deshalb verbinden wir im vorliegenden Buch einen Reise- mit einem Wanderführer, damit Sie oft "nahe dran" sind an der Landschaft und ihren Bewohnern. Wir haben über die nach unserer Auffassung interessanten Städten, Sehenswürdigkeiten und Ausflugsziele viel Wissenswertes im Reiseteil und Infoteil des Buches zusammengetragen, damit Sie immer gut informiert und vorbereitet auf Ihrer Reise unterwegs sind.

Statt einer Vielzahl Reise- und Wanderbücher alles in einem Buch - das ist das Ziel. Denn nur was man weiß, das sieht man...!

Der Reiseteil liefert Wissenswertes über die Sehenswürdigkeiten der Region – nicht nur für den Wanderer, sondern auch für den Auto-, Bus-, Rad-, Bahn- oder Kurreisenden.

Die beschriebenen Wanderungen eröffnen Ihnen einen anderen Zugang zur Landschaft, denn zu Fuß wird das Leben langsamer und man hat Zeit, die Vielfältigkeit der Natur intensiver wahrzunehmen und auf sich wirken lassen. Die fortlaufenden Streckenwanderungen mit genau aufgeführtem Wegverlauf können Sie gut als Tages- oder Mehrtagestouren in den Gebieten Šluknovská pahorkatina *(Lausitzer Bergland)*, Lužické hory *(Lausitzer Gebirge)*, Žitavské hory *(Zittauer Gebirge)*, Frýdlantská pahorkatina *(Isergebirgs-Vorland)*, Jizerské hory *(Isergebirge)*, Ještědsko-kozákovský hřbet *(Jeschken-Kosakow-Kamm)*, Krkonoše *(Riesengebirge)*, Krkonošské podhůří *(Riesengebirgs-Vorland)* und Český ráj *(Böhmisches Paradies)* erwandern. Wir haben uns bei der Überarbeitung des Buches für die zweite Auflage entschieden, die Wanderung von Jičín nach Prag zu streichen. Stattdessen haben wir im Riesengebirge und im Böhmischen Paradies neue, attraktive Wandertouren hinzugefügt, die selbstverständlich alle von uns abgelaufen wurden.

Mit dem das Buch abschließenden ausführlichen Infoteil möchten wir Ihnen die Organisation, Orientierung und Durchführung Ihrer Reise erleichtern.

Tschechien, die Česká republika, das Land, mit dem Deutschland 810 Kilometer und Österreich 362 km gemeinsame Grenze haben, ist für viele Deutsche noch ein unbekanntes Gebiet auf der Landkarte. Dabei liegen die kulturellen Sehenswürdigkeiten, die interessanten Städte und die wundervollen Landschaften der drei historischen tschechischen Länder Böhmen, Mähren und Tschechisch-Schlesien förmlich vor unserer Haustür!

Im vorliegenden Buch Riesengebirge & Böhmisches Paradies sind die böhmischen Gebiete beschrieben, die überwiegend in den Westsudeten liegen, also im polnisch-tschechischen Grenzgebiet bzw. im deutsch-tschechischen Grenzgebiet. Alle Orte, Städte und Wandergebiete sind von Deutschland aus ohne lange Anreise zu erreichen.

Nordböhmes Landschaft ist kontrastreich. Wenn Sie in den südlichen Vorlanden stehend, Richtung Norden schauen, erheben sich in blauer Ferne majestätisch und geheimnisvoll die Westsudeten, zwar "nur" ein Mittelgebirge, aber eines, das es in sich hat!

Manch einer bekommt einen verträumten Blick, wenn er die Namen "Riesengebirge", "Isergebirge" oder "Böhmisches Paradies" hört – hier haben schon die Großeltern und Urgroßeltern Urlaub gemacht und davon geschwärmt! Nordböhmens Randgebirge sind schon lange touristisch gut erschlossen, trotzdem kann man manche Altstadt oder Gebirgslandschaft abseits großer Touristenströme entspannt erleben. Es gibt viele kulturhistorische Kleinode zu entdecken, wunderbar renovierte Prachtschlösser wie Zámek Sychrov oder Anwesen, denen stilsicher neues Leben eingehaucht wurde wie das Gehöft Dlaskův statek bei Turnov.

Einigen Orten sieht man jedoch die durchlebte Geschichte an – vernachlässigte Gebäude liegen hier und da wie Narben in der Landschaft. An vielen Bauernhäusern ist die moderne Zeit mit ihren nicht immer gelungenen Renovierungen einfach vorbei geschlichen - zur Freude unserer nach authentischem Lokalkolorit suchenden Augen, aber nicht immer zur Freude der Bewohner. Genau das macht für uns den Reiz dieses Gebietes aus: es schenkt uns böhmische Land- und Bergpartien in grandioser Natur und gleichzeitig noch eine Zeitreise in die Sehnsuchtslandschaften unserer Vorfahren.

Und kein Reiselustiger sollte sich vom Wandern und Reisen in Tschechien durch die negative Medienberichterstattung über Kriminalität abhalten lassen! Wir meinen: das sind Vorurteile - denn wir sind bei unseren Recherchen für das Buch viele Kilometer durch Tschechien gelaufen und gefahren und sind immer freundlichen Menschen begegnet, die nicht im Geringsten daran dachten, unser Auto zu "öffnen". Im Gegenteil - uns wurde gerne bei Problemen geholfen!

Nicht ganz einfach war die Entscheidung, ob Ortsnamen in Deutsch oder Tschechisch angeführt werden. In einem Gebiet, in dem sich zwei und mehr verschiedene Kulturkreise mit den dazu gehörigen Sprachen so durchdringen wie in den Sudeten, haben Orte und Gemeinden zu unterschiedlichen Zeiten unterschiedliche Namen. Wir sehen diese Vielfalt der Bezeichnungen als kulturellen Reichtum an, der die sprachlichen Formen gleichwertig macht. Bei der alphabetischen Sortierung der Orte in den einzelnen Buchkapiteln steht durchgehend der tschechische Ortsname an erster Stelle, gefolgt von der deutschen Bezeichnung. Im Interesse der leichten Lesbarkeit und Verständlichkeit haben wir unserem Sprach- und Bauchgefühl vertraut, und uns im Text z.B. für Prag und nicht für Praha entschlossen, aber für Liberec und nicht für Reichenberg. Oft lehnen sich unsere Bezeichnungen an die im Laufe der Zeit übliche Benennung an. Wo uns die Begriffe in beiden Sprachen notwendig erschienen sind, schließt sich die zweite Bezeichnung unmittelbar kursiv gedruckt an die erste an.

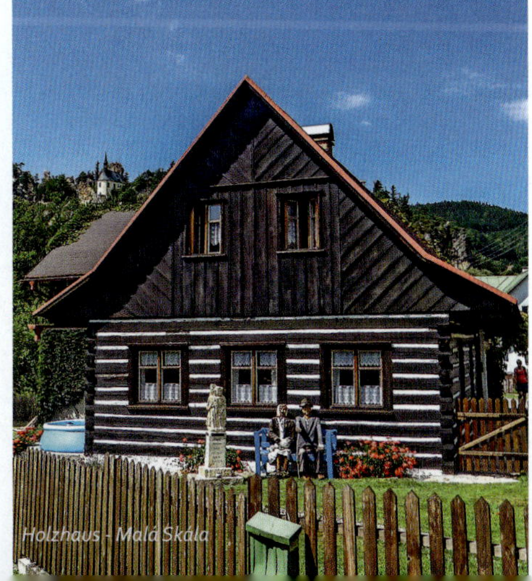
Holzhaus - Malá Skála

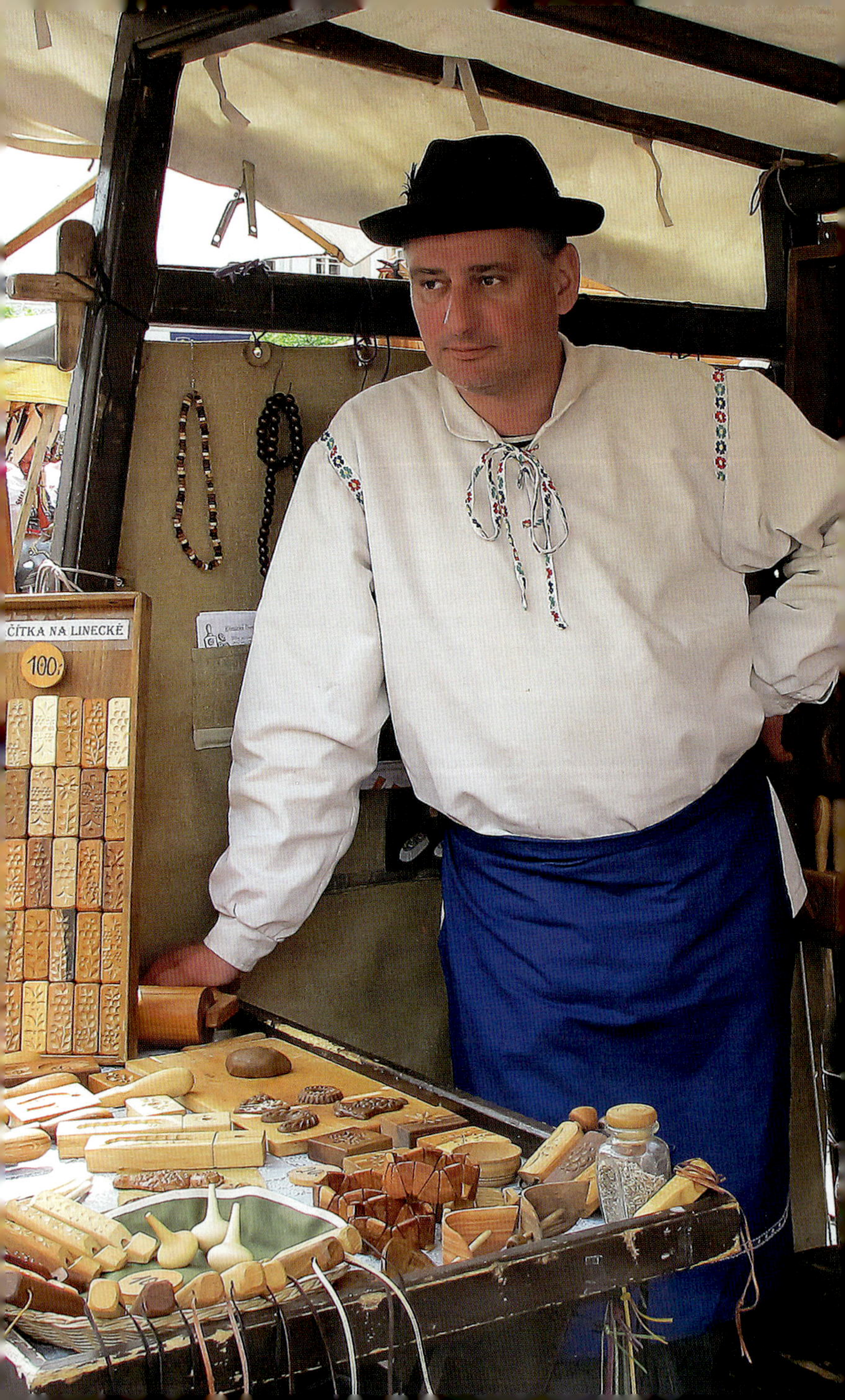
ČÍTKA NA LINECKÉ
100,-

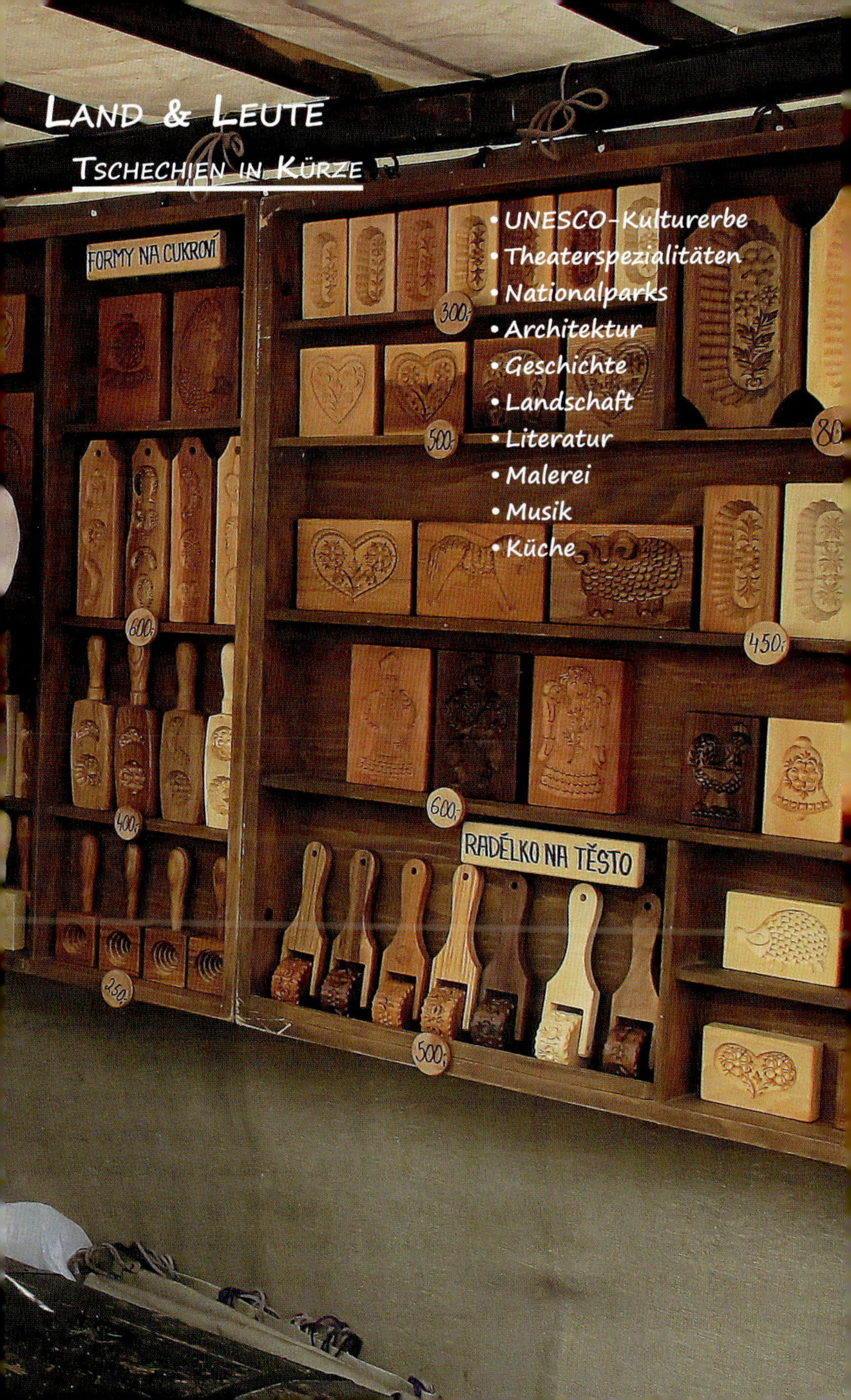

Land & Leute

Tschechien in Kürze

- UNESCO-Kulturerbe
- Theaterspezialitäten
- Nationalparks
- Architektur
- Geschichte
- Landschaft
- Literatur
- Malerei
- Musik
- Küche

Tschechien in Kürze

Die Tschechische Republik umfasst die drei historischen Länder Čechy *(Böhmen)*, Morava *(Mähren)* und České Slezsko *(Tschechisch-Schlesien oder Mährisch-Schlesien)* mit einer Gesamtfläche von 78.864 km² bei einer Einwohnerzahl von ca. 10,6 Millionen. Die drei größten Städte Tschechiens sind Praha *(Prag)*, ca. 1,2 Millionen Einwohner, Brno *(Brünn)*, 380.000 Einwohner und Ostrava *(Ostrau)*, 290.000 Einwohner.

Die drei größten Städte der in diesem Buch vorgestellten Region sind Liberec *(Reichenberg)* 104.000 Einwohner, Mladá Boleslav *(Jungbunzlau)* 44.000 Einwohner und Trutnov *(Trautenau)* 30.500 Einwohner.

Tschechien ist seit dem Jahr 2000 in 14 selbstverwaltende Gebietseinheiten gegliedert, die als kraj *(Kreis, Region)* bezeichnet werden.

Die in diesem Buch vorgestellten Wanderungen, Sehenswürdigkeiten und Ortsbeschreibungen befinden sich überwiegen in Nordböhmen: im Ústecký kraj *(Aussiger Region)*, Liberecký kraj *(Reichenberger Region)*, Královéhradecký kraj *(Königgrätzer Region)* und Středočeský kraj *(Mittelböhmische Region)*.

Geschichte

Am Beginn des **ersten Jh. nach Chr.** besiedelten germanische Stämme - die Markomannen in Böhmen und die Quaden in Mähren - das vorher zum keltischen Siedlungsraum gehörende heutige Tschechien. Zwischen dem 5. und 6. Jh. wanderten Slawen ein. Seitdem liegt Tschechien an der Schnittstelle des deutschen und des slawischen Einflussbereiches. Als gemeinsames Volk traten die Tschechen ab **Ende des 9. Jh.** in Erscheinung, als Böhmen und Mähren unter dem Geschlecht der Přemysliden mehr und mehr an Bedeutung gewannen. Seit 1085 Königreich Böhmen, erreichte das Gebiet unter der Herrschaft **Přemysl Ottokars II.** (1253-78) seine größte Ausdehnung mit Böhmen, Mähren und den Herzogtümern Österreich, Kärnten und Steiermark.

1306 endete die Dynastie der Přemysliden und Böhmen wurde durch Heirat und Erbfolge **bis 1419** Teil des Heiligen römischen Reiches. Obwohl damit für Böhmen und Mähren eine jahrhundertelange Fremdherrschaft begann, erlangte das Land eine bis dahin unerreichte politische Bedeutung. Die berühmte **„Goldene Bulle“**, die die Wahl des Deutschen Königs durch die Kurfürsten regelte, machte den böhmischen Kurfürsten zum Zünglein an der Waage bei der Königswahl. Prag, wo 1348 die erste

Sage vom Urvater Tschech: Der Sage nach wanderte Urvater Tschech mit seinen Leuten durch Europa auf der Suche nach einer fruchtbaren unbesiedelten Gegend, um eine neue Heimat zu finden. Sie überquerten die Oder, die Elbe und schließlich die Moldau. Dann sahen sie einen Berg, der einen guten Überblick über die Landschaft versprach, den Berg Rip. Tschech stieg auf den Berg und sah unter sich eine große Ebene. Begeister sprach er: *„Hier ist das Land, das wir gesucht haben. Es ist voll Wild und Vögeln, es fließen süßer Honig und Milch - wir werden keinen Mangel leiden“*. Und als Tschech sein Gefolge fragte, wie denn diese neue Heimat heißen solle, riefen sie: *„Wir nennen das Land nach Dir“*- und so kam Tschechien zu seinem Namen! Sehen Sie, so einfach ist es, einem Land seinen Namen zu geben, wenn man nur Milch und Honig verspricht!

deutsche Universität gegründet wurde, wurde Hauptstadt der Region. **Anfang des 15. Jh.** bestimmte die Hussiten-Bewegung des Religionsreformers **Jan Hus** die politische und religiöse Situation maßgeblich. Mit dem Ersten Prager Fenstersturz begannen 1419 die bis 1434 dauernden Hussitenkriege. Obwohl die Bewegung scheiterte, blieb der starke, reformatorische Einfluss.

Jan Hus und die Hussiten - Reform und Krieg

Im 14. Jh. führten instabile politische Verhältnisse, Pestwellen und eine stagnierende Wirtschaft zu tiefen Spannungen in der spätmittelalterlichen Gesellschaft und zu einer profunden Unzufriedenheit mit den weltlichen und geistlichen Herrschenden. Entsprechend des damaligen Weltbildes wurde die Ursache für die Krise im Verfall der Regeln des christlichen Lebens gesehen, denn gerade die Kirche war von zahlreichen Missständen und starker Verweltlichung geprägt. Die Rückkehr der Kirche zu ihren ursprünglichen Aufgaben auf Grundlage der Bibel wurde von vielen als die einzig mögliche Lösung gesehen. Eine Reformation der Kirche, basierend auf der Abkehr von der Weltlichkeit, sollte eine Erneuerung der Ordnung in der ganzen Gesellschaft bringen.

In dieses Klima wurde um 1370, vermutlich in Husinec, Jan Hus hinein geboren. Er stammte aus einfachen Verhältnissen, konnte aber in Prag studieren und wurde Priester, Theologe und Universitätsrektor. Fasziniert und überzeugt von den Gedanken des Engländers John Wyclif, beanstandete Hus den Reichtum, den Ablasshandel (Vergebung der Sünden für Geld) sowie die Sittenlosigkeit der römisch-katholischen Kirche. Jan Hus fand viele Anhänger. Für ihn sollte in der Kirche Christus das Oberhaupt sein und nicht der Papst. Das brachte die Amtskirche, den Papst und den Kaiser gegen ihn auf. 1414 reiste Jan Hus über die Goldene Straße nach Konstanz, um auf einem Konzil seine Lehren und Ideen vorzustellen. Obwohl der König ihm freies Geleit zugesichert hatte, wurde er als Ketzer verurteilt und verbrannt - für seine Anhänger und Sympathisanten der nächste Beweis der Verdorbenheit der Kirche.

Es entstand eine böhmische, reformatorische Freiheitsbewegung, die von den Mächtigen und Regierenden als Gefahr angesehen wurde. Hus wurde als Märtyrer verehrt, die Bewegung breitete sich schnell in Stadt und Land aus, und als der König die Anhänger der „Hussiten" aus Kirchen- und Staatsämtern ausschloss, gab es 1419 einen Aufstand. Hussiten stürmten das Prager Rathaus und warfen einige Ratsherren aus dem Fenster - der **erste Prager Fenstersturz**. Aus den Unruhen wurde ein Krieg - die schrecklichen und folgenreichen Hussitenkriege (1419-36), in denen die Hussiten politische, soziale, wirtschaftliche und kirchliche Reformen erkämpfen wollten. Anfangs waren sich die Hussiten noch einig und forderten Freiheit zur Predigt des Wortes Gottes, das Abendmahl in beiderlei Gestalt (Brot und Wein) und eine arme Kirche ohne Anspruch an die weltliche Macht. Zuerst gelang es ihren Gegnern nicht, die Hussiten zu besiegen, obwohl fünf große Kreuzzüge gegen sie ausgerufen wurden. 1423 brachen unter den Hussiten eklatante Differenzen auf - die radikalen Taboriten unter Jan Žižka wollten die Errichtung des Gottesreiches durch das Schwert und vertraten auch sozialrevolutionäre Ziele.

Sie gingen in die Offensive und trugen den Krieg aus dem in den Kriegsjahren verarmten, geschundenen und ausgebluteten Böhmen in die Nachbarländer. Zehn Jahre Krieg - mal gewann die eine, mal die andere Seite. Orte blutiger Schlachten waren z.B. Taus und Tachau. Die gemäßigteren Utraquisten setzten nach wie vor auf Verhandlungen mit König und Papst. 1431 war man auf dem Konzil von Basel zu Verhandlungen bereit und so schlossen die Utraquisten, nachdem sie 1434 in der Schlacht von Lipany die Taboriten, die sich gegen eine Einigung stellten, vernichtend geschlagen hatten, Frieden mit Kaiser und Papst. Somit wurden der Laienkelch und der Utraquismus als zweite Konfession 1436 für Böhmen endgültig anerkannt. Gewinner in politischer und wirtschaftlicher Hinsicht war der niedere Adel der böhmischen Länder, aber Böhmen verlor durch die Kriege seine im 14. Jh. wirtschaftlich und kulturell führende Stellung in Europa für mehrere Generationen.

Im 16. Jh. schlossen sich viele Hussiten der Reformation Martin Luthers an. Einige Nachfahren der radikaleren Gruppen bildeten die Böhmische Brüderkirche

Böhmen gehörte ab 1526 zur Habsburger Herrschaft.

Der **Dreißigjährige Krieg, 1618-48**, prägte gravierend Mitteleuropa. Das nachreformatorische Europa war Anfang des 17. Jh. gemäß des Prinzips „Wie der Landesherr, so auch die Untertanen" in katholische und protestantische Gebiete aufgeteilt. Die Spannungen verschärften sich durch die Herrschaft des katholischen Habsburger-Kaisers Rudolfs II. (1576-1612) und sein Vorhaben, das deutsche Herrschaftsgebiet nach der Reformation wieder katholisch zu machen (= Gegenreformation). Auf protestantischer Seite schlossen sich 1608 protestantische Fürsten und Städte im Reich zusammen. Die katholisch-kaiserliche „Antwort" darauf war die Gründung der Liga **1609**.

Die böhmischen, protestantischen Stände wehrten sich dagegen, dass die freie Religionsausübung durch den katholischen Landesherren immer mehr beschnitten wurde. Im Zuge dieses Ständeaufstandes kam es zum **„2. Prager Fenstersturz"**, bei dem zwei Repräsentanten des katholischen Königs aus dem Fenster des Prager Rathauses geworfen wurden. Dieses Ereignis gilt allgemein als Auslöser des Dreißigjährigen Krieges. Außerdem setzten die Stände den Habsburger Ferdinand als König ab und wählten dafür den protestantischen Friedrich von der Pfalz. Das wollte sich Ferdinand nicht gefallen lassen und so kam es schließlich zum Krieg.

Auf der einen Seite standen das Heilige Römische Reich mit dem Kaiser an der Spitze und seinen Verbündeten in der Katholischen Liga sowie Spanien. Auf der anderen Seite standen die Protestantischen Länder und ihre Verbündeten wie Schweden, Frankreich und England. Im Laufe der Auseinandersetzung traten die religiösen Probleme zugunsten von machtpolitischen Gründe mehr und mehr in den Hintergrund.

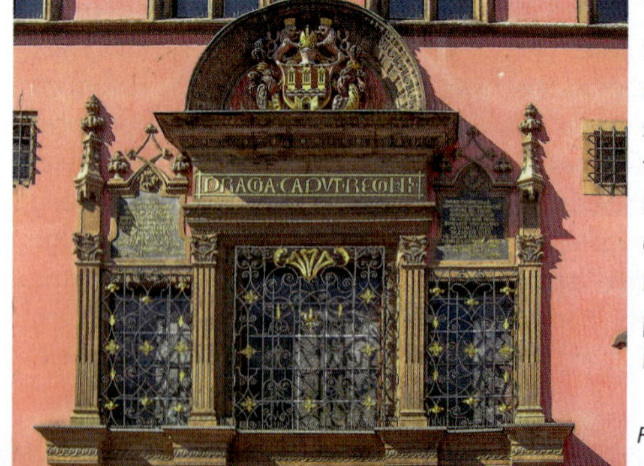

Fenster vom Prager Rathaus

Man kann den Verlauf des Krieges in vier Phasen einteilen: in den Böhmisch-Pfälzischen Krieg (1618-24), in den Dänisch-Niedersächsischen Krieg (1625-30), in den Schwedischen Krieg (1630-35) und in den Französisch-Schwedischen Krieg (1636-48).

1620 besiegte die katholische Liga von Kaiser Ferdinand II. unter Feldherr Tilly den böhmischen König Friedrich V. von der Pfalz und die Stände in der **Schlacht am Weißen Berg** bei Prag. Die Folgen für Böhmen waren schwerwiegend: das Land wurde rekatholisiert, 27 Führer des Aufstands wurden hingerichtet, die Mehrheit des protestantischen Adels wurde enteignet und musste das Land verlassen. Die meisten Güter wurden an deutschsprachige katholische Adlige vergeben, Deutsch wurde mehr und mehr Amtssprache. Ein Teil des böhmischen Adels konvertierte auch zum Katholizismus. Im Dreißigjährigen Krieg wurden große Teile im Heiligen Römischen Reich deutscher Nation verwüstet, denn die kriegerischen Auseinandersetzungen fanden vor allem auf deutschem und böhmischem Boden statt. Mehrere Millionen Menschen starben an den Folgen des Krieges, in Böhmen gab es Gebiete mit Verlusten bis zu 60% der Bevölkerung.

1648 wurde der **Westfälische Frieden** geschlossen. Die Macht des Kaisers wurde zugunsten der einzelnen Reichsstände eingeschränkt, das Reich in souveräne Einzelstaaten aufgesplittert. Die Niederlande und die Schweiz erhielten ihre Unabhängigkeit. Spanien verlor seine Machtposition; die Gewinner waren Frankreich und Schweden. Schweden bekam Teile des Reiches im Norden und Frankreich Bistümer in Lothringen. Für Frankreich war der Friede die Basis für seinen späteren Aufstieg.

Und die Religion, in deren Namen ja angeblich alles begann? Der Status von 1555 wurde wiederhergestellt, es galt also wieder „Wie der Landesherr, so auch die Untertanen" *(Cuius regio, eius religio)* mit dem „Stichtag" 1624. Allerdings wurden auch die evangelisch-reformierten Kirchen mit einbezogen, nicht nur die evangelisch-lutherischen Protestanten. Die folgenden zwei Jahrhunderte gingen als **„temno"**, als „dunkle Zeit" in den tschechischen Sprachgebrauch ein, denn die Habsburger regierten das Land absolutistisch mit Zwangskatholisierung und Germanisierung

Ab Mitte des 19. Jh. wurden die Forderungen der Tschechen nach mehr Eigenständigkeit lauter und 1848 gab es den Versuch einer demokratischen Revolution, die jedoch nicht erfolgreich war. Erst 1864 wurde Tschechisch an höheren Schulen als zweite Landessprache eingeführt - zuvor war auf Deutsch unterrichtet worden. Wenig später wurde Tschechisch auch bei Behörden und Gerichten Pflicht. Die tschechische Nationalbewegung erhielt 1867 mit der Schaffung der österreichisch-ungarischen Doppelmonarchie neue Nahrung, da Deutsche und Ungarn weitgehend gleichberechtigt wurden, nicht aber die Tschechen.

Mit dem Ersten Weltkrieg und dem Zerfall des Österreich-Ungarischen Vielvölkerstaates war die Chance für einen eigenständigen tschechischen Staat gekommen. Zusammen mit den slowakischen Nachbarn gründeten die Tschechen einen gemeinsamen Nationalrat. Als kurz darauf auch noch tschechische Truppen auf Seiten der Alliierten kämpften, wurde die Tschechoslowakei als kriegführende Nation anerkannt. Am **28. Oktober 1918** wurde schließlich der erste selbstständige tschechoslowakische Staat, die **ČSR**, ausgerufen.

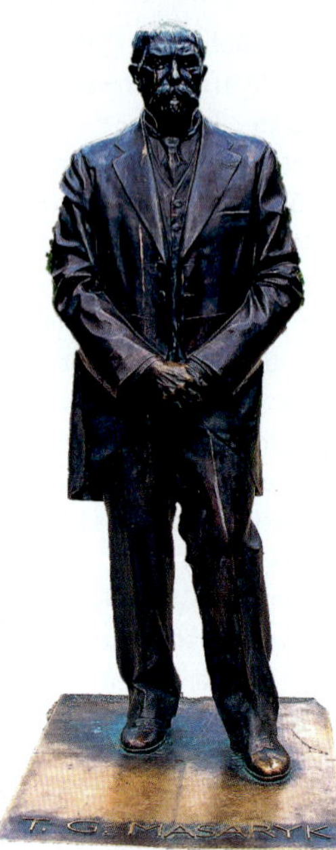

Tomáš Garrigue Masaryk

Erster Präsident war der tschechische Philosoph **Tomáš Garrigue Masaryk**. Im neuen Staat lagen nun dreiviertel des industriellen Potentials von Österreich-Ungarn und drei Millionen Deutsche lebten im Land - die meisten entlang der Grenzgebiete zu Deutschland und Österreich. Auf diese Sudetenland genannten Gebiete erhob schon bald das nationalsozialistische Regime unter Adolf Hitler Anspruch. Im Münchener Abkommen vom September 1938 wurde das Sudetenland an das Deutsche Reich angeschlossen. Am **15. März 1939** marschierte die deutsche Wehrmacht in Tschechien ein und errichteten das **Protektorat Böhmen und Mähren**. Die Slowakei wurde bis 1945 unter deutschem Schutz eigenständig.

Nach der deutschen Niederlage im Zweiten Weltkrieg gründeten die Tschechen im Verbund mit den Slowaken erneut einen souveränen Staat, **Československá Republika** *(Tschechoslowakische Republik)*. Mit den sogenannten **Beneš-Dekreten** wurden die Sudetendeutschen aus dem Land gewiesen. 1946 gewann die kommunistische Partei die Wahlen und stellte mit Klement Gottwald den Ministerpräsidenten. Das Land wurde nach sowjetischem Muster umgestaltet.

Ende der 60er Jahre gab es eine starke Reformbewegung unter **Alexander Dubcek**, die einen „Sozialismus mit menschlichem Antlitz" etablieren wollte. Der daraus entstandene **„Prager Frühling"** wurde aber von Truppen des Warschauer Pakts im August 1968 gewaltsam niedergeschlagen.

Mit der **„samtenen Revolution" 1989/90** übernahm das oppositionelle Bürgerforum die Macht unter **Václav Havel**. 1992 trennten sich Tschechien und Slowakei in dem Gesetz zur Auflösung der ČSSR und seit **1. Januar 1993** ist die **Tschechische Republik**, *(tschechisch Česká republika oder Česko)*, ein eigenständiger Staat.

Die Orientierung der tschechischen Politik und Wirtschaft zeigt sich deutlich in den Beitritten zum Europarat 1993 und zur NATO 1999 und der Mitgliedschaft in der Europäischen Union 2004. Ab 2018 ist die Regierung Andrej Babiš (eine Minderheitsregierung zwischen den Parteien ANO und ČSSD) am Ruder.

Landschaft

Im Binnenland Tschechiens gibt es zwei ausgedehnte Hügellandschaften: das **Středočeská pahorkatina** *(Mittelböhmisches Hügelland)* und das **České středohoří** *(Böhmisches Mittelgebirge)* und die besonders bei Wanderern sehr beliebten märchenhaften Mittelgebirgslandschaften **Český ráj** *(Böhmisches Paradies)* und ***Moravský kras*** *(Mährischer Karst)*. Die übrigen Regionen des tschechischen Binnenlandes bestehen aus Beckenlandschaften und Tiefebenen.

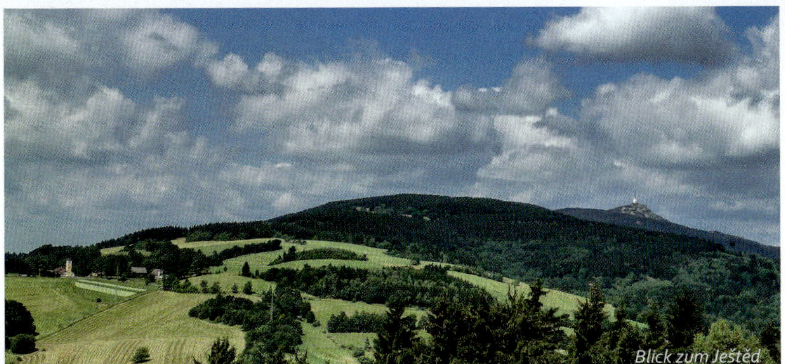
Blick zum Ještěd

Die für ausgedehnte Wanderungen besonders interessanten Gebiete Tschechiens befinden sich nahe der Staatsgrenze:

SÜDEN: **Šumava** *(Böhmerwald)*, **Českomoravská vysočina** *(Böhmisch-Mährische Höhe)*, die Tiefebene mit den Flüssen **Dyje** *(Thaya)* und **Morava** *(March)*
WESTEN: **Krušné hory** *(Erzgebirge)*, **Český les** *(Böhmischer Wald)*
OSTEN: **Moravskoslezské Beskydy** *(Mährisch-Schlesische Beskiden)*, **Bílé Karpaty** *(Weiße Karpaten)*, **Javorníky** *(Javorník-Gebirge)*
NORDEN: **Orlické hory** *(Adlergebirge)*, **Jizerské hory** *(Isergebirge)*, **Krkonoše** *(Riesengebirge)*, **Jeseníky** *(Altvatergebirge, Gesenke)*

Nationalparks in Tschechien

Alle vier Nationalparks befinden sich an der Grenze zu den Nachbarländern.

Der größte Nationalpark ist der Šumava *(Böhmerwald)* an der Grenze zu Österreich (mit Nationalparkteilen auch auf dem Gebiet Österreichs).

Nationalpark Šumava *(Böhmerwald)*: „Das grüne Dach Europas", der Nationalpark zählt zu den größten Waldgebieten in Mitteleuropa und ist Quellgebiet des längsten tschechischen Flusses, der Moldau.

Nationalpark Krkonoše *(Riesengebirge)*: Ein Großteil des Riesengebirges einschließlich des Riesengebirgsvorlandes ist Nationalpark. Dieser erstreckt sich an der Grenze zu Polen und hat mit der Schneekoppe *(Sněžka)*, 1.602 m seine größte Erhebung. Seit 1963 steht das Riesengebirge als Nationalpark sowohl auf tschechischer als auch auf polnischer Seite unter Naturschutz.

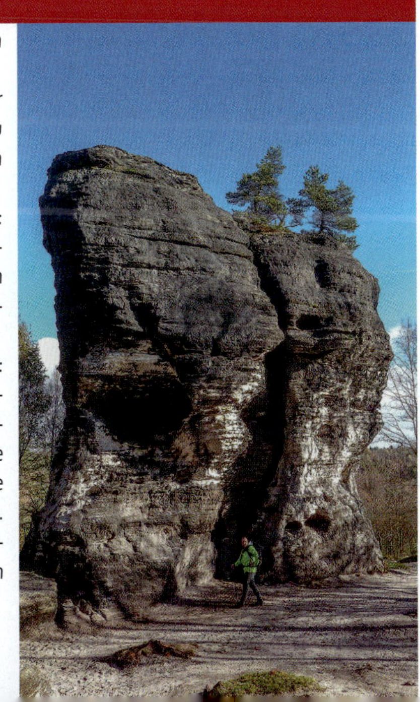
Sandsteinlabyrinth Tyssaer Wände

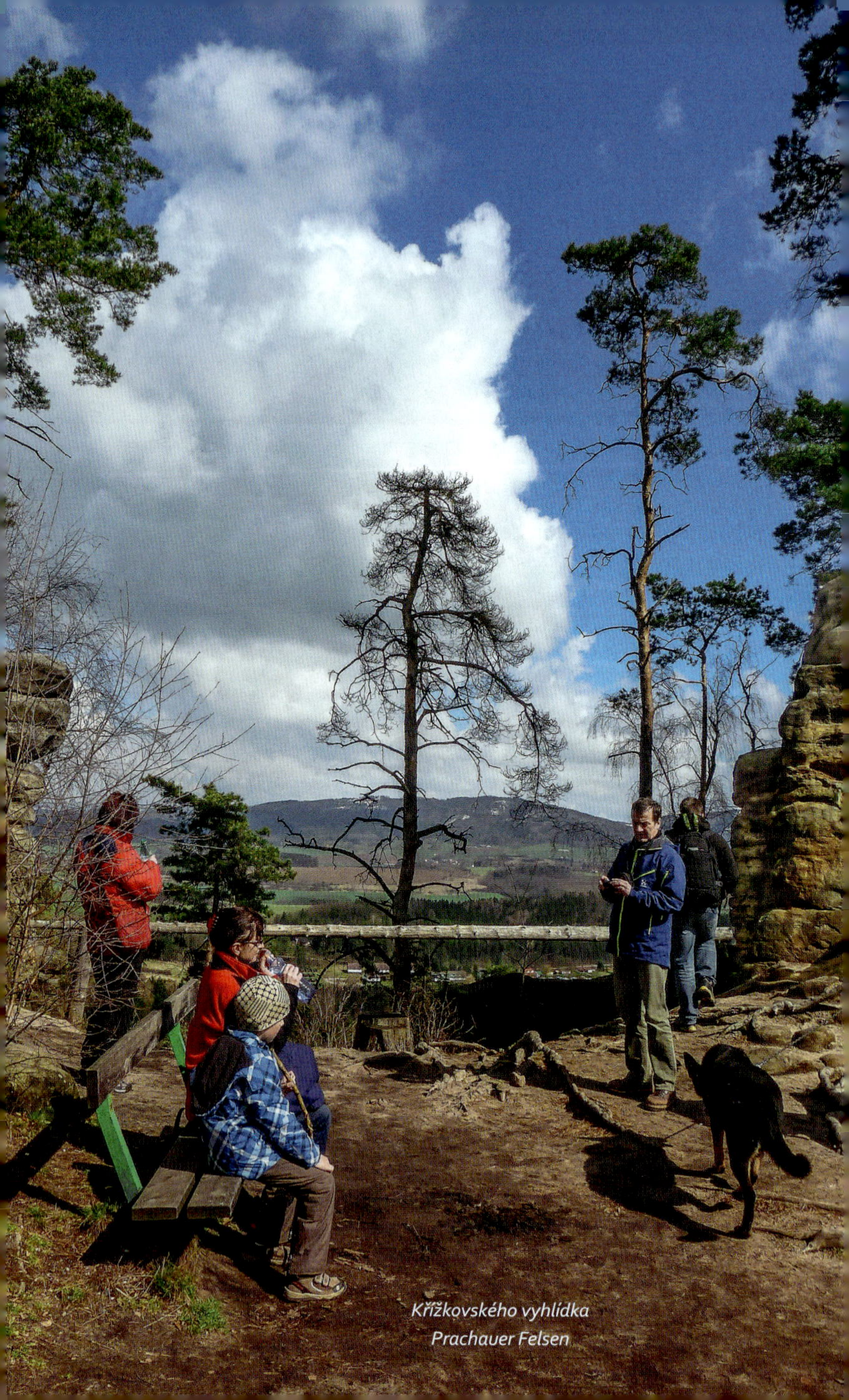

Křížkovského vyhlídka
Prachauer Felsen

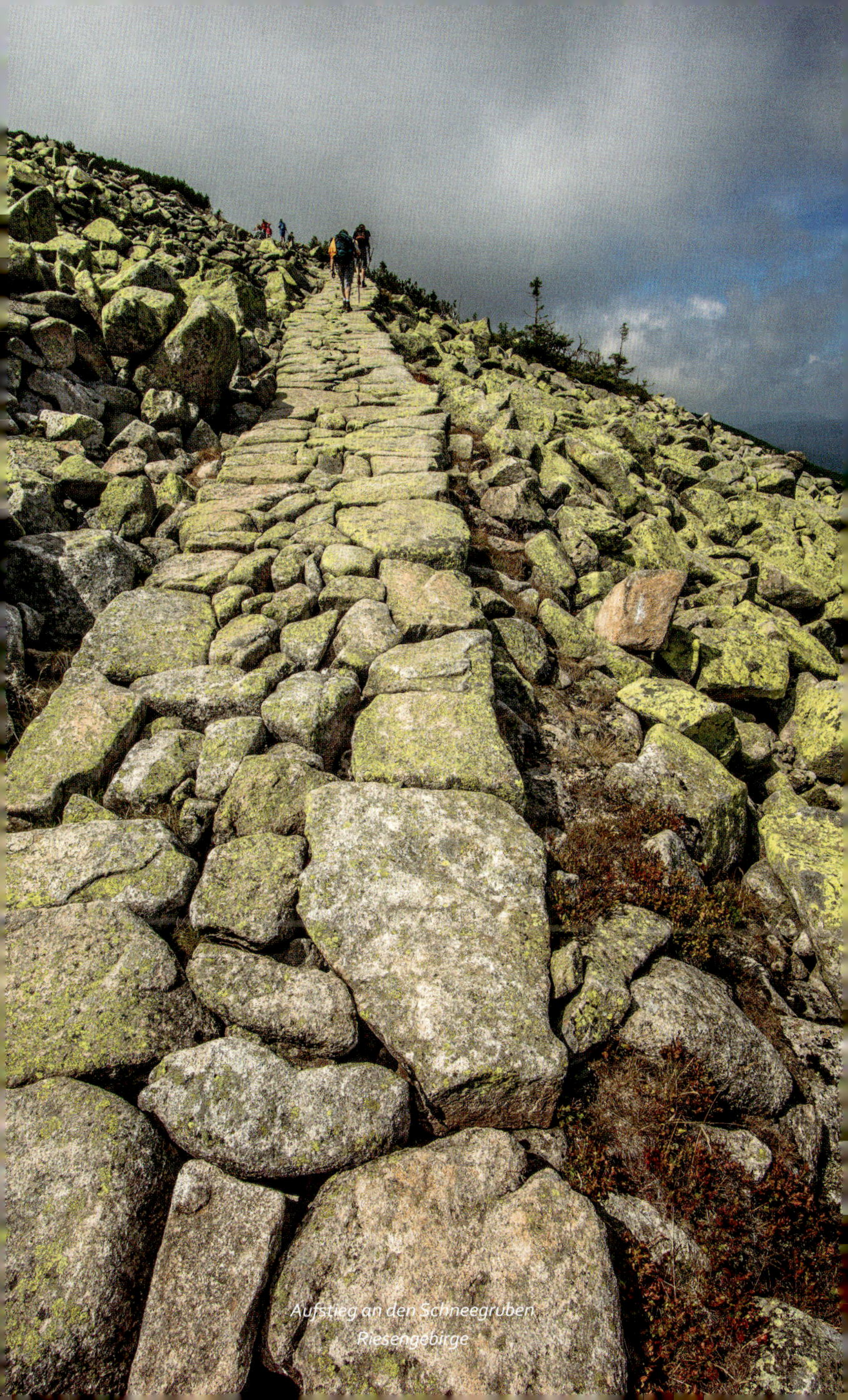

Aufstieg an den Schneegruben
Riesengebirge

Nationalpark České Švýcarsko *(Böhmische Schweiz)*: Der Nationalpark České Švýcarsko grenzt direkt an den Nationalpark Sächsische Schweiz auf deutscher Seite und umschließt das **Felsengebiet Labské pískovce** *(Elbsandsteingebirge)*, eine mystische Landschaft voller Kiefernwälder, majestätisch aufragende Felstürme, Steilhänge, Schluchten, Tore, Felsenstädte und Irrgärten. **Besondere Naturerscheinungen** im Nationalpark České Švýcarsko: das Wahrzeichen des Parks: **Pravčická brána** *(Prebischtor)* eine mächtige Felsenbrücke, das enge Tal des Flusses **Kamenice Tichá soutěska** *(Kamnitzklamm)*, das Felsengebiet **Jetřichovické skály** und die Felsenburgen **Šaunštejn** und **Falkenštejn**.

Nationalpark Podyjí *(Thayatal)*: Der Nationalpark Podyjí liegt direkt an der Grenze zu Österreich, wo er fließend in den Nationalpark Thayatal übergeht. Im kleinsten der tschechischen Nationalparks mäandert und fließt der Fluss Dyje *(Thaya)* gemächlich vorbei an Felsen und Weinbergen, während sich bunte Wiesen voller wärmeliebender Blumen und sonnendurchflutete Obstgärten abwechseln.

UNESCO-Kulturerbe

Auf der Kulturerbeliste der UNESCO ist die Tschechische Republik mit zwölf Sehenswürdigkeiten vertreten.

Český Krumlov *(Böhmisch Krumau)*: die tschechische Perle unter den UNESCO-Denkmälern, einzigartige Bürgerhäuser, romantische mittelalterliche Häuschen und urige Kneipen in dunklen Kellergewölben.

Holašovice *(Hollschowitz)*: ein Dorf wie aus einem Märchen entsprungen, mit wunderschönen Giebeln an den barocken Bauernhöfen rings um den weitläufigen Dorfplatz.

Schloss Litomyšl *(Leitomischl)*: einer der schönsten Renaissancebauwerke in Tschechien, mit wunderschönen Sgraffito-Verzierungen, prunkvollen Giebeln, eleganten Arkaden, einem romantischen Park und geheimnisvollen unterirdischen Gängen. Im Schlossareal befindet sich die Schlossbrauerei, wo 1824 der berühmte tschechische Komponist Bedřich Smetana geboren wurde.

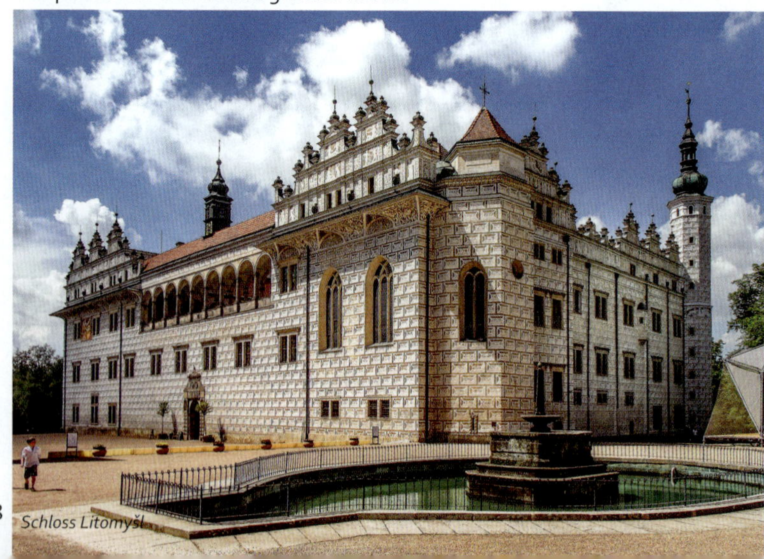

Schloss Litomyšl

Praha *(Prag)*: Stadt der hundert Türme, eine der schönsten Städte der Welt.

Olomouc *(Olmütz)*: die Dreifaltigkeitssäule Sloup Nejsvětější Trojice ist die größte freistehende Barockskulptur Mitteleuropas.

Třebíč *(Trebitsch)*: die Schätze des jüdischen Viertels mit zwei Synagogen, ein alter Friedhof und enge Gassen mit einer einzigartigen Atmosphäre.

Märchenstadt Telč *(Teltsch)*: hat einen der prächtigsten Marktplätze Europas mit wundervoller italienischer Renaissancekunst.

Kutná Hora *(Kuttenberg)*: gilt als „silberne Schatztruhe" des Landes mit der malerischen Altstadt, St.-Barbara-Dom und der Kirche Mariä Himmelfahrt.

Zelená hora *(Grünberg)*: ein mystischer Ort mit der Kirche des heiligen Johannes von Nepomuk, eines der originellsten Bauwerke Europas.

Villa Tugendhat in Brno *(Brünn)*: das Werk des deutschen Architekten Ludwig Mies van der Rohe gilt als eine der bedeutendsten Villen der Welt.

Gärten von Kroměříž *(Kremsier)*: Blumengarten Květná zahrada und Schlossgarten Podzámecká zahrada mit einem Labyrinth aus grünen Wänden, den prächtigen Blumenflächen, der Kolonnade und den historischen Gewächshäusern.

Lednicko-valtický areál *(Lednice-Valtice)*: die elegante weite Kulturlandschaft um die prächtigen Schlösser Lednice und Valtice wird als „Garten Europas" bezeichnet.

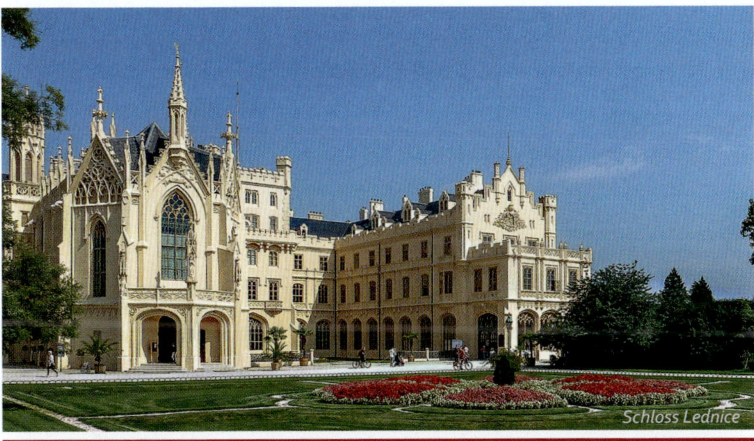

Schloss Lednice

Sprache

„Die tausendjährige Vergangenheit fließt durch jedes Wort.
Wir tun etwas herrlich Altes und Historisches,
wenn wir tschechisch sprechen." *(Karel Čapek)*

Herr Čapek hat recht - nur ist es für jemanden, der keine slawische Sprache spricht, fast unmöglich, mal eben so Tschechisch zu lernen! Es gibt eine Hochsprache und eine Umgangssprache, die sich stark unterscheiden, es gibt 7 Fälle, von denen drei die deutsche Sprache so nicht kennt, es gibt Endungen, die mal verwendet werden müssen und mal nicht, es gibt diese komischen Häkchen (diakritische Zeichen), die auf ein „r" gesetzt einen unaussprechlichen Laut machen (klingt so ähnlich wie ein im mitteldeutschen Dialekt gesprochenes „Wurscht"). Angeblich konnte auch der Prager Václav Havel kein sauberes „ř" sprechen, und der wurde sogar tschechischer Staatspräsident!

Wenn Sie jedoch versuchen, einige wenige Worte zu sprechen, fliegen Ihnen in den meisten Fällen die Herzen der Tschechen zu!

Tschechisch gehört zur Gruppe der westslawischen Sprachen, wird von ca. 11 Millionen Menschen als Muttersprache gesprochen und ist in der Tschechischen Republik die einzige Amtssprache.

Slawische Sprachen sind flektierend, d.h. Hauptwörter, Eigenschaftswörter und andere Wortarten werden gebeugt - ihre Endungen werden geändert, je nach der Funktion des Wortes im Satz. Tschechisch hat zum Beispiel sieben Fälle (Nominativ, Genitiv, Dativ, Akkusativ, Instrumentalis, Lokativ, Vokativ).

Die Anfänge der tschechischen Sprache reichen zurück bis zum Ende des 10. Jh, als sich aus dem Urslawischen die verschiedenen slawischen Sprachen herausbildeten. Erste Belege der Alttschechischen Sprache sind religiöse Lieder und Glossen aus dem 12. & 13. Jh.

Im Mittelalter verbreitete sich das Tschechische auch außerhalb der nationalen Grenzen bis nach Oberschlesien, Ungarn und in die Slowakei. Tschechisch und Slowakisch sind gegenseitig gut verständlich und in der Schrift am einfachsten durch den Buchstaben „ř" zu unterscheiden, den es nur im Tschechischen gibt.

Tschechisch wird mit dem lateinischen Alphabet geschrieben und benutzt zur Wiedergabe der tschechischen Laute diakritische Zeichen, die über den Buchstaben stehen und seine Aussprache ändern. Diese Grundsätze wurden bereits zu Beginn des 15. Jahrhunderts von Jan Hus in seiner Schrift De ortographia Bohemica formuliert.

Čárka *(Strich)* über einem Vokal: der Vokal wird etwas länger ausgesprochen.

Háček *(Häkchen)* über folgenden Konsonanten: **č, š, ž, ř, ď, ť, ň** und über **ě**: der Konsonant wird etwas „weicher" ausgesprochen.

- **č** - Česká republika - wie im dt. Wort „tschechisch"
- **š** - škoda - wie im dt. Wort „Schokolade"
- **ž** - žurnalista - wie im dt. Wort „Journalist"
- **ř** - wird als tschechisches (d.h. gerolltes) „r" gleichzeitig mit einem „š" *(sch)* gesprochen.
- **ď, ť, ň** - spricht man weich aus, ungefähr wie dj, tj, nj.
- **bě, pě, vě, mě** - wird als „bje", „pje", „vje", „mnje" ausgesprochen.

Kroužek *(Kringel)* wird über dem „u" anstatt des Striches geschrieben - das „u" spricht man damit ebenfalls länger aus. Die Aussprache des „u" mit einem Strich oder mit einem Kringel ist gleich.

Den Buchstaben **„v"** spricht man wie das dt. „w" aus, **„s"** ist immer stimmlos wie „ss/ß" das **„c"** wie „z" in Zelt; **„z"** ist ein stimmhaftes „s" wie in Rose, **„y"** ist „i". Es gibt kein stummes **„h"**, d.h. es wird immer gesprochen und **„ou"** ist ein Diphtong wie au in Auto.

Die tschechische Sprache benutzt also eine beträchtliche Anzahl graphischer Zeichen: a - á - b - c - č - d - ď - e - é - ě - f - g - h - i - í - j - k - l - m - n - ň - o - p - q - r - ř - s - š - t - ť - u - ú - ů - v - w - x - y - ý - z - ž.

Üben Sie, üben Sie - und wenn Sie den Zungenbrecher Strč prst skrz krk *(Steck den Finger durch den Hals)* ohne Stottern schaffen, dann sind Sie richtig gut!

Es gibt recht große Unterschiede zwischen der traditionellen Schriftsprache und der gesprochenen Sprache, vor allem sind in Mähren Dialektunterschiede zu beobachten.

Es handelt sich dabei um drei ausgeprägte Dialektgebiete: das Gebiet um Hana *(das mittelmährische)*, das mährisch-slowakische *(bzw. das ostmährische einschließlich der Walachei - Valašsko)* und das Gebiet um die Lachei *(das schlesische Gebiet)*.

Im Tschechischen wird grundsätzlich immer die erste Silbe des Worts betont. Einen kleinen Sprachführer finden Sie im Infoteil des Buches.

Literatur

Die Entstehung von Literatur ist verbunden mit der Entwicklung der Sprache und so kann man die Missionierung des Landes durch die aus Byzanz stammenden Brüder **Kyrill und Method** als einen Meilenstein in der Entstehung der tschechischen Kultur sehen. Sie übertrugen Ende des 9. Jh. das Evangelium, die Psalmen und andere Texte des Alten Testaments mit Hilfe einer eigens entwickelten Schrift ins Slawische - und schufen so die Voraussetzungen für eine sich allmählich entfaltende tschechische Literatursprache.

Für Jahrhunderte dominierte aber das Lateinische, sowohl in der kirchlichen Liturgie als auch bei Legenden, Heiligenviten und Chroniken. Erst seit dem **14. Jh.** verbreitete sich die tschechische Sprache in der Literatur (Übersetzung des Alexanderepos, die erste gereimte Dalimilchronik, sowie zahlreiche Heiligenlegenden). In der feudalen Ordnung des Mittelalters erreichte diese Literatur nur die Oberschicht, das breite Volk konnte ja kaum lesen oder schreiben.

Im **15. Jh.** verhalf die revolutionäre Bewegung der **Hussiten** unter ihrem charismatischen Führer Jan Hus, der in Tschechisch predigte, der lebendigen Sprache des Volkes zum Durchbruch. Die Králická bible *(Kralitzer Bibel)*, eine Übersetzung der Bibel ins Tschechische durch die religiöse Gemeinschaft der Böhmischen Brüder Ende des 16. Jh., stärkte eine volksnahe tschechische Literatursprache.

Die Vertreibung der Hussiten und die Rekatholisierung führten zu einer Spaltung der böhmischen Gesellschaft. Die neuen Herren hatten für die tschechische Sprache wenig übrig , denn Sprache prägt das Denken, die Kultur und die Identität. In der Verwaltung des habsburgischen Vielvölkerstaates, dem die böhmischen Länder für nahezu dreihundert Jahre eingegliedert waren, war Deutsch die praktische Verbindungssprache. Die mächtigen Adligen und die vermögenden Bürger in den Städten sprachen deutsch, und im 18. Jh. waren es in der Hauptsache nur die Bauern, Handwerker und Arbeiter, die noch tschechisch redeten. Die Kunstform dieser Zeit, das Barock, diente der Verherrlichung des absolutistischen Herrschers und stand im Dienst der Gegenreformation und des Katholizismus.

Ab Anfang des 19. Jh. kam es mit der Bewegung der Romantik in vielen europäischen Ländern zu einer Hinwendung zur jeweiligen **Nationalsprache** und zu volkstümlichen Motiven. **Josef Dobrovský**, Theologe und Sprachwissenschaftler, verfasste seine „Geschichte der böhmischen Sprache und Literatur" und das „Ausführliche Lehrgebäude der böhmischen Sprache", die erste moderne Grammatik des Tschechischen. Der böhmische Sprachwissenschaftler **Josef Jungmann** wurde mit seinen Übersetzungen der Werke von Chateaubriand, Milton, Goethe und Schiller und vor allem mit seinem tschechisch-deutschen Wörterbuch eine führende Persönlichkeit der tschechischen nationalen Wiedergeburt. Der Historiker **Karel Jaromír Erben** war Sammler von Volksdichtung und beschäftigte sich mit der tschechischen Nationaldichtung, vor allem mit der tschechischen Geschichte.

Weitere wichtige Vertreter der tschechischen Romantik sind **Karel Hynek Mácha** und **Josef Kajetán Tyl**, von dem auch der Text der tschechischen Nationalhymne „Kde domov můj" stammt.

Mit den Werken von **Božena Němcová** „Babička" *(Großmutter)* und **Jan Neruda** „Kleinseitner Geschichten" rückte in der zweiten Hälfte des 19. Jh. der Realismus in den Vordergrund. Übrigens „borgte" sich der chilenische Poet und Nobelpreisträger Pablo Neruda einen Teil seines Pseudonyms bei Jan Neruda, was diesen vielleicht sehr erheitert hätte.

Zwei Autoren, deren Werke mit dem in diesem Buch behandelten Gebiet verbunden sind, sollen hier erwähnt werden: **Karolína Světlá** (1830-99) mit ihrem "Dorfroman (*Vesnický román*)" und der Nymburker **Bohumil Hrabal** (1914-97) mit "Obsluhoval jsem anglického krále *(Ich habe den englischen König bedient)*".

Zu Beginn des 20. Jh. kann man von einer Blütezeit der tschechischen Literatur sprechen, als **Karel Čapeks** „Obyčejný život" *(Ein gewöhnliches Leben)*, **Jaroslav Hašeks** „Osudy dobrého vojáka Švejka" *(Der brave Soldat Schwejk)* und **Vladislav Vančuras** „Obrazy z dějin národa českého" *(Bilder aus der Geschichte des tschechischen Volkes)* erschienen.

In Prag gab es einen großen Kreis deutschsprachiger Autoren, von denen **Franz Kafka, Rainer Maria Rilke, Franz Werfel, Max Brod** und **Egon Erwin Kisch** wohl am bekanntesten sind. Filmschaffende, Musiker und Literatinnen und Literaten hatten stark unter den Repressionen zuerst des NS-Regimes und anschließend des kommunistischen Regimes zu leiden.

Die offizielle Literatur nach 1948 wurde vom sozialistischen Realismus beherrscht. Seit 1948 entstand eine neue tschechische Exilliteratur in Frankreich, Großbritannien, den USA, in der Bundesrepublik Deutschland, in Schweden und Italien (z.B. **Ivan Blatný, František Listopad, Zdeněk Němeček**), die in den Exilländern gegründeten Verlagen und Zeitschriften veröffentlicht wurde.

Mit der Abwendung vom Stalinismus nach 1956 kam es zu einer Liberalisierung des literarischen Schaffens. Vertreter waren u. a. **Jaroslav Seifert** (Nobelpreis für Literatur 1984), **Bohumil Hrabal** und die Dramatiker **Pavel Kohout** und **Vaclav Havel** (von 1989 bis 1992 Staatspräsident der Tschechoslowakei und von 1993 bis 2003 Präsident der Tschechischen Republik).

Der Prager Frühling 1968 beendete diese Phase dichterischer Freiheit und es gingen erneut zahlreiche Autoren ins Exil. In Paris leben **Milan Kundera, Patrik Ouředník** und **Věra Linhartová**; der Dramatiker Pavel Kohout lebt in Prag und Wien. Mehrere der Exilautoren schreiben auch in der Sprache ihres Exillandes, so Milan Kundera in französischer, **Ota Filip** und **Gabriel Laub** in deutscher Sprache.

Zu den bekanntesten Vertretern der Dissidentenliteratur gehören **Václav Havel**, **Ivan Klíma** und **Ludvík Vaculík**. Die Etablierung demokratischer Verhältnisse 1990 brachte früheren dissidenten Autoren neue Anerkennung. Bedeutende Autoren der Gegenwart sind **Michal Viewegh, Jáchym Topol, Zuzana Brabcová, Daniela Hodrová** und **Jiři Kratochvil**.

Musik

„Co Čech, to muzikant"

(Jeder Tscheche ist ein Musikant)

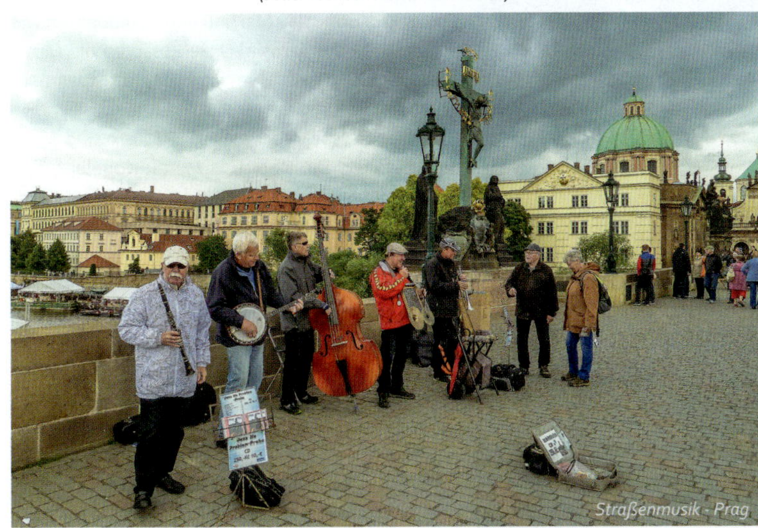

Straßenmusik - Prag

Die tschechische Musik hat ihre Wurzeln in den mittelalterlichen slawischen Volksliedern und in der geistlichen Musik der katholischen Messen. Im 15. und 16. Jh. verbreiteten sich die geistlichen Lieder der Hussiten mit ihren einfachen Melodien und den verständlichen Texten weit im Land.

Einige dieser Melodien wurden im 19. Jh während der nationalen Wiedergeburt von den Komponisten **Bedřich Smetana** und **Antonin Dvořák** verwendet. In der Barockzeit waren die Residenzen des Landadels, die Klosterseminare und die Jesuiten-, Piaristen- sowie Minoritenkollegien wichtige Musikzentren.

Von den adeligen Musikpellen war vor allem die Kapelle von **Kaiser Rudolf II**. berühmt, eines der bedeutendsten und größten höfischen Musikensembles im damaligen Europa.

Im 18. Jh. begannen Macht und Reichtum des Adels zu verfallen und viele Adelskapellen wurden aufgelöst. Stattdessen entstanden öffentliche Konzerthäuser und städtische Opern. Auch die Musik stellte sich in den Dienst der nationalen Wiedergeburt oder Nationalromantik. Die Komponisten wählten nun Themen aus dem böhmischen volkstümlichen Milieu oder aus der Geschichte und Melodien der böhmischen Folklore.

Das böhmische Nationalschaffen erreichte in den 60'er Jahren des 19. Jh. Weltniveau. Nun tauchen auch die populären Musikernamen auf: **Bedřich Smetana**, dessen sinfonische Dichtung **Má vlast** *(Mein Vaterland)* und daraus vor allem **Vltava** *(Die Moldau)* bekannt ist; **Antonín Dvořák**, Komponist von sinfonischen Dichtungen, Slawischen Tänzen, Instrumentalkonzerten, neun Sinfonien *(z.B. Aus der neuen Welt)* und 10 Opern *(z.B. Rusalka)*. **Leoš Janáček** fand seine Inspirationen oft in der tschechischen Volksmusik - gut zu hören in den **Lašské tance** und den **Hanácké tance**.

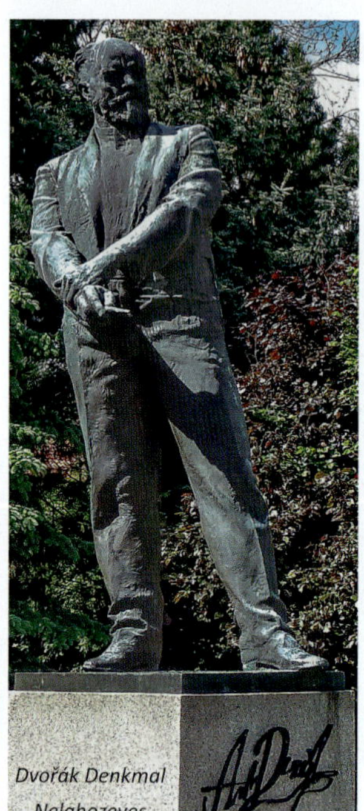

Dvořák Denkmal Nelahozeves

Bis heute ist von Leoš Janáček die **Oper Liška Bystrouška** *(Das schlaue Füchslein)* auf dem Spielplan vieler Opernhäuser zu finden.

Josef Suk, **Bohuslav Martinů** und Komponisten wie **Alois Hába** oder **Jaroslav Ježek** prägten die Musik der 1920er und 30er Jahre durch ihre oft experimentell-improvisatorischen Musikstile.

Vertreter der avantgardistischen Musik sind **Miloslaw Kabeléč**, **Jan Kapr** und **Marek Kopelent**. Das ganze Jahr über, vor allem aber in der warmen Jahreszeit, summt und swingt es auf vielen Musikfestivals.

Malerei

Die ältesten, noch erhaltenen Erzeugnisse sind **Buchmalereien** (Wischehrader Kodex) aus dem 11. Jh. & **romanische Wandgemälde** (St.-Katharina Znojmo, Emmauskloster Prag).

Während der Gotik erblühte die religiöse Malerei. In dieser Zeit wurden mehrere hervorragende **Altarbilder** (Leitmeritzer, Hohenfurther, Wittingauer Altar) geschaffen, deren Meister überwiegend anonym blieben. Ein Hauptwerk der damaligen Miniaturkunst ist die Prachthandschrift der **Wenzelbibel** (1380-90).

In der Renaissance und im Barock kamen einerseits zahlreiche italienische, niederländische und deutsche Maler nach Tschechien, andererseits gingen wiederum viele tschechische Maler zum Studium neuer Techniken ins Ausland. Hofmaler Rudolfs II. und Maximilians II. war **Arcimboldo** aus Mailand; die Brüder Asam schufen die Dekorationen des Speisesaals im Brezewnower Stil und Franz Maulbertsch malte Ende des 18. Jh. die Deckenfresken der Bibliothek des Prämonstratenserklosters in Strahov.

Den tschechischen Klassizismus und Romantismus repräsentieren **Antonin Manés**, **Josef Mánes**, **Mikoláš Aleš**, **Karel Postl**, **Adolf Kosárek** und **Josef Navrátil**.

In der zweiten Hälfte des 19. Jh. dominierte der Realismus in den Werken von **Antonín Chittussi** und **Karel Purkyně**.

Zu Beginn des 20. Jh. waren der Impressionismus mit **Antonín Slavíček**, der Symbolismus mit **Jan Preisler**, die Jugendstilmalerei mit **Mikoláš Aleš** und **Alfons Mucha** sowie der Kubismus mit **Bohumil Kubišta** die Hauptstilrichtungen.

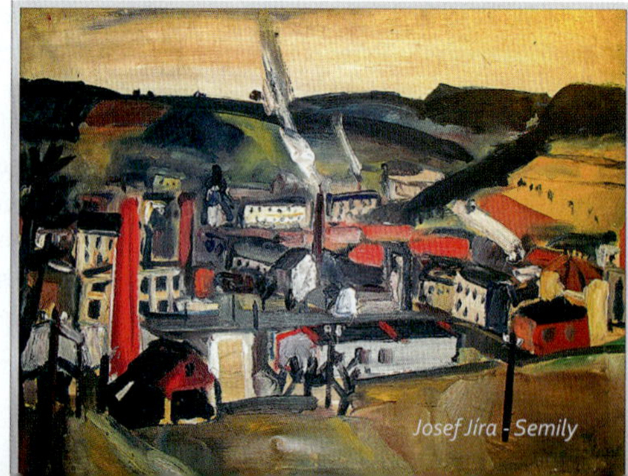
Josef Jíra - Semily

Bis Mitte der 1950er Jahre war dann die tonangebende Stilrichtung der sozialistische Realismus, der aber allmählich aufgeweicht wurde durch eine Rückkehr zu traditionellen Kunstwerten, zur Landschaftsmalerei, Stillleben, Veduten usw. Künstler wie der Theaterbildner **J. Svoboda** und der Maler und Dichter **J. Kolař** genießen heute internationalen Ruf.

Architektur

Wer sich auf ein Land mit allen Sinnen einlassen will, kommt an den diversen Ausdrucksformen der Architektur nicht vorbei. Egal, ob Sie wandern, radeln oder als Autotourist unterwegs sind - Sie betrachten Häuser, Gehöfte, Kirchen, Schlösser und Burgen aus vielen Epochen. Nicht alle sind gut erhalten oder stimmig restauriert, was oft den durch die politischen Ereignisse häufig unklaren Besitzverhältnissen geschuldet ist.

Im Jizerské hory *(Isergebirge)*, Krkonoše *(Riesengebirge)*, Český ráj *(Böhmisches Paradies)*, Chodsko *(Chodenland)*, im Šumava *(Böhmerwald)*, sowie im Gebiet um Budweis treffen Sie immer wieder auf beeindruckende Zeugnisse der Volksarchitektur.

Die ersten Zeugnisse menschlicher Baukunst sind aus dem 9. Jh. stammende Holz- und Steinfundamente in Staré Město, Mikulčice, Uherské Hradiště und Velehrad.

Die ersten Kirchenbauten orientierten sich zunächst an byzantinischen und später karolingischen Vorbildern (Basilika des Hl. Georg und Rotunde des Hl. Veit in Prag). Seit dem 11. Jh. setzte sich die Romanik durch und die Přemysliden schufen ein lockeres Netz romanischer Burgen, z.B. Přimda *(Pfraumberg)*. Klöster wie Teplá oder Třeboň und Kirchen wurden mit mächtigen Türmen gebaut.

Ab Mitte des 13. Jh. entwickelte sich die Formensprache der Gotik bei kirchlichen Bauten (Veitsdom in Prag, Klosterkirche Vyšší Brod, Kirche Hl. Barbara in Kutná Hora, Kloster Goldene Krone). Im 14. Jh. wurden mit Unterstützung von König Karl IV. bedeutende hochgotische Gebäude wie die Prager Burg unter dem Baumeister Peter Parler geschaffen.

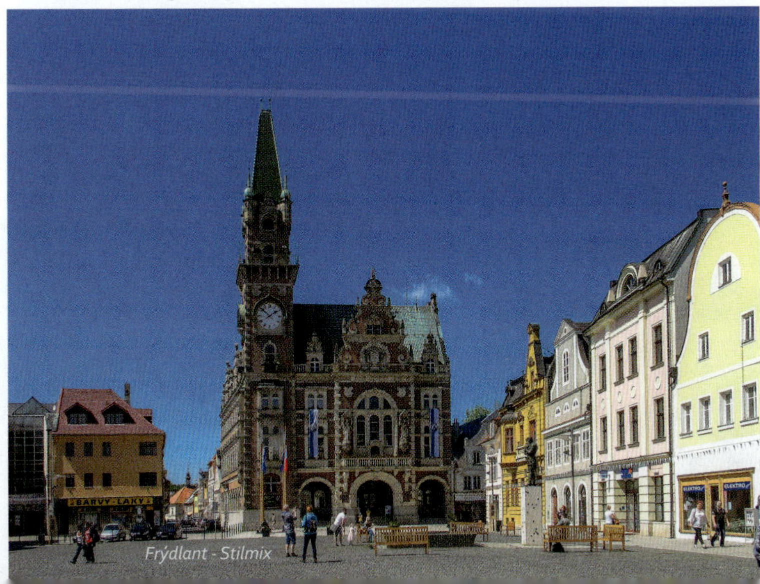

Frýdlant - Stilmix

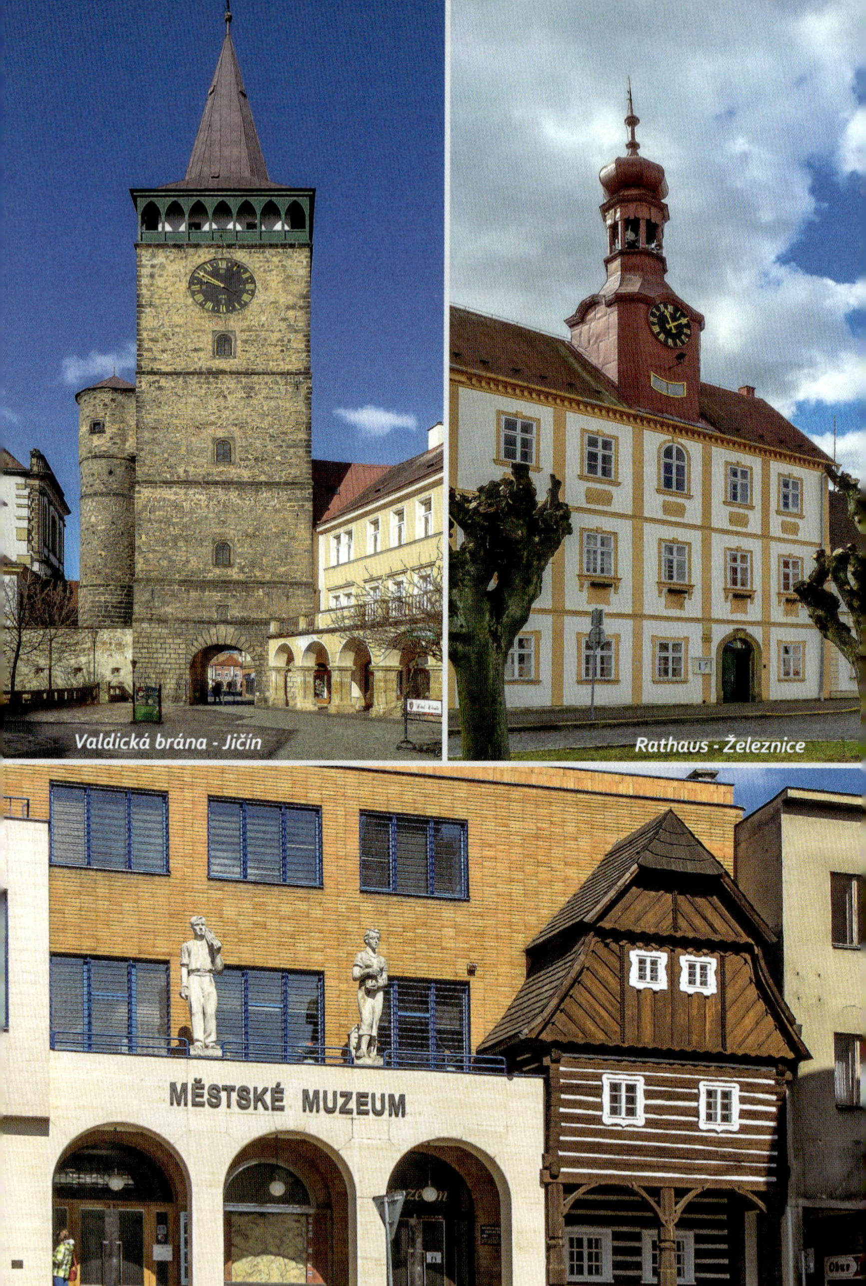

Valdická brána - Jičín

Rathaus - Železnice

Železný Brod - Museum

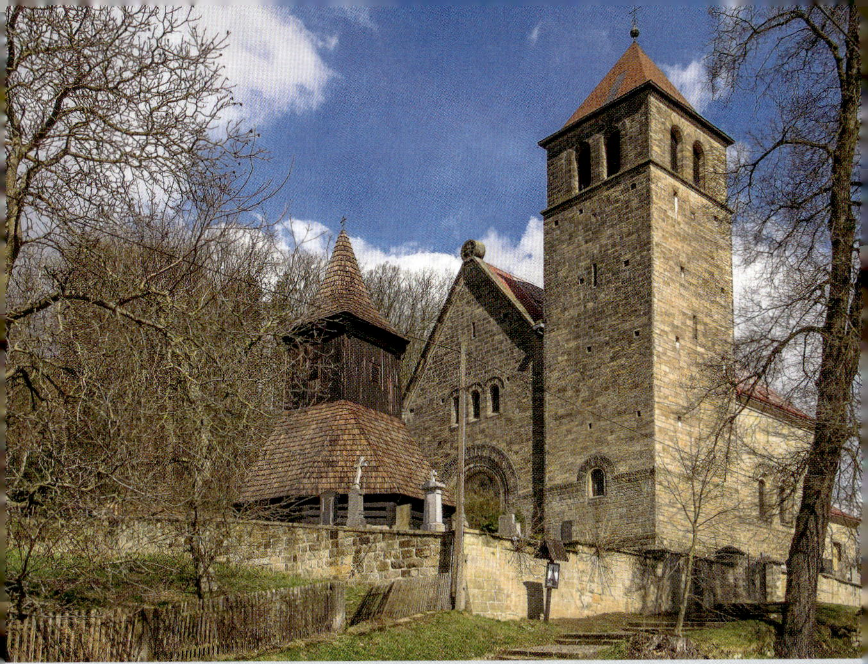

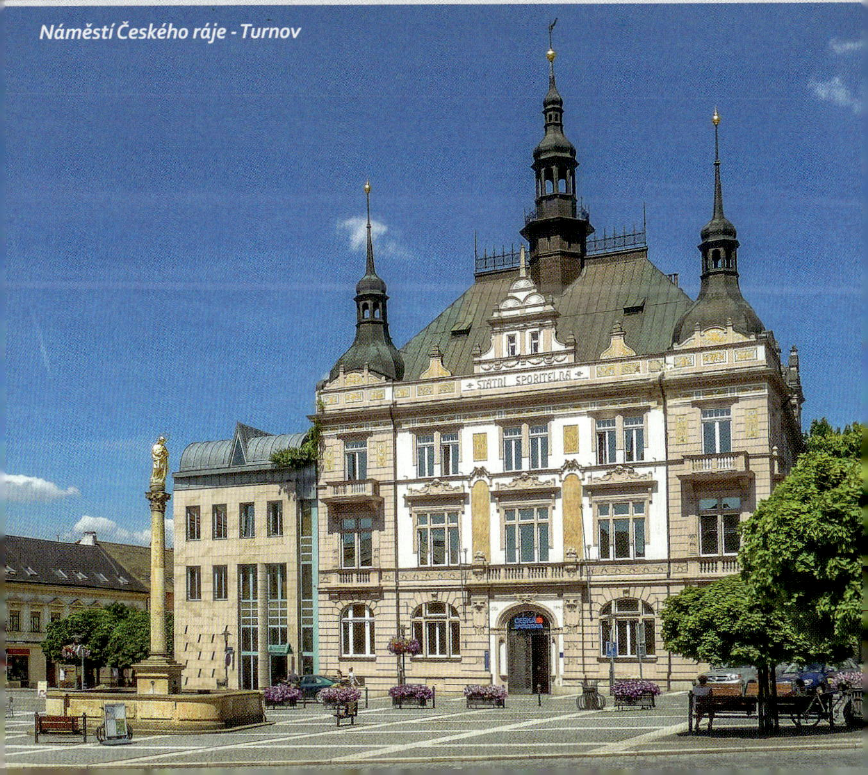

Náměstí Českého ráje - Turnov

Böhmen war damals kulturell und architektonisch ein wichtiges mitteleuropäisches Zentrum und Prag wurde zur größten Stadt des damaligen Europa. Aus dieser Zeit stammen auch die touristisch attraktive Ruine der Burg Trosky, die Burgen Karlštejn, Horšovský Týn, Zvikov, Křivoklát und viele Profanbauten (Steinbrücke Písek, Karlsbrücke & Pulverturm Prag, sowie zahlreiche Wohnhäuser).

Im 16. Jh. wurden die gotischen Formen mit Renaissance-Elementen verbunden und durchsetzt. Die Hinwendung zur antiken Kultur, die Wiederbelebung der antiken Sprachen und Philosophie sowie der Literatur und Kunst mündete in den Humanismus, in dem der Mensch und nicht mehr nur Religion und Mystik im Zentrum standen. Demzufolge waren nun Palast, Villa, Rathaus und Wohnhaus des wohlhabenden Bürgers interessante Bauaufgaben für den Renaissancekünstler, der sich als eine individuelle, universale Persönlichkeit sah und nicht wie im Mittelalter als anonymer Handwerker.

Die von Italien ausgehende **Kunst der Renaissance** *(=Wiedergeburt)* und die italienischen Künstler fanden in Böhmen und Mähren reiche Investoren und Bauleute vor, die bereit für das neue Weltbild und seine künstlerischen Ausdrucksformen waren. Alle, die es sich leisten konnten, wollten die neuen, komfortablen Bauten: die wohlhabenden Bürger modernisierten ihre Häuser, Rathäuser und Zweckbauten. Der humanistisch gebildete Adel zog während des 16. Jh. aus den unbequemen gotischen Burgen in neu errichtete, weitläufige Schlösser mit prächtigen Gärten. In Orten wie Telč, Tábor und Prachatice bekamen Hausfassaden **Sgraffiti-Verzierungen** und die neuen Schlösser wurden in reinem Renaissance-Stil errichtet.

Sgraffito *ist eine Kratzputztechnik, die sich aus Italien im 16. Jh. in Europa verbreitete. Ein Kalkputzgrund wird hergestellt, eingefärbt und auf die Fassade aufgetragen. Darauf gibt man nass in nass (al fresco) in drei bis vier Schichten einen Kalkanstrich. Aus dieser Beschichtung werden Flächen und Linien mit verschiedenen Instrumenten herausgekratzt - die Farbe der darunterliegenden Putzschicht wird dadurch sichtbar.*

Die barocke Kunst zeichnet sich vorwiegend durch eine repräsentative Architektur des Adels und der Kirche aus – die Gebäude sollten als überwältigendes Gesamtkunstwerk wirken. Diese Kunstauffassung spiegelt den damaligen gesellschaftlichen Wandel wider, bei dem der katholische Adel in Böhmen und Mähren im Zuge der Gegenreformation erstarkte, reich wurde und so Geld für repräsentative Bauten hatte. Auch die katholische Kirche wollte durch eindrucksvolle Neubauten ihre Stärke zeigen. Die Kirchen St. Maria de Victoria, St. Ignatius und St. Nikolaus in Prag, die Marienkirche in Hradec Králové sowie die Jesuitenkirche in Klatovy sind Beispiele aus dieser Zeit.

Im Klassizismus nahm die lebhafte Bautätigkeit ab (Schloss Kačina, Ständetheater in Prag). Der **Historismus des 19. Jh.** und hier vor allem die Neurenaissance zeigen sich im Nationaltheater und Nationalmuseum in Prag. Die Neorenaissance hinterließ eine Menge Bauwerke: königliche Residenzen, Rathäuser, Kirchen, Theater, Schulen, Kurgebäude, Pensionen und Stadthäuser. Sie wurde darüber hinaus zum Ausdrucksmittel für die böhmische nationale Wiedergeburt.

Anfang des 20. Jh. erreichte der **Jugendstil** in Böhmen ein hohes Niveau, zu sehen beim Gemeindehaus in Prag, dem kleinen Jugendstilsalon im Theater von Prostějov Proßnitz und an zahlreichen Villen und Mietshäusern.

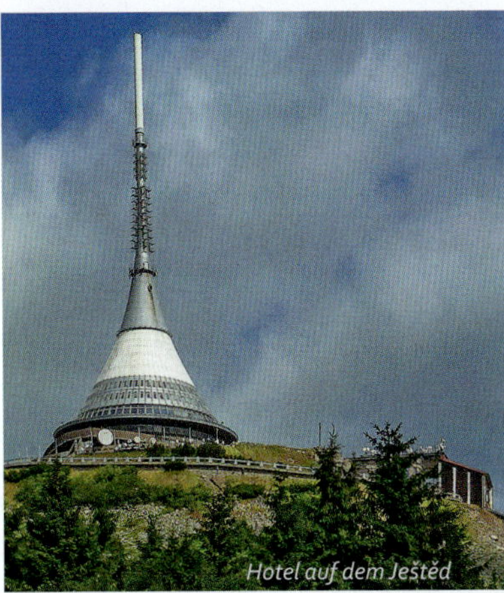
Hotel auf dem Ještěd

Etwa gleichzeitig tauchte der **Kubismus** auf, weltweit einzigartig in der Architektur! Zu den wichtigsten kubistischen Architekten gehört vor allem Josef Gočár, Baumeister z.B. des Hauses Zur schwarzen Mutter Gottes in Prag und des Kurpavillons im Kurort Lázně Bohdaneč Bochdanetsch. Die Wohngebäudearchitektur der Moderne wird durch die Villa Tugendhat von Mies van der Rohe und die Villa Müller von Adolf Loos repräsentiert.

Nach dem 2. Weltkrieg entstanden Bauten im Stil des **sozialistischen Realismus**. Das letzte Drittel des Jahrhunderts hinterließ außer Neubausiedlungen und Zweck- und Erschließungsbauten auch spannende Gebäude, z.B. der Sender auf dem Berg Ještěd *(Jeschken)* von Karel Hubáček.

Theaterspezialitäten

Eine tschechische Spezialität ist das Schwarze Theater, das seinen Ursprung im japanischen Puppenspiel, dem Bunraku, hat. Auf einer mit schwarzem Samt ausgeschlagenen Bühne agieren schwarz gekleidete Spieler mit Gegenständen und Requisiten. Da Schwarz auf Schwarz vom menschlichen Auge nicht unterschieden werden kann, bleiben die Akteure unsichtbar und die Dinge scheinen sich selbstständig zu bewegen. Wenn zusätzlich Schwarzlicht (UV-Licht) eingesetzt wird, leuchten weiße oder fluoreszierende Gegenstände (Schwarzlichttheater).

Die bekanntesten **Schwarzen Theater** sind in Prag das **Ta Fantastika Praha**, das **Animato** und das **Černé divadlo Jiřího Srnce**.

Die zweite Spezialität, der Sie im westlichen Böhmen in den Museen von Prachatice, Cheb und Český Krumlov begegnen können, ist das **Marionettentheater**. Seit hunderten von Jahren gehören Theaterstücke mit Puppen oder Marionetten zum nicht wegzudenkenden Repertoire der Unterhaltung, z.B. auf Jahrmärkten, aber auch vorgeführt durch reisende Theatergruppen aus verschiedenen europäischen Ländern. Anfang des 19. Jh. begann dann eine eigene Tradition, als der legendäre Václav Matěj Kopecký und seine Nachkommen mit ihrem Wandertheater durch die böhmischen Lande zogen. Die Puppenspieler waren zu wichtigen Trägern der nationalen Wiedergeburt geworden, denn in ihren Stücken konnten sie in einer klaren und einfachen Sprache die Idee der nationalen Erneuerung an der Zensur vorbei den Menschen verständlich näher bringen.

Die Puppen machten sogar Geschichte - in Pilsen gibt es eine Gedenktafel, auf der steht, das tschechische Kasperle Kašparek habe geholfen, Österreich-Ungarn niederzureißen!

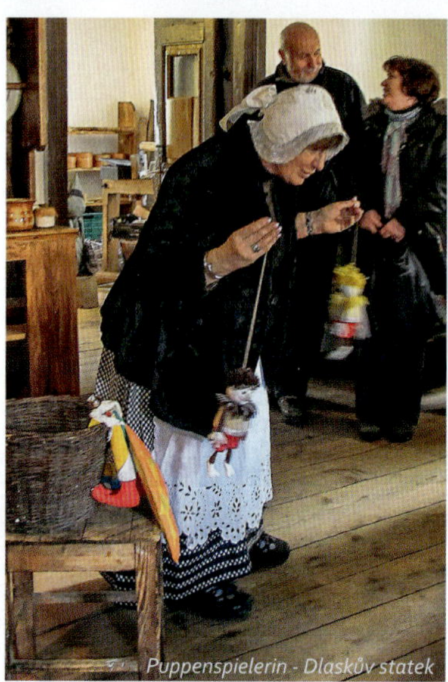
Puppenspielerin - Dlaskův statek

Im 19. Jh. entstanden dann auch die sogenannten Familientheater. Wer es sich leisten konnte, hatte ein Marionettentheater zu Hause, um das sich die Familie versammelte, um die neuesten Stücke zu bewundern. Viele davon waren so gut, dass sie als Amateurtheater regelmäßige Aufführungen zeigten.

Die Glanzzeit war aber im 20. Jh., als die Qualität der Aufführungen so groß war, dass sie die Entwicklung der Theater- und Animationsfilmkunst in der ganzen Welt beeinflusste. In dieser Zeit wurden auch **Spejbl & Hurvínec** in Pilsen geboren, ihr „Vater" war Josef Skupa, Gründer des weltbekannten Prager Marionetten Theaters Spejbl und Hurvínek. In der sozialistischen Zeit wurde das Puppentheater zum Instrument politischer Erziehung und nach 1989 kam eine Kommerzialisierung, die die Theaterszene gewaltig durchwirbelte. Derzeit gibt es in Tschechien neun professionelle Puppentheater und über 80 Amateurbühnen.

Kennen Sie noch Pan Tau? Der stumme (zumindest in den Folgen 1-26), elegante Herr mit der Zaubermelone, dem Regenschirm und der weißen Nelke im Knopfloch steht in der Tradition der modernen tschechischen Pantomime. Mit ihm begann 1970 die überaus erfolgreiche Kooperation zwischen dem WDR, dem tschechischem Autorenteam Ota Hofmann & Jindrich Polak und dem Schauspieler Otto Simanek.

Küche

Powdiltatschkerln aus der schönen Tschechoslowakei schmecken noch viel besser als die feinste Bäckerei. (Rudolf Skutajan)

Wenn Sie nach Tschechien reisen und dort abnehmen wollen, brauchen Sie besonders viel Disziplin, denn die tschechische Küche serviert üppige Mahlzeiten!

Unsere ersten Erfahrungen haben wir in einer kleinen Kneipe im Adlergebirge nahe der tschechisch-polnischen Grenze gemacht. Mehrere Abende haben wir dort gegessen, es gab eine

Křen - Kren - Meerettich: *Wie kommt der křen nach Wien? Rund eine Viertelmillion Tschechen sollen um die Jahrhundertwende herum in Wien gelebt haben – viele als Ziegeleiarbeiter oder Hauspersonal. Um 1880 stammten fast 50% des Hauspersonals aus Böhmen und Mähren. Es gehörte in einem großbürgerlichen Haushalt in Wien um 1900 geradezu zum guten Ton, eine „böhmische Köchin" zu haben. Sie brachten die Bezeichnungen für ihre Speisen mit und darum gibt es auch in Wien Kren und Golatschen, Powidl und Buchteln, Klobasse und Knödel...*

ausführliche landessprachliche Speisekarte! In unserem Wörterbuch (wir konnten damals noch kein Wort Tschechisch) fanden wir keines der Gerichte wieder, also haben wir einfach mit dem Finger auf irgendein Essen getippt - und was kam, war immer köstlich! Dem Wirt hat das offenbar gut gefallen, denn er hatte immer so ein schelmisches Schmunzeln im Gesicht. Am letzten Abend brachte er uns mal eine andere Karte - ...und die war in Deutsch!

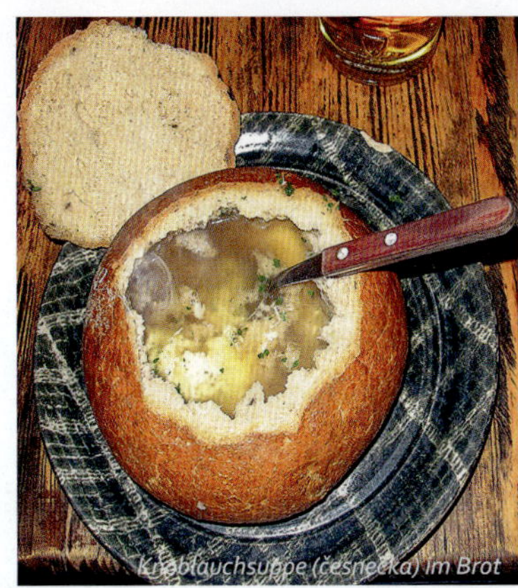
Knoblauchsuppe (česnečka) im Brot

Tschechien ist ein Binnenland mit mildem Klima, und die Grundlage der heimischen Küche sind demzufolge Getreide, Hülsenfrüchte, Kartoffeln und Fleisch.

Polévka *(Suppen)* sind nicht wegzudenken, meistens eine Gemüse- oder Fleischbouillon mit unterschiedlicher Einlage, manchmal auch angedickt, mit Brot als eigenständige Mahlzeit serviert. Die bekanntesten sind:

bramborová polévka oder bramboračka *(Kartoffelsuppe)*, **česneková polévka** oder česnečka *(Knoblauchsuppe)*, **kuřecí polévka s nudlemi** *(Hühnerbrühe mit Nudeln)*, **hovězí polévka s játrovými knedlíčky** *(Rindfleischsuppe mit Leberknödeln)* & **zelná polévka** oder zelňačka *(Sauerkrautsuppe)* und im Riesengebirge die **Krkonošské kyselo** *(Saure Suppe)*.

Der Hauptgang *(hlavní chod)* besteht für gewöhnlich aus Fleisch *(maso)*, egal ob Schweinfleisch *(vepřové)*, Rindfleisch *(hovězí)* oder Geflügel *(kuře)* oder Wild *(zvěřina)*.

Pečená kachna oder husa *(Gebratene Ente oder Gans)* wird häufig mit Kraut und Knödeln serviert. Durch das Bestreichen mit Honig entsteht beim Backen eine goldgelbe Kruste. **Bramboráky** *(Kartoffelpuffer)* aus geriebenen, rohen Kartoffeln werden mit Majoran und Knoblauch verfeinert und warm als Beilage zu Fleisch, mit Fleischstücken gefüllt, mit Käse überbacken oder aber alleine gegessen.

Smažený sýr *(Panierter Käse)* wird mit Kartoffelbrei oder Pommes Frites und tatarská omáčka *(Remoulade)* serviert.

Von den Fischen, meist Süßwasserfischen, wird vor allem der kapr *(Karpfen)* und pstruh *(Forelle)* zubereitet. Wie fast überall in Osteuropa findet man auf den Speisekarten neben der Preisangabe auch die Gewichtsangabe: Fleisch & Knödel 150g/100g usw. Ausnahme stellen Fischgerichte dar: hier erfolgt die Angabe in Kronen pro Gramm oder 10 Gramm. Wer sich also wundert, warum Fischgerichte so billig sind, sollte noch mal genau hinsehen!

Krkonošské kyselo (Saure Suppe): 250 g Sauerteig mit 50-100 g Roggenmehl und etwas Wasser verrühren und über Nacht stehen lassen.

Dann weichen Sie 50 g getrocknete Stein- oder Mischpilze ein, gießen das Einweichwasser ab, kochen die Pilze in 2 Liter Wasser, welches mit Salz und Kümmel gewürzt ist, weich. Nun rühren Sie langsam das Sauerteiggemisch dazu. Aus 4-5 Eiern machen Sie Rührei, dünsten 4 gewürfelte Zwiebeln in Butter und geben die Eier mit den Zwiebeln in die Suppe.

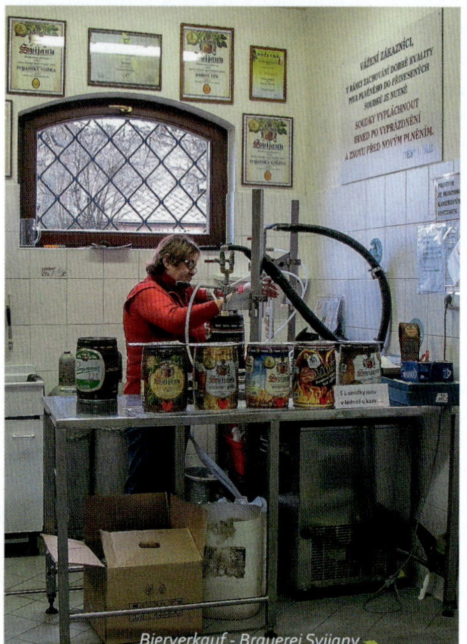
Bierverkauf - Brauerei Svijany

Eine besondere Spezialität der tschechischen Küche sind die Saucen und Knödel. Die üppigen Saucen enthalten in der Regel Rahm, Butter und Mehl. Es gibt viele Arten von Knödeln, z. B. Semmel-, Kartoffel- und Selchfleischknödel, aber auch süße Obstknödel.

Sladké knedlíky *(Süße Knödel)* sind Hefe- oder Kartoffelknödel mit Erdbeeren, Aprikosen, Pflaumen, Apfelmus oder Powidl *(Zwetschgenmus)* gefüllt.

Serviert werden süße Knödel mit Mohn, geriebenem Quark oder Nüssen und mit zerlassener Butter.

České buchty *(Tschechische Buchteln)* aus Hefeteig werden mit Mohn, Powidl oder Quark gefüllt. Und dann gibt es noch Liwanzen, Golatschen, Powdiltatschkerln, Dalken ... sündhaft gut!

Zur tschechischen Küche (vielleicht nicht gerade zu den Mehlspeisen) passt perfekt Bier. **Tschechisches Bier** ist weltberühmt und hat eine lange Tradition. Die berühmtesten Biere sind das Pilsner Urquell und Budweiser Budvar. Versuchen Sie aber auch unbedingt die regionalen Biere wie Bier aus Svijany, Harrachov, der Brauerei Krakonoš in Trutnov oder der Brauerei Konrad aus Liberec.

Tschechischer Wein ist nicht sehr bekannt, aber ziemlich lecker! Wie in ganz Europa wird auch in Tschechien seit der Römerzeit Wein angebaut. Den größten Aufschwung erzielte die hiesige Weinwirtschaft vor dem Dreißigjährigen Krieg, als es in Böhmen 15.000 und in Mähren 20.000 Hektar Weinberge gab. Heute sind es 19.000 Hektar, die vor allem in Mähren liegen. Dort gibt es vier große Weinanbaugebiete: **Znojemsko, Velké Pavlovice, Mikulovsko** und **Slovácko**.

Die **böhmischen Weinberge** befinden sich entlang der Flüsse Moldau, Elbe, Eger und Beraun in der Nähe von Mělník, Litoměřice und Most und gehören in Europa zu den nördlichsten Weinbauregionen.

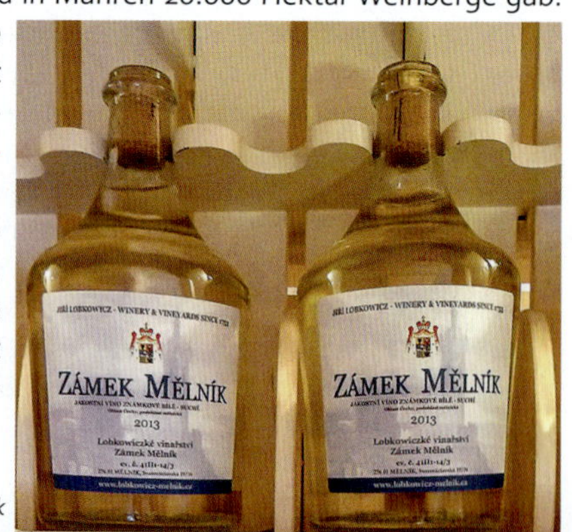

Wein aus Mělník

Kartoffelpuffer Sejkory:
Sie durften früher auf keinem Jahrmarkt im Riesengebirge fehlen. Diese Kartoffelpuffer wurden oft direkt auf der Ofenplatte gebacken. 1 kg Kartoffeln, 1 Zwiebel und Knoblauch schälen, fein reiben und die überflüssige Flüssigkeit abgießen. 2 Eier in wenig Milch schlagen und zu den Kartoffeln gießen, 150 gr feines Mehl dazu tun, mit Majoran, Salz und Pfeffer würzen. Ein wenig Teig in eine Pfanne streichen und die Puffer in Schmalz oder Butter knusprig braten.

Es werden Rot- und Weißweine angebaut, z.B. Riesling *(Ryzlink rýnský)*, Veltliner *(Veltlínské zelené)* und Blauer Portugieser *(Modrý Portugal)*.

Die Weine können bei internationalen Wettbewerben durchaus mit den klassischen Weinländern mithalten. Es Fest für alle Sinne sind die Weinfeste *(slavnosti vína)*, die im Herbst in fast jedem Weinort stattfinden.

Restaurace ist die tschechische Bezeichnung für Restaurant, Hostinec oder Hospoda heißt Gaststätte - ein einfacheres Lokal, wo hauptsächlich Bier gezapft wird und man einfache Speisen erhält. Pivnice ist eine Bierstube. Ein halber Liter Bier kostet in Tschechien ungefähr 25-50 Kč, in überteuerten touristischen Lokalen auch mal bis zu 100 Kč und mehr.

Man kann schon für ca. 150 Kč ein Fleischgericht bekommen, besondere Essen in besonderen Lokalen kosten mehr. In einigen Restaurants wird automatisch auch das sogenannte Kuvert zusätzlich berechnet - ca. 10-30 Kč pro Person (für die Benutzung von auf dem Tisch stehenden Saucen, Öl usw.), das sollte dann aber auf der Speisekarte angegeben sein.

Wenn Sie im Restaurant zufrieden sind, freut sich das Personal über ein Trinkgeld von 10-15 % des Preises.

In tschechischen Restaurants ist das Rauchen erlaubt und nur einige von ihnen bieten einen rauchfreien Raum an.

Wer die typische tschechische Küche ausprobieren möchte, sollte dort essen, wo die Einheimischen essen. Lokale, die schon draußen mit englisch-deutsch-russischen Schildern werben, warten auf Touristen und haben oft Extra-Preise! Suchen Sie sich deshalb in typischen Touristenhochburgen am besten ein Lokal ein bisschen abseits - Sie werden dort oft besser, preiswerter und authentischer speisen!

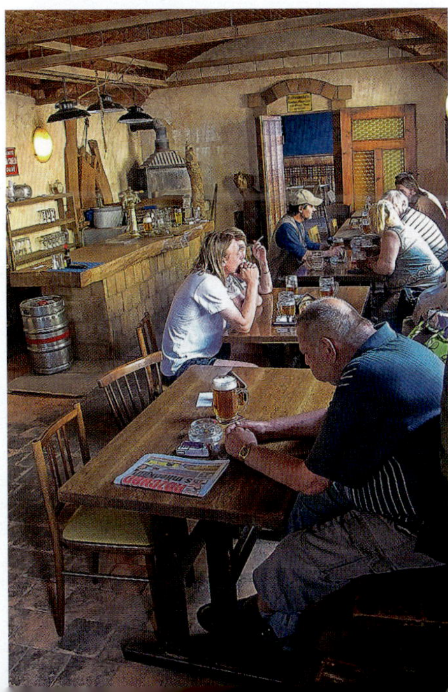

Pivnice (Bierstube) in Český Dub

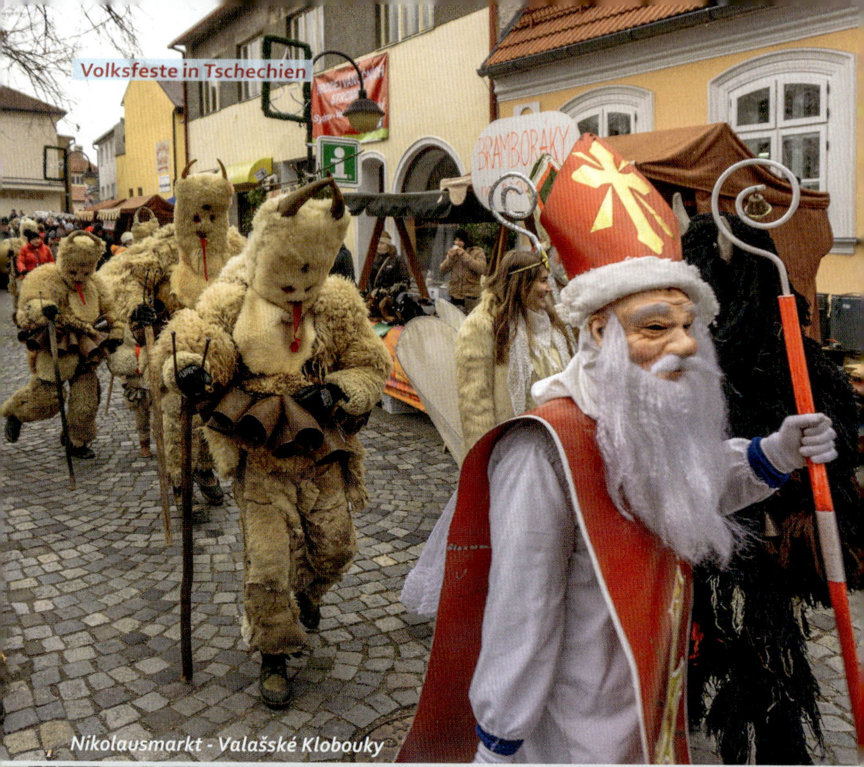

Nikolausmarkt - Valašské Klobouky

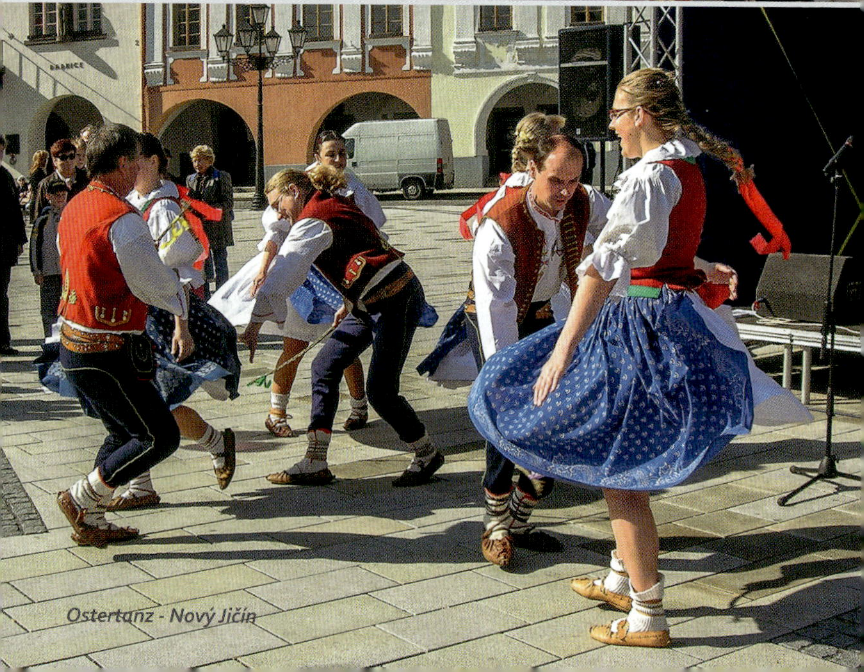

Ostertanz - Nový Jičín

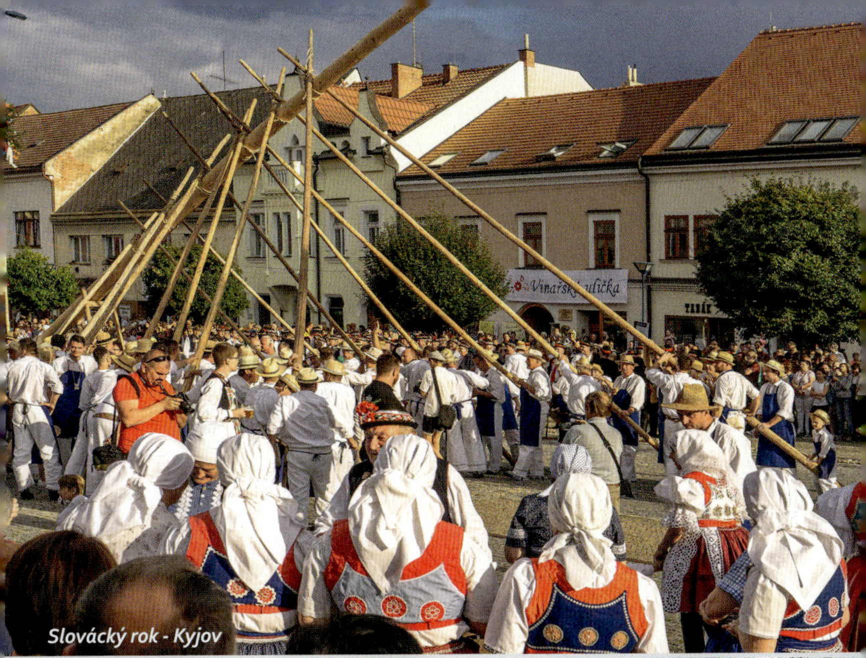

Slovácký rok - Kyjov

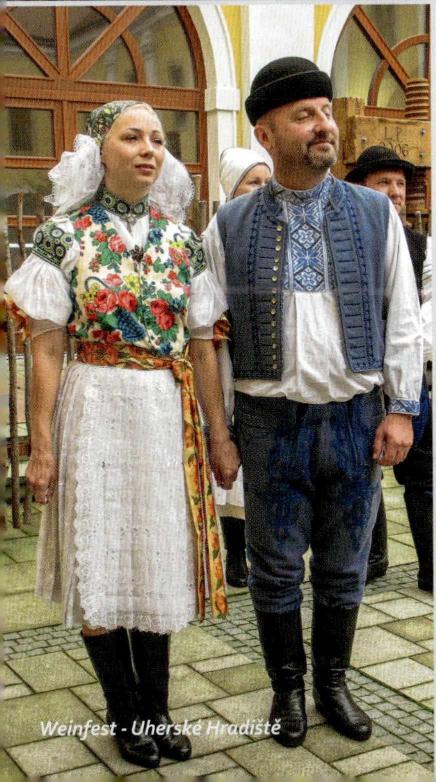

Weinfest - Uherské Hradiště

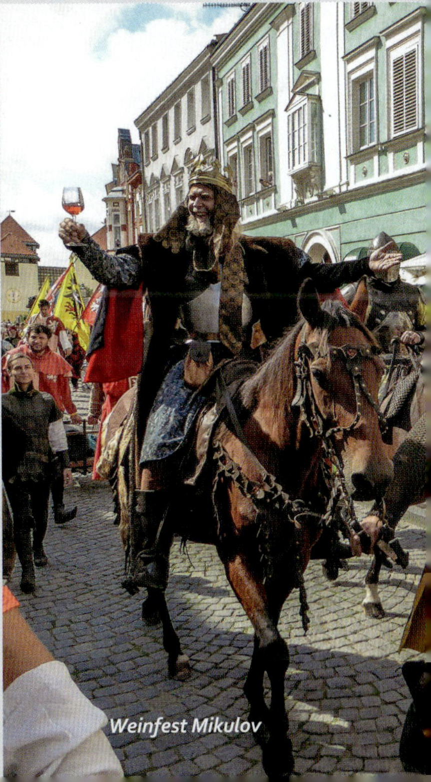

Weinfest Mikulov

Reiseteil

Isergebirge – Jizerské hory

Lausitzer Gebirge – Lužické hory

Jeschkengebirge – Ještědský hřbet

- Reiseziele von A bis Z
- Burgen, Schlösser
- Baudenkmäler
- Sehenswertes
- Kulturschätze
- Spaziergänge
- Naturparks
- Kirchen

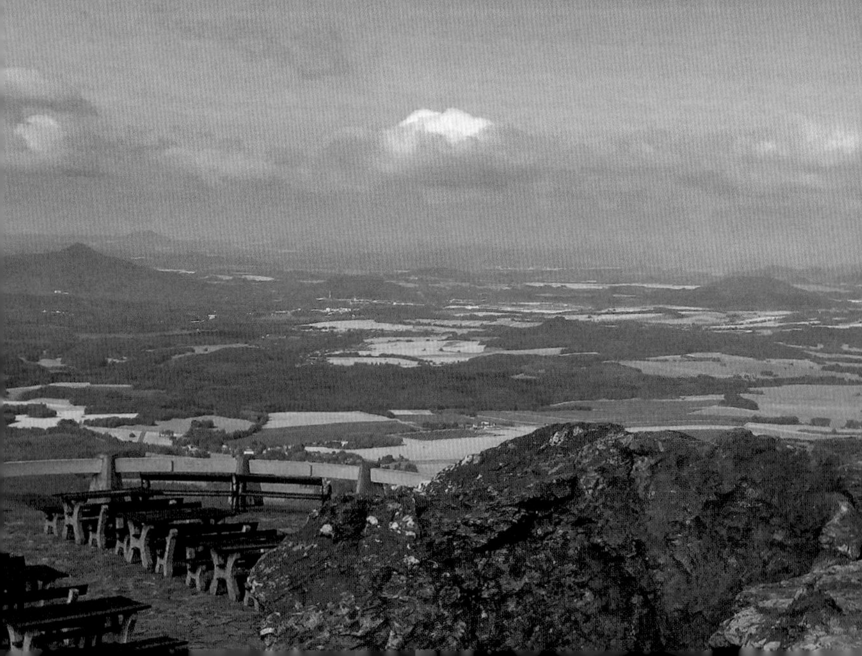

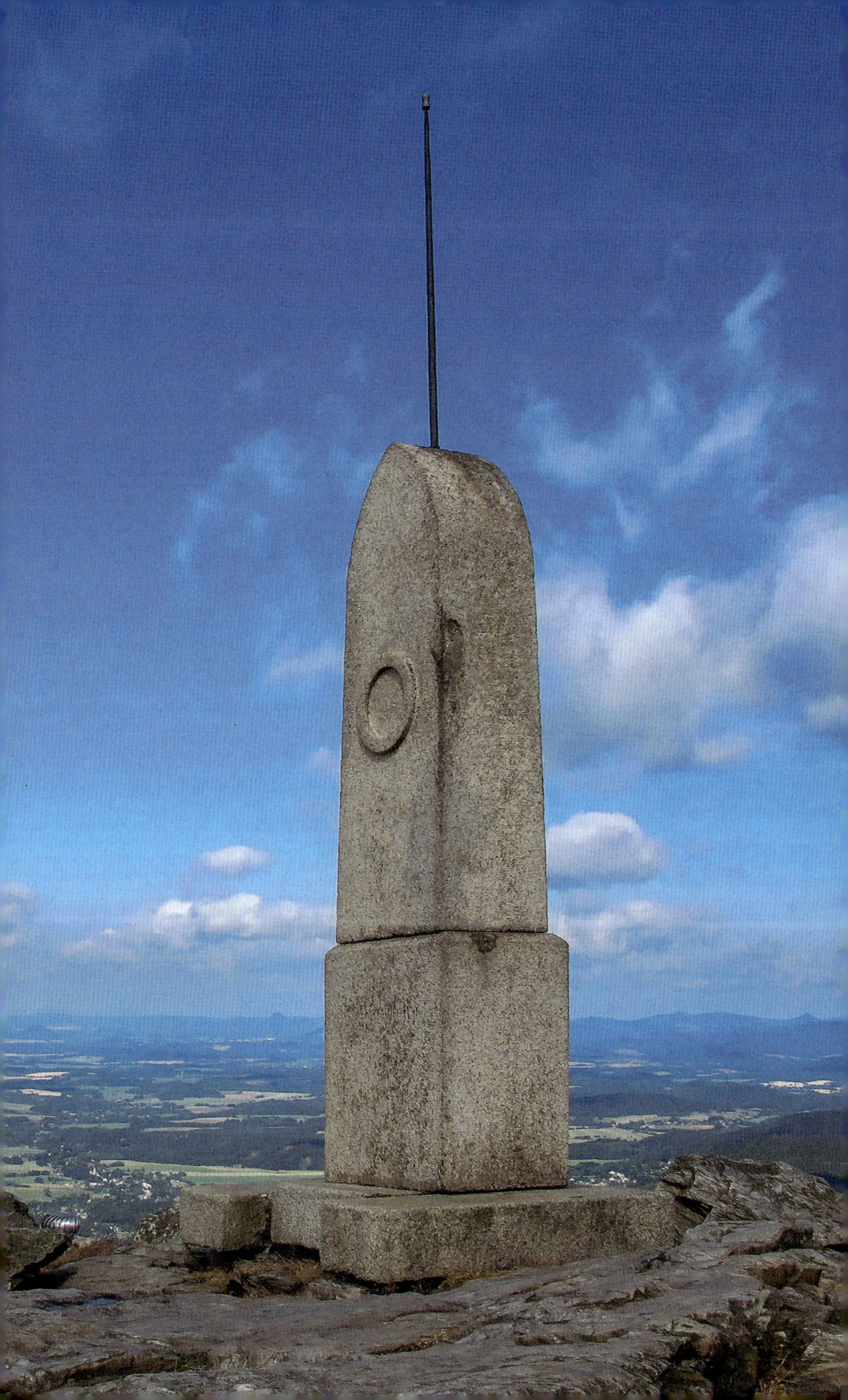

Jizerské hory *(Isergebirge)*
Frýdlantská pahorkatina *(Isergebirgs-Vorland)*
Lužické hory *(Lausitzer Gebirge)*
Česká tabule *(nördliches Böhmisches Tafelland)*

„Die Wälder waren ganz anders. Sie waren menschenleer, für mich, der gern allein durch Wälder streifte, war es fantastisch".
Miloslav Nevrlý in einem Interview mit Radio Prag

In den Westsudeten hat sich die Natur trotz massiver Eingriffe des Menschen ihre Ursprünglichkeit bewahrt. Die Landschaft ist oft rau und spröde, manchmal auch grandios und überwältigend. Die Gegensätze begeistern: schroffe Felsgebilde kontrastieren mit weiten, kargen Hochebenen, kahle Hänge und Berggipfel mit schattigen Tälern und sprudelnden Bächen, dunkle Tannenwälder mit offenen Blumenwiesen.

Allerdings trügt die Idylle: das deutsch-polnisch-tschechische Dreiländereck war im 20. Jh. die am stärksten umweltbelastete Region Europas, was ihr den Namen „Schwarzes Dreieck" eingebracht hat. Zu den bekannten Folgen zählt das Waldsterben im Isergebirge. Das Dorf Jizerka war beispielsweise bis etwa 1970 vollständig von Nadelwäldern umgeben - heute sind die Kämme des Isergebirges kahl trotz der Wiederaufforstungsmaßnahmen seit den 1990'er Jahren. Schneereiche Winter haben viele junge Bäume durch Schneebruch beschädigt. Aber gerade diese kahlen Kuppen machen den heutigen Reiz dieser Landschaft aus - Natur im Wandel!

Reisende, die in den Orten sensationelle Sehenswürdigkeiten auf Schritt und Tritt erwarten, werden ernüchtert sein. Keine üppigen Prachtboulevards wie in Prag und keine überbordende Gemütlichkeit wie in Český Krumlov. Stattdessen punkten die Städtchen und Dörfer mit authentischer Volksarchitektur, romantischen Winkeln und immer wieder mit schönen, offenen Marktplätzen. Die Museen präsentieren liebevoll zusammen getragene Volkskunst und Glasobjekte. Viele Kirchen liegen so schön in der Landschaft, dass Sie die Erhabenheit spüren können. Öffnen Sie Ihr Herz den unaufdringlichen Kostbarkeiten der nordböhmischen Landschaft und Sie werden nicht enttäuscht werden!

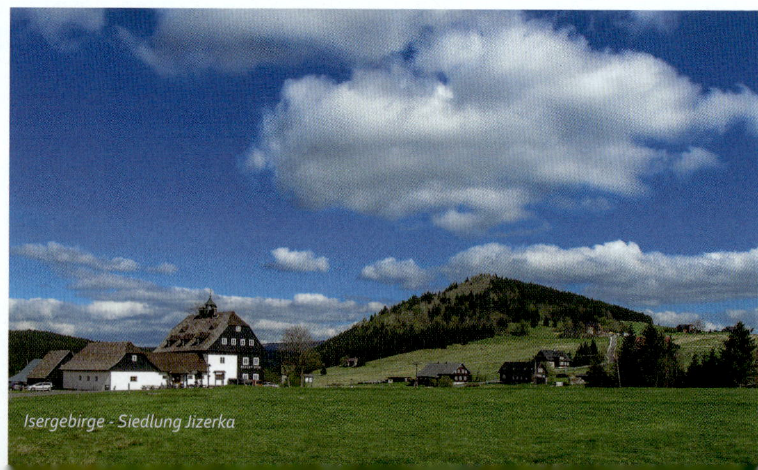
Isergebirge - Siedlung Jizerka

Das westsudetische **Jizerské hory** *(Isergebirge)* verbindet das Zittauer Gebirge/Lausitzer Gebirge im Osten mit dem **Krkonoše** *(Riesengebirge)* im Westen und reicht bis nach Polen. Der höchste Berg ist der in Polen gelegene Wysoka Kopa (*Hinterberg*, 1.126 m), auf tschechischer Seite ist es der Berg Smrk (*Tafelfichte*, 1.124 m). Im Osten bilden die Flüsse Mumlava *(Mummel)*, Milnice und Kamienna *(Zacken)*, bzw. die Bundesstraße 10, die Grenze zum Riesengebirge.

Das verzweigte Flusssystem der **Nisa** *(Neiße)* trennt im Südosten das Jizerské hory vom Ještědsko-kozákovský hřbet *(Jeschken-Kosakow-Kamm)*. Nördlich reicht das **Frýdlantská pahorkatina** *(Isergebirgs-Vorland)*, auch Friedländer Zipfel genannt, nach Polen hinein.

Etwas verwirrend - einige Flüsse tragen den Namen "Neiße", so z.B. die Glatzer oder Schlesische Neiße *(Nysa Kłodzka)*, die Wütende Neiße *(Nysa Szalona)* oder die Kleine Neiße *(Nysa Mała)*. Durch das hier besprochene Gebiet fließt die **Lausitzer Neiße** *(Lužická Nisa, Nysa Łużycka)*, früher auch Görlitzer Neiße genannt, mit 254 km der längste Nebenfluss der Oder und seit 1945 Teil der deutsch-polnischen Grenze. Die Hauptquelle der Lausitzer Neiße, die Lučanská Nisa *(Wiesenthaler Neiße)* finden wir bei Nová Ves *(Neudorf)* und Lučany nad Nisou *(Wiesenthal)*. Weitere Quellflüsse sind Bílá Nisa *(Weiße Neiße)*, Černá Nisa *(Schwarze Neiße)* und Gablonzer Neiße oder Neudorfer Bach *(Novoveský potok)*. Nachdem der Fluss munter durchs Isergebirge gesprudelt ist, durchquert er das böhmische Becken mit Jablonec nad Nisou und Liberec. Bei Hartau verlässt er Tschechien und bildet bis zur Odermündung bei Ratzdorf/Kosarzyn *(Kuschern)* die Staatsgrenze zwischen Deutschland und der polnischen Republik.

Noch bis Mitte der 90'er Jahre zählte die Lausitzer Neiße zu den stark verschmutzten Gewässern. Kommunale und industrielle Abwässer belasten sie heute nur noch mäßig; vor allem die Sauerstoffverhältnisse sind stabil. Die Umweltschutzmaßnahmen haben in den

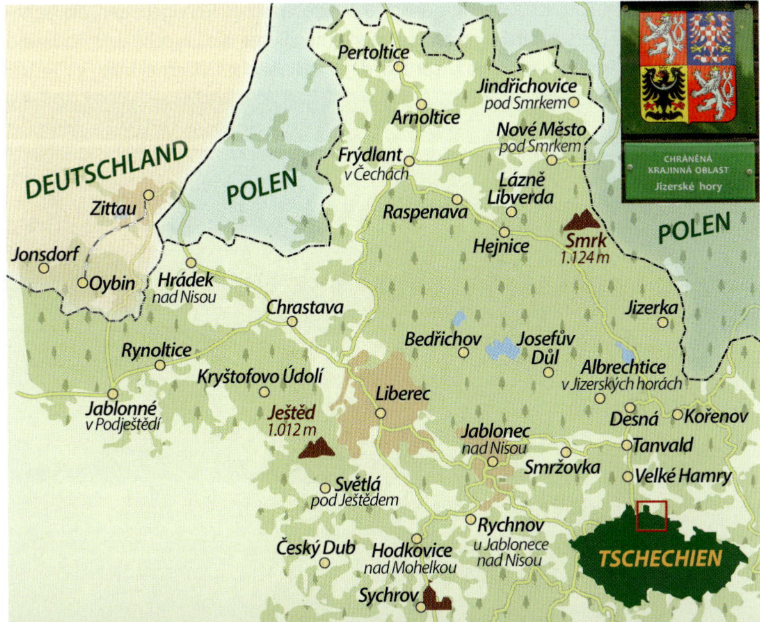

letzten 20 Jahren zu einer Vergrößerung der Artenvielfalt beigetragen. Zander, Wels, Rapfen, Saibling, Giebel, Regenbogenforelle, Maräne, Bachneunauge, Hecht, Gründling, Döbel und Plötze sind nur einige der 37 Fischarten, die in der Neiße ihren Lebensraum haben.

Die zentrale Hochfläche der Jizerské hory mit Torfwiesen und Torfmooren wird von einzelnen Gebirgskämmen aus Gneis, Glimmerschiffer und vor allem Granit umgeben. Teile der Moorlandschaft mit ihrer einmaligen Pflanzenwelt sind geschützt, so z. B. im 500 ha großen Naturschutzgebiet Isermoor.

Hier herrscht ein raues Klima mit kurzen, eher kühlen Sommern und langen Wintern - die Berge sind manchmal bis zu 160 Tagen mit Schnee bedeckt. Trotzdem oder auch gerade deswegen ist das Gebiet ein beliebtes Erholungsgebiet. Im Sommer tummeln sich Wanderer und Radtouristen auf den gut markierten Wegen. Im Winter werden die Wege zu präparierten Loipen, die Skifahrer anziehen. Die bekannteste ist die **Isermagistrale** mit mehr als 170 km gespurten Loipen.

Am Fuße des Smrk entspringt die etwa 160 km lange **Jizera** *(Iser)*, die dem Gebiet auch den Namen gegeben hat. Wichtigster Nebenfluss ist die Jizerka *(Kleine Iser)*. Die Jizera hat ein Einzugsgebiet von 2.193 km² und mündet nach 164 km bei Lázně Toušeň in die Elbe. Sie ist ein Gewässer für Fliegenfischer, denn über einem Fels- und Sandbett mit sowohl schnell als auch langsam fließenden Zonen fühlen sich Forellen und Äschen wohl. Flusskrebse beweisen die Wassergüte. Mit etwas Glück können Sie seltene Vogelarten sehen: den Eisvogel, die Bachstelze oder Reiher.

Wenn Sie das Gefühl haben, es würden einige Flüsse so ähnlich wie Iser heißen, dann haben Sie recht. Ein indogermanisches Wort „is" mit der Bedeutung „schnell fließendes Wasser" ist Namenspatron für die Isar in Bayern, den Eisack *(ital. Isarco)* in Südtirol, die Ijssel in den Niederlanden und die Isère in Frankreich.

Das **Lužické hory** *(Lausitzer Gebirge)* gehört zu den Böhmischen Randgebirgen, die Tschechien einrahmen. Die schroffen Formen der markanten Berge wie Lausche und Hochwald sind Beweis für ihren vulkanischen Ursprung, denn vulkanisches Magma drang im Tertiär

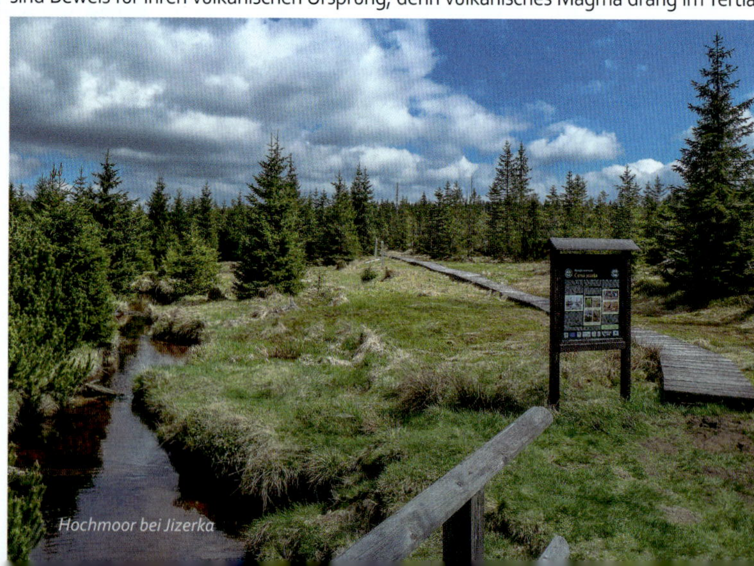

Hochmoor bei Jizerka

Hochmoore entwickelten sich vor Jahrtausenden an Stellen, an denen sich Wasser in kleinen Seen staute. Nach den Eiszeiten wuchsen diese kleinen Seen und Tümpel mit Wasserpflanzen und verschiedenen Torfmoosen zu. Unter der dichten Pflanzendecke zersetzten sich die Pflanzen unter Luftabschluss bei sauren Böden – Torf entstand. Die Torfbildung geht äußerst langsam vor sich, nur ca. 1 mm pro Jahr.
Auf Moorböden gedeihen charakteristische Tier- und Pflanzenarten, die sich dem sauren Milieu und dem nährstoffarmen Boden angepasst haben - Gemeine Fichte, Moor-Bergkiefer, Berg- bzw. Latschenkiefer, Moor-bzw. Haarbirke, Rauschbeere, Gemeine Krähenbeere, das Echte Fettkraut, der Rundblättrige Sonnentau und verschiedene Torfmoose. Seltene Schmetterlinge, Libellen und Wasserjungfern, Wolfsspinnen, Grasfrosch, Kreuzottern, Auerhahn, Schwarzstorch, Sperlingskauz, Schwarzspecht und der Eurasische Lux finden hier ihren Lebensraum.

durch die darüber liegende Sandsteinplatte. Auf dem vulkanischen Gestein wachsen heute Buchenwälder, wo hingegen auf dem Sandstein Kiefernwälder zuhause sind. Der tschechische Teil steht seit 1976 als Chráněná krajinná oblast Lužické hory unter Naturschutz.

In den Wäldern wachsen auch Bergahorn, Esche, Eiche, Birke und Eberesche, Heidel- und Preiselbeere, Sauerklee, Pfeiffengras, Besenheide, Arnika, Rundblättriger Sonnentau, Knabenkraut und Sumpf-Läusekraut. Dazwischen leben Rehe, Hirsche, Wildschweine, Füchse, Dachse, Baum- und Steinmarder, Feuersalamander, Bergmolch und Kreuzotter. Auch seltene Vögel sind hier heimisch, z.B. der Wanderfalke, Uhu oder Gartenrotschwanz.

Da sowohl das Lausitzer Gebirge als auch das Ještěd-Gebiet für die Ansiedelung von Industrie nie von Interesse waren, ist die Natur relativ intakt, und es sind viele schöne, für die Region charakteristische Fachwerk- und Umgebindehäuser erhalten geblieben.

Das Ještěd-Gebiet ist eine stark gegliederte, vom Menschen seit dem Mittelalter geformte Landschaft. Der Ještěd-Rücken, aus Quarzit bestehend, war jahrhundertelang eine natürliche Grenze, die das deutsche vom tschechischen Sprachgebiet trennte. Auch vor diesem Teil der westlichen Sudeten haben die giftigen Emissionen der Fabriken im „Schwarzen Dreieck" nicht haltgemacht. Der Schaden war aber nicht so groß wie im Isergebirge, und heute ist die Natur wieder auf einem guten Weg. 1995 wurde zum Schutz der Landschaft und zur Erhaltung der Naturressourcen der Naturpark Ještěd mit einer Fläche von 9.360 ha gegründet. Die Pflanzen- und Tierwelt stimmt in weiten Teilen mit der des Lausitzer Gebirges überein.

Das nördliche **Česká tabule** *(Böhmisches Tafelland)* fällt sanft nach Süden hin ab und gehört als Teil der Mittelböhmischen Region zu den fruchtbaren Gebieten Tschechiens. Das Tafelland, das hauptsächlich aus Sandstein und Sandmergel besteht, ist teilweise von Löss bedeckt. Es ist eine kleinteilige Landschaft mit kleinen Dörfern, geprägt von Landwirtschaft.

Die bergigen Gebiete des Lausitzer Gebirges und des Ještěd-Kammes sind seit dem Ende des 19. Jh. im bescheidenen Maß Ziel von Erholungssuchenden und Ausflüglern, hauptsächlich aus dem Raum von Reichenberg *(Liberec)* oder Zittau. Dieser „sanfte Tourismus" setzt sich auch im 21. Jh. fort, große Urlauber-Hochburgen sucht man hier wie auch im nördlichen Tafelland vergebens. Aber gerade das macht für uns diesen beschaulichen Landstrich so anziehend!

Albrechtice v Jizerských horách *Albrechtsdorf* *330 Einwohner* *610 hm*

Albrechtice gehört zum Skiareál Tanvaldský Špičák - deshalb werden mehr als die Hälfte der 420 Häuser als Unterkünfte für Wintertouristen genutzt. Im Sommer ist es hier eher ruhig. Der Ort wurde Ende des. 17. Jh. gegründet und nach dem Besitzer des Anwesens Albrecht Desfours benannt. Jahrhundertelang lebten die Bewohner von der Landwirtschaft und Glasindustrie.

Wichtig war auch die Holzwirtschaft - die **Mariánskohorské boudy** *(Marienberger Bauden)* wurden z.B. von Köhlern bewohnt.

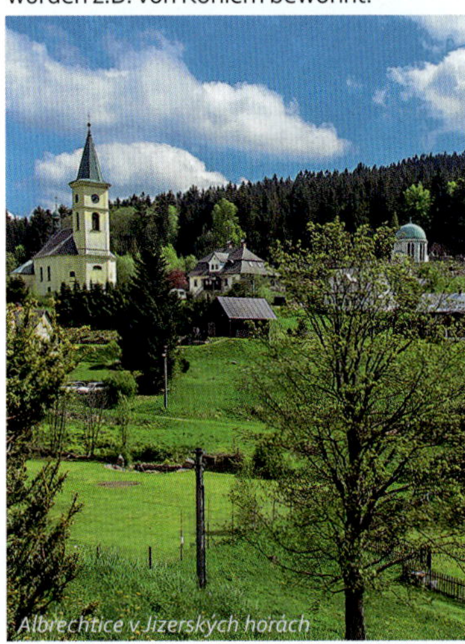
Albrechtice v Jizerských horách

Im mächtigen Mausoleum fand der Industrielle Johann Schowanek seine Ruhestätte, der Gründer der Firma zur Herstellung von Holzperlen und Spielzeug in Jiřetín pod Bukovou.

Der **Tanvaldský Špičák** *(Tannwalder Spitzberg)* ist mit 831 m ein markanter Berg im östlichen Isergebirge. Der 22 m hohe Aussichtsturm auf dem Gipfel wurde 1909 errichtet, an dem schon bald eine Baude angebaut wurde. Vom Turm haben Sie einen schönen Blick auf das Jizerské hory *(Isergebirge)*, Krkonoše *(Riesengebirge)* und den Berg Zvičina im Riesengebirgsvorland bis zum Gipfel des Ještěd *(Jeschken)* im Westen. Im Winter finden Sie im Skiareal Tanvaldský Špičák 10 km Piste, 7 Skilifte, eine Viersitzsesselbahn und eine Snowbordrampe.

Arnoltice *Arnsdorf* *390 Einwohner* *343 hm*

Fans schön gelegener Kirchen kommen hier auf ihre Rechnung. Die **Kostel svaté Máří Magdaleny** *(Kirche zur Heiligen Maria Magdalena)* wurde zwischen 1738 und 1739 im barocken Stil gebaut und nach einem Brand 1959 wiederhergestellt. Am Dorfanger stehen für die Gegend typische Block- und Fachwerkhäuser.

Bedřichov *Friedrichswald* *337 Einwohner* *707 hm* **Tour 5 & 6**

Bedřichov im Mai verströmt den spröden Charme eines Wintersportortes in der warmen Jahreszeit: überall wird renoviert und geputzt, drei große fast leere Parkplätze zeugen vom Gästeansturm im Winter; fast jedes Haus ist Hotel oder Pension. Trotzdem gibt es mehrere hübsche Gebäude im Isergebirgsstil mit zum Teil farbigen Holzbalken. Die Pisten sind begrünt und nicht eine Mondlandschaft wie oft in Skiorten in den Alpen. Über allem wacht die **Kostel sv. Antonína Paduánského** *(Antoniuskirche)*, 1930-32 erbaut.

Von 1598 bis 1809 gab es hier eine **Glashütte**. Heute stehen nur noch die Fundamente des Gebäudes und eine Informationstafel zum Thema Glasherstellung. Das Infocenter zeigt einige Glasobjekte.

Nová Louka ist ein Taltorfmoor mit interessanter Flora mit Krüppelbirken, Seggen, Wollgras sowie vielen Torfarten.

Längst kein Geheimtipp mehr – **Wintersport in den Sudeten**. Die sanften, langgestreckten, in Höhenlagen baumfreien Hänge und Kuppen sind eine ideale Landschaft für sanften Wintertourismus. Auch wenn der Klimawandel vor dieser Region nicht halt gemacht hat, gilt doch vor allem das Riesengebirge als schneesicher - Harrachov hatte beispielsweise im Winter 2018/19 an die 50 Schneetage.

In vielen Skigebieten hat man auch in den letzten Jahren ordentlich investiert, um den Wintertouristen perfekte Bedingungen zu bieten. Entsprechend der Höhe der Berge sind die Abfahrten bei weitem nicht so lang wie in den Alpen, aber gerade Familien, Anfänger und gemütliche Wintersportler kommen hier voll auf ihre Kosten. Es erwarten Sie kilometerlange und präparierte Loipen sowie viele attraktive und zum Teil auch steile Pisten. Moderne Sessel- und Schlepplifte sorgen für den Aufstieg und Schneekanonen helfen bei Schneeflaute. Ein Netz von Skibussen kümmert sich um bequemen Transport im Gebirge.

Die besten Möglichkeiten zum Skifahren, Rodeln, Snowboarden und Langlaufen finden Sie im Riesengebirge in den Skizentren Špindlerův Mlýn mit Horní Mísečky, Pec pod Sněžkou, Rokytnice nad Jizerou, Harrachov, Benecko, Jilemnice, Vítkovice, Paseky nad Jizerou, Vysoké nad Jizerou, Vrchlabí, Janské Lázně, Malá Úpa, Černý Důl, Žacléř, Svoboda nad Úpou, Mladé Buky, Janské Lázně und Strážné.

Auch das Isergebirge hat einige schöne Skigebiete. Tanvaldský Špičák ist mit 6 Schleppliften, 7 km Skipisten und 80 km präparierten Langlaufstrecken das größte Skizentrum. Tanvald, Bedřichov und das Skigebiet Severák oberhalb von Janov nad Nisou nennen sich Skiarena Jiserky. Weitere Skigebiete sind Příchovice-Kořenov, Vitkovice, Vysoke nad jizerou, das Skizentrum Vurmovka, das Skizentrum Janova Hora und das Skigebiet V Popelkách.

Die Isergebirgsmagistrale lässt das Herz der Langläufer höher schlagen - ein Netz von mehr als 170 km gespurten Loipen mit 23 Eintrittstellen lässt jährlich mehr als eine halbe Million Skiläufer zwischen Iser- und Riesengebirge hin- und her flitzen. Ein Highlight ist alljährlich der Jizerská padesátka *(Isergebirgslauf)*, ein Skimarathon über 50 km in klassischer Technik mit Start und Ziel in Bedřichov.

Alles in allem sind es prima Skigebiete für entspannte Urlauber, die mehr Wert auf Bewegung an frischer Luft als auf stylischen Schnick-Schnack legen. Außerdem kostet es hier nur einen Bruchteil dessen, was Sie in den Alpen zahlen müssen - 2019 kostete im Skigebiet Tanvaldský Špičák eine Erwachsenentageskarte rund 25.-€.

Der bekannteste Aussichtsturm des Isergebirges ist der **Aussichtsturm Královka**. 1888-1907 entstand er aus Holz, nach Windschaden wurde er in Stein wieder aufgebaut. Von hier können Sie weit gucken: über das Isergebirge, Ptačí kupy, Holubník, Černá hora, Jizera, das Riesengebirge, Bílá Desná, Bedřichov, Ještědsko-Kozákovský hřeben und Ještěd.

Die **Talsperre Bedřichov** (42 ha Fläche, etwa 15 m Tiefe) staut die Schwarze Neiße und wurde von 1902-05 gebaut. Die Bruchsteinmauer des Aachener Technikers Intze ist 15 m hoch und etwa 340 m lang. Heute dient sie außer als Hochwasserschutz auch zur Erholung und zum Fischfang.

Talsperren im Isergebirge: Sie liegen in der Landschaft, als wären sie schon immer da gewesen, aber erst der technische Fortschritt des 19. Jh. ermöglichte den Bau der Stauseen, um die Bewohner des Isergebirgsvorlandes vor plötzlichen Überschwemmungen zu schützen.

Ein üppiges Netz durchzieht das Gebirge: an der Černá Nisa *(Schwarzen Neiße)*, am Harcovský potok *(Harzdorfer Bach)*, am Mšenský potok *(Grünwalder Wasser)*, am Fojtecký potok *(Voigtsbach)*, am Albrechtický potok *(Scheidebach)*, Souš *(Darretalsperre)*, an der Černá Desná *(Schwarzen Desse)* sowie die berüchtigte Gebrochene Talsperre an der Bílá Desná, in Bedřichov *(Friedrichswald)*, Rudolfov *(Rudolfstal)*, in Harta bei Frýdlant *(Friedland)* und in Josefův Důl *(Josefsthal)* an der Kamnitz. Sie dienen nicht allein zum Hochwasserschutz, sondern vor allem als Trinkwasserreservoire und als attraktive Erholungs- und Tourismusorte.

Český Dub *Böhmisch Aicha* *2.700 Einwohner 325 hm*

Archäologischer Spürsinn, Geduld und eine Portion Zufall verschafften Český Dub zu seiner größten Sehenswürdigkeit, der Ausgrabung der **Johanitská komenda** *(Johanniter-Kommende)*. Die lag nämlich jahrhundertelang verborgen unter einem Wohnhaus und war so überbaut, das die wesentlichen unterirdischen Teile der Johanniter-Niederlassung gut erhalten blieben. In Dokumenten war davon die Rede, aber keiner kannte die genaue Lage, bis 1991 mithilfe einer Sonde die große Entdeckung gelang. Gefunden und zugänglich gemacht wurden die romanische Kapelle des heiligen Johannes des Täufers, ein romanisch-gotischen Saal und ein kleiner Konventsaal. Das Kloster ist eine der ältesten erhaltenen mittelalterlichen Stätten in Nordböhmen.

König Wenzel I. wollte seinen Handelsweg mit einer Reihe von Kommenden (Niederlassungen) des Ritter- und Spitalordens der Johanniter sichern. Deshalb stifteten 1220 Zdislava von Lemberk, die böhmische Patronin der Armen, Kranken und Familien, und ihr Mann Havel (Gallus) dieses Klosters mit dazugehörigen Verwaltungsgebäuden. Bis ins 15. Jh. kümmerte man sich hier um das Seelenheil und das körperliche Wohl von Pilgern und Reisenden. 1425 brannten Teile der Anlage in den Hussitenkriegen aus. Das Gelände wurde im 16. Jh. mit einem Renaissancegebäude bebaut und gleicht heute einer hübschen Grünanlage, mit Ruinenresten dekoriert.

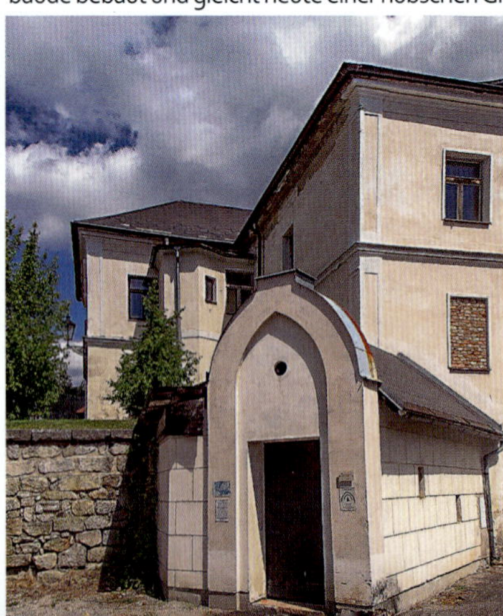

Im Übrigen ist der Ort das wirtschaftliche und kulturelle Zentrum des Podještědí, das sich um den Marktplatz **Náměstí Bedřicha Smetany**, umgeben mit Rathaus und Häusern aus diversen Epochen, gruppiert. Wenn Sie um den Platz spazieren, kommen sie in südlicher Richtung über die Straße Kostelní und durch einen Durchgang zur Kommende. Ebenfalls am Platz steht die **Kirche zum Hl. Geist**, ursprünglich aus dem 13. Jh., im 16. Jh. im Renaissancestil und im 18. Jh. im Barockstil umgebaut. Im Inneren ist noch ein gotisches Portal zu sehen.

Eingang zur Johanniter-Kommende - Český Dub

Zwischen dem gelben Eckhaus vor der Kirche und der modernen Glasfassade des Lebensmittelgeschäftes beginnt ein Fußweg zum **Podještědské Muzeum Karoliny Světlé** *(Museum Karolína Světlá)*, der verehrten tschechischen Schriftstellerin Karolína Světlá (1830-99) gewidmet. Im Museum gibt es eine landeskundliche und historische Sammlung mit dem literarischen Nachlass der Dichterin.

Chrastava *Kratzau* — *6.200 Einwohner 295 hm*

Chrastava, an der Nahtstelle zwischen dem Ještědi und den Jizerské hory gelegen, ist einer der Orte, die im 13. Jh. durch Kolonisten gegründet wurde, und zwar von sächsischen Bergleuten aus Pirna. Sie bauten in der Umgebung Kupfer, Zinn, Blei, Silber und Eisen ab.

Aus diesen Tagen haben sich keine Relikte erhalten, denn die Hussitenkriege und der Dreißigjährige Krieg haben den Ort nicht verschont. Ein hölzernes Rathaus, der Vorgängerbau des 1646 erbauten heutigen Gebäudes, brannte im Dreißigjährigen Krieg ab. Neben dem Rathaus mit dem kleinen Turm zeigt das **Stadtmuseum** im ehemaligen Hotel Ross eine schöne barocke Giebelfassade. Die markante **Pestsäule**, gekrönt von der steinernen Muttergottes, zeugt von der erfolgreichen Gegenreformation und Rekatholisierung. Wie ein Stück England wirkt wegen des neugotischen Baustiles die **Kostel sv. Vavřince** *(St. Laurentiuskirche)*, 1866-68 gebaut. Zwischen dem Rathausplatz und der Kirche steht am Bach Jeřice ein prächtiges Exemplar der Volksarchitektur, das **Rodný dům malíře Josefa Führicha** *(Führichhaus)*: Das Museum ist dem Leben und Werk des 1800 hier in einer Malerfamilie geborenen Malers Joseph von Führich gewidmet. Seine Bilder im Nazarenerstil und seine historischen Ölgemälde waren zu seiner Zeit sehr populär.

Pest-, **Marien-** *oder* **Dreifaltigkeitssäulen** *(Mariánský sloup) wurden ab der Barockzeit aus Dankbarkeit für das Erlöschen der Pest oder als Erinnerung an Seuchen oder Katastrophen errichtet. Eine der ersten war die 1679/80 zuerst aus Holz gebaute Säule am Wiener Graben, um der Volksfrömmigkeit ein Symbol und eine Anlaufstelle zu geben. Von Wien aus verbreitete sich die „Mode" der Säulen in der gesamten Monarchie, auch im ungarischen, mährischen und böhmischen Raum. Dort demonstrierten sie auch die Zugehörigkeit des Landes zur Habsburgermonarchie bzw. den Sieg der katholischen Gegenreformation über den Protestantismus. Beliebt waren die Darstellung der hl. Dreifaltigkeit, die Muttergottes oder andere Pestheilige wie Rosalia, Sebastian oder Rochus. Ob sie geholfen haben bei Krankheit und Not? Heute sind sie wunderbare Blickfänge auf Plätzen und leiten den Blick unwillkürlich zum Himmel.*

Desná *Dessendorf* — *3.130 Einwohner 490 hm*

In Desná steht eine der Wiegen der modernen Glasmacherindustrie, denn aus dem Ort stammt die **Familie Riedel**, die seit 11 Generationen die hohe Kunst der Glasmacherei ausübt - seit dem Ende des 2. Weltkrieges aus politischen Gründen allerdings in Kufstein in Tirol. Das Ziel - feine erschwingliche Weingläser für Weinliebhaber auf der ganzen Welt - hat die Firma mit den drei Marken Riedel, Spiegelau und Nachtmann, die Riedel nun unter seinem Dach vereint, erreicht. Vermutlich haben auch Sie Riedelgläser im Schrank!

Sie können die **Riedel-Villa** besichtigen, ein Haus von 1895 nach dem Vorbild der norditalienischen repräsentativen Residenzen. Zurzeit befinden sich in der Villa ein Informationszentrum und das örtliche Museum mit der ständigen Exposition der Historie der Glasindustrie.

Das **Skokanský areál** in Desná besteht aus den Skisprungschanzen der Kategorie K 8, K 20, K 38 und K 60. Die Schanzen sind mit Matten belegt und werden für Jugendwettkämpfe genutzt.

Protržená přehrada *(die durchgebrochene Talsperre)*: 1916 brach der Schüttdamm an der Bílá Desná (Weißen Desse). In Desná unterhalb des Staudamms kamen 62 Menschen ums Leben, 33 Häuser wurden vernichtet und 69 beschädigt.

Der Wachturm des Staudamms steht noch heute, und es wurde für die Opfer ein Denkmal errichtet. Im Untergrundstollen haben Fledermäuse ihr Winterquartier. Ein gelb markierter Fußweg zur Talsperre beginnt nach dem nördlichen Ende des Stausees Souš.

Koláčky *(Golatschen)*: *Aus 500 g glattem Mehl, 1 Würfel Hefe, ¼ l Milch, 100 g Butter, 80 g Zucker, 2 Eiern, 1 Prise Salz einen Hefeteig zubereiten, 30 Minuten gehen lassen. 500 g Quark werden mit 50 g Butter, 200 g Zucker, 1 Ei, 1 EL Speisestärke und 1 EL Rum zu einer cremigen Füllung gerührt. Für die zweite Füllung kochen Sie 250 g gemahlenen Mohn, 80 g Zucker, 1 EL Semmelbrösel und ¼ l Milch 3-4 min. auf und lassen die Masse noch 10 min. abkühlen. Den Hefeteig zu knapp handtellergroßen Fladen mit Rand formen und mit jeweils einer Füllmasse füllen. Die Koláčky 10 Minuten gehen lassen und bei 180-200° 15 Minuten backen. Ein Stand mit Koláčky fehlt eigentlich auf keinem Volksfest oder Jahrmarkt.*

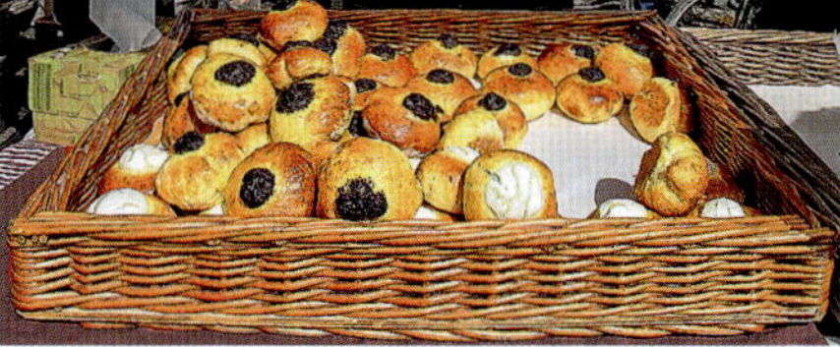

Frýdlant v Čechách *Friedland in Böhmen* *7.500 Einwohner* *295 hm*

„Nacht muss es sein, wo Friedlands Sterne strahlen" sagt Albrecht von Wallenstein im dritten Akt von Friedrich von Schillers Tragödie „Wallensteins Tod". Nun, es muss nicht unbedingt Nacht sein, um Frýdlants Glanz zu genießen, es tut auch ein normaler Sommertag. Wenn Sie dann aus Norden kommend sich dem Ort nähern, sehen Sie ihn idyllisch im Talkessel der Smědá liegen, und ein Schloss und der Rathausturm spitzen aus dem Grün des Waldes.

Burg, Schloss und der Name Wallenstein dominieren auch heute noch das Friedländer Gebiet. Die Region wurde im 6. Jh. von slawischen Fischern und Jäger aus der benachbarten Lausitz besiedelt. Weil durch Frýdlant eine wichtige Handelsstraße führte, baute man auf dem Basaltfelsen einen Wachturm, der später zu einer Burg umgebaut wurde. Im 16. Jh. wurde von Familie Redern ein Renaissance-Schloss angebaut. Im Zuge der katholischen Gegenreformation Böhmens wurde ihnen nach der Schlacht am Weißen Berg die Herrschaft entzogen. Albrecht von Wallenstein erwarb sie und gleichzeitig wurde Frýdlant zum Fürstentum erhoben, wodurch sich Wallenstein auch gerne „Der Friedländer" nennen ließ. Nachdem Wallenstein 1634 in Eger ermordet wurde, übernahmen die von Gallas die Burg, deren Nachkommen sie bis 1945 als Herrensitz nutzten.

Literarischer und militärischer Superstar: **Albrecht Wenzel Eusebius von Waldstein**, genannt **Wallenstein** *(Albrecht Václav Eusebius z Valdštejna)* (1583 - 1634)

Albrecht von Waldstein wurde auf Gut Hermanitz in Böhmen in den niederen protestantischen Adel hinein geboren. Er studierte in Altdorf, Padua und Bologna, heiratete vermögend und konvertierte zum Katholizismus, um Karriere im katholischen kaiserlichen Heer zu machen. Er wurde einer der reichsten Männer des frühen 17. Jh., denn er erbte 1614 die riesigen Besitzungen seiner Frau und auch seines Onkels. 1620 profitierte er von der Schlacht am Weißen Berge, weil er große Ländereien von den hingerichteten oder geächteten Führern des Ständeaufstandes erwerben konnte.

Er war ein genialer Organisator militärischer Operationen und wurde neben seinem Gegenspieler Gustav Adolf von Schweden der berühmteste Feldherr seiner Zeit.

Sein Reichtum machte ihn zu einem unverzichtbaren Verbündeten des Kaisers - so konnte er z.B. 1625 die Anwerbung eines 40.000 Mann starken kaiserlichen Heeres finanzieren. Dadurch konnte der Kaiser unabhängig von seinen Verbündeten agieren, band sich aber an Wallenstein. Ein Mann mit so viel Macht hat Feinde - auch in den eigenen Reihen - die 1630 die Entlassung Wallensteins als Oberbefehlshaber durchsetzten. 1632 wurde der General zurückgeholt, um gegen die Schweden zu kämpfen. Die Kaiserlichen unter Wallenstein verloren 1632 die Schlacht bei Lützen, aber Wallensteins mächtiger Gegner, König Gustav Adolf II. von Schweden fiel auf dem Schlachtfeld. Verschiedene seiner Militäroperationen und seine geheimen Verhandlungen mit Brandenburg, Sachsen und Schweden über einen Friedensschluss ermöglichten seinen Gegnern eine Anklage wegen Hochverrat. 1634 wurde Wallenstein in Eger *(Cheb)* auf kaiserlichen Erlass hin ermordet.

Ein solcher „Ausnahmemensch" beschäftigte zu allen Zeiten die Fantasie der Menschen. Es ist also kein Wunder, dass bereits kurze Zeit nach der Ermordung Wallensteins mehrere Theaterstücke und Dichtungen erschienen. Friedrich Schiller verewigte den Feldherren zuerst als Historiker in seiner Geschichte des 30-jährigen Krieges, um ihn dann in seiner bekannten Dramentrilogie „Wallensteins Lager", „Die Piccolomini" und „Wallensteins Tod" als Macht- und Tatmenschen darzustellen, was unser Wallenstein-Bild bis heute entscheidend geprägt hat. Auch Alfred Döblin, Hellmut Diwald und Golo Mann setzten Wallenstein literarische Denkmäler.

Auf dem **T. G. Masaryka nám.**, dem Zentrum des Ortes, residiert Wallenstein - als Denkmal vor einem modernen Brunnen oder "fast in echt" am dritten Wochenende im Mai alle zwei Jahre bei den **Frýdlantské Valdštejnské slavnosti** *(Wallensteinfestspiele)*.

Das tonangebende Bauwerk auf dem Platz ist zweifellos das **Rathaus**, 1893-96 im Neorenaissancestil gebaut. Der auffällige 48 m hohe Eckturm hat ein Glockenspiel, das jede volle Stunde zu hören ist und einen Umgang für Besichtigungen. Im Rathaus befindet sich das **Stadtmuseum** mit Ausstellungsstücken zu Geschichte, Kultur und Natur der Stadt. Das Gebäude harmoniert gut mit den übrigen Häusern am Platz, deren Fassaden vom gotischen Treppengiebel über barock geschwungene Giebel bis hin zu klassizistischen Fronten reichen.

Die **Kostel Nalezení sv. Kříže** *(Kirche Hl. Kreuzauffindung)* wurde 1549-51 gebaut. Im Inneren finden Sie Renaissance-Grabmäler und die Gruft der Familie Redern in der Kapelle.

Macht auch im Sommer Spaß - die **Historický pohyblivý betlém** *(Weihnachtskrippe)*. Sie ist 4 x 2 m groß mit 130 bewegten und 50 Standfiguren. Ein Lebenswerk, denn der Erbauer Gustav Simon arbeitete daran 60 Jahre lang!

Schon im 13. Jh. existierte die **Burg** als Anwesen der Herren von Dubá. Im 16. Jh. erfolgten durch die Herrschaft von Redern An- und Umbauten zum **Renaissanceschloss** mit wunderschönen Sgraffiti. Wallenstein, dem die Burg von 1620-34 gehörte, hielt sich nur wenige Tage seines Lebens auf der Burg auf. Aber die Wallenstein-Zeit war für Stadt und Land eine Blütezeit durch die Produktion militärischer Güter für die Armee. 1801 haben die von Gallas einen Teil der Burg mit großzügig eingerichteten Sammlungen der Öffentlichkeit zugänglich gemacht. Auch heute noch gibt es Möbel, Glas, Porzellan, eine reiche Waffensammlung, in der Schlossgalerie hervorragende Werke des Barock und niederländischer Meister, eine große Sammlung von Pfeifen, die Schlossküche, das herrschaftliche Büro und ein Kinderzimmer mit Spielzeug vom Ende des 19. Jh. zu sehen.

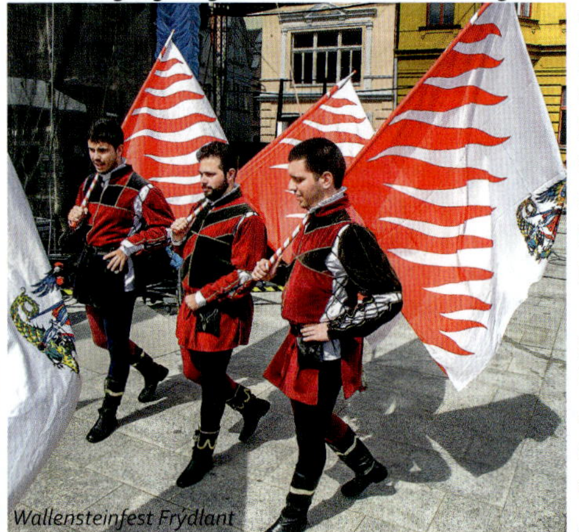
Wallensteinfest Frýdlant

Die kleine **Schlossbrauerei** liegt gleich unterhalb der Burg am Ufer der Smědá mit zwei gut erhaltenen Schloten und der ehemaligen Mälzerei. Seit 2014 wird hier wieder Bier der Marke „Albrecht" gebraut.

Hejnice *Haindorf* — *2.700 Einwohner* *375 hm* **Tour 7 & 8**

Die Kleinstadt im Tal der Stadt Smědá ist ein alter und bekannter Wallfahrtsort, dessen Tradition einer Wunder-Sage nach bis 1211 zurückreicht. Am Ort des Wunders wurde eine Holzkirche errichtet, die später durch eine gotische Kapelle aus Stein ersetzt wurde. Diese Kapelle wurde im 18. Jh. nach Plänen des Prager Baumeisters Thomas Haffenecker zur eindrucksvollen barocken **Basilika Maria Heimsuchung** *(Bazilika Navštívení Panny Marie)* umgebaut, die die Mater Formosa, die anmutige Mutter, eine gotische Statue der Jungfrau Maria mit einem ungewöhnlichen Lächeln, beherbergt. Eine weitere Rarität in der reich ausgestatteten Kirche ist der Feldaltar Albrecht von Wallensteins von 1637. Der Innenraum bietet angeblich 7.000 Menschen Platz! An die Kirche grenzt das einstige Franziskanerkloster - heute „Internationales Zentrum für die geistliche Erneuerung". Kirche und Kloster, die in der Zeit nach dem Zweiten Weltkrieg verfallen waren, sind nun wieder ein schöner Ort der Einkehr.

Der weltliche Teil des Ortes war zusammen mit Ferdinandstal *(Ferdinandov)* bekannt für seine Textilindustrie. Seit der ersten Hälfte des 20. Jh. wurde der Ort auch als

Die Legende vom Siebmacher bei Hejnice: Vor langer Zeit lebte im Tal der Smědá ein Siebmacher, dessen Frau und Kinder schwer krank wurden. Der Mann legte sich traurig und erschöpft unter eine Linde und schlief ein. Im Traum hörte er eine liebliche und wundersame Stimme zu ihm sagen: „Du kannst deine Frau und Kinder heilen, wenn du eine Statue unserer lieben Jungfrau kaufst und hier an der Linde aufstellst". Der Siebmacher eilte nach Zittau auf dem Markt zu einem Holzschnitzer. Der wollte gerne das Bildnis der Jungfrau schnitzen, aber halt nicht umsonst. Der Siebmacher antwortete traurig, dass er nur sieben Pfennig habe und mehr könne er nicht geben. Für einen Pfennig, den der Mann am Wege gefunden hatte, verkaufte ihm der Schnitzer eine alte Statue, die sonst niemand haben wollte. Aber, oh Wunder, kurz nachdem die Statue in der Linde stand, wurden seine kranke Frau und Kinder innerhalb von wenigen Tagen wieder gesund. Und nach ihnen noch viele, viele andere!

„Sommerfrische" beliebt und ist es auch heute noch, denn derzeit kommen jährlich rund 120.000 Pilger und Besucher nach Hejnice.

Auto- und Motorradtouristen, die es auf den Straßen gerne kurvig haben, sollten eine **Tour auf der Straße 290** von **Frýdlant über Hejnice nach Kořenov** (oder umgekehrt) machen. Die Fahrt geht auf der schmalen, kurven- und kehrenreichen Straße durch eine herrliche Landschaft quer durchs Isergebirge vorbei am Stausee von Souš. Aber Vorsicht: vor allem am Wochenende wird die 290 auch von Radfahrern, Skatern, Joggern und Spaziergängern bevölkert. In **Kořenov-Tesařov** fällt die achteckige, schwarz-weiße Fachwerkkirche auf einem Hügel auf. Sie wurde 1909 nach Entwürfen des Berliner Architekten Otto Bartning für die evangelischen Gläubigen gebaut. Reisenden aus Vorarlberg wird die Kirche vielleicht bekannt vorkommen, den in der Dornbirner Rosenstraße wurde 1929 nach den gleichen Plänen ebenfalls eine evangelische Kirche errichtet.

An der Strecke liegen auch einige urige Gasthäuser, wie z.B. die **Chata Smědava** *(Wittighaus)* an der gleichnamigen Wanderwegkreuzung mit Parkplatz. Lassen Sie Ihr Fahrzeug stehen und wandern zuerst der gelben, dann der roten Wegmarkierung folgend über das Naturschutzgebiet Klečové louky mit seinen vier Feuchtwiesen etwa 3 km auf den Gipfel des Jizera mit seiner wunderbaren Aussicht.

Hodkovice nad Mohelkou *Liebenau* *2.800 Einwohner 367 hm*

Hodkovice kuschelt sich an den Ještěd-Kamm unterhalb des Berges Javorník (684 m) im Tal der Mohelka, durch das schon in alten Zeiten ein Handelsweg vom inneren Böhmen in die Oberlausitz führte. Die Lage am Handelsweg bedeutete einerseits gute Geschäfte und einen gewissen Wohlstand, andererseits marschierten auch die Soldatenheere zu allen Zeiten auf den bequemen Straßen. Gerade im Dreißigjährigen Krieg bekam das Hodkovice zu spüren, und so zeigt die Bebauung des **Marktplatzes nám. T. G. Masaryka** eine bunte Vielfalt an Baustilen. Auffällig ist das gelb-weiße Rathaus, das ziemlich alt wirkt, aber erst 1889 im Stil der Neorenaissance gebaut wurde. Gegenüber steht in Gelb und Rosé das mächtige Haus der Glasmacherfamilie Unger im Stil eines italienischen Palazzo.

Die barocke **Kostel sv. Prokopa** *(zum Heiligen Prokop)* wurde 1721 an Stelle einer alten, hölzernen Kirche gebaut und hat eine bemalte Tür zur Sakristei, die von Burg Bezdez nach Hodkovice kam.

Der **Berg Javorník** *(Jaberlich)* bietet zwar nur eine mäßige Aussicht, hat aber eine andere Attraktion - das Riesenfass! 1899 wurde neben der Gaststätte „Zum Riesenfass" ein hölzernes Fass mit einer Länge von 14 m und einem Durchmesser von 12 m aufgestellt, das vorher in Wien anlässlich der Kaiser-Franz-Joseph-Jubiläumsausstellung von 1898 als Weinstube diente und 400 Personen Platz bot. Im September 1974 wurde das Riesenfass Opfer eines Brandes. Heute steht hier die „Pension Riesenfass Javornik", die auch ausschaut wie ein riesiges Fass.

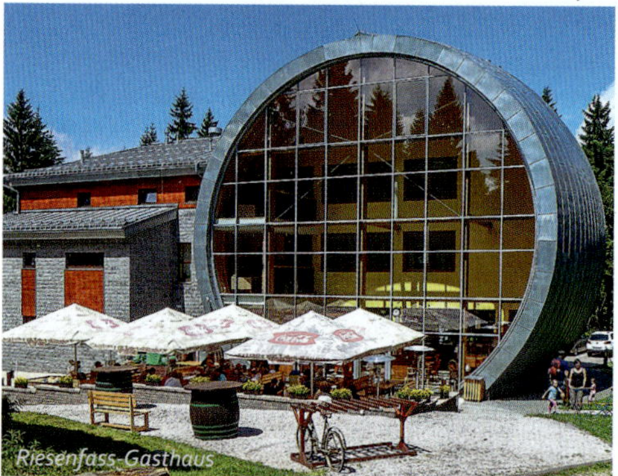
Riesenfass-Gasthaus

Seit 2010 können Sie von Jeřmanice aus mit einer 800 m lange 4er Sesselbahn in 5 Minunten auf den Javorník schweben und wenn Sie Geschwindigkeit mögen, mit der längsten Sommerrodelbahn (1.100 m) in ganz Tschechien der Berg wieder runterfetzen.

Hrádek nad Nisou *Grottau* *7.700 Einwohner 255 hm*

Die Stadt im Dreiländereck gilt als der älteste besiedelte Ort im Neißetal, denn durch das Gebiet verlief durch Jahrhunderte ein Handelsweg von Rom über Schlesien bis zur Ostsee. Bereits im 10. Jh. war hier ein Burgwall der Sorben.

Im 12. Jh. kam die Region zum Böhmischen Königreich und im 13. Jh. zogen im Zuge der Ostkolonisation fränkische Kolonisten her, die vom Ackerbau, Handwerk und Handel lebten. Die Hussitenkriege und der Dreißigjährige Krieg verhinderten einen dauerhaften Aufschwung und so lag die Einwohnerzahl am Ende des Dreißigjährigen Krieges etwa bei 150.

Im 18. Jh. begann sich die Textilindustrie zu etablieren, als eine Baumwollmanufaktur gegründet wurde. Im 19. und 20. Jh. war die Stadt ein wichtiges Zentrum für die Textil- und Maschinenbauindustrie, von denen einige Bauten bis heute erhalten geblieben sind, aber nicht mehr dem ursprünglichen Zweck dienen. In der Tovární ulice 305 steht das ehemalige **Textilunternehmen Kolora** mit 10 hintereinander quer angeordneten Hallen mit Balkendachstühlen und Ziegelfassaden, in denen noch Produktionsanlagen aus den 20'er und 30'er Jahren des 20. Jh. stehen, die manchmal als Filmkulissen verwendet werden.

Hradek nad Nisou in Tschechien, Zittau in Deutschland und Bogatynia in Polen versuchen unter der Bezeichnung „Trojmezí" einen regen grenzüberschreitenden kulturellen Austausch.

Das Ortszentrum wurde 2010 neu gestaltet und am Horní náměstí 71 in einem Fachwerkhaus zusammen mit der Touristeninformation das multifunktionale **Zentrum „Tor zum Dreiländereck"** konzipiert, das eine Mehrzweckhalle, Konferenzräumen und Ausstellungsflächen, z.B. die Ausstellung „Neu entdeckte Vergangenheit" oder „Rendezvous mit Vampir Tobias" umfasst.

Tschechen und Deutsche - 900 Jahre Krieg und Frieden. Die im 6. Jh. in Böhmen eingewanderten slawischen Stämme besiedelten zuerst hauptsächlich die fruchtbaren Gebiete des Böhmischen Beckens. Bis zum Ende des 12. Jh. war kaum die Hälfte des Landes erschlossen; vor allem die unzugänglichen Grenzgebirge im Norden wie Erzgebirge, Riesen- und Isergebirge, aber auch der Böhmerwald und die böhmisch-mährische Höhe wurden gemieden.

Ab der zweiten Hälfte des 12. Jh. wollten die Landesväter Přemysl Otakar II., Wenzel I. Přemysl und Přemysl Otakar II. diesen Zustand ändern und förderten die Ansiedlung von Deutschen, um die Landwirtschaft zu modernisieren, den Bergbau zu entwickeln und der Wirtschaft insgesamt neue Impulse zu geben.

Gleichzeitig begann in Deutschland im Hohen Mittelalter eine Bewegung, die unter verschiedenen Namen in der Geschichte bekannt ist: deutsche Ostkolonisation, deutsche Ostsiedlung oder Hochmittelalterlicher Landesausbau. Gemeint ist damit die Einwanderung deutscher Siedler in die Landstriche östlich von Saale und Elbe sowie in Niederösterreich, der Steiermark und in Kärnten bis hin ins Baltikum, nach Böhmen, Polen, Ungarn, Rumänien und Moldawien.

Und so wurden die fast unbewohnten Randgebiete Böhmens von deutschen Kolonisten urbar gemacht. Das böhmisch-mährische Becken blieb überwiegend tschechisch. Die neuen Siedlungen wurden nach deutschem Recht angelegt oder bestehende Orte wurden ausgebaut und angepasst. Es wuchsen so geschlossene deutschsprachige Gebiete und Sprachinseln. Nicht nur in Böhmen, sondern im gesamten Ostmitteleuropa prägten daraus resultierende ethnische, kulturelle, sprachliche, religiöse sowie wirtschaftliche Veränderungen die Geschichte bis weit ins 20. Jh.

Die mittelalterlichen Siedler kamen gerne, denn in Westeuropa wuchs die Bevölkerung stark an, es wurde eng. Im Osten versprachen sich vor allem nicht erbberechtigte Söhne des Adels eine selbstbestimmte Zukunft. Die Bauern verlockte die Aussicht auf bessere Arbeitsbedingungen und niedrigere Abgaben. Aber auch „Facharbeiter" wurden angeworben, vor allem Fachleute aus der Holzbearbeitung und Bergleute. Alle Siedler träumten von einem besseren Leben und die Landesfürsten träumten von mehr Reichtum durch wirtschaftliche Erfolge. Die Kolonistensiedlungen waren und sind leicht zu erkennen, denn sie waren planmäßig und regelmäßig angelegt, nicht ein organisch gewachsenes „Durcheinander". Die Städte erkennen Sie an dem oft recht großen, harmonisch geformten zentralen Platz; die Dörfer entsprechen dem Typ „Waldhufendorf", bei dem gleichgroße Landparzellen entlang einer Straße oder eines Baches vergeben wurden.

Jahrhunderte lang waren die böhmischen Länder die Heimat der tschechischsprachigen und deutschsprachigen Menschen. Oft und an vielen Orten war es ein friedliches Mit- und Nebeneinander, das aber immer Konfliktpotential in sich trug. Diese Konflikte sind dann ja auch mehrfach ausgebrochen. Die Hussitenbewegung im 15. Jh. kann auch als eine tschechische Befreiungsbewegung gesehen werden, obwohl es auch deutsche Hussiten und tschechische katholische Adelige gab. Die Zugehörigkeit zum Habsburgerreich, der Sieg der Gegenreformation 1620 und die darauf folgende Rekatholisierung führten zu einer massiven Zurückdrängung der tschechischen Sprache und Kultur. Erst im frühen 19. Jh. wurden die Stimmen gegen eine "Germanisierung" im Zusammenhang mit der Bewegung der nationalen Wiedergeburt lauter. Parallel dazu wuchs unter vielen Deutschböhmen ein militanter, antisemitischer Nationalismus. Zu dieser Zeit tauchte der Begriff „sudetendeutsch" als Sammelbegriff für alle Deutschsprachigen in Böhmen auf.

Nach dem Ende des Ersten Weltkrieges 1918 drehten sich die Verhältnisse um. In der 1918 gegründeten Ersten tschechischen Republik wurden die Deutschen zur Minderheit erklärt. Für das für ein Miteinander notwendige Umdenken (z.B. das Erlernen der tschechischen Sprache) waren die zwanzig Jahre bis 1938 zu kurz und der Einfluss der Nationalisten auf beiden Seiten zu groß. 1938 zerschlug Hitler die Erste Republik, indem er das Sudetenland annektierte und das "Protektorat Böhmen und Mähren" errichtete. Nun galten wieder die Tschechen (und selbstverständlich auch die Juden) unter der deutschen Besatzung als minderwertig und wurden politisch als auch kulturell unterdrückt und verfolgt.

Nach dem Zweiten Weltkrieg wurden gemäß der Beneš-Dekrete bis 1947 etwa 2,9 Millionen Menschen auf Grund ihrer Zugehörigkeit zur deutschen Bevölkerung zu Staatsfeinden erklärt und ausgewiesen. Weil sich in den betroffenen Orten nicht genug tschechische und slowakische Siedler aus anderen Landesteilen niederließen, sank in den ehemaligen Sudetengebieten nicht nur die Bevölkerungszahl, sondern auch die Produktivität der dort angesiedelten traditionellen Industriezweige. Die Einwohnerschaft setzte sich aus rund einer Million neu angesiedelten Tschechen aus dem böhmisch-mährischen Landesinneren, 600.000 bereits vor dem Krieg ansässigen Tschechen, 200.000 Repatrianten aus der Ukraine, Österreich und Westeuropa, 200.000 neu angesiedelten Slowaken, 200.000 verbliebenen Deutschen, von denen viele in den folgenden Jahren auswanderten, und einigen Tausend Angehörigen weiterer Nationalitäten wie Roma, Ungarn und Rumänen zusammen.
Eine informative und weitgehend nicht tendenziöse Darstellung des Themas finden Sie in der mehrteiligen Sendereihe von Radio Prag von 2000 unter dem Stichwort „Geschichte des tschechisch-deutschen Verhältnisses" bei www.radio.cz/de.

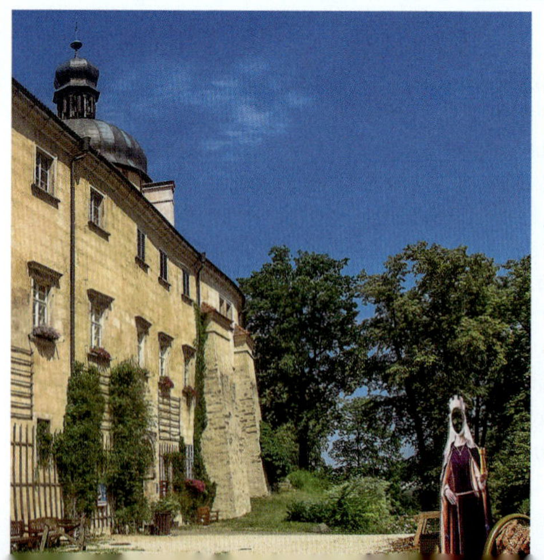

Hrad Grabštejn

Die Vergangenheit können Sie auch bei einem Ausflug zur **Hrad Grabštejn** *(Burg Grafenstein)* entdecken. Wandern Sie auf dem **Naturlehrpfad naučná stezka „Stromy v Trojzemí"** *(Bäume im Dreistädtegebiet)* die 4,5 km zur Burg und erfahren dabei gleich noch allerlei über die Bäume in diesem Gebiet. Die Anfänge der Burganlage verlieren sich im Dunkel der Geschichte; bekannt ist, dass der älteste Teil aus dem

13. Jh. stammt. Im Mittelalter wurde sie mehrmals verkauft, belagert und erobert. In der zweiten Hälfte des 16.Jh. wurde die alte gotische Burg zu einer repräsentativen Renaissanceresidenz ausgebaut. Der Renaissancecharakter blieb trotz weiterer Umbauten und den Verheerungen im Dreißigjährigen Krieg bis heute erhalten. Von 1704 bis zur Verstaatlichung nach dem Zweiten Weltkrieg residierte hier die Familie Clam-Gallas, die riesige Besitzungen in Nordböhmen hatten.

Seit 1993 kann man Hrad Grabštejn besichtigen: ein geführter Rundgang zeigt den gotischen Burgkeller, Burg- und Schlossräume in zwei Etagen mit Renaissance-Tafelsaal, Ahnensaal mit Barockporträts, Gesellschaftssalon im Rokokostil, Kanzlei, das Schlafzimmer von Josephine Gräfin Clam-Gallas mit Einrichtung vom Anfang des 19. Jh., Renaissancekapelle St. Barbara und Burgturm. Die Burg ist das ganze Jahr über Schauplatz von Ausstellungen, Märkten, Theateraufführungen und Konzerten.

Jablonec nad Nisou *Gablonz an der Neiße* ***45.800 Ew.*** *475 hm* **Tour 3 & 4**

Jablonec am Rand des Isergebirges, Verwaltungs-, Kultur- und Wirtschaftszentrum der Region, Industriestandort - so kann man den Ort beschreiben. Aber es geht auch anders: Jablonec funkelt, glitzert, leuchtet bunt, denn Jablonec war vor dem Zweiten Weltkrieg Weltmetropole des Modeschmucks. Und obwohl heute Maschinenbau, Möbelproduktion und holzverarbeitende Industrie wichtige Wirtschaftszweige sind, versucht man doch mit Erfolg, an die alte Bijouterie- und Glastradition anzuknüpfen.

Etwa 90% der Einwohner von Gablonz bezeichneten sich in den 1930'er Jahren als deutsch und sie nahmen nach dem Zweiten Weltkrieg auf ihrer Vertreibung das Glänzen und Funkeln mit in ihre neue Heimat. Während sich die Menschen aus anderen Orten in alle Windrichtungen verstreuten, blieben viele Gablonzer zusammen oder fanden nach einiger Zeit wieder zusammen, und zwar in Kaufbeuren-Hart im Allgäu in einer Vertriebenensiedlung, die später Neugablonz getauft wurde. 18.000 Gablonzer bauten hier die Schmuck- und Glasindustrie so erfolgreich wieder auf, das Neugablonz noch immer ein Zentrum der Modeschmuckproduktion ist.

Begonnen hat die glanzvolle Geschichte mit der Ansiedelung von böhmischen und deutschen Kolonisten im 14.Jh. Vor allem aber brachten im 16. Jh. Glasfachleute aus der Haidaer Gegend und aus dem Erzgebirge ihr Know-how mit. Die erste Glasfabrik entstand 1548 in Mšeno *(Grünwald an der Neiße)*. Erfolgreiche und berühmte Familien der Branche waren Wander, Schürer und Preussler. Um nahe am notwendigen Holz zu sein, wanderten im 18. Jh. die Glashütten weiter in die Berge des Isergebirges hinein - nun spielte die Familie Riedel die Hauptrolle. Hergestellt wurden Lüsterbehang, Perlen, Steine, Knöpfe und Modeschmuck. Die beginnende Industrialisierung Mitte des 19. Jh. bescherte ein starkes Wachstum der Wirtschaft, zu dem auch 1859 die Anbindung an die Eisenbahnstrecke Pardubice - Liberec bei Rychnov beitrug.

Seine Stellung als Zentrum der Glas- und Bijouterieherstellung betonte Gablonz mit der Gründung der „Gewerbliche Zeichen-, Modellier- und Ziselierschule" zur besseren Ausbildung der Glasarbeiter 1880. Handelsverbindungen mit der ganzen Welt schufen Reichtum - die Stadt konnte sich nun eine Reihe prächtiger Bauten leisten. Es wurde im Stil der Zeit gebaut - Jablonec ist eine Stadt der Neorenaissance, des Jugendstils und des Funktionalismus.

Das Kalifornien Böhmens - gläserne Diamanten im Iser- & Riesengebirge. Die Kunst, Glas zu machen, ist alt - die älteste bekannte Glashütte stammt aus dem 13. vorchristlichen Jh. und wurde in Ägypten entdeckt. Glas ist eigentlich nur Sand (chemisch Siliziumdioxid), zu dem verschiedene Substanzen (z. B. Natriumoxid, Calciumoxid, Kaliumoxid, Bortrioxid, Bariumoxid) hinzugegeben werden. Diese Mischung wird bei Temperaturen von über 1.000 °C geschmolzen, auf 1550 °C erhitzt, um Verunreinigungen zu beseitigen und wieder auf 900 bis 1200 °C abgekühlt. Dann kann das Glas in die gewünschte Form gebracht werden, z.B. durch Gießen, Pressen, Walzen, Ziehen oder auch Blasen.

Klar - fürs Glasmachen braucht man viel Holz, und so entstanden im Mittelalter nördlich der Alpen in stark bewaldeten Gebieten sogenannte Waldglashütten, die ihren Standort wechselten, wenn ein Gebiet abgeholzt war. Im 16. Jh. gründeten aus dem sächsischen Erzgebirge nach Böhmen eingewanderte Glasmacher, v.a. Mitglieder der Familien Preissler, Schürer und Wander, Hütten u. a. im Iser- und Riesengebirge und Böhmerwald. Anfangs erzeugte man schlichte Gläser aus Waldglas, wegen des eisenhaltigen Sandes grünlich getönt. Die Glasmacherei entwickelte sich hier schnell, da die Nachfrage nach qualitätsvollen Glasprodukten ständig wuchs. Die Glasarbeiter - Schmelzer, Schleifer, Graveure, Vergolder, Maler - besaßen ein hohes Maß an Kunstfertigkeit und handwerklicher Geschicklichkeit.

Im 18. Jh. wurden die Glashütten sesshaft und es entstanden die ersten Fabriken. Hier kommt jetzt die Dynastie Riedel ins Spiel, die „Glaskönige des Isergebirges". Statt Waldglas wurde nun Kristallglas hergestellt, hochwertiges farbloses Glas, das oft Metalloxide oder -ionen als Zusätze enthält. Mit Bleioxiden versetzte Gläser gab es schon im Mittelalter, die Erfindung des sogenannten Bleikristalls im Barock wird den Engländern zugeschrieben. Es handelte sich dabei um eine kristallklare Glasart, die sich vorzüglich für geschliffenes Glas eignet. „Blei" hat heute einen negativen Beigeschmack, aber die Glasprodukte sind unbedenklich, da das Blei in der Molekül-Struktur des Glases steckt. In Böhmen gab man der Glasmasse Kalk in Kreideform bei, das sogenannte Kreideglas oder Böhmisches Kristallglas.

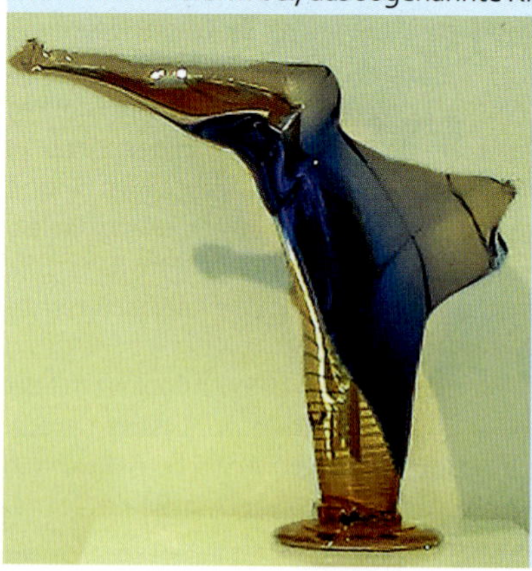

Den Menschen in den kleinen Orten in den Bergen blieb die häusliche Bijouterie-Herstellung, z.B. Drücken, Wickeln und Auffädeln von Glasperlen. Neue Glashütten wurden auch an traditionellen Stellen errichtet - an der Iser, in Antoniwald, in Wiesenthal an der Neisse *(Lučany)* und in Grünwald bei Gablonz. Im 19. Jh. wurden zur besseren Ausbildung der Glasarbeiter in Jablonec die „Gewerbliche Zeichen-, Modellier- und Ziselierschule" und in Železný Brod die „Staatliche Glasfach- und Handelsschule" gegründet.

Das 20. Jh. brachte auch für die Glasindustrie große Veränderungen. Jablonec nad Nisou schaffte es, nach dem Zweiten Weltkrieg trotz Kriegsschäden und dem Verlust der deutschen Bevölkerung durch die Beneš-Dekrete nach und nach, seine Position als weltbekannter Bijouterie-Lieferant zurückzugewinnen. In Železný Brod feierten die Erzeugnisse des Staatsbetriebs Železnobrodské sklo - geschmolzene Glasplastiken, geformtes Hüttenglas und Glasfiguren - große Erfolge. Heute knüpfen wieder zahlreiche Privatfirmen an die alte Glastradition an und entwickeln diese weiter.

Historische Glasmacherorte sind: Bedřichov (Reste einer Renaissanceglashütte), Josefův Důl, Kristiánov, Mšeno, Nová Louka oder Polubný. Heute finden Sie Glasfabriken z.B. in Janov nad Nisou, Jablonec nad Nisou und Poniklá.

Ein bisschen Barock gibt es auch, und zwar die römisch-katholische **Annenkirche** in der Straße Kostelní, 1685-87 mit einschiffigem Kirchenschiff und polygonalem Presbyterium gebaut. Gleich gegenüber liegt das **Stará fara** *(Altes Pfarrhaus oder Scheybal-Haus)*, heute Touristeninfo, aus dem frühen 18. Jh. mit einer Neorenaissancefassade. Im **Jana und Josef-Scheybal-Museum** im Dachgeschoss sind die ethnografischen und regionalgeschichtlichen Sammlungen der Forscher Jana Scheybalová und Josef V. Scheybal untergebracht. Unsere Wandertour Nr. 4 wird von Jablonec bis Frýdštejn vom **Naučná stezka manželů Jany a Josefa V. Scheybalových** *(Lehrpfad Jana und Josef V. Scheybal)* mit seinen informativen Tafeln begleitet, auf denen Sie einiges über das Forscherehepaar und Land und Leute erfahren.

Das **Stará radnice** *(Altes Rathaus)* am Dolní náměstí *(Unteren Platz)* wirkt alt, wurde aber in historisierender Manier 1867 -69 gebaut und ist heute Sitz der Stadtbibliothek.

Die **Kostel Dr. Farského** am náměstí Dr. Farského ist ein repräsentatives Teil der Neogotik mit einem 60 m hohen Turm des Baumeisters Arwed Thamerus.

Bezaubernder Jugendstil pur begegnet Ihnen beim **Muzeum skla a bižuterie** *(Glas- und Bijouteriemuseum)* in der U Muzea. Drei Gebäude präsentieren Ihnen Schmuck, Perlen groß und klein, Jett, Knöpfe, Glasfiguren, Kleidungsaccessoires, böhmische historische und gegenwärtige Designergläser, Medaillen und Plaketten. Es ist eine Schatzkammer! Jett, der Schmuck aus schwarzem Glas, ist typisch für Gablonz und war vor allem als Trauerschmuck beliebt. Außerdem gibt es noch eine Heimatkundeausstellung, das Modell einer Glasmachersiedlung und Wissenswertes zur Geschichte der Glasproduktion.

Ein Beispiel für den Wiener Jugendstil finden Sie in der Liberecka 5 im Gebäude des **Městské divadlo** *(Stadttheater)*, geplant vom Architektur-Büro Fellner & Helmer in Wien. Dieses Atelier war auf Theaterbauten spezialisiert und überzog in den Jahren von 1870 bis zum Ersten Weltkrieg Mitteleuropa mit prägnanten Gebäuden, z.B. das Wiener Volkstheater, Wiener Konzerthaus, die Theater in Mladá Boleslav, Liberec, Karlový Vary oder Prag. Besuchen Sie eine der 200 jährlichen Vorstellungen und bewundern Sie die Pracht der hundertvierzehn Leuchter und Wandleuchter im Jugendstil!

Im **Jugendstil-Viertel** um die Straße Podhorská steht die Kirche Kostel Povýšení sv. Kříže, die Altkatholische Kirche, ein besonders gelungenes Objekt sakraler Architektur der Zeit. Diese Straße war und ist eine Hauptgeschäftsstraße, an der viele Firmengebäude im Stil der 1920'er und 1930'er Jahre stehen.

In die Bauhauszeit gehört die **Kostel Nejsvětějšího srdce Ježíšova** *(Kirche des Heiligsten Herzens Jesu)*, die 1930-32 als Ziegelbau mit einem prismenförmigen Turm gebaut wurde.

Ein Paradestück des Funktionalismus ist das **Nová radnice**, das Neue Rathaus auf dem Mírové náměstí. Das „alte Rathaus" war erst 40 Jahre alt, als es den Bedürfnissen nicht mehr genügte und man über einen Neubau nachdachte. 1928 wurde ein öffentlicher Architekturwettbewerb ausgeschrieben, an dem sich 177 Architekten aus ganz Europa beteiligten. Gebaut wurde 1931-32 nach dem Entwurf des jungen Liberecer Architekten Karl Winter. Unter dem Dach des Rathauses sind Verwaltungsräume, ein Kino, ein Café und eine Weinstube mit Tanzparkett. Um Jablonec aus der Vogelperspektive zu erleben, können Sie auf den Rathausturm steigen.

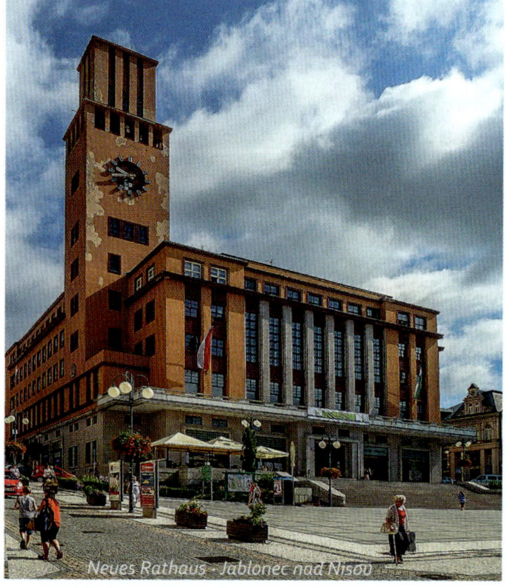

Neues Rathaus - Jablonec nad Nisou

Weitere Häuser im Stil des Funktionalismus sind die **Kantorova vila** *(Kantor-Villa)*, Palackeho 3111/26; **Háskova vila** *(Hásek-Villa)*, Prubezna 449/10 und die **Schmelowskyho vila** *(Schmelowsky-Villa)*, Opletalova 29/3102.

Einen Überblick über Jablonec bekommen Sie, wenn Sie die 91 Stufen zum 1906 gebauten Turm **Rozhledna Petřin** hinaufsteigen. Die Aussicht ist herrlich - Jablonec vor der Kulisse des Iser- und Riesengebirges!

Rauchfleisch-Kartoffel-Strudel *(Rezept aus Gablonz um 1900)* **:** Sie brauchen 1 kg Kartoffeln, 100 g Grieß, 150 g Weizenmehl, 4 Eier, Salz, Pfeffer aus der Mühle. Füllung: 400 g gekochtes Rauchfleisch, 100 g Semmelbrösel in 50 g Butter braun gebraten, 2 Zwiebeln, 100 g Schweineschmalz. Kochen und pellen Sie die Kartoffeln und pressen Sie sie durch die Kartoffelpresse, dann kommen Grieß, Mehl, Eier, Salz und Pfeffer dazu. Kneten Sie alles kurz durch, und rollen Sie die Masse auf einem bemehlten Küchentuch aus, streuen die Rauchfleischwürfel und die Brösel darauf und rollen den Teig mit dem Tuch auf. Das Tuch wird an den Enden zusammengebunden (so ähnlich wie ein Knallbonbon), in einen großen Topf gehängt und im kochenden Salzwasser eine gute halbe Stunde gegart. Vor dem Servieren begießen Sie den Strudel mit den in Schmalz gerösteten braunen Zwiebelringen.

Jablonné v Podještědí *Deutsch Gabel* *3.600 Einwohner 315 hm*

So ein kleiner Ort und so eine große Kirche! Schon von weitem wird man neugierig, was da für eine auffallende Kuppel und für eine Art Kirchturm über die Hausdächer ragt.

Die Kuppel gehört zur **Bazilika minor sv. Vavřince a sv. Zdislavy** *(Dominikanerkloster und Kirche St. Laurentius und St. Zdislava)*, die 1699-1722 gebaut wurde. Das Dominikanerkloster wurde Mitte des 13. Jh. von Zdislava von Lemberk in der durch ihren Mann Havel z Lemberka *(Gallus von Lämberg)* neu gegründeten Stadt gestiftet. Zdislava ist das böhmische Pendant zur Heiligen Elisabeth - eine Patronin der Kranken, Armen und der Familie, eine Frau die Nächstenliebe lebte und die dem Volksglauben nach Wunderheilungen vollbrachte. 1995 wurde Zdislava durch Papst Johannes Paul II. heiliggesprochen.

Über ihrem Grab wurde Anfang des 18. Jh. die heutige Barockkirche errichtet, die zur Wallfahrtsstätte wurde. Sie zählt zu den bedeutendsten Barockbauten Mitteleuropas, entworfen von Johann Lucas von Hildebrandt, dem Barockbaumeister, der Wien mit vielen berühmten Palais (z.B. Belvedere, Schönborn, Auersperg, Schwarzenberg) zu seiner heutigen Pracht verholfen hat. Die 1702 gebaute Wiener Peterskirche ist der Kirche St. Laurentius sehr ähnlich. Wenn Sie an der Klosterpforte läuten, sind die Mönche gerne bereit, Ihnen die Kirche zu öffnen. Vom Kirchenschiff aus können Sie in die Katakomben mit dem Sarg der Zdislava schauen. Rund um den Sarg stehen 24 auf Kupferblech gemalte Bilder mit Szenen aus ihrem Leben. Die Katakomben sind nur bei der Hauptwallfahrt am letzten Samstag im Mai zugänglich.

Das zweite auffällige Gebäude ist der **Vyhlídková věž** *(Aussichtsturm)*. Der Komplex wirkt von weitem wie eine Kirche und tatsächlich diente er als Pfarrkirche, bis 1757 die Basilika diese Funktion übernahm. 1788 wurde die ehemalige Kirche bei einem großen Stadtbrand zur Ruine. Vom Ende des 19. Jh. bis 1932 waren die unzerstörten großen Keller Teil einer Brauerei. Heute können Sie auf den 32 m hohen Hauptturm steigen, um die Aussicht zu genießen.

Wenn Sie auf der Straße Zdislavy z Lemberka oder Straße 270 Richtung Norden fahren, kommen Sie an zwei interessanten Bauwerken vorbei. Das erste ist das **Rokoko-Jagdhaus der Familie Pacht** aus dem zweiten Viertel des 18. Jh., das später Poststation war und in dem angeblich Napoleon übernachtete. Das zweite ist die **Kapelle St. Wolfgang** im Stil der Gotik und Renaissance, die heute die Trauerhalle des Friedhofs ist.

Am westlichen Stadtrand liegt in einem Park das **Schloss Nový Falkenburk** *(Neu Falkenburg)*, im 16. Jh. gebaut, später barockisiert. Da es ein Kinderheim ist, kann es nicht besichtigt werden.

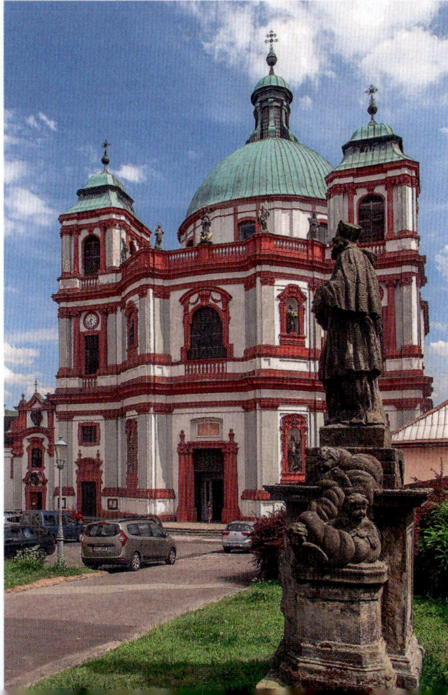

Bazilika - Jablonné v Podještědí

Außerhalb des Ortsteiles Lada *(Laaden)* wurde im Ersten Weltkrieg ein Friedhof für die Toten des russisch-ukrainischen Kriegsgefangenenlagers **(Ukrajinský hřbitov)** angelegt. Die Gräber tragen, dem Glauben des Toten entsprechend, ein lateinisches oder griechisches Kreuz mit Namenstafel. Nach 2008 wurde der bis dahin verfallene Friedhof wiederhergerichtet. Sie finden ihn, wenn Sie bei der Bushaltestelle Lada rechts abbiegen, der schmalen Straße folgend, sich rechts halten und Ihr Auto bei einem Strommast abstellen. Von dort sind es noch etwa 200 m den Feldweg entlang.

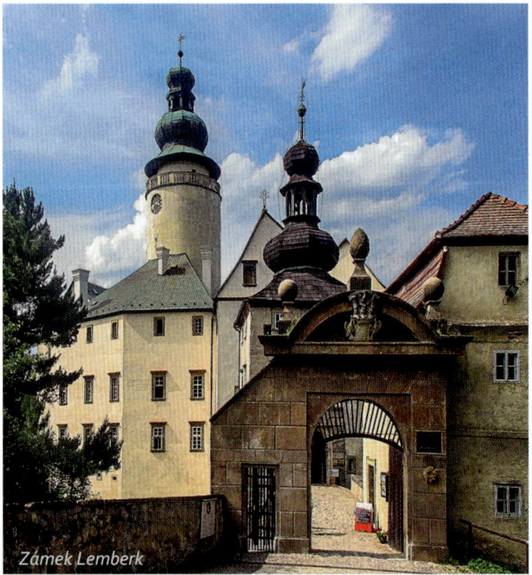
Zámek Lemberk

Drei Kilometer außerhalb von Jablonné wurde im 13 Jh. auf einem steilen Felsen, der von drei Seiten durch Steilhänge geschützt ist, **Burg Lämberg** *(Zámek Lemberk)* gebaut, um die wichtige Handelsstraße von Böhmen nach Zittau zu bewachen. Entlang des Baches Panenský potok spazieren Sie zum Teich Markvart mit dem Palma-Hof mit seinem großen Mansarddach. Vorbei am barocken Wasserturm und dem Lustschlösschen Breda führt der Weg durch die Lindenallee zum Burgtor.

Das uns schon bekannte Gründerpaar sind Havel z Lemberka und Zdislava, der eine Ausstellung im Schlossmuseum gewidmet ist. Von dieser ursprünglichen Burg ist nur noch der zylindrische Turm erhalten. Heute beeindruckt das Schloss die Besucher mit seinem fast quadratischen, vierflügeligen Grundriss, weiten Höfen, einer Zugbrücke, dem Turm mit barocker Haube, einem Rittersaal, Kemenaten, Gewölben und einer schwarzen Küche. Der erste große Umbau war 1570, der noch im Renaissanceflügel mit der mittelalterlichen Anordnung der Räume zu erkennen ist. Der interessanteste Raum in diesem Flügel ist der Fabelsaal mit Themen aus den Äsopschen Fabeln auf einer hölzernen Kassettendecke. Die Adelsfamilie Breda gab ab 1660 nach Plänen des italienischen Architekten Sebregondi dem Schloss seine frühbarocke Gestalt. Da später keine größeren Umbauten stattfanden, hat sich Lemberk dieses Aussehen bis heute erhalten. In der Nähe des Schlosses befinden sich der Barockgarten und der Zdislava-Brunnen.

Haben Sie sich mal gefragt, wie diese kostspieligen Bauvorhaben finanziert wurden? Bei Schloss Lemberk wissen wir es: Das Geld wurde so unbarmherzig den Bauern abgepresst, dass es 1679 und 1680 zu Bauernaufständen kam. Hat aber nichts gebracht, die Anführer wurden eingesperrt, die übrigen mussten der Obrigkeit den Gehorsam schwören und natürlich zahlen!

Ještěd *Jeschken* 1.012 m

Er ist nicht zu übersehen - aus der Ebene ragt ein über 1.000 m hoher Berg, auf dessen Gipfel ein UFO gelandet zu sein scheint! Von praktisch allen Aussichtspunkten nördlich von Prag sieht man die markante Silhouette, und vom Gipfel aus sehen Sie bis ins Erzgebirge, die Oberlausitz, Görlitz und das westliche Niederschlesien, das Iser- und das Riesengebirge, das Böhmische Paradies, Ostböhmen und den Fernsehturm von Prag. Wann der erste Wanderer diese Aussicht genossen hat, wissen wir nicht. Aufgeschrieben finden wir den Namen Ještěd oder *Jeschken* das erste Mal im 16. Jh. Das älteste Bauwerk auf dem Gipfel ist der Rohanstein von 1838, ein Gedenk- und Grenzstein. Ab der Mitte des 19. Jh. begannen Wanderer, sich verstärkt für den schon immer baumlosen Gipfel zu interessieren. Es entstand eine erste Hütte, zu der die Hüttenwirte jeden Morgen Speis und Trank auf einer Kiepe den Berg hinauftrugen. Es kamen immer mehr Wanderer und die einfache Hütte wurde bald vergrößert. Hundert Jahre lang war sie als „Altes Jeschkenhaus" bekannt. Von 1906 bis 1963 konnten Wanderer im „Neuen Jeschkenhaus" in 23 Zimmern und einem Schlafsaal übernachten. Im Laufe der Zeit wurden auch mehrere hölzerne Aussichtsstürme gebaut. Nachdem die alte Berghütte 1963 abbrannte, suchte man mit einem architektonischen Wettbewerb Ideen für den Bau eines Fernsehturms und ein Restaurant mit kleinem Hotel. Gewonnen hat den Bewerb Architekt Karel Hubáček, der beides in Form eines kegelförmigen Hyperboloides in einem Gebäude unterbrachte.

Das war kühn, war man doch hier eine urig-holzige Berghütte gewöhnt! Der Widerstand gegen das Aussehen und gegen die ungewöhnlichen Materialien war groß - eine Beton- und Eisenkonstruktion, bei der der Betonmantel mit einer Konstruktion wie aus Angelruten gehalten wird. 1969 erhielt Karel Hubacek dafür den internationalen August-Perret-Preis. Trotzdem schwingt das Teil an der Spitze - am Anfang bis zu 70 Zentimeter, heute durch nachträgliche Installation eines 600 kg schweren Gewichtes und von Schwingungsdämpfern minimiert auf höchstens zehn Zentimeter.

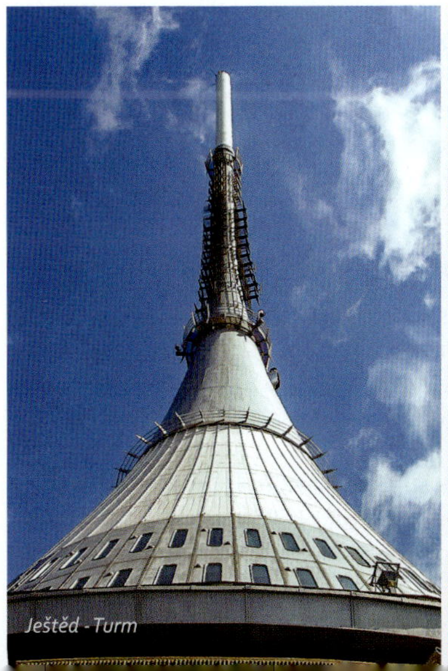
Ještěd - Turm

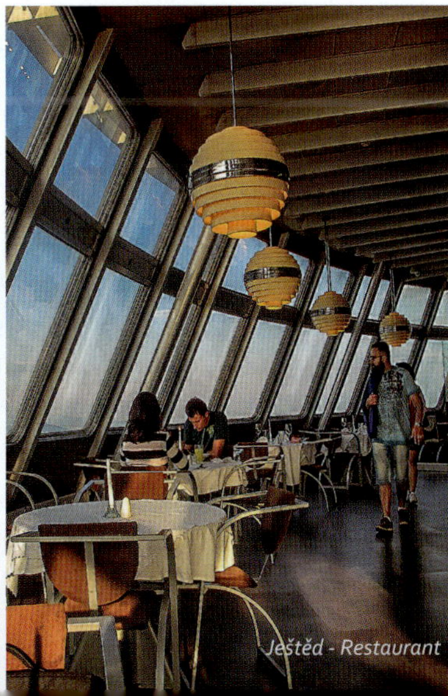
Ještěd - Restaurant

Statt UFO könnte man auch an eine Schichttorte denken: Die beiden untersten Etagen beherbergen die Technik im Maschinenraum. Die nächsten Schichten sind eher kulinarisch: Terrasse, Büfett, Restaurant, Café und das Hotel. Im nächsten Teil ist die Fernmeldetechnik zuhause. Die „Deko auf der Torte", die Turmspitze, ist ein Aufsatz mit 17 m hoher Antenne.

Natürlich hat das mutige, und wie wir finden, sehr schöne Gebäude noch mehr Preise eingeheimst: 1998 wurde es zum Kulturdenkmal erklärt, 2000 zum Bauwerk des Jahrhunderts in der tschechischen Architektur, 2006 wurde es zum nationalen Kulturdenkmal und es liegt ein Antrag für die Aufnahme in die UNESCO-Liste der Kulturdenkmäler vor.

Es gibt verschiedene Möglichkeiten, auf den Berggipfel zu kommen. Da dieses Buch vor allem ein Wanderführer ist, empfehlen wir Ihnen die Touren 2 und 3.

Eine lange Tradition hat der **„Hunderter-Wettbewerb"**, bei dem es darum geht, in möglichst kurzer Zeit 100 Mal den Ještěd zu besteigen. Der Preis dafür? Ein Halbliter-Bierglas mit Namen und ein Abzeichen. Die historischen Spitzenreiter sind Lilly Flassak, die 1937 709 Mal aufgestiegen ist und Rudolf Kauschka und Kollegen, die 1922 zwölf Aufstiege an einem Tag schafften.

Seit 1933 fährt eine **Seilbahn von Liberec-Horní Hanychov auf den Ještěd**, die von 1972-75 modernisiert wurde. Die 35'er Kabinen-Seilbahn braucht 5 Minuten für die 1.100 Meter und fährt mit bis zu 36 kmh.

Wenn Sie im Hotel übernachten wollen, können Sie über eine schmale, kurvige Straße hinauffahren. Es gibt aber nur relativ wenige Parkplätze, die für Hotelgäste gratis sind.

Natürlich gibt es auch verschiedene Arten, wieder ins Tal zu kommen. Zu Fuß, per Seilbahn und per Auto ist klar. Mountainbiker freuen sich über einen Bikepark, der teilweise die Skipisten nutzt. Sie können aber auch rollern - das Hotel verleiht Scooter und auf mehreren Routen (Achtung Autofahrer - eine der Strecken nützt die schmale Straße!), die sich in Terrain und Länge unterscheiden, können Sie ins Tal sausen.

Im Winter können Sie mit Skiern ins Tal abfahren, denn der Ještěd ist ein beliebtes Skigebiet mit 9,2 km präparierten Pisten für jedes Können, 9 Liften und allem Drum und Dran.

Eine Anlage mit zwei Skisprungschanzen (K120, K900) und gemeinsamem Auslaufgelände ist immer wieder Austragungsort nationaler und internationaler Meisterschaften. Die Schanzen wurden in den 1960'er Jahren gebaut und seitdem immer wieder den modernen Ansprüchen angepasst, zuletzt 2009. Den offiziellen Schanzenrekord auf der K120 hält Janne Ahonen mit 139,0 m, auf der K90 Harri Olli 2009 mit 104,5 m und Sarah Hendrickson 2013 mit 106,0 m.

Jindřichovice pod Smrkem *Heinersdorf a. d. Tafelfichte* *655 Ew.* *376 hm*

Im kleinen Ort am Rande des Isergebirges können Sie einen großen geschichtlichen Bogen vom 14. Jh. bis in die Gegenwart spannen.

Die Ruine der romanischen **Jakobuskirche** aus dem 13. Jh., 1431 durch die Hussiten zerstört, liegt an der Straße nach Dětřichovec. Mit der Kirche wurde das gesamte Dorf, damals etwa 15 Hütten, vernichtet.

Im **Žijící skanzen Jindřichovice pod Smrkem** *(Museum des bäuerlichen Lebens)* wird die Geschichte vor der Industrialisierung der Landwirtschaft lebendig. Auf dem Gelände des Skanzen stehen bäuerliche Gehöfte und eine kleine, südländisch anmutende Windmühle.

Beim Museum befindet sich auch der Einstieg in den **Naturlehrpfad** rund um Jindřichovice. Der gesamte Weg mit einigen Lehrtafeln (leider nur in tschechischer Sprache) ist etwa 12 km lang, aber Sie können auch kürzere Varianten wählen, z.B. einen Spaziergang vom Museum in den Ort und wieder zurück mit etwa 4 km. Oder Sie spazieren zu dem Ende des geschichtlichen Bogens, der für die Gegenwart, bzw. Zukunft steht, den zwei **Windkraftwerken** mit einer Leistung von 2 x 600 kW, errichtet 2003. Am Fuß der Windkraftanlage steht ein Blockhaus mit dem EIC (Ökologischen Informationszentrum). Bei dieser Variante marschieren Sie etwa 6 km.

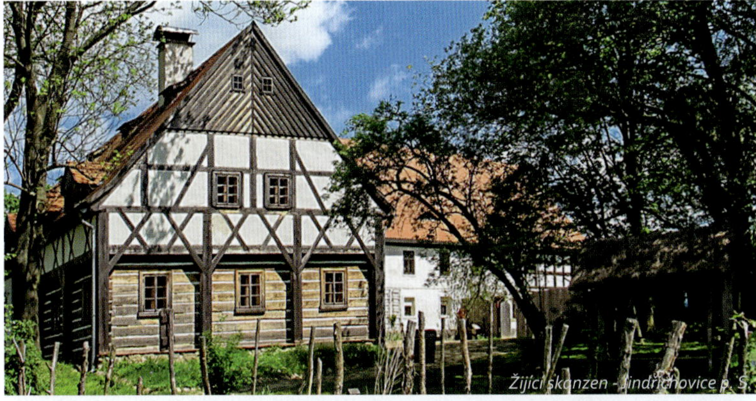
Žijící skanzen - Jindřichovice p. S.

Jizerka *Klein Iser* ***8 Einwohner*** *860 hm* **Tour 6 & 12**

Auf einer weiten Hochebene im Herzen des Isergebirges liegt Jizera, ein Ortsteil der Gemeinde Kořenov und die höchste Ansiedelung des Isergebirges. Obwohl nur Anwohner mit dem Auto bis dorthin fahren dürfen, ist es nicht einsam, denn je nach Jahreszeit wandern, biken und langlaufen hier Erholungssuchende.

Im 15. Jh. war hier eine Einöde, die von böhmischen Köhlern genutzt und dann dauernd besiedelt wurde. Später kamen noch Goldgräber und Edelsteinsucher aus ganz Europa dazu, die nach Saphir, Topas, Zirkon, Smaragd und Rubin suchten, vor allem aber nach den seltenen Iserinen für die Herstellung von Trauerschmuck. 1828 gründete der Glasmacher Riedel die erste Glashütte. 1866 wurde eine zweite Glashütte errichtet, die bis 1911 in Betrieb war. Damals lebten hier an die 400 Menschen. Heute ist die Gemeinde ein Erholungszentrum für Wintersport und Touristik. Das **Riedelsche Panský dům** *(Herrenhaus)* vergammelte und verfiel in der zweiten Hälfte des 20. Jh.. Seit einer gelungenen Restaurierung steht es seit 2003 Reisenden offen. Die ehemalige Produktionshalle der Glashütte ist heute eine Sporteinrichtung mit Kletterwänden.

In der ehemaligen DDR war Jizerka auch bekannt durch das **Misthaus** *(Hnojový Dům)* des Bergsteigers, Globetrotters und Fotografen Gustav Ginzel. Ginzel musste nach dem Kauf der alten Hütte 1965 als Erstes eine dicke Schicht Kuh- und Schafsmist wegkratzen - daher der Name Misthaus. Ginzel sammelte alle möglichen Kuriositäten, z.B. Stereoklos, Antivergewaltigungsbetten oder die Schlankheitskammer und zu jedem Gegenstand wusste und erzählte er eine Geschichte.

Er war ein Original und (regime-) kritischer Geist, und so war das Misthaus lange alternatives Informationszentrum, Isergebirgsmuseum und Notunterkunft für Wanderer. 1995 brannte das Haus mit all seinen Seltsamkeiten ab, und obwohl es mit finanz- und tatkräftiger Hilfe wieder aufgebaut wurde, fühlte sich Ginzel dort nicht mehr heimisch. Er starb 2008 in einem Allgäuer Krankenhaus. Das Misthaus wird heute als Wochenendhaus der Familie Ginzel genutzt.

In der früheren Schule zeigt das Nordböhmische Museum Liberec eine **Dauerausstellung zur Geschichte von Jizerka** und das Leben im Isergebirge.

Einen schönen Spaziergang können Sie auf dem 5 km langen **Lehrpfad Tři iseriny** *(Drei Iserinas)* machen. Er beginnt in Jizerka am Parkplatz unter dem Bukovec, führt über den Bukovec (1.005 m) ins Zentrum von Jizerka und dann durch das Naturschutzgebiet Rašeliniště Jizerky durch das Moor wieder zurück zum Ausgangspunkt. Die Informationstafeln stellen dem Besucher die geologische Zusammensetzung des Bukovec, das Isermoor und die Große Iserwiese vor.

Der Basaltkegel des **Bukovec** liegt in einem Naturschutzgebiet von fast 60 ha. Dank des einzigartigen Basaltuntergrunds wachsen hier üppig Trollblumen, der Echte Seidelbast, die Echte Arnika oder das Orangerote Habichtskraut. An der südöstlichen Bergflanke finden Sie Spuren von Grubentätigkeit und alten Brüchen.

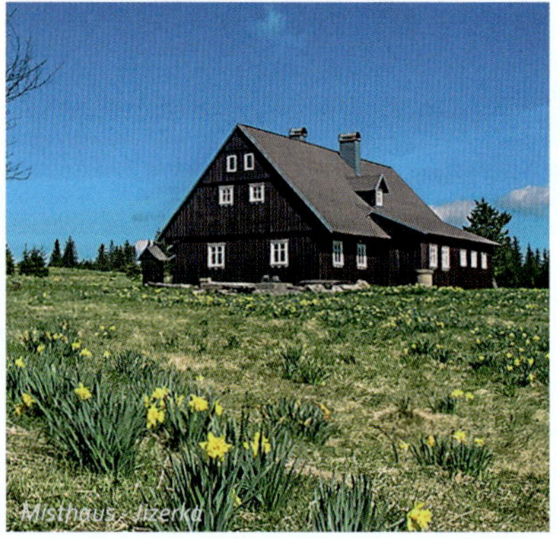
Misthaus, Jizerka

Der **Jizera** *(Sieghübl oder Siechhübel)* ist mit 1.122 m der zweithöchste Berg im böhmischen Teil des Isergebirges. Rund um den Gipfel befindet sich das Naturschutzgebiet Iser-Urwald, mit Fichtenwald bewachsen. Auch hier sind die Spuren des Waldsterbens zu sehen, denn Mitte der 1980'er Jahre starb der ursprüngliche Waldbestand wegen des sauren Regens weitgehend ab, der vor allem von den Braunkohlekraftwerken der DDR und Polen im Oberlausitzer Bergbaurevier verursacht wurde.

Jonsdorf *1.500 Einwohner 443 hm*

Der gepflegte Kurort dehnt sich in den Tälern des Grundbaches und des Pochebaches aus. Der Reiz liegt in seiner Lage im Naturpark „Zittauer Gebirge" mit abwechslungsreich geformten Sandsteinbergen, vulkanischen Kuppen und malerischen Tälern.

Obwohl schon seit 150 Jahren Erholungsort, hat sich noch viel altes Brauchtum wie z.B. Volkstanz und vor allem die schönen Umgebindehäuser (z.B. die Touristeninformation) erhalten. 130 Umgebindehäuser sollen hier noch stehen!

Die Mühlsteinbrüche südlich von Jonsdorf wurden seit dem 16. Jh. als Sandsteinbrüche für Mühlsteine genutzt, da der Stein hier sowohl hart als auch porös war - 1A-Qualität für Mühlsteine, die bis 1917 an Mühlen in ganz Europa verkauft wurden. Im „Schwarzen Loch" entstand 2002 das Schaubergwerk, das Arbeitstechniken aus der damaligen Zeit zeigt.

Die Nonnenfelsen am Südosthang des Buchberges sind 537 Meter hoch und haben einige interessante Klettergipfel wie die Schluchtwand, Nonnenfelsenriff und die Barbarine. Seit 1994 kann man die Felsen auf einem 400 m langen Klettersteig mit Hängebrücke erobern.

Die beiden Felsengebiete sind im cirka 60 ha großen Naturschutzgebiet Jonsdorfer Felsenstadt zusammengefasst.

Freunde alter Eisenbahnen werden sich bestimmt nicht die Fahrt mit der Zittauer Schmalspurbahn entgehen lassen, die mit einer Streckenlänge von 12 Kilometern in 45 Minuten von Zittau entweder nach Oybin oder Jonsdorf fährt. Seit 1890 transportiert die 750 mm-Bahn Personen und Güter mit Volldampf ins Gebirge. Sie können mit den regulären Zügen fahren oder Sie können von Mai bis Oktober an historischen Themenfahrten teilnehmen. Der Sachsenzug bringt Sie in die Zeit der Königlich Sächsischen Staatseisenbahnen, der Reichsbahnzug lässt Sie die goldenen Zwanzigerjahre erleben und der Zittauer Triebwagen die der Nachkriegszeit.

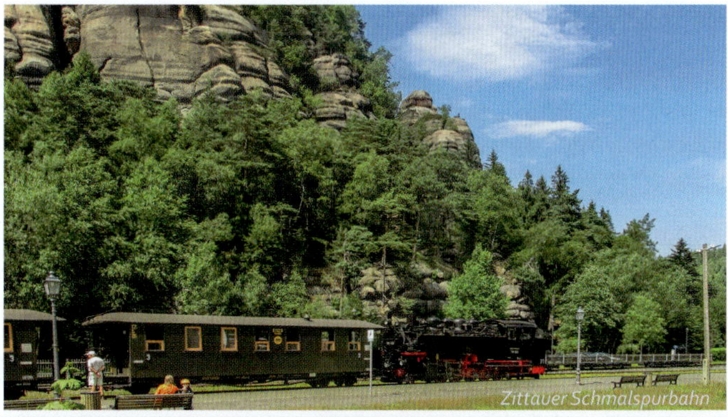

Zittauer Schmalspurbahn

Josefův Důl *Josefsthal* ***900 Einwohner*** *625 hm* **Tour 10**

Der Ort teilt die geschichtliche Entwicklung vieler Siedlungen in Nordböhmen. Nach dem Dreißigjährigen Krieg holte der Grundherr deutsche Siedler ins Land, um die Wirtschaft zu fördern. Seit dem 18. Jh. stand bis 1910 im Ortsteil Antonínov ein bedeutendes Glashüttenwerk, die Zenkerhütte, gefolgt von der Kamenickahütte, die es bis heute gibt. 1904 kam noch die so genannte Maxovskahütte der Familie Riedel dazu.

Wahrzeichen ist die **neugotische Kirche** von 1865. Im ehemaligen Schulgebäude ist das **Heimatmuseum** untergebracht, wo Sie mehr über Josefův Důl erfahren.

Die **Talsperre Josefův Důl** oberhalb des Dorfes staut das Wasser der Kamenice *(Kamnitz)*. Sie wurde 1976-82 gebaut und hat zwei Dämme - den Stirndamm (Länge 720 m, Höhe 43 m) und den Seitendamm, die zusammen über 20 Mio. m³ Trinkwasser für Jablonec, Liberec und die Umgebung von Česká Lípa sammeln.

Die 5,4 km lange Route des **Naučná stezka Gustava Leutelta** *(Naturlehrpfad Gustav Leutelt)* beginnt am Bahnhof, führt an der Kirche vorbei und biegt nach dem Parkplatz nach rechts ab an der Nordostflanke des Dorfes entlang bis zum Aussichtspunkt Skalní vyhlídka Peklo. Nun macht der Weg einen großen Bogen und es geht zurück ins Dorf. An fünf Stationen mit Informationstafeln lernen Sie etwas über den Dichter Leutelt und seine Heimat.

Der Faust des Isergebirges - Johann Josef Antonius Eleazar Kittel (1703-83). Er muss ein ungewöhnlicher Mann gewesen sein, der Arzt Dr. Kittel. Vermutlich eignete er sich sein medizinisches Wissen autodidaktisch aus Büchern an und schöpfte aus dem Erfahrungsschatz mündlich überlieferter Heilmethoden. Er war Heiler, Kräuterkundiger und Chirurg und brachte es so bis zum Leibarzt der Grafen Desfours. In seinem Anwesen gab es eine Apotheke, Zimmer für die Patienten und angeblich auch einen Seziersaal. Um seine Person rankten sich schon zu seinen Lebzeiten Mythen und Legenden - so soll er mit einem fliegenden Mantel unterwegs gewesen sein und seine Seele dem Teufel verschrieben haben, der ihm dafür das „Kraut des Lebens" schenkte - daher auch sein Beiname „Nordböhmischer Faust" oder „Zauberer von Schumburg".

In Krásná *(Schumburg)*, Ortsteil von Pěnčín *(Pintschei)*, im Kittelovo muzeum *(Kittel-Museum)* finden Sie in einem Gebäude seines Gehöftes eine interaktive Ausstellung, die Realität und Fiktion aufbereitet. Beim Museum gibt es auch einen kurzen Lehrpfad, der das Leben des Arztes auf Tafeln veranschaulicht.

Die folgende Sage soll Ihnen Appetit auf den nordböhmischen Faust machen.

Nein, nicht nur durch Wissen und Erfahrung heilte der Doktor! Als einmal Feixpater bei ihm zu Besuch war, geriet dieser statt auf die Toilette in einen geheimen Raum, den niemand betreten durfte und der nur aus Versehen offen war. Dieser Verschlag war um Mitternacht hell erleuchtet, weil Kittel sich um diese Zeit immer mit den Geistern über die Kranken und ihre Heilung beriet. Wie erschrak der Feixpater, als er sich selbst dort tot auf einem Seziertisch liegen sah! Nie mehr ging er in Kittels Haus und - er starb noch vor Jahresfrist!

Kořenov *Bad Wurzelsdorf* — *930 Einwohner* *725 hm* **Tour 12**

Die größte Isergebirgsgemeinde besteht aus über 10 Dörfern. Die günstige Lage zwischen Iser- und Riesengebirge macht den Ort bei Urlaubern sowohl im Sommer als auch im Winter sehr beliebt.

Fans der tschechiscen Kultfigur Jára Cimrman pilgern in den hübschen Ortsteil **Příchovice**, wo im **Aussichtsturm Maják Járy Cimrmana** eine Ausstellung, die dem fiktiven Helden gewidmet ist, angeschaut werden kann.

Der älteste Aussichtsturm der Region heißt **Štěpánka** und steht gleich nebenan auf dem Berg Hvězda. Die steinerne Schönheit mit romantischen Zinnen wurde 1847 gebaut.

Sollten Sie aus Dornbirn in Vorarlberg stammen, kommt Ihnen vielleicht die **Evangelische Kirche in Tesařov** bekannt vor. Die von Otto Bartning geplante Kirche, 1909 gebaut, diente als Vorbild für die 1930 bis 1931 in Dornbirn errichtete Heilandskirche.

Jára Cimrman, ein Nationalheld, den es nie gab: In den 1960'er Jahren wurde in einer Radiosendung von der Wiederentdeckung eines tschechischen Erfinders, Dichters, Musikers, Naturwissenschaftlers, Lehrers und Sportlers mit Namen Jára Cimrman, ungefähr geboren 1856-65, verschwunden im Ersten Weltkrieg, berichtet. Kernstück des Mythos wurden seine Theaterstücke, die im Jára-Cimrman-Theater in Prag aufgeführt werden. Geschickt wurde und wird hier an der

Geschichte des Universalgenies gewoben. Obwohl jeder Tscheche weiß, dass es sich um eine fiktive Person handelt, tun alle so, als ob es ihn wirklich gegeben hätte. Gerade zur Zeit des Sozialismus wurde Cimrman, der ja alles konnte, alles machte und sein Leben frei und unbehindert lebte, zu einer wichtigen Person des leisen Widerstandes. Und so kommt es, dass es Cimrman-Ausstellungen, Cimrman-Denkmäler, Cimrman-Straßen, Cimrman-Filme (gedreht in Vesec bei Sobotka), einen Cimrman-Asteroiden und Cimrmanologen gibt. Sogar bei der Wahl zum berühmtesten Tschechen hatte Cimrman die Nase weit vor beispielsweise Jan Hus, Comenius oder Václav Havel! Ja, das ist tschechischer Humor vom Feinsten!.

Kryštofovo Údolí *(Christofsgrund)* *360 Einwohner* *375 hm* Tour 2

Schlängeln Sie sich entlang des Baches Rokytna in das kleine Seitental der Lužická Nisa in die romantische Siedlung, denn hier finden Sie die schönste Gruppe an Volksarchitektur weit und breit.

Wie so oft in dieser Region waren die ersten Siedler Holzfäller und Köhler, die Hand in Hand mit den im 14. Jh. aus Hessen und Thüringen eingewanderten Bergleuten den Bergbau von Silber und Blei ermöglichten. Bis Ende des 17. Jh. war das rentabel, dann wurde der Abbau von Erz nach und nach eingestellt.

Egal aus welcher Richtung Sie kommen - die typischen Umgebindehäuser prägen das Bild! Im Zentrum des Dorfes steht auf einem Hügel die hölzerne **Kostel sv. Kryštofa** *(St. Christoph)* mit Glockenturm von 1694, einer der wenigen Blockbauten, die mit Schiefer gedeckt ist. Das Kirchenschiff und der Chor haben eine einheitliche Kassettendecke mit zeitgenössischen Gemälden.

Anfang der 1990'er Jahre wurde die Kirche mit Hilfe eines Fördervereines, bestehend aus ehemaligen deutschen Bewohnern des Ortes, renoviert. Der schöne Friedhof wird heute von einer kleinen Bürgerinitiative aus dem Dorf in Schuss gehalten.

Das barocke Totenhaus schmückt sich mit acht Gemälden, die gemäß der barocken Weltanschauung den Menschen an die ständige Gegenwart des Todes erinnert. Zur Kirche kommen Sie über eine gewölbte Brücke mit einer Nepomuk-Statue.

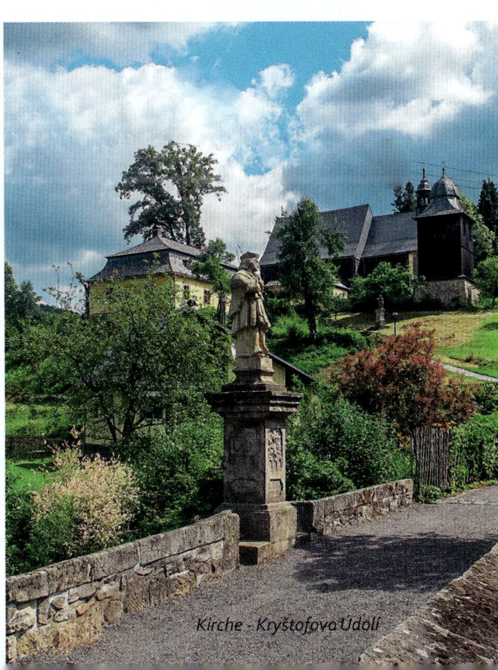
Kirche - Kryštofovo Údolí

Seit 2008 ist die alte Trafostation eine besondere Dorfuhr mit beweglichen Apostel-Figuren.

Als Kryštofovo Údolí noch Christofsgrund hieß, gab es in vielen Häusern den Brauch, Weihnachten in den Stuben mechanische **Krippen** gegen Geld auszustellen. Übrig gebliebenist davon eine Ausstellung mit Krippenelementen im alpenländischen und orientalischen Stil im ersten Stock des alten Schulgebäudes, heute „Gastwirtschaft Zum Christophorus". Diese großen, oft beweglichen Krippen heißen in Tschechien Betlém.

Zur Weihnachtszeit steht auf dem kleinen Parkplatz in der Mitte des Dorfes eine 16 Meter hohe Krippe des tschechischen Künstlers Jozef Jira mit lebensgroßen Figuren.

Bewunderer technischer Denkmäler bekommen große Augen beim etwa 1,5 km entfernten **Eisenbahnviadukt** von 1904 auf der Strecke Liberec-Děčín-Teplice, 194 m lang mit 14 Bögen.

„Heiliger Sankt Nepomuk, treib' uns die Wassergüss' zurück". Auf tschechischen Brücken steht oft eine Figur des Heiligen Nepomuk, Landespatron von Böhmen. Johannes Nepomuk lebte im 14. Jh. und war ein Geistlicher und Jurist aus Pomuk, ein Ort bei Pilsen in Böhmen *(heute Nepomuk, Nepomuk = einer aus Pomuk)*. 1393 ließ der König ihn in der Moldau ertränken, angeblich, weil er sich auch unter der Folter geweigert hat, die Beichtgeheimnisse der Königin dem König zu verraten. Vielleicht hat er aber auch nur dem König zu sehr Widerstand geleistet, als der sich mächtig in kirchliche Belange einmischte.

Nepomuk wurde so Schutzpatron des Beichtgeheimnisses und derjenigen, die schweigen müssen. Sein Grab im Prager Veitsdom wurde schon bald Wallfahrtsort. An der Stelle seiner Hinrichtung wurde 1693 auf der Karlsbrücke sein Denkmal aufgestellt. Und von dort verbreitete sich dann die Mode des Brückenheiligen in viele Länder. Er wird oft mit einem Finger am Munde dargestellt, was auf das Beichtgeheimnis hindeutet, dazu mit Kruzifix und der Palme des Märtyrers.

Lázně Libverda *Bad Liebwerda* ***420 Einwohner*** *425 hm*

So einen kleinen schmucken Kurort hätte man hier vielleicht nicht erwartet! Das Kurareal ist ganz im Stil der klassischen Bäderarchitektur gestaltet und erinnert stark an die Vorbilder Mariánské Lázně *(Marienbad)* und Františkovy Lázně *(Franzensbad)*. Auch kulinarisch kann der Ort mithalten, denn hier gibt es die berühmten Bäder-Oblaten in verschiedenen Variationen.

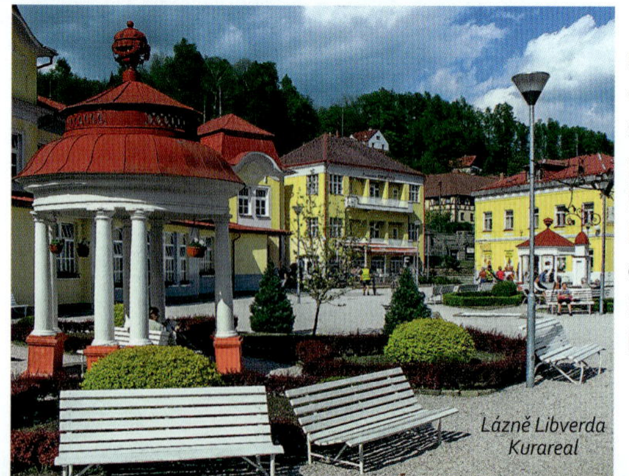
Lázně Libverda Kurareal

Schon im 14. Jh. wusste man um die Heilwirkung des Wassers. Die Menschen, die nach Hejnice pilgerten, erfrischten sich kurz vor dem Ziel damit. Das Wasser war so beliebt, dass es sich beispielsweise Feldherr Wallenstein ins Feld nachschicken ließ.

Ende des 18.Jh und Anfang des 19. Jh. legte Graf Kristián Filip Graf Clam-Gallas den Grundstein für das attraktive Ambiente, indem er die Kolonnade, das Empireschloss, den Pavillon über der Mariaquelle und das klassizistische Gebäude der heutigen Kurortverwaltung bauen ließ. Auch der Komponist Carl Maria von Weber verbrachte einen Urlaub in Bad Liebwerda und ließ sich vermutlich vom Stolpichwasserfall zu einer Szene in seiner bekannten Oper „Der Freischütz" inspirieren.

Über 20 Quellen gibt es hier mit hydrogen-karbonat magnesium-haltigen Wasser. Gekurt wird bei Herzinfarkt, Bluthochdruck, Rekonvaleszenz, Herz- bzw. Gefäßerkrankungen und Erkrankungen des gesamten Bewegungsapparates.

Warten Sie nicht erst, bis Sie ernstlich krank sind! Lázně Libverda bietet auch interessante Wellnessangebote zu fairen Preisen!

Etwas Besonderes ist auch die **Gaststätte Obří sud** *(Riesenfass)* in Gestalt eines großen Fasses, 1931 an der Straße Richtung Nové Město pod Smrkem errichtet. Die Ausflugsgaststätte zählt zu den wichtigsten Sehenswürdigkeiten des Ortes.

Liberec *Reichenberg* — *104.450 Einwohner* *374 hm* **Tour 2 & 5**

Liberec ist die größte Stadt im Dreiländereck Tschechien-Polen-Deutschland, Verwaltungssitz, Schul- und Hochschulstadt, Einkaufs- und Kulturmetropole...

Der Ort breitet sich im Liberecká kotlina *(Reichenberger Kessel)* des Zittauer Beckens aus und wird von der Lausitzer Neiße *(Lužická Nisa)* durchflossen. Im Nordosten steigt das Isergebirge auf und im Südwesten der Ještědský hřbet *(Jeschkenkamm)* mit dem Hausberg Ještěd *(Jeschken)* 1.012 m.

Liberec entstand im Mittelalter als Handelsplatz, denn das Überqueren der Bergkämme war für Kaufleute mit Handelsware anstrengend, und so brauchten sie einen vernünftigen Ort zum Rasten. Im 16. Jh. erlebten Stadt und Umgebung eine Blütezeit, weil die in der Umgebung ansässigen Adelsfamilien, z. B. Familie von Redern auf Friedland, den Aufbau der Textilerzeugung förderten. Eine gute Entscheidung, denn in diesem rauen Gebiet wuchs gerade Flachs besonders gut. So wurde Nordböhmen zu einem Zentrum der Leinenweberei und der Tuchmacherei.

Der Wohlstand rief eine erste „Bauwelle" hervor - Holzgebäude wurden abgerissen und durch Steinhäuser ersetzt. Mitte des 18. Jh. füllte sich das Stadtzentrum mit klassizistischen Gebäuden. Das 19. Jh. brachte mit der Industrialisierung die dazugehörige Industriearchitektur. Liberec war damals Zentrum der Textilindustrie in der Habsburgermonarchie. Und so erinnern auch einige Gebäude an Wien, z.B. das neue Rathaus und das Theater der Architekten Fellner & Hellmer.

Mit der Gründung der Tschechoslowakei 1918 nahm der Anteil der tschechischen Bevölkerung im bis dahin eher deutschsprachigen Gebiet weiter zu. Vor allem in den Jahren der Weltwirtschaftskrise verstärkten sich Konflikte zwischen den beiden Volksgruppen. Mit dem Münchner Abkommen 1938 wurde die Stadt in die „Sudentendeutsche Gebiete" des Deutschen Reiches eingegliedert.

Unmittelbar nach Kriegsende 1945 folgte dann die Vertreibung und Enteignung fast aller Sudetendeutschen aus der Tschechoslowakei. Reichenberg wurde in Liberec umbenannt, das entvölkerte Gebiet durch Tschechen aus Zentralböhmen, Roma & Sinti neu besiedelt.

Nach der Samtenen Revolution von 1989 wurde das historische Zentrum der Stadt renoviert. Heute sind im Liberecer Kreis die Glas- und Bijouterieindustrie, Kunststoffverarbeitung, der Maschinenbau sowie Automobilzuliefere wichtig, wo hingegen die traditionelle Textilindustrie immer mehr an Bedeutung verliert.

Stadtbummel:

Parken Sie Ihr Auto am Zoo, das Parken ist dort gratis. Vom Zoo ins Zentrum ist es ein angenehmer Spaziergang von etwa 2,5 km Länge.

Der **Zoo** ist der älteste tschechische Zoo mit ca. 170 Tierarten, der größten Raubvogelkollektion Europas, weißen Tigern und Pavillons für Raubtiere, Schimpansen, Orang-Utans, Giraffen, Seehunde oder Dickhäuter.

Neben dem Haupteingang des Zoos liegt das **Kulturzentrum Lidové sady** mit dem dominierenden Turm, auf den 155 Stufen führen. Der historisierende Bau mit Parkanlage, Restaurant und Veranstaltungsälen wurde 1900-01 von Adolf Horn realisiert.

Zwischen Zoogelände und Kulturzentrum hindurch kommen Sie in den Volksgarten. Sie verlassen den Park an einem Platz und spazieren die Masarykova hinunter. Links ist eine ältliche Sprungschanze und dahinter die Universität.

Bald kommen Sie zum **Severočeské museum** *(Nordböhmisches Museum)* auf der rechten Straßenseite, 1897-98 nach dem Entwurf des Wiener Architekten Friedrich Ohmann gebaut. Der hübsche Turm ist eine Kopie des alten, 1892 abgerissenen Reichenberger Rathauses. Im Haus finden Sie Ausstellungen zu den Themen Kunstgewerbe und Industrie, regionale Naturkunde, Archäologie und Geschichte.

Auf der anderen Seite der Straßenkreuzung zeigt im ehemaligen Kaiser Franz-Josefsbad die **Oblastní galerie** *(Kunstgalerie)* die ausgezeichnete Sammlung der böhmischen Kunst des 20. Jh., österreichische und deutsche Malerei des 19. Jh. oder französische Landschaftsmalerei.

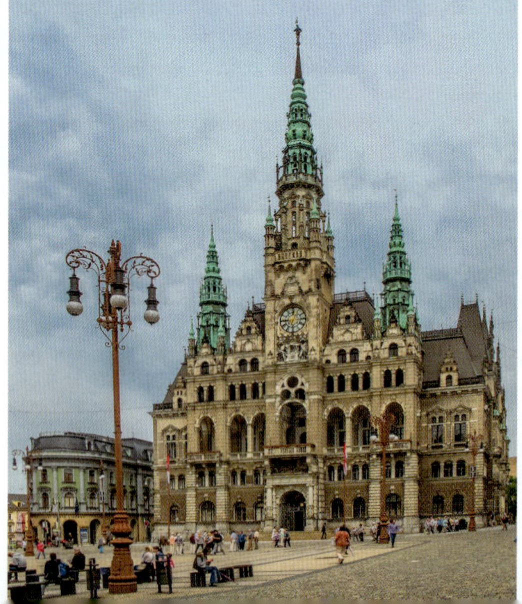

Liberec - Rathaus

Die nächste Station ist das **Technické muzeum** mit Oldtimern, Motorrädern, Fahrrädern oder Straßenbahnen, das nicht nur für große und kleine Jungs interessant ist. Vorbei an der Hochschule für Maschinenbau und Elektrotechnik und durch die Straße ul. 5. Května kommen Sie zur verkehrsreichen Sokolska, in die Sie rechts einbiegen. Nach knapp 100 m sehen Sie in einer kleinen Grünanlage das **Divadlo F. X. Šaldy** *(Theater)*, im Neorenaissancestil von Reichenberger

Industriemogule des 19. Jh. - die Familie Liebieg. Anfang des 19. Jh. ließ sich der aus Ostböhmen stammende Tuchmacher Johann Liebieg Senior (1802-70) in Liberec nieder und wurde hier zum Gründer der berühmten „Spinnerei und Weberei Liebieg & Comp". Er war auch Vorsitzender des Verwaltungsrats der Sparkasse, der erste Präsident der Handelskammer und Mitglied des Landtages und des kaiserlichen Rates. Seine Kinder traten in Vaters Fußstapfen, und so stehen viele der öffentlichen, weltlichen und kirchlichen Bauten mit der Industriellenfamilie in Zusammenhang. Paradebeispiel: die als Liebiegstadt bekannte Arbeitersiedlung! Um die Wohnungsprobleme zu lösen, wurden die ersten Gebäude 1853-55 in der Svatoplukova ulice (heute größtenteils abgerissen) errichtet, dann folgte der Bau einer Sozialeinrichtung für die Kinder von Arbeiterinnen sowie der Kirche St. Vinzenz von Paul. 1906-08 wurden weitere Wohnhäuser und eine Kinderkrippe im geometrischen Jugendstil um den Platz Pod Branou *(Unter dem Tor)* mit Geschäften, Gasthaus, Schule und Herberge errichtet. Schön sind die Türen der einzelnen Objekte mit ihren kunstvollen Schnitzereien.

Dazu kam eine eigenständige Häusergruppe mit drei Villen - die Villa von Johann Liebieg Junior (Nr. 4), die Villa von Theodor Liebieg Junior (Nr. 11) und die Villa von Heinrich Liebieg (1839-1904) (Nr. 8). Heinrich ließ auch das heute als Liberecká výšina *(Liebiegwarte oder Hohenhabsburg)* bekannte Ausflugsrestaurant mit Aussichtsturm bauen.

Die Liebig-Stadt finden Sie im Südwesten der Stadt im Bezirk Perštýn, náměstí Pod Branou, Liberec, 460 01, zu erreichen mit Bus 12, 25, 99, Haltestelle Broumovská.

Baumeistern nach Plänen des Wiener Büros Fellner & Helmer gestaltet. Besuchen Sie eine Vorstellung, denn das neubarocke Innere ist prachtvoll mit Säulen und Dekorationen von Wiener Hofmalern. Der große Vorhang ist eine Jugendarbeit von Gustav Klimt. Programm, auch in Deutsch unter www.saldovo-divadlo.cz.

Noch 20 m vom Theater in südliche Richtung, und Sie stehen auf dem zentralen Platz, **nám. Dr. E. Beneše**. Hier fällt vor allem das **Rathaus** im Stil der Neurenaissance auf, 1893 errichtet als Symbol für den Reichtum und wirtschaftlichen und kulturellen Aufschwung der Stadt. Ein Hingucker ist auch das Jugendstilhaus des Hotels Praha. Am südöstlichen Ende des Platzes liegt in der Straße Felberova das aus den Jahren 1901-02 stammende Gebäude der Sparkasse. Nach ein paar Schritten stehen Sie vor **Schloss Liberec** aus den Jahren 1585-87 im Renaissancestil. Sein heutiges Aussehen erhielt es 1785-86. Nach einem Intermezzo als Schule und Ausstellungsgebäude einer Glasexport-Firma ist das Schloss heute für die Öffentlichkeit nicht zugänglich, nur die Renaissance-Kapelle wird als Repräsentationsraum genutzt. Wenn Sie möchten, können Sie hier von der Haltestelle Šaldovo náměstí mit der Straßenbahn Linie 2 oder 3 zurück zum Zoo fahren.

Das Stadtzentrum ist umgeben von modernen Einkaufszentren, z.B. Forum oder Plaza mit fast den gleichen Geschäften wie bei uns, aber auffallend wenigen Besuchern (sehr interessant dazu ein Artikel von Radio Prag unter dem Titel „Vom Kaufrausch zur Konsumbrache", nachzulesen unter www.radio.cz/de).

Weitere Sehenswürdigkeiten sind die sogenannten **Wallenstein-Häuser**, drei Umgebindehäuser, in der durch Wallenstein gegründeten Neustadt 1678-81 erbaut. Heute werden sie von der Fachoberschule für Bauwesen verwendet.

Der **Botanische Garten** ist der modernste in Tschechien mit 7.500 tropischen und subtropischen Pflanzenarten in Gewächshäusern und 1.500 Arten im Freigelände.

Eine Stadt in der Stadt ist das **Centrum Babylon** mit Einkaufs-, Vergnügungs- und Gastronomiezentrum, Parkhaus, Casino, Restaurants, Aquapark, Lunapark, Bowling…

iQLANDIA heißt das Wissenschaftszentrum, wo in zehn interaktiven Ausstellungen an die 400 Exponate ausprobiert werden können, z.B. eine Reise durch den menschlichen Körper, eine Kosmonautenausbildung, ein Ausflug ins Erdinnere und ein 3D-Planetarium. Sämtliche Erläuterungen sind in deutscher, englischer und polnischer Sprache.

Die größte Brauerei in der Region, die **Pivovar Konrad**, braut seit 1872 Bier. Heute sind 10 verschiedene Sorten im Angebot. Eine Brauerei-Besichtigung ist für Gruppen ab 10 Personen möglich.

Nové Město pod Smrkem *Neustadt a. d. Tafelfichte* *3.700 Ew.* *465 hm* Tour 7

Nové Město wurde Ende des 16. Jh. als Bergstadt für sächsische Bergarbeiter, die in den umliegenden Bergen Kupfer, Eisen und vor allem Zinn abbauten, gegründet. Deshalb haben der quadratische Marktplatz und die regelmäßig angelegten Straßen einige Ähnlichkeiten mit dem sächsisch-erzgebirgischen Marienberg. Heute ist der Hauptplatz ein netter Mix aus diversen Baustilen. Für die **Kostel sv. Kateřiny** *(Kirche der Heiligen Katharina)* hat beim Renovieren die Farbe nur fürs Portal gereicht.

Mehr Staat macht da schon die schön zwischen alten Bäumen gelegene **Kostel sv. Petra a Pavla** *(Kirche der Heiligen Peter und Paul)* von 1346 mit einem gotischen Presbyterium im Ortsteil Ludvíkov. Sie ist umgeben von einem romantischen kleinen Friedhof mit üppiger Gänseblümchenwiese. Im Herbst 2019 hing an der Kichentür ein Schild, auf dem eine Renovierung angekündigt wird.

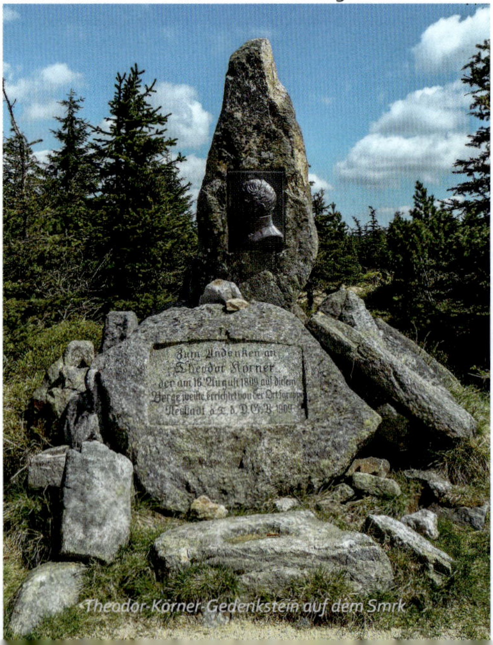

Der **Smrk** *(Tafelfichte, 1.124 m)* ist der höchste Berg im böhmischen Isergebirge. Smrk und seine Ausläufer bilden zusammen den **Vlašký hřbet** *(Welschen Kamm)*. Auf dem Gipfel standen über Hunderte von Jahren Fichten, die aber das Waldsterben und einige Stürme nicht überlebt haben.

Heute ist die Kuppe ziemlich kahl. Über den Gipfel verläuft seit jeher die Grenze zwischen Schlesien, der Lausitz

Theodor-Körner-Gedenkstein auf dem Smrk

Reiseteil

Grünwalder *(Mšeno nad Nisou)* **Wickel-Mohnkuchen:** Machen Sie einen Hefeteig aus 1,5 kg Weizenmehl, 100 g frischer Hefe, 1/4 l Milch, 250 g Butter, 250 g Zucker, 1 Prise Salz, Saft und abgeriebene Schale von 1/2 Zitrone und 2 Eiern und lassen Sie ihn an einem warmen Ort aufgehen. Für die Füllung zerlassen Sie 40 g Butter, geben 20 g Weizenmehl, 200 g Mohn, 1/4 l Milch, 125 g eingeweichte Rosinen, 50 g gehacktes Zitronat, 50 g gehackte süße Mandeln und 1 Prise Zimt dazu. Rühren Sie die Masse auf dem Herd, bis sie fest wird. Den Teig rollen Sie zu einem großen Rechteck aus, bestreichen ihn mit der Füllung (das letzte Drittel frei lassen), schlagen die Schmalseiten ein und rollen alles zu einem Kranz auf. Legen Sie den Kranz mit der Naht nach unten aufs Blech, bestreichen ihn mit verquirltem Ei und backen ihn bei 180° etwa 40 Minuten goldgelb.

und Böhmen mit einem Grenzübergang für Fußgänger. 1892 wurde der erste hölzerne **Aussichtsturm** mit Baude gebaut errichtet, der 20 m hoch war und bis in die 50'er Jahre des 20. Jh. stand.

2003 wurde der ebenfalls 20 m hohe Turm aus Stahl eingeweiht. In der Nähe des Turms steht ein Gedenkstein, der an den Besuch von Theodor Körner am 16. August 1809 auf dem Smrk-Gipfel erinnert. Am Ausgangspunkt zu Wanderungen auf den Smrk-Gipfel liegt am Hang des Kupferberges *(Měděnec)* eine eisenhaltige Kalziumbrikarbonatquelle.

Oybin *1.400 Einwohner 389 hm* **Tour 1**

Mitten im Zittauer Gebirge stülpt sich der Berg Oybin wie ein Kaffeewärmer über das Tal. An seinem Fuß hat sich ein schmucker Urlaubsort mit vielen Gasthäusern, Hotels, Cafés und Pensionen ausgebildet. Da unsere Vorfahren gut darin waren, besondere Geländeformationen zu ihrem Vorteil auszunutzen, wurde dieser Felsen schon früh besiedelt. Urkundlich erwähnt wird allerdings erst Ende des 13. Jh. eine **Burg**, die verschiedenen Geschlechtern gehörte, bis sie Mitte des 14. Jh. von Kaiser Karl IV. in seinen Besitz gebracht wurde. Die Burg passt sich perfekt dem Gelände an; die Gebäude (Soldatenunterkünfte, Kommandantenhaus, Waffenmagazine, Vorratsräume) wirken manchmal wie eine Verlängerung der Felsen. Zwei Tore schützten den Weg hinauf zur Burg. Auch der Kaiser ließ sich hier ein Haus bauen, das sogenannte **Kaiserhaus**.

Ende des 14. Jh. wurde von Karl IV. ein **Cölestinerkloster** gestiftet, das bis zur Reformation bestand. Aber der Platz auf dem Berg war knapp, so dass die Klosterkirche in die Felsen eingepasst werden musste. Den Steinmetzzeichen nach war am Bau die Prager Dombauschule beteiligt.

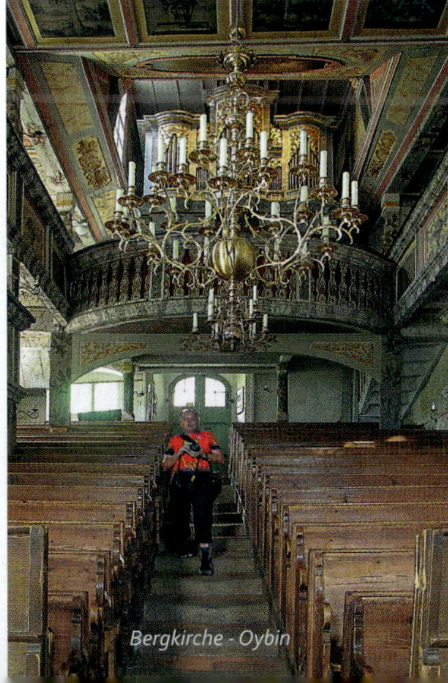
Bergkirche - Oybin

Kloster und Klosterkirche wurden im Zuge der Reformation verlassen und verfielen zusammen mit der Burg, bis Künstler der Epoche der Romantik (Anfang 19. Jh.) mit ihrer Schwärmerei für Ruinen von Dresden nach Oybin kamen. Durch die Bilder der Maler Caspar David Friedrich, Carl Gustav Carus und Ludwig Richter wurde Oybin ein bekannter und beliebter Ort für die Sommerfrische. Die spitzbogige Burg- und Klosterruine auf dem Berg ist auch Anfang des 21. Jh. eine grandiose Kulisse, die den Besucher Vergänglichkeit und Ewigkeit gleichermaßen empfinden lässt. Und die Oybiner verstehen es auch, mit ihrem Pfund zu wuchern! So lässt im Sommer jeden 1. und 3. Samstag im Monat der historische Mönchszug bei vielen Besuchern eine sanfte Gänsehaut über den Rücken kriechen. 1515 legten die Mönche einen **Friedhof** an, der noch heute die letzte Ruhestätte der Oybiner ist.

Auch die barocke **Bergkirche** am Aufgang zum Kloster wirkt ungewöhnlich: im Kirchenschiff sind die Kirchenbänke schräg angeordnet wie in einem Theater. Dadurch und durch mehrere Emporen entsteht eine gute Sicht zum Altartisch von 1712. Die Bilder an der Decke und an den Emporen wurden von einheimischen Künstlern in der „grau-in-grau-Technik„ (Grisaille) gemalt. Schauen Sie mal genau hin - an der unteren Empore veranschaulichen die Bilder das Gebet „Vater Unser".

Seit 1891 können sich Urlauber auch mit der **Schmalspurbahn** von Zittau mit Volldampf ins Gebirge nach Oybin bringen lassen.

Heute ist Oybin ein Kurort mit alten Giebelhäusern und schönen Umgebindehäusern. Aber die Hauptrolle spielt die Landschaft, denn die Berge wie Töpfer mit der schönen Bergbaude, Hochwald mit Aussichtsturm und Bauden und Lausche locken zu Wanderungen.

Damit Sie nicht schon erschöpft am Fuße der Berge ankommen, gibt es in den Sommermonaten den feuerroten **Oybiner Gebirgsexpress** (jeden 1. und 3. Samstag im Monat auch als historische Fahrt). Die Spaßbahn Zittauer Naturparkexpress schaukelt Sie von Oybin nach Waltersdorf-Jonsdorf-Olbersdorf und wieder zurück.

Das **Museum am Bahnhof Oybin** zeigt die Entwicklung der Zittauer Schmalspurbahnen und präsentiert im Außenbereich zwei wiederaufgearbeitete Wagenkästen aus den Anfangsjahren.

Der Ortsteil **Lückendorf**, der wie viele Orte der Region auch an der alten Handeslsroute nach Zittau lag, wird nach Norden vom Zittauer Gebirge geschützt und profitiert von dieser Südlage, die ein mildes Klima verspricht.

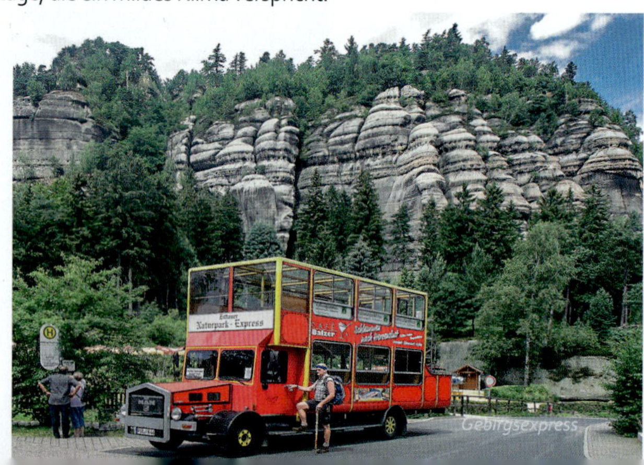

Gebirgsexpress

Pertoltice *Berzdorf* *290 Einwohner 275 hm*

Im Ortsteil **Dolní Pertoltice** *(Niederberzdorf)* stehen einige historische Gebäude, z.B. die **Kostel svatého Jošta** *(Kirche des hl. Jodokus)* und nahe der **Kirche Reinišův statek**, das alte Lehngut Mittel-Berzhof. Das **Haslerův dům** *(Hasler-Haus Nr. 198)* wurde Ende des 18. Jh. als Umgebindehaus errichtet. Das Hasler-Haus kann zusammen mit der Schmiede von April-Oktober am Wochenende besichtigt werden.

Aus dem Ortsteil **Horní Pertoltice** *(Oberberzdorf)* stammte der Kantor an der katholischen St. Trinitatiskapelle in Leipzig, Franz Alscher. Kennen Sie nicht? Nun, er ist der „Entdecker" des Liedes „Stille Nacht, heilige Nacht", das er 1831 zufällig auf einem Leipziger Weihnachtsmarkt hörte und das damals nur im Entstehungsort Oberndorf bei Salzburg und im Zillertal bekannt war. Die Zillertaler Sänger wurden dann sogar eingeladen, in der Pause des Leipziger Gewandhauskonzertes ihre Lieder vorzutragen. Muss gut angekommen sein, denn schließlich ist „Stille Nacht, heilige Nacht" heute eines der bekanntesten und meist gesungensten Weihnachtslieder der Welt!

Raspenava *Raspenau* *2.800 Einwohner 331 hm*

Lang ist der Ort, der sich rechts und links der Smědá ausbreitet - fast 9 km (Mülsen in Sachsen bringt es auf gut 15 km)! Urlauber schätzen vor allem die ruhige Lage inmitten der schönen Natur. Sie haben es nicht weit ins Isergebirge, nach Frýdlant oder Liberec und viele Radstrecken und Wanderwege laden ein, sich zu bewegen.

Etwa 3 km von Raspenava entfernt beginnt kurz vor Oldřichov der 10 km lange **Lehrpfad Oldřichovské háje a skály** *(Buschullersdorfer Wälder und Felsen)*, der die geschützten Pflanzen- und Tierarten im Naturreservat Jizerskohorské bučiny vorstellt. Sie wandern hier durch Buchenwälder, die mit bizarren Felsengebilden wie Zvon *(Glocke)*, Komínové věže *(Kamintürme)*, oder Gorila *(Gorilla)* gespickt sind.

Im 16. Jh. standen am Zusammenfluss der Smědá mit dem Bach Sloupský potok ein Hammerwerk und eine Eisenschmiede. Zur Zeit der Industrialisierung blühte auch hier die Textilindustrie - so beschäftigte die Kammgarnspinnerei Anton Richters Söhne 1929 über 1.000 Menschen.

An Regentagen können Sie sich im **Muzeum v podstávkovém domě Raspenava** *(Museum im Fachwerkhaus)* vergnügen. Die Ausstellung in einem Umgebindehaus aus dem 18. Jh. zeigt das traditionelle Landleben, Handwerk und Landwirtschaft.

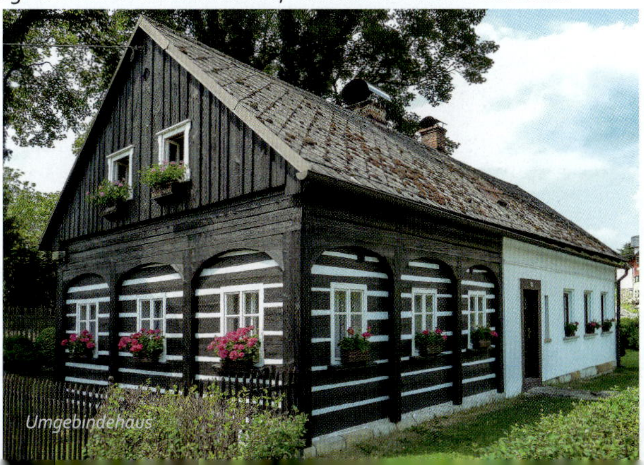

Umgebindehaus

Reiseteil

Rychnov u Jablonce nad Nisou *Reichenau* *2.700 Einwohner* *435 hm* Tour 4

Da der Ort im Tal der Mohelka an den Schnellstraßen E 442 und 65 liegt, fahren viele dran vorbei. Dabei hat Rychnov eine lange künstlerische Tradition. Die Gründung einer Fabrik für die Herstellung von Waren aus Hartpapier, die bemalt und dekoriert wurden, führte zu einer Schule der Malerei, die sich im späten 19. Jh. der industriellen Herstellung von Kopien berühmter Gemälde widmete. Später konnte das Städtchen am Boom der Gablonzer Glasbijouterie teilhaben.

Im **Museum im Rathaus** können Sie sich über die Tradition der Malerei ein Bild machen. Ein Teil der Ausstellung widmet sich einem unguten Kapitel der Geschichte, der Außenstelle des KZ Groß Rosen in Rychnov.

Werfen Sie auch mal einen Blick auf die **Kostel sv. Václava** *(Wenzelskirche)*: eine Barockkirche mit einem seitlich montierten Turm, gebaut zwischen 1704-12. Im Kircheninneren sind Werke aus der Rychnov Malschule zu sehen. Schön sind auch die Buntglasfenster.

Rynoltice *Ringelshain* *780 Einwohner* *340 hm* Tour 1

Rynoltice und seine Ortsteile sind Ausgangspunkt zu Spaziergängen zu verschiedenen Felsgebilden, die die südlichen Ausläufer des Lausitzer Gebirge bilden.

Von Jitrava aus können Sie zu den **Bílé kameny** *(Weiße Steine, Elefantensteine)* laufen, eine von tiefen, begehbaren Spalten durchzogene Felsgruppe, die aus der Entfernung wie eine Gruppe grauer Elefanten, die sich an den Berghang kuscheln, wirkt. Sie bestehen aus hellem Sandstein, der im Tertiär durch tektonische Bewegungen hochgeschoben und dessen „weiche" Bestandteile im Laufe der Zeit ungewöhnlich verwittert und abgetragen wurden.

Der Aussichtsfelsen **Popova skála** *(Pfaffenfelsen)* besteht aus großen, aneinander gelehnten Sandsteinblöcken, die ein Felsentor und einige kleinere Höhlen bilden, die ehemals oft von Schmugglern als Versteck genutzt wurden. Früher waren hier Sandsteinbrüche und alte Eisenerzgruben.

Die **Vraní skály** *(Rabensteine)* sind beliebte Kletterfelsen aus einem sehr festen Sandstein, von horizontalen und vertikalen Spalten durchzogen. Sie formen zwei nebeneinander liegende Felsenreihen. Die Gipfel in der südöstlichen Wand heißen Šachtové věže *(Schachttürme)*, Hruška *(Birne)* und Krkavčí hnízdo *(Rabennest)*. Die Fellerova věž *(Fellerwand)* und der Krkavec *(Rabe)* gehören zur nordwestlichen Felsenreihe.

Bei Polesí ragt der **Havran** *(Rabenstein)* wie ein Vogelkopf aus einem bewaldeten Hügel. Sie haben von dort eine schöne Aussicht ins Tal.

In der Gemeinde haben sich auch einige Blockbauhäuser aus der ersten Hälfte des 19. Jh. und Umgebindehäuser erhalten.

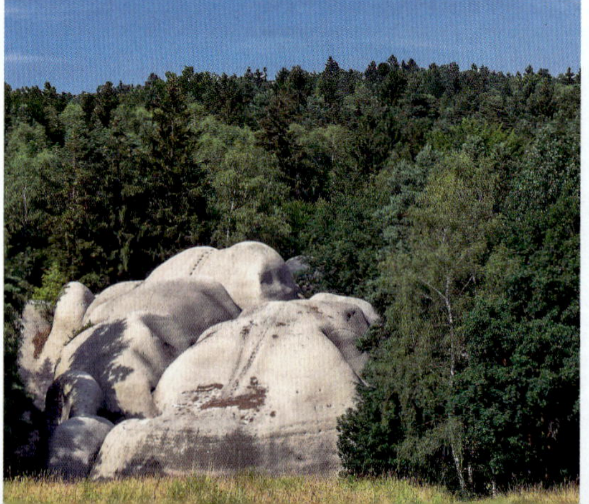

Elefantensteine

Reiseteil

Smržovka *Morchenstern, Morchelstern* *3.750 Einwohner* *585 hm* Tour 9

Das kleine Smržovka, das sich gemütlich an den Ufern des Baches Smržovka ausbreitet, hat eine ähnliche Entwicklung wie die Nachbarorte erlebt. Auch hier lebte die Bevölkerung des 1568 erstmals erwähnten Ortes von der Leinen- und Baumwollindustrie. Schon im 16. Jh. begann sich die Glasherstellung zu entfalten, und später gab es eine Glashütte der berühmten Familie Riedel, die neue Techniken wie z.B. künstliche Perlen, Glasknöpfe und Armspangen entwickelten.

Zwei Bauwerke fallen auf. Die **Kostel sv. Michaela archanděla** *(Erzengel Michael Kirche)* steht auf dem Kostelní vrch und dominiert das ganze Städtchen. Die Bauperiode ist das Spätbarock. Ob es Zufall ist, dass sie auf einer direkten Linie zwischen dem Ještěd im Westen und der Sněžka im Westen liegt?

Am zentralen Platz nám. T. G. Masaryka sehen Sie ein rosafarbenes Haus, das **„Desfour-Schlösschen"** genannt wird. Das Gebäude wurde 1703 von Familie Desfours als Stadtvilla für gelegentliche Besuche gebaut. Heute finden Sie unter dem Mansarddach das **Museum für Stadtgeschichte.** Das **Muzeum Panenek** zeigt über 200 Puppen aus verschiedenen Ländern und anderes Spielzeug.

Sportfreude, die gerne mit einem heißen Schlitten die Hänge runter brausen , kennen vielleicht die **Rodelbahn von Smržovka** *(Sáňkařská dráha Smržovka)*. Die Urfassung wurde 1912 gebaut, die aktuelle 1972-75. Sie ist 1.020 m lang mit einem Höheunterschied von 82 m. Hier wird es schnell - die Durchschnittsgeschwindigkeit ist bei 80 km/h, die höchste gemessene Geschwindigkeit war 103 km/h. Und mit diesem Tempo rasen die Rodler dann noch durch eine 400 Grad-Kurve, Karussell genannt. Vielleicht haben Sie ja Gelegenheit, einem Wettkampf oder auch einem Training zuzuschauen. Termine erfahren Sie im Infozentrum am nám. T. G. Masaryka.

Östlich des Ortes tragen die neun Bögen des Eisenbahnviaduktes aus dem Jahr 1894 die 26,5 m hohe und 123,5 m lange, sanft geschwungene Eisenbahnbrücke der Strecke Jablonec-Tanvald.

Světlá pod Ještědem *Swetla* *950 Einwohner* *545 hm* Tour 3

Světlá wäre nicht mehr als ein nettes Örtchen im Podještědí, wenn sich nicht Mitte des 19. Jh. die Schriftstellerin **Karolína Světlá** (eigentlich Johanna Rottová, verheiratete Mužáková, 1830-99) in Land und Leute verliebt hätte. Die gebildete junge Frau kam in Prag mit Künstlerkreisen in Berührung und befreundete sich mit Božena Němcová und Jan Neruda. Zusammen mit Němcová ist sie eine der Größen des tschechischsprachigen Romans im 19.Jh. Viele Jahre lang war sie jeden Sommer in Světlá, der Heimat ihres

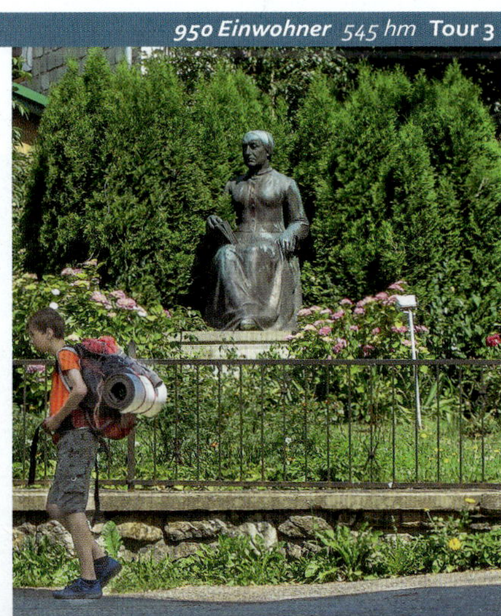

Denkmal Karolína Světlá

Mannes, um aus dem Alltag der Menschen im Dorf ihre Inspirationen zu schöpfen. Ihre Geschichten erzählen von starken Frauen aus allen Schichten, die im Konflikt zwischen Liebe und Moral gefangen sind.

Viele Schauplätze ihrer Geschichten sind in ihrer ursprünglichen Form erhalten geblieben. Und in Světlá ist man stolz auf Karolina! Vor der Kirche steht ein großes Denkmal, 1930 vom Bildhauer Josef Bílek geschaffen, die Häuser, die in ihren Romanen auftauchen, sind mit Schildern gekennzeichnet und der 7,5 km lange grün markierte **Wanderrundgang „Auf den Spuren von Karolína Světlá"** stellt auf zwölf Informationstafeln in Tschechisch, Englisch und Deutsch das Podještědí in Bezug auf die Schriftstellerin vor. Schöne Rastplätze, Hörbeispiele und die bezaubernde Landschaft machen den Spazierweg zum Genuss!

Sychrov *Sichrow* — *220 Einwohner 384 hm*

Hier hat sich die ursprünglich aus Frankreich stammende Familie Rohan ein **Märchenschloss** geschaffen, einen gepflegten lachsfarbenen Traumpalast in einem großen englischen Schlosspark. Anfangs stand hier ein Barockschloss, 1690 gebaut, das ab 1820 sukzessive im Stil der französischen Neugotik umgestaltet wurde. Mehr als 40 möblierte und dekorierte Räume mit Originalstücken vermitteln ein gutes Bild vom Leben einer reichen Adelsfamilie in der 2. Hälfte des 19. Jh. Sie können die Familienmitglieder übrigens von Angesicht zu Angesicht kennenlernen, denn im Schloss hängt eine Gemäldegalerie mit über 200 Rohan-Portraits.

Berühmte Leute haben sich hier wohlgefühlt: Antonín Dvořák schrieb hier einen Teil seiner Oper Dimitrij, und 1866 besuchten im Juli Kaiser Wilhelm I. und Fürst Bismarck das Schloss. Im November kam Kaiser Franz Joseph nach Sychrov, um die Schlachtfelder von 1866 zu besichtigen.

Mehrere **Besichtigungstouren** stehen zur Auswahl. Rundgang A dauert etwa 70 Minuten. Sie sehen unter anderem die Kapelle, Treppenhalle, Gästezimmer, Herren- und Damenappartement, Bibliothek, Billardsalon, Festspeiseraum. Für die Besichtigung der Schatzkammer müssen Sie 60 Minuten einplanen. In der Schatzkammer sind Schmuck und Plastiken aus Edelmetallen und -steinen zu Hause, die der gebürtige Turnover František Khynl der Tschechischen Republik gewidmet hat. Im Juli und August gibt es jeden Tag spezielle Führungen für Kinder.

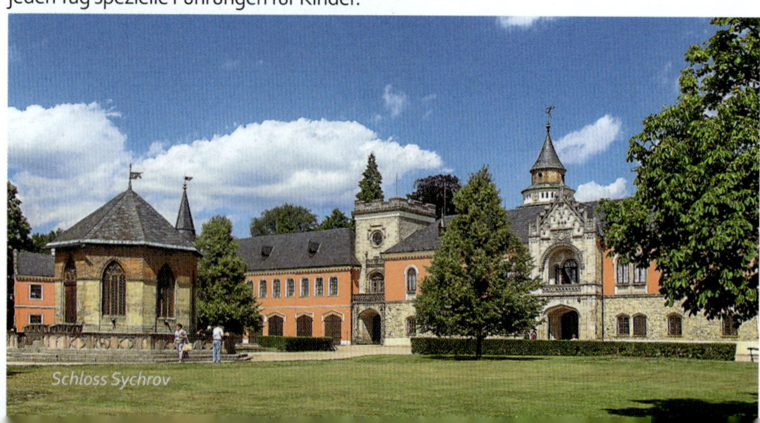
Schloss Sychrov

Im ehemaligen Stall zeigt die **Ausstellung Technopolis** Erfindungen und Erfinder des 19. und 20. Jh.. In dem im englischen Stil auf 23 ha gestalteten Schlosspark mit seltenen Bäumen lässt es sich herrlich flanieren. Alte Baumriesen beschatten leise Brunnen und grüne Wissen laden zum Faulenzen ein. Die Hauptsichtachse des Parks geleitet Sie zur Orangerie mit Café und Springbrunnen.

Tanvald *Tannwald* ***6.600 Einwohner*** *455 hm* **Tour 9, 10 & 11**

Die Landschaft gibt die Siedlungsform vor und so blieb Tanvald, der Ort an der Grenze des Isergebirges und des Riesengebirges, nichts Anderes übrig, als sich die Flusstäler der Desná und der Kamenice entlang zu schlängeln und dann rechts und links ganz ordentlich die Hänge empor zu wachsen. Tanvald ist der Mittelpunkt der Grenzregion Isergebirge-Riesengebirge und vereint die Errungenschaften eines Industrie- und Wirtschaftsstandortes mit denen eines Touristenortes.

Das geschäftige geschäftliche Leben spielt sich rechts und links der Hauptstraße ab, in der Sie die üblichen EU-weit gleichen Supermärkte finden. Um zum schönen **Jugendstilrathaus** zu kommen, müssen Sie kräftig den Hang hochmarschieren, aber oben angekommen, werden Sie mit einem netten Blick über den Ort belohnt. Interessant sind die farbigen Fenstervitragen im Treppenhaus und im großen Sitzungssaal.

Südlich von Tanvald auf dem Gebirgsrücken des Černá Studnice (Schwarzbrunnberg), an der Stelle wo früher eine kleine Holzburg der Räuber stand, in der der Sage nach der gefürchtete Ritter Šouf siedelte, befindet sich heute der beliebte Aussichtspunkt **Terezínka** *(Theresienhöhe, 623 m)*. Von dort können Sie Tanvald und das Isergebirge sehen und einen Spaziergang zum Felsmassiv Muchov (786 m) starten.

Die **Tanvaldská ozubnicová dráha** *(Zahnradbahn Tanvald-Harrachov)* ist eine der beiden letzten noch betriebsfähigen normalspurigen Zahnradbahnstrecken in Europa für kombinierten Reibungs- und Zahnradbetrieb und seit 1992 ein tschechisches Kulturdenkmal. Sie begeistert mit der kühnen Streckenführung nicht nur eingefleischte Eisenbahnfans! Auf den 12 km gibt es fünf Tunnels, von denen der längste 940 m misst. Zwischen Tanvald und Kořenov überwindet die Bahn einen Höhenunterschied von 235 m mit einer spektakulären Steigung bis 5,8 %. Nach dem Kořenover Bahnhof geht die Strecke über eine 26 m hohe Brücke über die Jizera. Im Sommer finden beliebte nostalgische Wochenendfahrten mit historischen Zugsgarnituren statt.

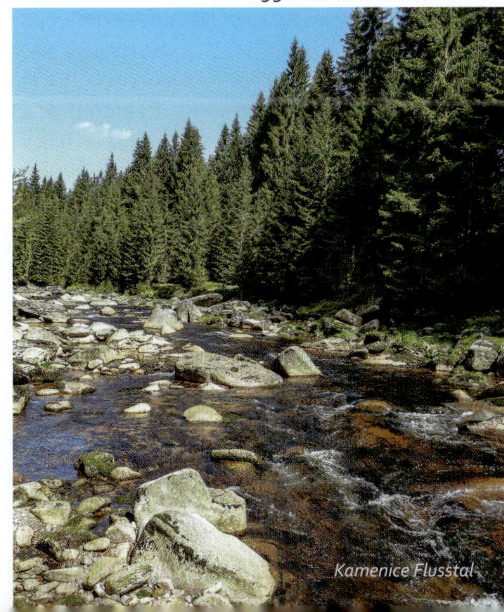
Kamenice Flusstal

Velké Hamry *Großhammer* *2.800 Einwohner* *419 hm*

Der Ortsname drückt es aus - schon immer war Velké Hamry ein Ort der metallverarbeitenden Industrie, denn bereits im 13. Jh. gab es im Tal der Kamnitz und am Südosthang des Schwarzbrunnkammes Eisenhämmer, die die Wasserkraft der Kamenice *(Kamnitz)* nutzten. Im 19. Jh. kam die Liebiegsche Textilfabrik in Swarow dazu und es entwickelte sich eines der bedeutendsten Textilunternehmen der Monarchie Österreich-Ungarn und der späteren Tschechoslowakei.

1870 machte Velké Hamry Schlagzeilen, als hier der erste organisierte große Streik in der Geschichte des Landes ausbrach. Die Textilarbeiter hatten eine Erhöhung der Löhne und kürzere Arbeitszeiten gefordert. Der Streik wurde blutig beendet und sieben Arbeiter starben. Auf dem ehemaligen Fabrikgelände, wo heute auch das Automuseum ist, steht ein **Gedenkstein für die Opfer des Aufstandes**, 1963 errichtet.

Die Kirchen **Kostel Svatého Václava** *(St. Wenzel)* und **Svaté Anny** *(Hl. Anna)* wurden Anfang des 20. Jh. gebaut.

Das **Muzeum socialistických vozů** *(Geschichte des sozialistischen Automobilbaus)* finden Sie auf dem Gelände einer ehemaligen Textilfabrik mit einer Ausstellung über damalige tschechoslowakische und osteuropäische Automobile wie Zhiguli, Skodas mit Heckmotor, Trabant, Dacia, Oltcit, Zastava, Dienstfahrzeuge, Rettungs- und Bestattungswagen, Motorräder und Spielzeugautos.

Auf dem Gelände des ältesten tschechischen Wasserkraftwerks im Urzustand, das seit 1907 im Dauerbetrieb ist, wartet im **Muzeum obnovitelných zdrojů energie** *(Museum der erneuerbare Energie)* auf den Besucher eine interaktive Ausstellung zum Thema Herstellung von elektrischer Energie.

Nach einem Museumsbesuch tut ein bisschen Bewegung gut! Der blau markierte Wanderweg führt auf der Ostseite des Flusses über Plavy ins romantische Tal des Bergflusses **Kamenice** *(Kamnitz)*, der hier zwischen Felsen bis zum Zusammenfluss mit der Jizera in Spálov fließt. Bis zum Bahnhof Návarov sind es etwa 7 km. In Návarov können Sie die **Burgruine Návarov** aus dem 14. Jh. anschauen, die im Dreißigjährigen Krieg zerstört wurde. Vom Burgberg haben Sie eine weite Aussicht über das Land. Wer auf den Geschmack gekommen ist, kann nochmal 7 km (rote Markierung) bis zum Bahnhof Spálov wandern. Die Rückfahrt mit der Eisenbahn durch das Tal wird Sie begeistern! Die Züge Richtung Tanvald fahren derzeit alle zwei Stunden zur ungeraden Stunde.

Škubánky (Kartoffelnocken mit Mohn): 1 kg Kartoffeln, 10 g Salz, 150 g Mehl, 100g Fett, Mohn und Puderzucker zum Bestreuen. Kartoffel in Stücke schneiden und etwa 15 Minuten kochen, dann Kochwasser abgießen, aber aufheben. Stampfen Sie die Kartoffeln teilweise und drücken Sie mit einem Kochlöffelstiel mehrere Löcher in die Masse. Mit Mehl bestäuben, mit knapp 2/3 des Kochwassers übergießen und im zugedeckten Topf bei milder Hitze 20 Minuten dämpfen lassen. Das Mehl muss sich im Topf mit dem Dampf verbinden und feucht werden. Aus der Masse mit einem Löffel Nocken abstechen, mit brauner Butter übergießen und mit Mohn und Staubzucker bestreuen.

Zittau *Žitava* *25.400 Einwohner* *42 hm* **Tour 1**

Wenn man im Westen Deutschlands Zittau erwähnt, kann man schon mal den Satz hören „Zittau - liegt das nicht in Polen?" Nein, tut es nicht, aber fast! Zittau ist noch nicht mal die östlichste Stadt Deutschlands, das ist Görlitz, aber die Stadt liegt genau im Dreiländerdreieck Deutschland - Polen - Tschechien, dort, wo die Mandau in die Neiße mündet. Und so wundert es einen auch nicht, dass sie 1255 durch einen Böhmen gegründet wurde, nämlich durch Přemysl Otakar II. Der war daran interessiert, an diesem Punkt die Nordgrenze zu Böhmen abzusichern und den Handelsweg von Böhmen nach Brandenburg zu schützen. Deshalb bekam die kleine Ansiedelung Stadtmauern und günstige Privilegien. Eine gute Entscheidung, denn schon im 14. Jh. bekam Zittau als Mitglied des Oberlausitzer Sechsstädtebundes (Zittau, Bautzen, Görlitz, Lauban, Löbau und Kamenz) den Beinamen „die Reiche". Kriege sind für den Handel nie gut, und so wurde Zittau auch durch die beiden großen Kriege - Hussitenkrieg und Dreißigjähriger Krieg - schwer betroffen. Später kamen protestantische Flüchtlinge aus Böhmen und Mähren in die Stadt, und ihr Know-how auf dem Gebiet der Weberei brachte Wohlstand und den Anschluss an die europäische Wirtschaft. Mit dem Angliederung an das Eisenbahnnetz und dem Bau einer Kaltwasserheilanstalt 1840 begann der Fremdenverkehr. Ungünstig war im 20. Jh. die Randlage Zittaus im östlichsten Zipfel der DDR - die Bevölkerungszahl sank um ein Viertel. Heute versucht die Stadt, ihre Rolle als Tor zwischen Ost und West wieder auszufüllen und punktet mit Maschinen- und Anlagenbau, Textilindustrie und Elektrotechnik.

Reisenden, die gerne etwas Ausgefallenes kennenlernen wollen, hat Zittau ein Prunkstück zu bieten. Das **Kleine und das Große Zittauer Fastentuch** sind die einzigen überlieferten Exemplare ihrer Art in Deutschland. Im Mittelalter war es Brauch, in der Kirche während der sechsundvierzigtägigen Fastenzeit den Altar oder Altarraum mit Tüchern zu verhängen, die oft mit Darstellungen aus der biblischen Geschichte geschmückt waren. Diese Tücher sind kulturgeschichtlich sehr aufschlussreich und für

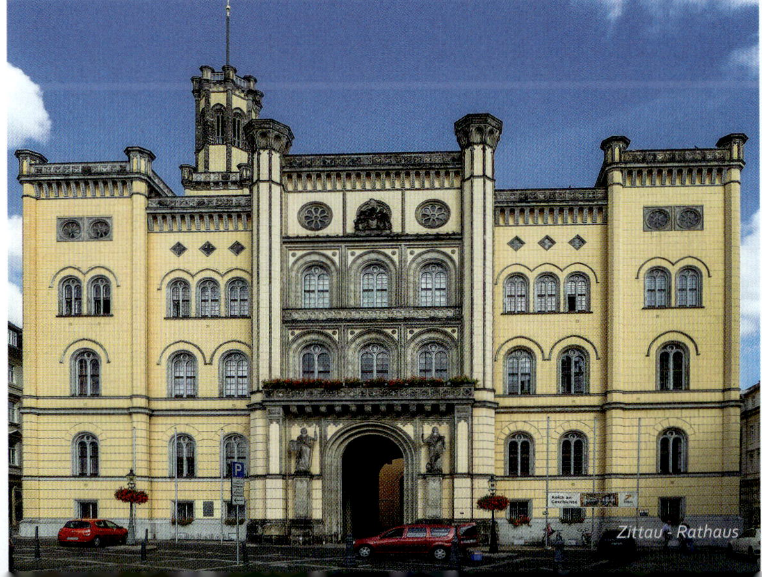

Zittau - Rathaus

den modernen Betrachter sehr berührend. Das große Zittauer Fastentuch von 1472 ist 8,20 m hoch und 6,80 m breit. Es zeigt auf einer mit Temperafarben bemalten Leinwand in einer Art „Bibelcomic" 90 Szenen aus dem alten und neuen Testament. Es wird in der eigens dafür als Museum gestalteten **Kreuzkirche** gezeigt. Das Kleine Fastentuch mit der Kreuzigung Christi von 1573 hängt im **Kulturhistorischen Museum Franziskanerkloster** und hat das Format 4,31 × 3,49 m.

Auch sonst gibt es einiges zu sehen. Der Altstadtkern ist mit Kaufmannshäusern aus der Renaissance- und Barockzeit durchsetzt. Außerdem gibt es eine repräsentative Ringstraße mit klassizistischen Gebäuden aus dem 19. Jh. wie dem Stadtbad, der Bauschule, dem Johanneum, der Webschule und dem Theater (dieses stammt allerdings von 1936).

Zwei Bauten des preußischen Architekten, Stadtplaners und Malers **Karl Friedrich Schinkel** schmücken Zittau. Das **Rathaus** am Marktplatz ist ein Bau im Stil der Neorenaissance, zwischen 1840 und 1845 gebaut. Auch die **Johanniskirche** wurde von Schinkel geplant und hat einen 60 m hohen Südturm mit Aussichtsplattform.

Der **Heffterbau** in der Pfarrstraße mit seinem Renaissancegiebel war von 1691 bis 1846 Gebetsraum für böhmische Flüchtlinge und gehört heute zum Städtischen Museum Zittau.

Die gotische **Kreuzkirche-Kirche zum Heiligen Kreuz**, 1410 gebaut, ist besonders konstruiert: in der Mitte des Kirchenraumes steht eine zwölf Meter hohe Säule, die das gotische Kirchengewölbe trägt. Vielleicht war Peter Parler, der im 15. Jh. in Böhmen viele Kirchen plante und baute, am Bau beteiligt.

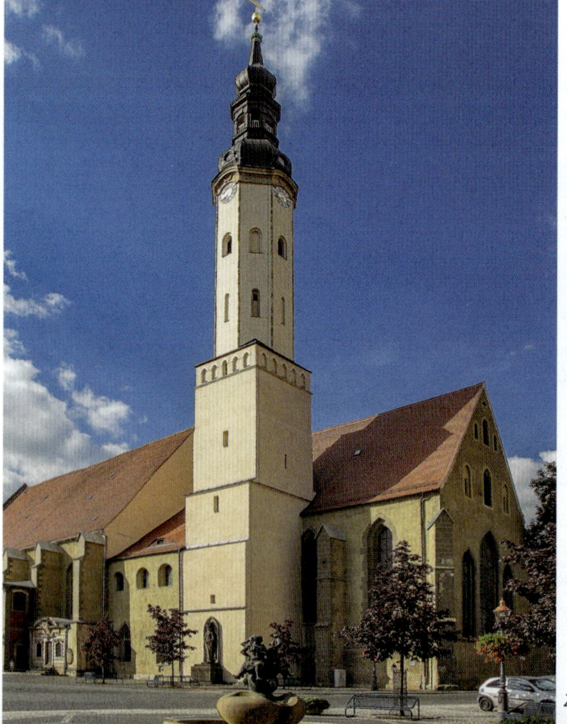

Zittau - Klosterkirche

Vor einigen Häusern (z.B. in der Weinaualllee oder am Külzufer) sind **Stolpersteine** verlegt, die an die jüdische Gemeinde in Zittau erinnern. Kleine Betonquader mit Messingplatten sind vor den Häusern, in denen Opfer der NS-Zeit gelebt haben, in den Bürgersteig eingelassen.

Und natürlich dampft die **Zittauer Schmalspurbahn** seit 1860 mit einer Spurweite von 750 mm von Zittau aus hinein ins Zittauer Gebirge nach Oybin oder Jonsdorf.

Aussichtstürme - Die Welt von oben: Mit dem aufblühenden Tourismus im 19. Jh. erwacht in den Wanderern das Bedürfnis, die Landschaft noch spektakulärer zu sehen, als sie ohnehin schon ist. In die Ferne schauen – sich über die Welt erheben - den Gesichtskreis erweitern - eine andere Perspektive gewinnen - das ermöglichen seit damals **Aussichtstürme**, vor allem auf den Bergen der Mittelgebirge, auf denen die natürliche Vegetation sonst den weiten Blick verwehrt hätte. In den 1870'er und 1880'er Jahre boomte der Bau dieser Gebäude, die, im Gegensatz zu Wasser-, Feuerwach- oder Leuchttürmen, keine andere Funktion als die Schaffung eines besseren Blickes auf die Natur haben. Erst die beiden großen Kriege des 20. Jh. gaben den Bauten eine andere Bedeutung: von den Türmen auf den Gipfeln aus konnten die Soldaten die Truppen des Feindes besser beobachten oder Signale absetzen. Waren die frühen Türme meist aus Holz, wurden sie im 20. Jh. eher aus dem wesentlich haltbareren Werkstoff Metall oder Stein gebaut. Oft wurden auch Ausflugsgaststätten, Hütten oder Bauden errichtet, um den Berggehern eine bequeme Rast zu bieten. Ob ein Metallturm in der Natur ein Fremdkörper ist, ob futuristische Bauten auf Berggipfeln dem Auge guttun, ob wuchtige historisierende Steintürme ästhetisch sind oder ob Holz der einzig mögliche Werkstoff für die magischen Türme ist, ist Geschmackssache. Sicher ist aber, dass sich der Aufstieg auf den Aussichtsberg und das Erklimmen der Stufen der Türme ein lohnenswerter Ausflug ist, der den Wanderer oft mit einer 360°-Rundumsicht belohnt.

In Tschechien stehen über 350 Stück und es könnte sein, das Tschechien damit das Land mit den meisten Aussichtstürmen ist. In der Region Liberec, im Böhmischen Paradies, im Isergebirge und im Riesengebirge können Sie an vielen Orten die „Erde von oben" betrachten. Die architektonisch aufregendsten Bauwerke der Region sind das Berghotel und der Fernsehturm auf dem Ještěd. Eine steinerne Schönheit finden Sie auf dem Jedlová, das Böhmische Paradies dominiert der Kozákov, originell und modern sind der hölzerne Jára-Cimrman-Turm in Příchovice und der Aussichtsturm in Heřmanice. Im Isergebirge lohnt sich unter anderem den Turm auf dem Tanvaldský Špičák *(Tannwalder Spitzberg)* oder den Aussichtsturm Královka bei Bedřichov *(Friedrichswald)* zu erklimmen. Auch das Riesengebirge wartet mit einer ganzen Reihe von Aussichtspunkten auf: die Türme Žalý, Hnědý vrch, Černá hora, Eliška auf dem Stachelberg, in Roprachtice und Kořenov legen Ihnen die Welt zu Füßen.

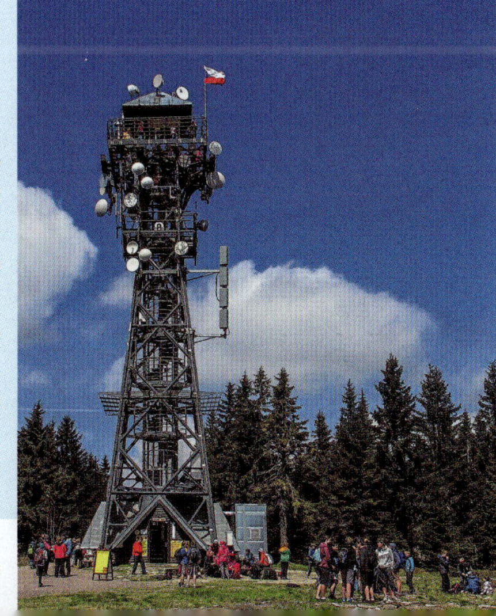

Aussichtsturm Panorama Černá Hora

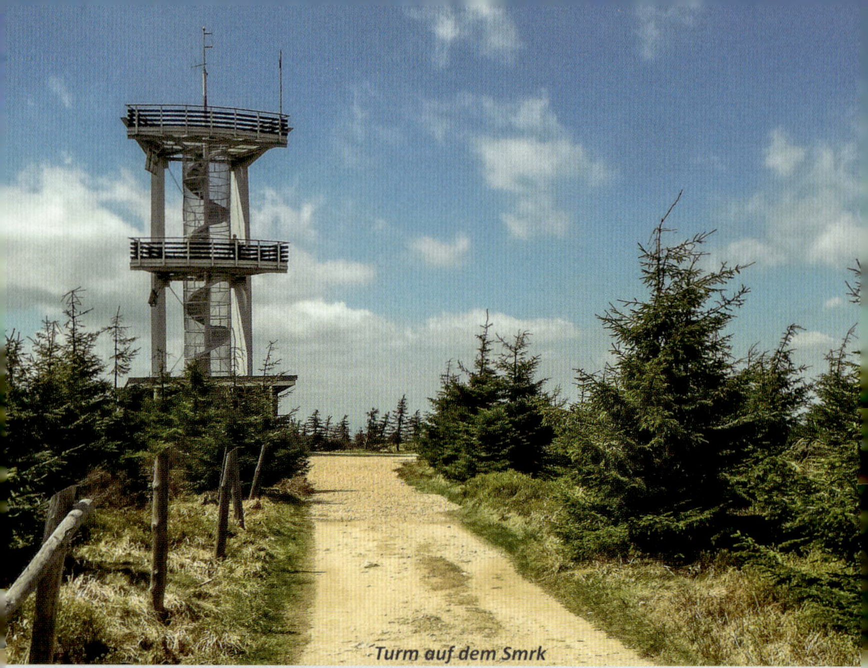

Turm auf dem Smrk

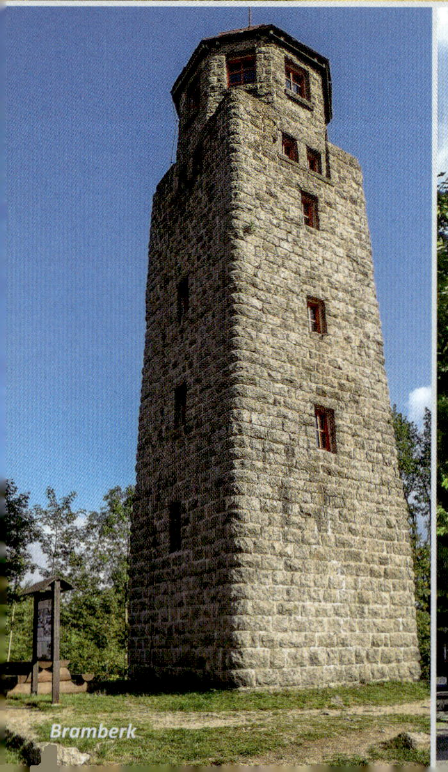

Bramberk

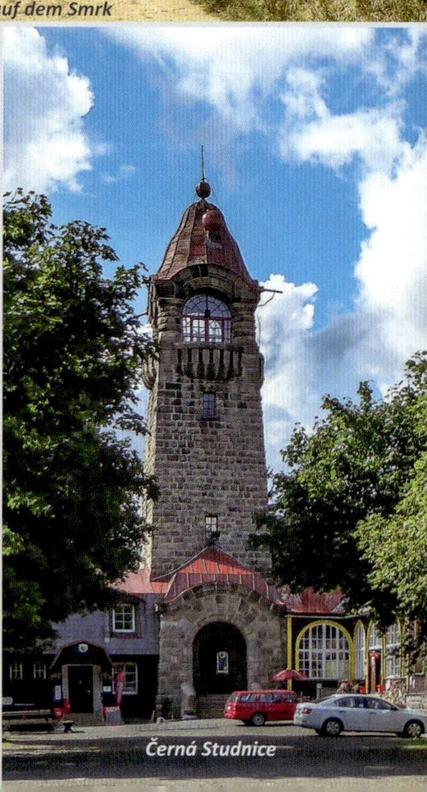

Černá Studnice

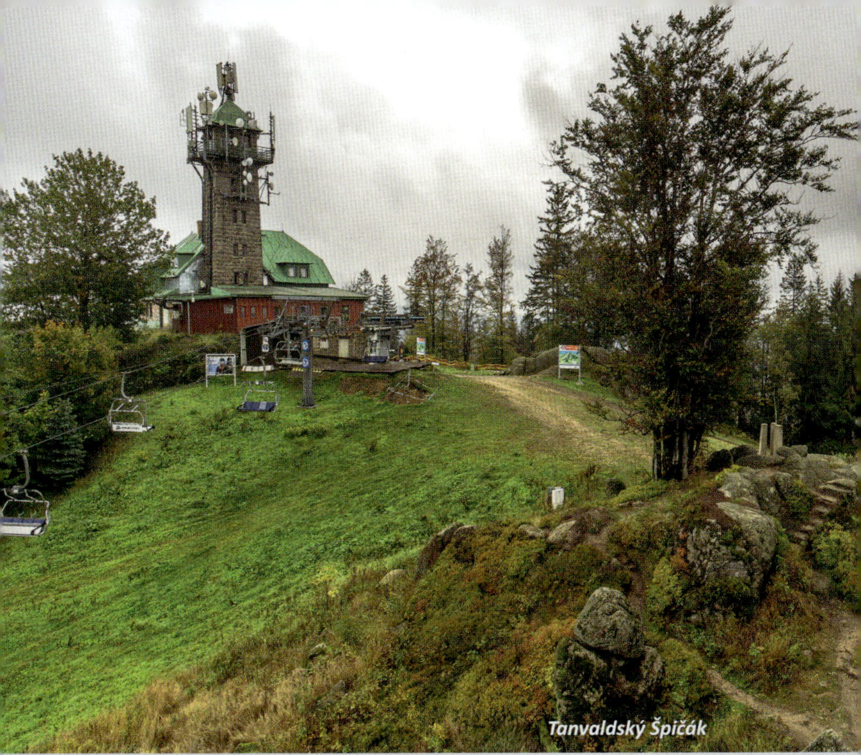

Tanvaldský Špičák

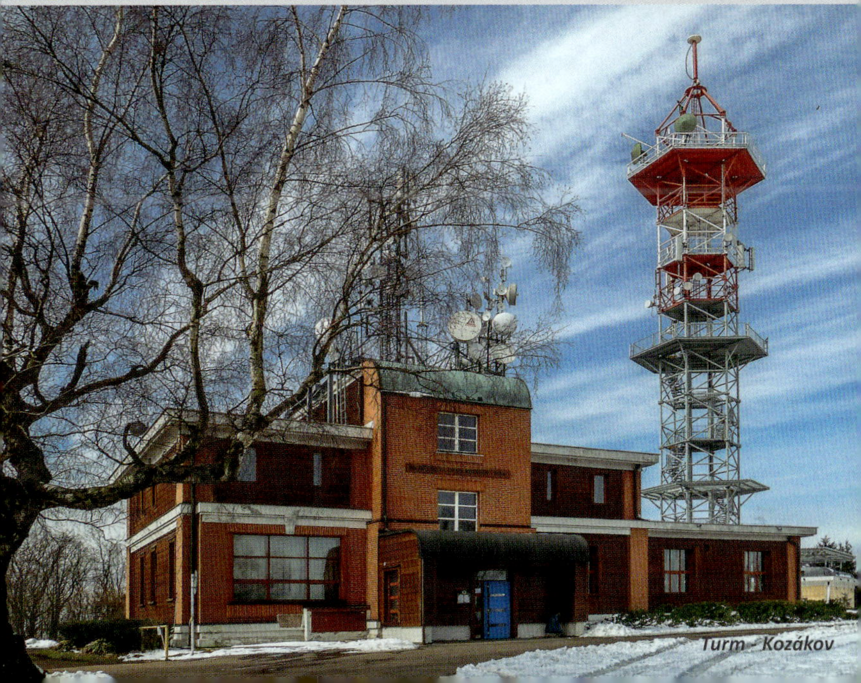

Turm - Kozákov

Reiseteil

Krkonoše – Riesengebirge

- Reiseziele von A bis Z
- Burgen, Schlösser
- Baudenkmäler
- Sehenswertes
- Kulturschätze
- Spaziergänge
- Naturparks
- Kirchen

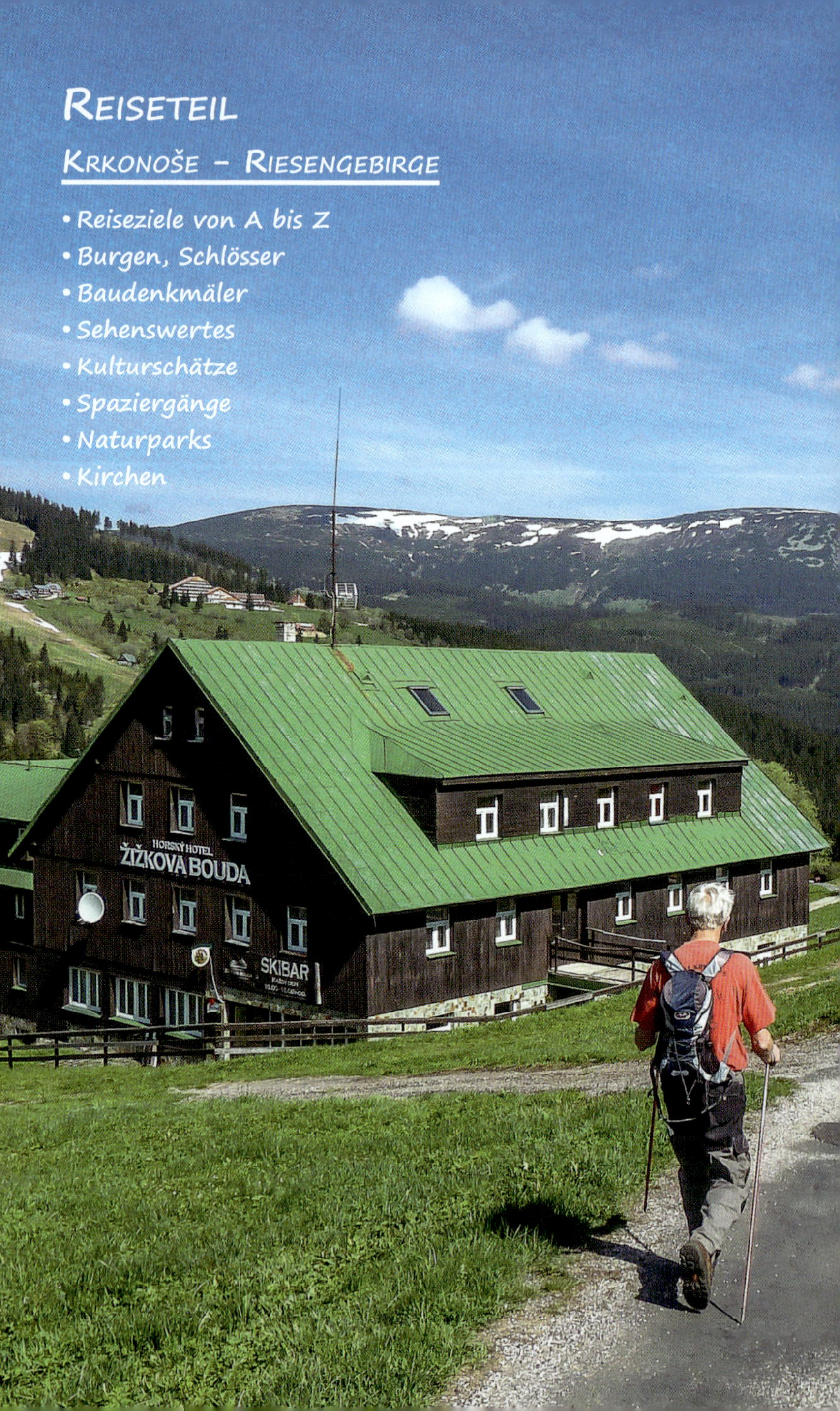

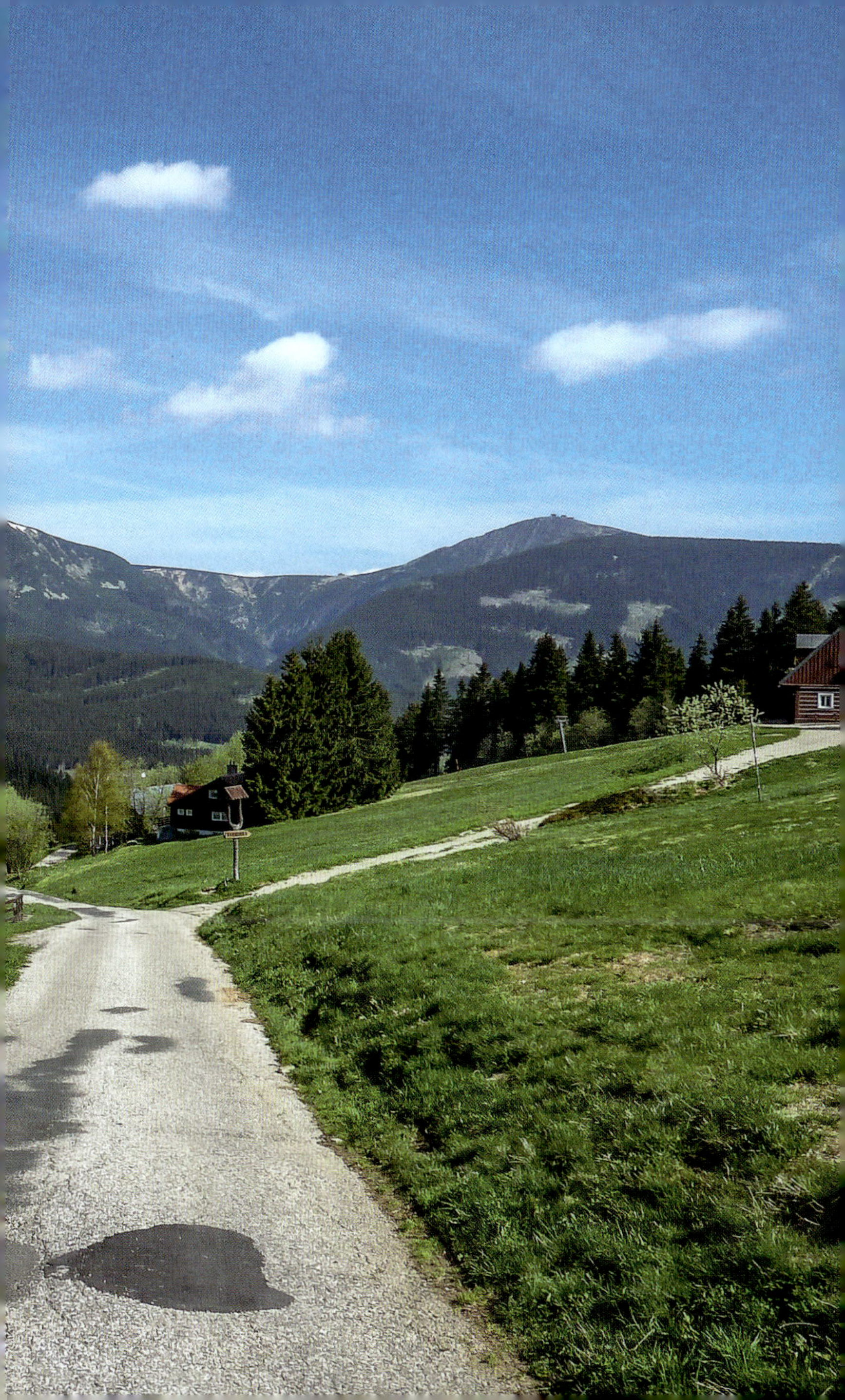

Krkonoše *(Riesengebirge, poln. Karkonosze)* & Krkonošské podhůří *(Riesengebirgsvorland)*

„Nun werden grün die Brombeerhecken; Hier schon ein Veilchen - welch ein Fest!
Die Amsel sucht sich dürre Stecken, Und auch der Buchfink baut sein Nest.
Der Schnee ist überall gewichen, Die Koppe nur sieht weiß ins Tal;
Ich habe mich von Haus geschlichen, Hier ist der Ort - ich wag's einmal: Rübezahl!"

Ferdinand Freiligrath

Das **Riesengebirge** *(tschech. Krkonoše, poln. Karkonosze)* ist mit den 1.603 Höhenmetern der Schneekoppe *(tschech. Sněžka, poln. Śnieżka)* der höchste Teil der Sudeten. Die Ausdehnung ist nicht gerade riesig - etwa 40 km lang und 20 km breit, also 600 km² und damit kleiner als der Harz. Der Name Riesengebirge hat auch nichts mit der Größe zu tun, sondern leitet sich vermutlich vom lateinischen „Montes gigantus *(große Berge)*" her. Die Grenze im Westen bilden die Flüsse Mumlava *(Mummel)*, Milnice und Kamienna *(Zacken)*, bzw. die Bundesstraße 10; im Osten der Bach Lična, bzw. die Straße 16.

Die nördliche, polnische Seite des Gebirges ist relativ steil; die südliche, tschechische Seite fällt eher sanft zum Böhmischen Becken ab und bildet mit Meereshöhen um 300 Metern das **Krkonošské podhůří** *(Riesengebirgsvorland)*.

Zwei Länder teilen sich das Riesengebirge. Ungefähr 2/3 der Fläche liegen in Tschechien, 1/3 in Polen. Wir konzentrieren uns in diesem Buch auf den tschechischen Teil. Über den Hauptkamm verlief bis zum Ende des Ersten Weltkrieges die preußisch-österreichische Grenze und heute die zwischen Polen und Tschechien. Der nur ca. 100 Meter niedrigere "Böhmische Kamm" erstreckt sich südlich des Hauptkamms und parallel zu ihm. Um die Schönheiten der Gebirgslandschaft zu erhalten, stehen große Teile auf beiden Seiten unter Schutz.

Geologisch gesehen sind der Hauptkamm von Harrachov bis zur Schneekoppe und der polnische Teil des Gebirges ein Granit-Massiv mit einer Dicke bis zu 5 km mit den typischen gerundeten Gipfeln. Andere Gesteine sind Glimmerschiefer, Gneise, Schiefer, Quarzite und Kristallkalksteine.

Was macht die Landschaft so anziehend, dass jährlich über 10 Millionen Touristen hierher pilgern? Es ist eine Region mit einem ganz eigenen Zauber: kahle Bergkuppen, steile felsige Bergflanken, eiszeitliche Gletscherkare, grün schimmernde Bergseen und Täler mit munteren Bächen bieten Abwechslung für Wanderer, Mountainbiker, Kletterer, Paraglider und Skifahrer. Zwischen Mai und Oktober herrscht ideales Wanderwetter, aber die Winter sind kalt und die Schneehöhen betragen oft über 3 Meter. Weite Teile liegen fast die Hälfte des Jahres unter einer Schneedecke, höhere Lagen sind oft im Nebel versteckt.

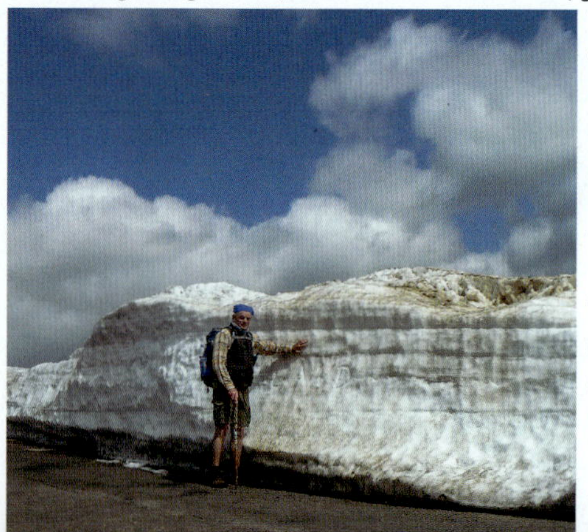

Mitte Mai bei der Luční Bouda

Reiseteil

Auch **Fauna und Flora** sind attraktiv. Fuchs, Dachs, Marder, Wiesel, Reh- und Rotwild leben hier genauso gerne wie das zu Beginn des 20. Jh. angesiedelte Mufflon. Wiesenpiper, Bergamsel, Birkhühner, Blaukehlchen, Eisvögel, Leinfink und Wiesenschnarcher zwitschern und flöten, während im Osten Adler ihre Kreise ziehen.

Außergewöhnlich ist die Vegetationsstufe oberhalb der Baumgrenze in ca. 1.250-1.350 m Höhe mit subalpiner Flora und Resten der arktischen Tundra, die während der Eiszeiten in Mitteleuropa vorherrschte. Hier finden Sie z.B. Moltebeeren, aber auch Knieholzbestände, Borstgraswiesen und subarktischen Hochmoore. Besonders artenreich sind die Gletscherkare mit ihren berühmten „Gärtchen" (z.B. Krakonošova zahrádka - *Rübezahls Gärtchen*).

In früheren Zeiten war das Gebirge von dichten Wäldern überzogen und fast unbesiedelt. Die eigentliche **Siedlungsgeschichte** begann im 13. Jh., als von Norden her sächsische, fränkische und thüringische Kolonisten kamen, die vom Hirschberger Tal aus mit der Zeit die Berge erschlossen. Auf der böhmischen Seite waren es ab dem 18. Jh. Kolonisten aus dem Alpenraum mit ihren Traditionen. In den tiefer gelegenen Regionen, am Fuß der Berge und in einigen Tälern liegen die Häuser mit der dazugehörigen hufengroßen Landparzelle entlang eines Wasserlaufes oder des Weges aufgefädelt. Das ist das typische **Waldhufendorf** der Rodungszeit im 13. und 14. Jh., wo jedem Kolonisten der Reihe nach ein gleichgroßes Stück Land zugeteilt wurde. Gut zu erkennen ist diese Siedlungsform heute noch in Valteřice und Poniklá. Ab dem 16. Jh. wurden dann auch die höheren Lagen und die Berghänge besiedelt.

Die Häuser liegen hingesprenkelt am Hang, denn dort, wo eine ausreichend große Fläche war, wurde ein Gehöft oder eine Kate gebaut. Landwirtschaftlich nutzbares Land gehörte nicht unbedingt dazu, denn die Bewohner waren oft Bergarbeiter, Glasmacher oder Köhler. Auf den Kammlagen, meist oberhalb der Baumgrenze, wurden

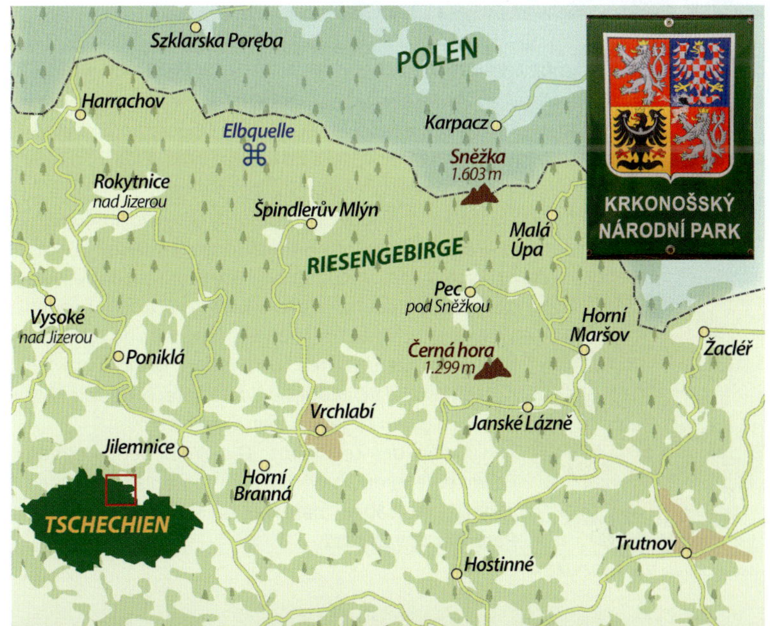

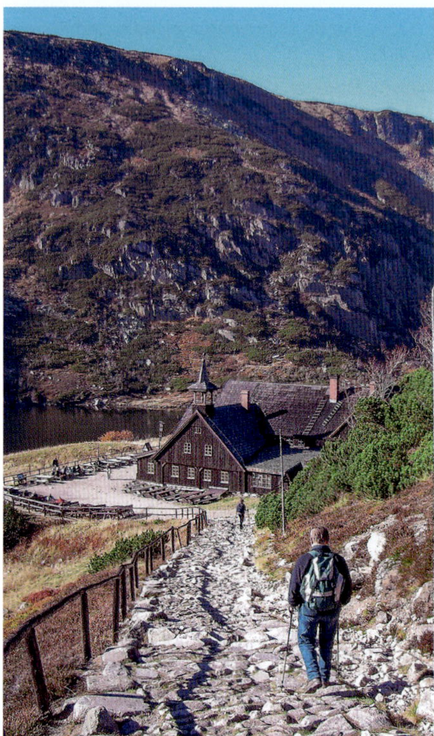
Kleine Teichbaude

von den Siedlern, die aus den österreichischen Alpen zuwanderten, die sogenannten Bauden für die Weidewirtschaft gebaut.

Seit dem **Mittelalter** grub man hier nach Erz. Die Feuer der Hochöfen brauchten viel Holz, deshalb wurden die Bergwälder nach und nach abgeholzt. Auch die extensive Weidewirtschaft brachte Rodungen mit sich. Die ursprünglich vorherrschenden Laub- und Mischwälder ersetze man ab dem 19. Jh. hauptsächlich durch Fichtenmonokulturen. Wie im Isergebirge wurden sie durch Luftverschmutzung und Bodenversauerung stark geschädigt, da auch das Riesengebirge im Schwarzen Dreieck liegt, einer Region mit vielen braunkohlebetriebenen Elektrizitätswerken. In den 1980er-Jahren waren große Waldflächen nur noch Stangengehölz. Seit 1990 sind die Emissionen zwar stark zurückgegangen, der Wald hat sich leider immer noch nicht erholt.

Gemütlich, urig, praktisch – Bergbauden *(Horská Bouda)* **im Riesengebirge.** *Über dreißig Bauden soll es im Riesengebirge geben - auf fast jedem Berg steht eine! Entstanden sind sie aus einfachen Buden aus übereinander gelegten Balken mit zwei Kammern und einem Stall und einem Schindeldach, die als schlichte Schutzhütten für Hirten, Holzfäller oder Zöllner dienten.*

Ab 1890 entstand das flächendeckende Baudensystem durch Um- und Ausbau dieser Hütten für Touristen. Vor allem die Grafen von Harrach förderten diese Projekte. Die meisten Bauden wurden bis 1945 von Deutschen betrieben und haben die Aussiedelung der deutschen Bevölkerung nach dem Zweiten Weltkrieg nicht gut überstanden. Manche sind verfallen, manche wurden im alten Stil renoviert, manche wurden mit Hotelstandard neu gebaut. Im Winter bieten die Hütten einen guten Zugang zu den Skigebieten.

Ein Artikel der Zeitschrift „Die Welt" berichtet von Feuerteufeln, die in den letzten Jahren acht Bauden abgefackelt haben, darunter eine der ältesten, die Peterbaude von 1811.

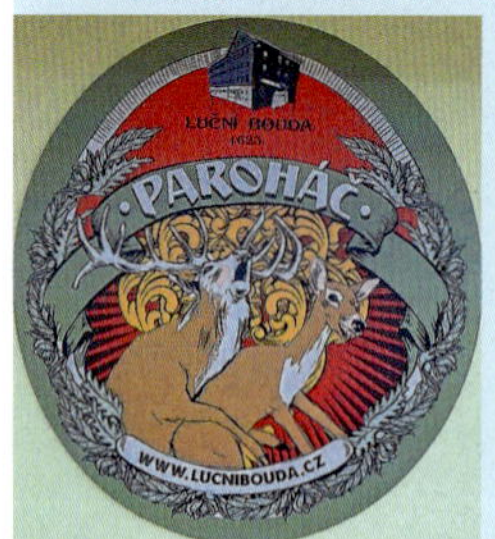

Wiesenbaude Bier PAROHÁČ

Die älteste Baude ist die **Luční bouda** *(Wiesenbaude)* 4 km westlich der Schneekoppe auf der Hochfläche der „weißen Wiese", die es nachweislich seit 1623 gibt. Auf den dazu gehörigen 100 ha Wiese wurden Kühe und Ziegen geweidet. Ihr heutiges Aussehen stammt im Wesentlichen aus den 1930'er Jahren und einer gründlichen Renovierung Anfang des 21. Jh. Heute finden Sie hier ein modernes Hotel mit 50 Zimmern, ein Restaurant, ein Büffet und eine Bierkneipe, die auch Bierbäder anbietet.

Futuristisch wirkt der Bau der **Labská bouda** *(Elbbaude)* des Architekten Zdeněk Říhák von 1975. Sie liegt in einer Höhe von 1.340 m in der Nähe der Elbequelle und des Pantsche-Wasserfalls (Pančavský vodopád, höchster tschechischer Wasserfalls mit 148 m). Die ursprüngliche Baude aus der Mitte des 19. Jh. brannte 1965 ab.

Die **Vosecká bouda** *(Wossecker Baude)*, eine der seltenen Bauden in Kammlage, hat noch ganz viel historischen Charme - z.B. kommt Strom vom Dieselaggregat. Sie ist einige der wenigen Bauden, die nie abbrannte.

Die **Bouda Bílé Labe** wirkt mit ihrer schwarz-weißen Holzverschalung sehr urig. Sie können hier übernachten und im Restaurant die tschechische Küche genießen. Weitere Bauden mit ganz unterschiedlichem Charakter sind die **Žižkova bouda** in der Nähe von Pec, die **Berghütte Dvoračky** *(Rochlitzer Hofbaude)* von 1707, die **Moravská Bouda**, die **Horska Chata Dimrovka** oder die **Friesovy boudy**.

Auch auf polnischer Seite haben sich die verschiedensten Bauden *(hier heißen sie Schronisko)* entwickelt: **Schronisko Pod Łabskim Szczytem** *(Alte Schlesische Baude)*, **Schronisko Na Sniezce** *(Baude auf der Schneekoppe)*, **Schronisko Strzecha Akademicka** *(Hampelbaude)*, **Schronisko Samotnia** *(Kleine Teichbaude)*, **Schronisko Kochanówka** *(Kochelfallbaude)* oder **Schronisko Na Szrenicy** *(Reifträgerbaude)*, um nur einige zu nennen. Auf vielen Bauden geht es locker zu - Sie können sogar Ihre mitgebrachte Jause verzehren!

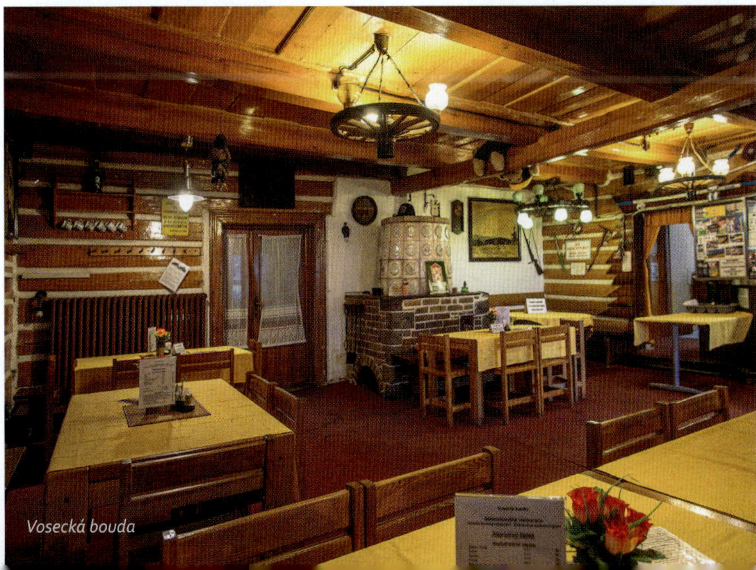
Vosecká bouda

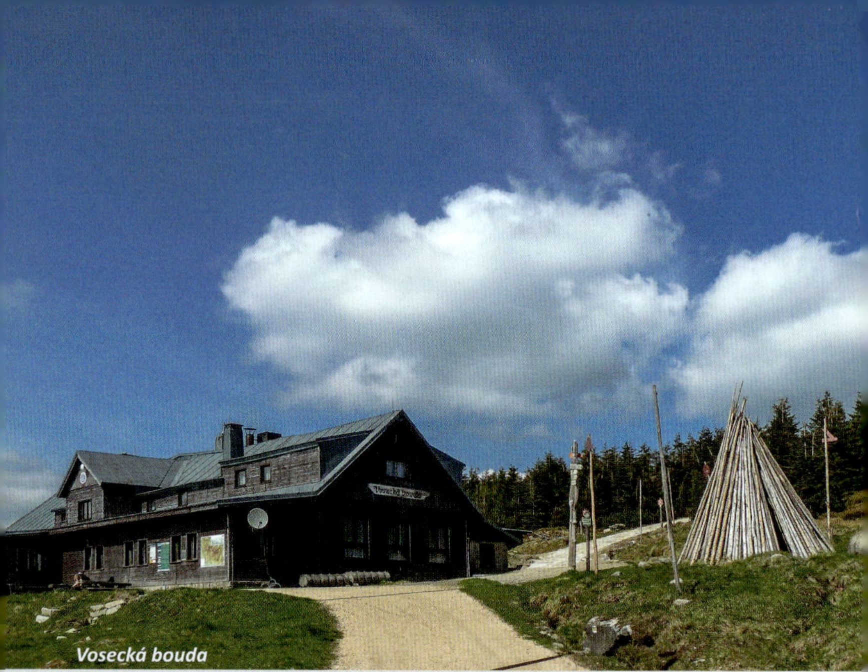

Vosecká bouda

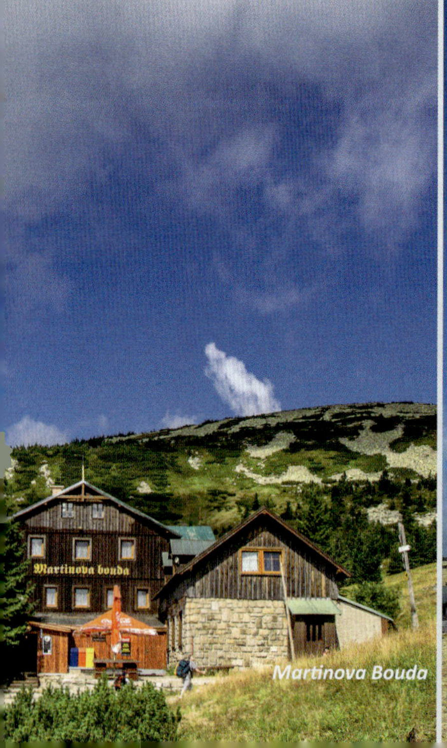

Martinova Bouda

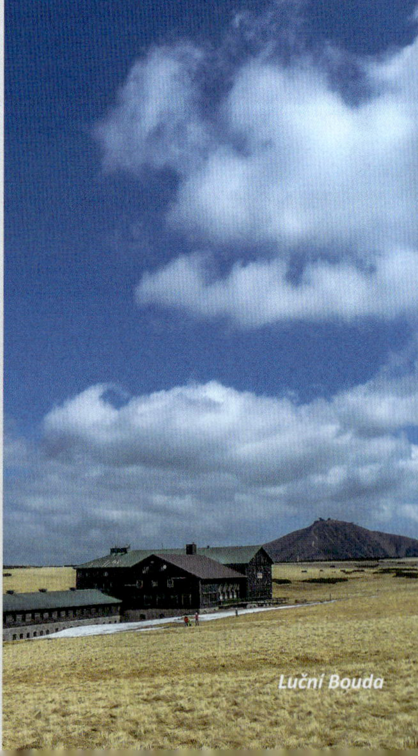
Luční Bouda

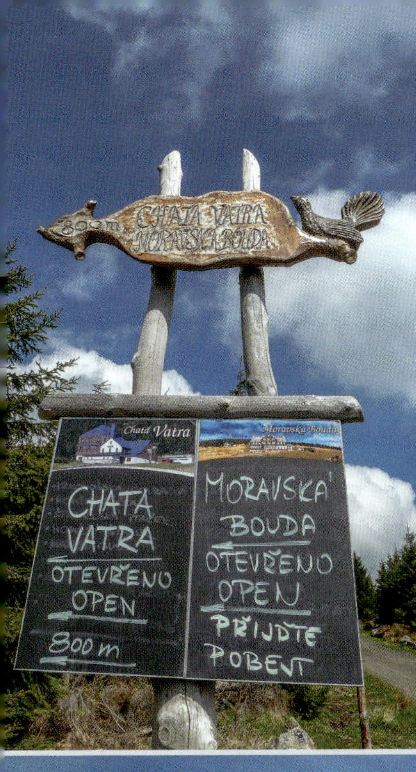

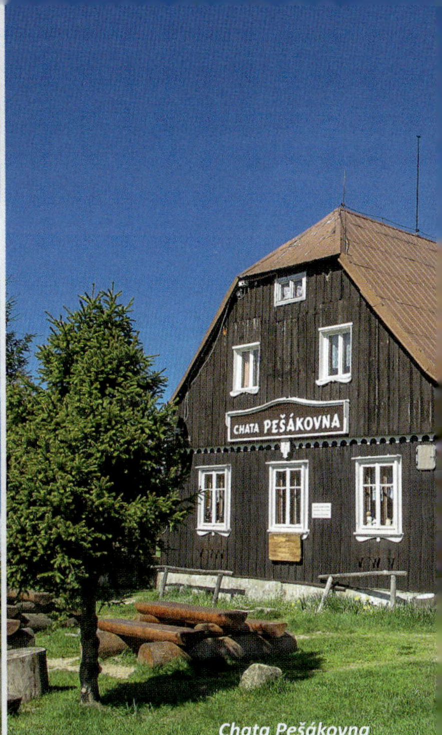

Chata Pešákovna

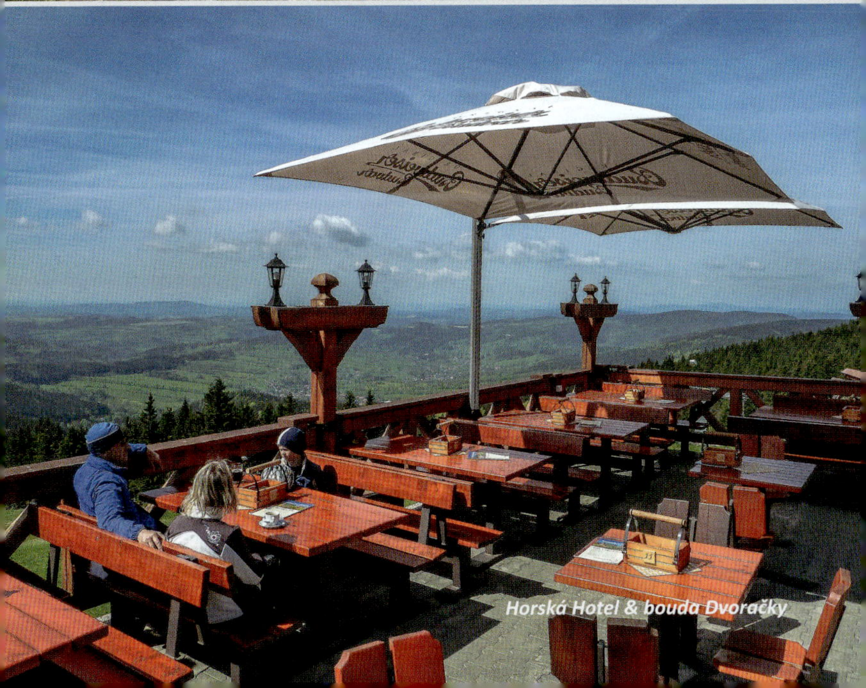

Horská Hotel & bouda Dvoračky

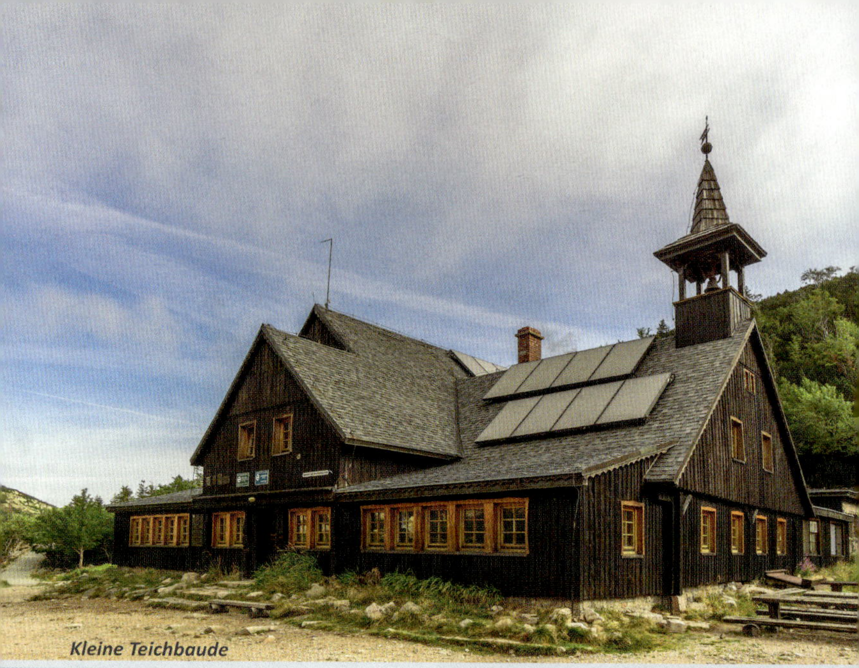

Kleine Teichbaude

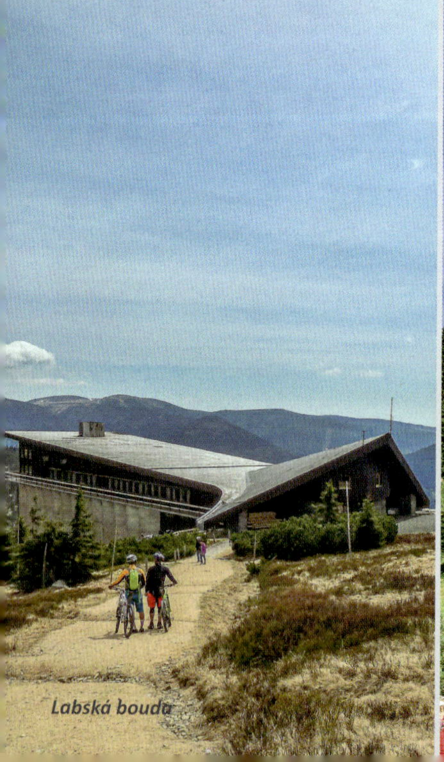
Labská bouda

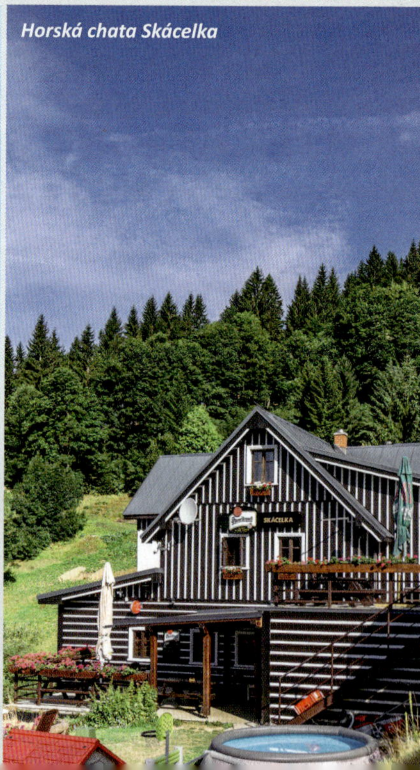
Horská chata Skácelka

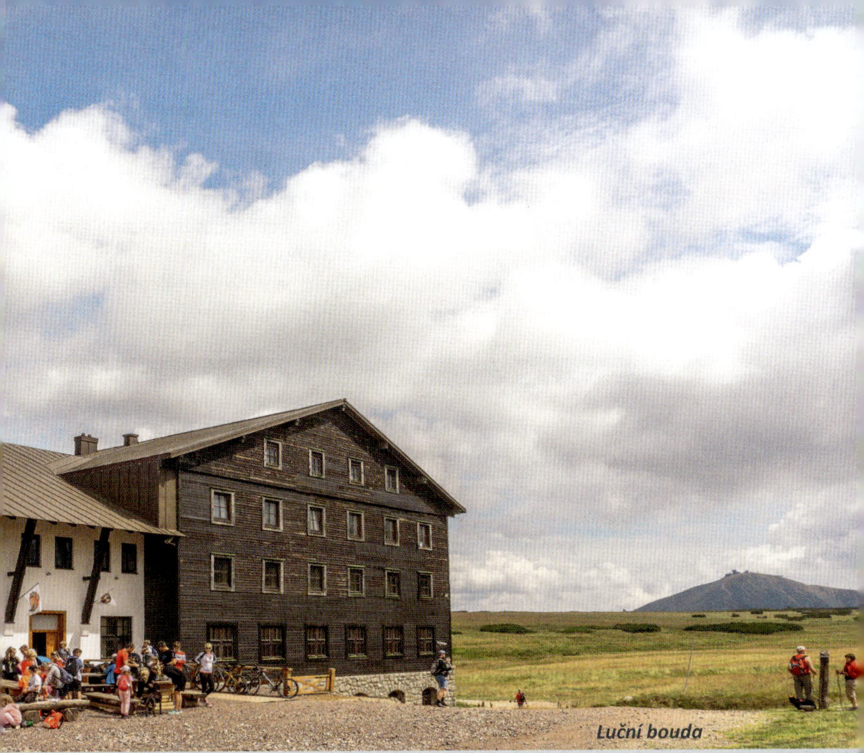

Luční bouda

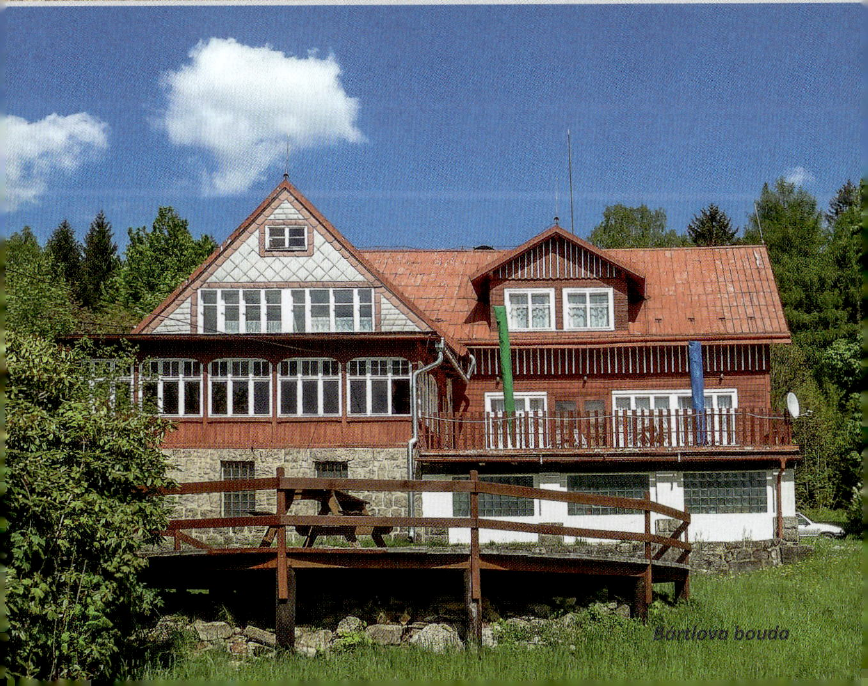

Bartlova bouda

Ab der zweiten Hälfte des 19. Jh. war das Riesengebirge ein beliebtes Ausflugs- und Urlaubsziel, weil es mit der Eisenbahn gut zu erreichen war. Vorher hielt sich der Tourismus in Grenzen. Auf der Schneekoppe soll der erste Tourist ein Adeliger aus Venedig gewesen sein. Später erkannte man, dass mit Tourismus Geld zu verdienen ist und förderte ihn entsprechend. Unterkünfte wurden bereitgestellt, die Zahl der Gaststätten stieg rasant an und es wurden Souvenirs hergestellt. In der zweiten Augustwoche 1900 wurden im Postamt auf der Schneekoppe 10.000 Postkarten aufgegeben - heute befördert die neue Seilbahn auf tschechischer Seite 250 Personen pro Stunde den Berg hoch!

Harrachov *Harrachsdorf* ***1.420 Einwohner*** *665 hm* **Tour 12 & 16**

Harrachov ist ein alter Glasmacherort, dessen erste Glashütte am Beginn des 17. Jh. gegründet wurde. Im Ortsnamen steckt noch der Name der Adelsfamilie „Harrach", denen der Ort bis nach dem Zweiten Weltkrieg gehörte.

Wichtig für die Entwicklung des Ortes ist die günstige Lage an der Europastraße 65 und an der Eisenbahn. Die **Tanvaldská ozubnicová dráha** *(Zahnradbahn Tanvald-Harrachov)*, eine der beiden letzten noch betriebsfähigen normalspurigen Zahnradbahnstrecken in Europa, hat hier ihren Endbahnhof.

Heute ist der Urlaubsort im Tal de Mumlava *(Mummel)* das touristische Zentrum des westlichen Riesengebirges. Vor allem im Winter steppt hier der Bär und die 7.000 Gästebetten sind gut ausgelastet. Schneemangel gab es bisher kaum, denn die nach Norden offene Lage sorgt dafür, dass es in Harrachov ein halbes Jahr kalt und ein halbes Jahr Winter ist (so die Einheimischen...).

Auch im Sommer dominiert das **Schanzenareal am Čertova hora** *(Teufelsberg, 1.022 m)* das Ortsbild. Die erste Skisprungschanze wurde schon 1920 gebaut, eine 40 m-Holzschanze. Von 1955 bis 1979 gab es hier eine K70- und eine K50- Schanze sowie eine 30 m Mattenschanze. 1980 begann dann eine neue Ära im Skisport mit dem Neubau der Schanzen: die Flugschanze, eine K120-Schanze, eine K90-Schanze sowie eine K70- und eine K40-Schanze.

Für Freunde des Skispringens und -fliegens ein paar beeindruckende Zahlen: Flugschanze mit K-Punkt bei 185 m, Schanzenrekord 214,5 m (Thomas Morgenstern 2008),

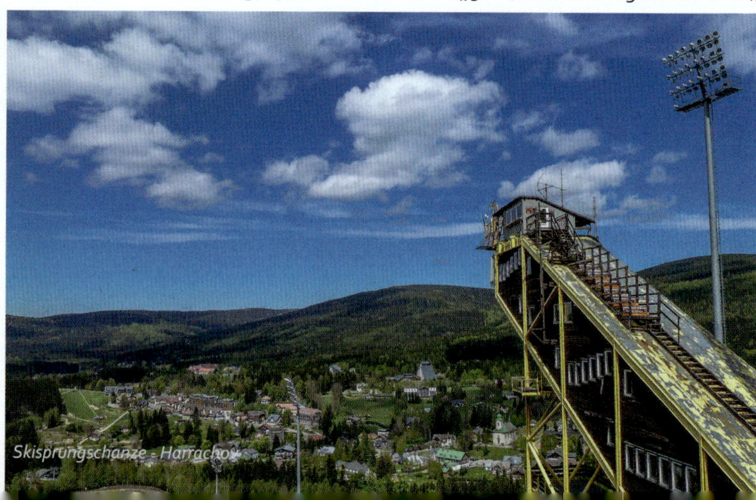
Skisprungschanze - Harrachov

Anlauflänge 118,5 m, Geschwindigkeit 100,8 km/h. Leider wurden die Schanzen 2018 gesperrt, da sie aufgrund finanzieller Probleme seit 2014 nicht mehr genügend gewartet wurden. Marode Anlauftürme, löchrige Bretter - eine Sanierung der fünf Schanzen soll ungefähr rund 20 Millionen Euro kosten.

Auch für Nicht-Skispringer lohnt sich der Weg auf den Čertova hora, denn Sie haben von dort einen weiten Blick über Harrachov und die angrenzenden Berge. Wer nicht laufen mag, kann sich gemütlich mit dem Sessellift hochfahren lassen.

Wer mit Schanzen nichts anzufangen weiß, hat hier trotzdem keine Langeweile. Besuchen Sie z.B. das Gelände der **Brauerei Novosad**, gut zu erkennen am großen Schornstein. Die Kleinbrauerei braut verschiedene preisgekrönte Biere, z.B. das helle František, das schwarze Lagerbier Čerťák oder das Huťské výčepní pivo *(Hütten-Schankbier)*, die Sie alle im Restaurant probieren können. Wer sich auch äußerlich mit Bier einreiben mag, geht ins Bierbad. Da aalen Sie sich in 36° warmen Bergwasser, dem 5 Liter vom hellen, 5 Liter vom dunklen Bier sowie geschrotete Hopfenblüten zugegeben werden. Bier für zuhause gibt es im Ladengeschäft.

Auf dem Gelände der Brauerei ist auch die hiesige **Glashütte Novosad & Syn**, die geblasenes, geschliffenes, graviertes oder gemaltes Glas für fast jeden Geschmack ausstellt. Die Glashütte mit dem Glasmuseum kann auch besichtigt werden.

Durch Harrachov fließt die **Mumlava** (*Mummel*), die bei der Elbquelle auf der Mummelwiese entspringt und bei Mýtiny in die Jizera mündet. Sie können einen hübschen Spaziergang zu den östlich des Ortes liegenden Wasserfällen machen.

Der **Krkonošský národní park** *(Riesengebirgs-Nationalpark)* **(KRNAP)** wurde 1963 als erster tschechischer Nationalpark geschaffen. Der Gedanke, diese besondere Natur zu schützen, ist aber wesentlich älter und geht auf Johann Nepomuk von Harrach zurück, der schon 1904 das erste Naturreservat mit einer Fläche von 60 Hektar angelegt hatte.

Der Nationalpark ist 370 km² groß, mit der Schutzzone sogar 570 km². Es gibt drei verschiedene Schutzzonen, wobei Schutzzone I (Kammgebiete, Gletscherkare, Wälder und Wiesen mit großer biotoptypischer Mannigfaltigkeit und bedeutende geologische Gebilde) die mit den strengsten Auflagen ist. Alle selten vorkommenden Gattungen der Flora und Fauna stehen im gesamten Gebiet unter Naturschutz.

Die Nationalpark-Verwaltung kümmert sich um die Walderneuerung, den Schutz gefährdeter Pflanzen- und Tierarten und die Einhaltung der Gebote in den Schutzzonen. Wegen der durch starke Emissionen bedrohten Wälder wurde der Nationalpark Riesengebirge in die Liste der weltweit meistbedrohten Nationalparks eingetragen.

Besondere Bereiche sind: Anenské údolí, Boberská stráň, Torfmoor Černohorská rašelina, Erlíkovické štoly, Klínový potok, Canon Labská soutěska, Mechové jezírko *(Moos-See)*, Prameny Labe *(Elbquellen)*, Prameny Úpy *(Aupa-Quellen)*, Rýchory, Slunečná stráň, V Bažinkách.

Das Pendant auf polnischer Seite ist der **Karkonoski Park Narodowy** *(KPN)* mit 55 km², er wurde 1959 gegründet.

Die **Mumlavský vodopád** *(Mummelfälle)* stürzen über stufenartige, bis zu 12 m hohe Granitblöcke. Die Wucht des Wassers schuf einige Kessel, Teufelsaugen genannt.

In der Nähe der Wasserfälle existieren noch die Reste der historischen Erzgruben mit dem 2003 eröffneten **Bergbaumuseum**.

Am Busbahnhof beginnt der **Včelí naučná stezka Jana hraběte Harracha** *(Bienenlehrpfad Graf Harrach)*, der Ihnen auf den 3,5 km entlang des Baches Ryzí potok bis zur Pension Renáta Rýžoviště auf 11 Lehrtafeln die Lebensweise der Bienen und Bienenzüchter nahebringt. Die gesamte Strecke ist mit Bienenstöcken mit lebendigen Bienen gesäumt und nach der historischen Entwicklung der Bienenzucht sortiert. An den Standorten 4 und 11 können Sie ein Glas Honig kaufen. Von der Tafel 11 können Sie wieder zurück zum Bach Ryzí potok hinuntergehen.

Schnell unterwegs sind Sie mit der **Bobová dráha Happy World a Monkey Park** *(Bobbahn und Monkeypark)*. Auf insgesamt 1.000 m (inklusive Lift) flitzen Sie mit ein- oder zweisitzigen Fahrzeugen durch eine beheizbare Edelstahlrinne mit einer Neigung von 6-12 %. Im MonkeyPark können auch untrainierte Menschen an Seilen zwischen den Bäumen in einer Höhe von 3-7 m rumturnen.

Schön ist auch die Fahrt auf der Straße 14 von Harrachov oder Kořenov über Na mýtě nach **Jablonec nad Jizerou** *(Jablonetz)*. Die Jizera windet sich hier kurvenreich durch ein enges Tal mit dicht bewaldeten Hängen. Die Straße verläuft meistens direkt neben dem flinken Fluss. In Jablonec lohnt es sich, einen Blick auf die barocke Kirche des heiligen Prokop und das Pfarrhaus im Empirestil zu werfen.

Horní Branná *Brennei* *1.900 Einwohner 512 hm*

Das Riesengebirgsvorland ist historische gesehen eng verbunden mit dem weit verzweigten österreichisch-böhmischen Adelsgeschlecht Harrach, das im Laufe des Dreißigjährigen Krieges Schloss Horni Branna von Albrecht von Wallenstein kaufte. Anfang des 18. Jh. bauten sie ihren Besitz in der Region aus und erweiterten ihren Einfluss im westlichen Riesengebirge. Die Harrachs gründeten in der Gegend auch zahlreiche Industriebetriebe, vor allem Glas- und Textilwerke.

Das **Schloss** wurde im 16. Jh. gebaut, im Dreißigjährigen Krieg aber schwer beschädigt. Das Gebäude wurde mehrfach renoviert und ist heute das Gemeindeamt. Einen Blick wert sind auch sind die Kirche St. Nikolaus, die Harrach-Gruft zum Heiligen Kreuz und das Gebäude des ehemaligen Spitals gegenüber der Gruft.

Außerdem gibt es eine Ausstellung über den Philosophen und Theologen **J. A. Komenský** *(Comenuis)*, der sich hier einige Monate vor seinem Gang ins Exil 1628 aufhielt.

Horní Maršov *Marschendorf* *970 Einwohner 575 hm*

Ein Durchgangsort auf dem Weg nach Pec pod Sněžkou. Wer Zeit hat, kann anhalten und zum Friedhof spazieren, der links der Straße liegt und ein schönes Ensemble aus barockem Pfarrhaus, romantischer Friedhofskirche und altem Lindenbaum aufweist. Nicht zu übersehen ist auch die **neugotische Pfarrkirche** (1895-99) des Architekten Josef Schulz, der immerhin in Prag das Nationaltheater und das Nationalmuseum gebaut hatte.

Das kleine **Schloss** ist baugeschichtlich eine interessante Mischung aus abklingendem Barock und beginnendem Klassizismus mit Neorenaissance-Elementen. Es zeigt sich als ein einstöckiges Gebäude mit vier Flügeln, dessen Vorderfront von einem mittleren Risalit mit Freitreppe und dreieckigem Giebel gegliedert ist. Gebaut wurde es von Familie Schaffgotsch, war nach dem Zweiten Weltkrieg ein Kinderheim und konnte bis 2018 für etwa 22.000.000 Kč mitsamt dem englischen Landschaftspark gekauft werden. Leider ist es nach einem Brand im August 2018 in einem ziemlich schlechten Zustand und verfällt wohl weiter vor sich hin.

Im Wald an der Straße nach Pec finden Sie die romantische Ruine Aichelburg, errichtet 1863.

Hostinné *Arnau* *4.360 Einwohner 356 hm*

Hostinné wird in kaum einem Reiseführer erwähnt und so kommen nicht übermäßig viel Besucher in den ältesten Ort der Region. Er wurde unter König Přemysl Otakar II. im Rahmen der Besiedlung des Oberlaufs der Elbe gegründet. Davon zeugt unter anderem der regelmäßige Grundriss der Stadt mit dem quadratischen Ringplatz mit der Pestsäule, der von hübsch getönten Häusern mit Laubengängen umgeben ist. Der Blickfang ist der Sgraffito-Turm des **Renaissance-Rathauses**, der mit zwei überlebensgroßen Figuren geschmückt ist.

*„Alles fließe von selbst. Gewalt sei ferne den Dingen". Der erste moderne Pädagoge - **Jan Amos Komenský** oder **Johann Amos Comenius** (1592-1670) - stammte aus Ostmähren. Seine Familie gehörte der religiösen Gemeinschaft der Böhmischen Brüder an, deren Gedankengut sein Leben und Werk prägte. Nach einer für damalige Zeiten sehr guten Ausbildung an Schulen und Universitäten in Böhmen und Deutschland wurde er in seiner Heimat Lehrer, zuerst in Přerov, dann in Fulnek. Die nach der Schlacht am Weißen Berg, in der die Protestantischen Stände unterlagen, beginnende Gegenreformation richtete sich auch gegen die Böhmischen Brüder. Deshalb musste Comenius aus Fulnek fliehen und sich an wechselnden Orten verstecken. Er versuchte, in Görlitz, Berlin, Holland und Mähren zu leben, bis er, seine Familie und noch etwa tausend Vertriebene nach Lissa im Herzogtum Posen (Polen) auswanderten. Obwohl er später Reisen nach England, Schweden, Ostpreußen und Holland unternahm und ab 1657 in Amsterdam lebte, war Lissa lange Jahre so etwas wie sein Lebensmittelpunkt. Seinem Glauben gemäß glaubte er an die Wirkung einer guten Erziehung und Bildung für eine friedvolle Gesellschaft und setzte sich für eine gewaltfreie Erziehung ein, z.B. in dem Buch „Orbis sensualium pictus", das - und das war damals revolutionär - von der Lebenswelt des Kindes ausgeht. Er forderte eine Schule für alle Kinder - Jungen und Mädchen, Arme und Reiche zumindest bis zum 12. Lebensjahr, denn der Gebrauch der Vernunft, eine solide Bildung und kindgerechtes Lernen seien Meilensteine auf dem Weg zu einer friedvollen Gesellschaft. Sehr modern wirken auch seine Gedanken über die Erreichung des Weltfriedens durch eine Weltversammlung und ein Friedensgericht. So wunderbare Gedanken, aber es scheint, als ob sich heute nur noch wenige Menschen mit seinen Ideen auseinandersetzen!*

Die Riesen von Hostinné *(Arnau)*. Als die Umgebung von Arnau noch von Urwäldern umgeben war, in denen Wölfe, Bären, Luchse und Füchse lebten, war das Reisen dort gefährlich. Auch machten Räuber und Wegelagerer die Gegend unsicher. Da wählten die Arnauer zwei starke und mutige Männer von riesiger Gestalt - einen Bäcker und einen Metzger, die durch das Land patrollierten, um jedem zu helfen, der in Not war. Weil sie dabei wahre Heldentaten vollbrachten, ließen die Stadtväter am Rathausturm zwei mächtige Statuen der beiden Beschützer errichten. Bis heute wachen sie über den Marktplatz und die umliegenden Gassen.

Beide tragen in der einen Hand ein Schwert, in der anderen ein Schild: eines mit dem böhmischen Löwen, das andere mit dem mährischen Adler. Zwischen ihnen hängt das Stadtwappen.

Die **Kostel Nejsvětějši Trojice** *(Dreifaltigkeitskirche)* wurde 1280 erbaut, mehrfach umgestaltet und regotisiert. In der Seitenkapelle werden Grabsteine der Familie Wallenstein aufbewahrt, die Madonnenstatue auf dem neugotischen Altar stammt aus dem 15. Jh. und die reich verzierte Renaissancekanzel ist von 1612. Bei der Kirche steht das Renaissance-Pfarrhaus von 1578.

Das ehemalige **Franziskanerkloster** (ein Dientzenhofer-Bau) und die **Klosterkirche** wurden 1667-89 mit Klosterapotheke, Krankensaal und Gemüse- und Kräutergarten errichtet. Das Kloster diente den Franziskanern bis 1950, heute ist in der Kirche eine einmalige **Sammlung von antiken Skulpturen** mit Kopien von Statuen, deren Originale nicht mehr existieren.

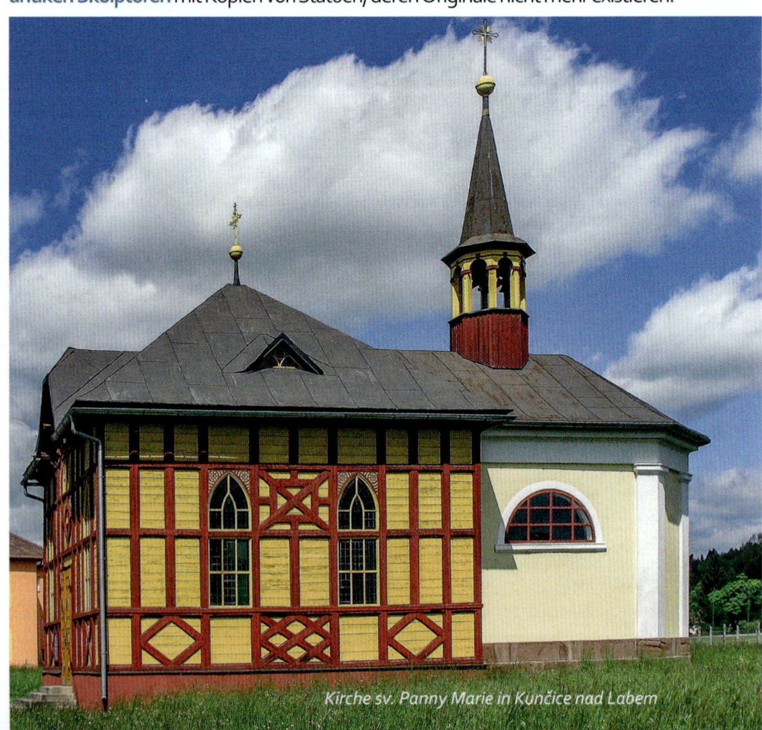

Kirche sv. Panny Marie in Kunčice nad Labem

Die Stadt ist bekannt für ihre lange Tradition der Papierherstellung. 1835 wurde im ehemaligen Schloss aus einer Baumwollspinnerei die Papierfabrik „Elbemühle" eingerichtet, die sich als Firma Eichmann & Co. mit der Erzeugung von Spezialpapieren einen Namen machte, u. a. Banknotenpapier. Die Papierfabrik wurde 1985 stillgelegt.

Wenn Sie durch das Tal der jungen Elbe von Vrchlabí nach Hostinné fahren, können Sie in **Kunčice nad Labem** und **Klášterská Lhota** zwei Kirchen mit einer speziellen Architektur sehen. Als die steinernen Kapellen vom Anfang des 19. Jh. zu klein wurden, baute man Anfang des 20. Jh. je ein hölzernes Kirchenschiff an.

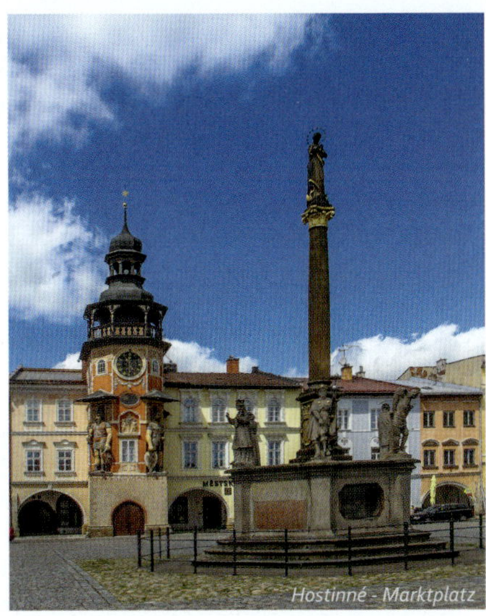

Hostinné - Marktplatz

Svarba und Kuba *(Graupen mit Schwammerl) war ein traditionelles Heiligabendessen in armen Familien im Riesengebirgsvorland. Sie brauchen dazu 250 g Erbsen, 250 g Graupen, 1 EL Öl, Salz, Kümmel, 100 g Griebenschmalz, 4 EL Schmalz, 2 größere Zwiebeln, 200 g Rauchfleisch. Eingeweichte Erbsen gar kochen. Damit die Graupen nicht anbrennen, extra mit etwas Kümmel, Salz und Öl kochen. In Schmalz und Grieben klein gehackte Zwiebeln anbraten, in Stücke geschnittenes Rauchfleisch hinzufügen. Erbsen und Graupen abseihen, alles zusammen rühren. Wenn Ihnen die Svarba zu trocken vorkommt, rühren Sie noch etwas heißes Schmalz unter.*

Janské Lázně *Johannisbad* *700 Einwohner* *519 hm* Tour 21

Kleiner familiärer Kur- (im Riesengebirge der einzige Kurort auf der tschechischen Seite) und Wintersportort am Fuße des **Černá hora** *(Schwarzer Berg, 1.299 m)*. Hier sprudeln viele Thermalquellen, die im Mittelalter auch für den Antrieb eines Eisenhammers zur Erzverarbeitung verwendet wurde. Die heilsame Wirkung der etwa dreißig Quellen wurde nach 1677 in einem Kurgebäude genutzt. Die heutige Kurkolonade ist von 1893 aus der Zeit der Neo-Renaissance mit Jugendstilelementen.

Das fast 27 °C warme und zum Teil radioaktive Thermalwasser wird hauptsächlich bei Erkrankungen des Bewegungsapparats und zur Behandlung von Kinderlähmung angewendet.

Auch viele Wellnessbehandlungen werden im Kurort angeboten: z. B. Magnesiumbäder, Sauerstoffbäder, Körperwickel mit Zimt oder Koffein und Karamellmassagen zum Ruhen und Entspannen. Das gemütliche Hallenbad mit Gegenstromanlage und zwei Perlbäder auf der Terrasse der Therme laden zum Verweilen und Erholen ein.

Wenn Ihr Bewegungsapparat noch gut in Schuss ist, empfehlen wir eine Fahrt mit der 2006 gebauten **Kabinenseilbahn** auf den **Černá hora**. Der **Černohorský Express** bringt

Sie mit der neuen achtplätzigen Kabinenseilbahn in 11 Minuten hinauf. Dort können Sie auf einem Lehrpfad durch das **Moor Černohorská rašelina** wandern und haben am Rastplatz der **Hubertova vyhlídka** eine prächtige Aussicht. Es ist mit ca. 72 Hektar das größte Hochmoor im Riesengebirgsnationalpark mit vielen seltenen Pflanzen- und Tierartenarten. Hier wachsen z.B. verschiedene Seggenarten, das Scheidige Wollgras oder Rohr-Glanzgras. Pelzflügler, kleine Laufkäferarten, Waldeidechse und Birkhahn haben im Moor ihren Lebensraum. Man nimmt an, dass das Moor cirka 6.000 Jahre alt ist.

Der **Aussichtsturm Panorama** auf dem Černá hora ist eine umgebaute Stütze der alten Seilbahn. Über 106 Stufen steigen Sie 21 Meter hoch auf die Aussichtsplattform. Ferngläser machen es möglich, den Bergsteigern auf der Schneekoppe zuzusehen und ein Bergpanorama von Jeseníky, Orlické hory, Českomoravská vrchovina, Český ráj, Krkonoše und Česká kotlina zu genießen.

Am Ortseingang (aus Rchtung Černý Důl kommend gesehen) steht der neue Touristenmagnet der Region, der **Stezka korunami stromů Krkonoše** *(Baumkronenpfad des Riesengebirges)*. Hier können Sie dem Wald „auf die Wipfel steigen", denn der 2017 gebaute, barrierefreie Pfad führt spiralförmig in 1.511 Metern auf 45 Meter Höhe mit spektakulärer Sicht über den umgebenden Wald. Drei Actionecken, 6 Lehr-Haltestellen und eine Rutschbahn sorgen dafür, dass niemandem langweilig wird.

Jilemnice *Starkenbach* — ***5.400 Einwohner*** *451 hm*

Jilemnice teilt sich mit Vrchlabí den Beinamen „Tor zum Riesengebirge". Allerdings sind es bis Špindlerův Mlýn etwa 25 Autokilometer, was vor allem im Winter nicht immer angenehm sein mag.

Näher liegen die kleinen Orte wie **Poniklá**, **Jestřabí v Krkonošíc** oder **Benecko**, alles sehr beliebte Wander- und Wintersportplätze.

Auch Jilemnice gehörte zuerst zum Wallenstein-Imperium und dann zur Herrschaft Harrach. Der regelmäßige Grundriss der Kernstadt deutet auf eine planmäßige Stadtgründung hin. Bergbau, Leinweberei und Glasindustrie waren die wirtschaftlichen Standbeine des Ortes. In der zweiten Hälfte des 18. Jh. und Anfang des 19. Jh hatte die

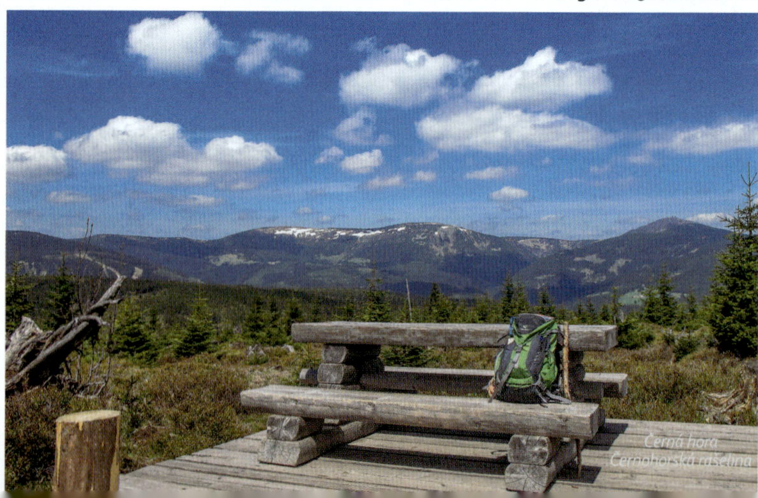

Černá hora
Černohorská rašelina

Stadt einen ausgezeichneten Ruf als Leinweberstadt, da sie von der Familie Harrach sehr gefördert wurde. Damals wurden Batistwaren, Schleier und weitere Spitzenqualitätswaren gewoben, bis die aufkommende Industrialisierung andere Produktionstechniken favorisierte.

1892 kann man in Jilemnice als Geburtsstunde des regionalen Wintersports ansehen, denn in diesem Jahr brachte Graf Jan Harrach die ersten Skier für seine Forstarbeiter ins Riesengebirge. Schon 1894 wurde der erste selbständige Skiverein in den Böhmischen Ländern und der Slowakei gegründet. Heute sind Tourismus, Maschinenbauindustrie und Lebensmittelindustrie die Haupterwerbsquellen.

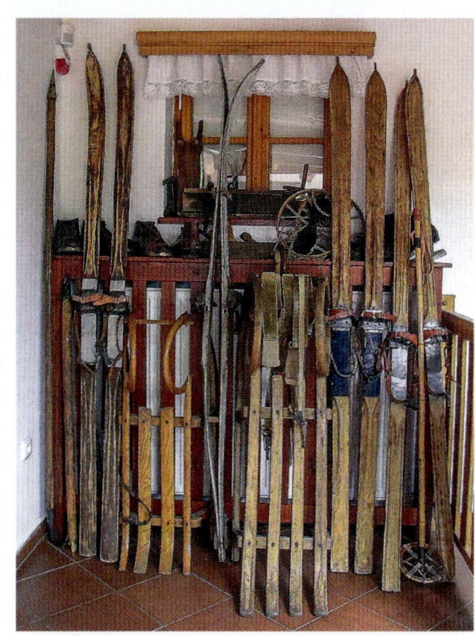

Ein kleiner **Stadtspaziergang** bringt Sie zu den Sehenswürdigkeiten. Auf dem zentralen Platz, hier der Masarykovo náměstí, fällt das **klassizistische Rathaus** von 1789 auf. Der Turm beherbergt eine besondere Turmuhr, die über den Tag verteilt 1.020 Glockenschläge erklingen lässt. Jede Viertelstunde gibt eine kleine Glocke die Anzahl der Viertelstunden bekannt, dann meldet die mittlere Glocke die Anzahl der Stunden. Zur vollen Stunde schlägt eine große Glocke entsprechend oft.

Schön sind auch die den Platz umgebenden Bürgerhäuser, z.B. Nr. 9, 10 und 79 vom Ende des 18 Jh. mit ihren Laubengängen und farbigen Fassaden. In der Mitte des Platzes sprudelt ein Empirebrunnen von 1836.

Über die Straße Kostelni Richtung Westen sind Sie mit wenigen Schritten bei der **St. Laurentius-Kirche**, 1729-36 im Hochbarockstil erbaut. Im Kircheninnern sind wertvolle Einrichtungsgegenstände, z.B. eine gotische Madonna, ein Zinntaufbecken und ein Orgelschrank.

Nur einen Steinwurf entfernt schimmert die rotweiße Fassade des **Schlosses** durch die Bäume. Im 15. Jh. gebaut, ging es 1701 in den Besitz der Grafen von Harrachov über, die es 1714 und 1895 zur heutigen Gestalt erweitern ließen.

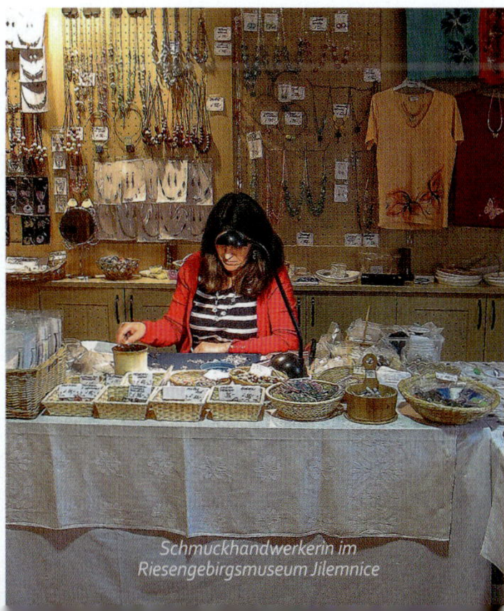

Schmuckhandwerkerin im Riesengebirgsmuseum Jilemnice

Gegenwärtig sind in den Schlossräumen und den Nebengebäuden das **Krkonošské muzeum v Jilemnici** *(Riesengebirgsmuseum)* untergebracht. Sie können dort die Galerie des realistisch-impressionistischen Landschaftsmalers Frantisek Kavan, eine Ausstellung zum Thema „Skilauf", eine Sammlung von Weihnachtskrippen und Ausstellungsstücke des Schnitzer-, Schlosser-, Schreinerhandwerkes sowie der Wachsproduktion und eine wertvolle Kollektion von Zunftgegenständen anschauen.

Durch die Kostelni-Straße an der Empirepfarrei vorbei, biegen Sie links ab in die ul. K Břízkám und dann nach rechts in die **Zvědavá ulička** *(Neugieriges Gässchen)*. Das Neugierige Gässchen besteht aus einem gut erhaltenen Komplex der Volksarchitektur, gebaut nach dem Brand 1788. Der Giebel jeden Hauses ist versetzt zum vorhergehenden angeordnet, um einen guten Ausblick zu haben - daher der Name der Gasse! Nun spazieren Sie zurück durch die Straße Jana Harracha, bis Sie wieder beim Rathaus auf den Masarykovo náměstí kommen.

Karpacz *Krummhübel (PL)* *4.800 Einwohner* *450 hm* Tour 15 & 18

Machen Sie einen Ausflug zu den polnischen Nachbarn nach Karpacz!

Zwei große Tourismusorte wetteifern mit allen Mitteln auf der polnischen Seite des Riesengebirges um die Gunst der Urlauber, Karpacz und Szklarska Poręba *(Schreiberhau)*. In beiden Orten steppt Sommer und Winter der Bär, wobei Karpacz den Vorteil hat, dass Sie von dort aus gut die **Schneekoppe** und das **Schlesierhaus** *(poln. Schronisko Dom Śląski)* erreichen können, entweder auf einer Wanderung oder mit dem Sessellift. Der Ort hat sich mit seinen diversen Teilen weit im Tal der Łomnica *(Bober)* und Łomniczka ausgebreitet - von Karpacz-Ściegny bis Karpacz-Górny sind es fast 9 km! Ursprünglich war Karpacz eine Ansiedlung von Bergarbeitern, da das Gebiet reich an Eisen- und Bleierzvorkommen war.

Schon im frühen 20. Jh. wurde Krummhübel zu einem beliebten Ferienort, denn der 1880 gegründete Riesengebirgsverein sorgte für eine gute Infrastruktur, z.B. durch den Ausbau von 300 km Bergwegen, Rodelbahnen, Sprungschanzen und Skipisten. 1913 waren 43.000 Urlauber in Krummhübel zu Gast, heute sind es 200.000!

Reizvoll sind im Ortsbild einige alte Häuser im Riesengebirgsstil, wie das historische Holzhaus mit dem **Muzeum Sportu i Turystyki** *(Museum für Sport und Touristik)*.

Fahren Sie in den Ortsteil Bierutowice und staunen Sie - dort steht nämlich als architektonisches Schmuckstück und Touristenmagnet eine norwegische Stabkirche.

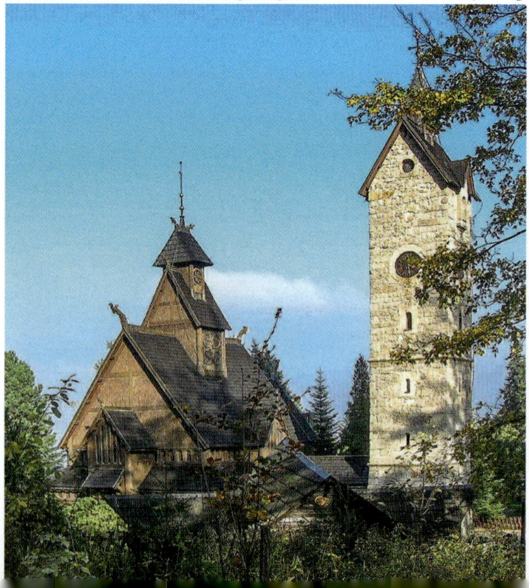

Stabkirche Wang - Karpacz

Reiseteil

Die **Kirche Wang** wurde in der 1. Hälfte des 13. Jh. am Wang See in Norwegen gebaut. Nach dem nötigen Neubau einer Kirche 1840 wurde die alte Stabkirche überflüssig, und sie sollte abgerissen werden. Der Landschaftsmaler Jan Christian Dahl, ein Schüler Caspar David Friedrichs, kaufte die Kirche und wollte sie im Osloer Stadtpark wieder aufbauen. Der Plan zerschlug sich. Die Kirche wanderte nach Berlin, wo sie auf der Pfaueninsel eine neue Heimat finden sollte. Gräfin von Reden überredete jedoch den Preußenkönig Friedrich Wilhelm IV., das Kirchlein im Riesengebirge aufstellen zu lassen, weil sie für die weit verstreut wohnenden Protestanten eine Kirche suchte. Und so steht die Holzkirche heute in Karpacz, geschmückt mit Wikinger-Schnitzereien an den Kapitellen und Portalen.

In der **Apteki Pod Złotą Wagą** *(Prinzess-Charlotte-Apotheke)* können Sie eine originale Ladeneinrichtung aus der Zeit um 1915 und eine Ausstellung mit alten Apothekeninstrumenten betrachten.

Malá Úpa *Kleinaupa* — *140 Einwohner 1041 hm*

In Malá Úpa gehen die Uhren ein bisschen anders, denn das Riesengebirgsdörfchen hat sich noch sein ursprüngliches Aussehen bewahrt. Am östlichen Rand des Riesengebirges liegen unterhalb der Schneekoppe auf grünen Wiesen und Weiden verstreut die typischen Riesengebirgshütten, von denen zurzeit achtzehn als Nationaldenkmal unter Schutz stehen. Siedler aus Kärnten, Tirol und der Steiermark, vor allem Holzhauer mit ihren Familien, siedelten sich hier im 16. Jh. an, um Holz für die Kuttenberger Bergwerke zu schlagen.

Eine besondere Ausstrahlung hat das kleine Zentrum von Malá Úpa. Wie eine Kulisse zu einem Heimatfilm wirkt die Häusergruppe aus Gastwirtschaft, alter Schule, Pfarramt mit Walmdach und **Kirche**. 1779 besuchte Kaiser Joseph II. das Bergdorf und veranlasste im Rahmen seiner damals revolutionären Religionspolitik den Bau einer Dorfkirche. Sie wurde 1788-89 auf einer Meereshöhe von 975 m gebaut und ist nach den Kirchen in Kvilda, Boží Dar, Sv. Tomáš bei Lipno die vierthöchstgelegene Kirche in ganz Tschechien. 1806 schlug ein Blitz in die Kirche St. Peter und Paul und sie brannte ab, wurde aber sofort wieder aufgebaut und 1889 und 1986 renoviert.

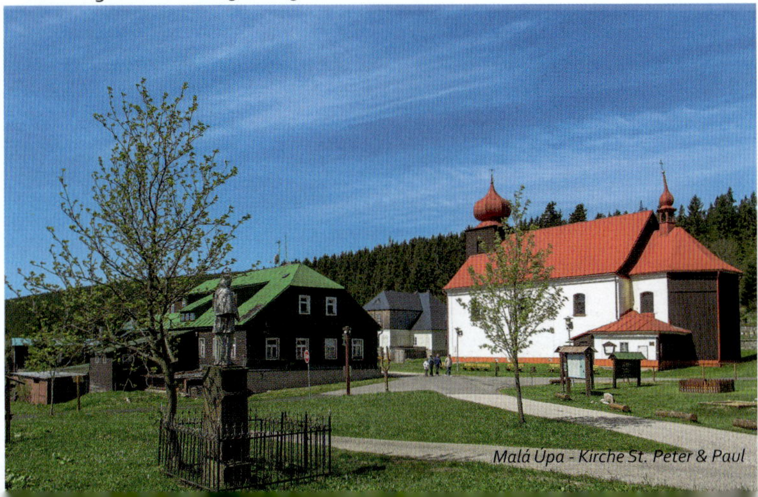

Malá Úpa - Kirche St. Peter & Paul

Zusammen mit dem Kirchenbau wurden auch Unterrichtsräume und eine Lehrerwohnung geschaffen - die alte Schule *(Stará škola)*. Obwohl bis zu 170 Kinder aus der Umgebung die Schule besuchten, musste der Lehrer noch nebenher als Bauer arbeiten, um sein Auskommen zu haben. 1885 wurde die dreiklassige Volksschule gebaut, die bis 1948 in Betrieb war.

Seit 2015 wird in Horní Malá Úpa im Keller der ehemaligen Tippelts Hütte, bzw. des Hotels Družba Bier gebraut. Somit ist die Brauerei Trautenberk die jüngste der Riesengebirgsbrauerein.

In Horní Malá Úpa ist auch der Grenzübergang für PKW nach Polen.

Pec pod Sněžkou *Petzer* *640 Einwohner* *769 hm* Tour 14, 15, 20 & 21

9.000 Gästebetten und eine große Portion Tagesausflügler machen Pec zum Tourismuszentrum des östlichen Riesengebirges. Trotz einiger dem Massentourismus geschuldeter Ausrutscher wie der 18-stöckige Klotz des Hotels Horizont oder das klobige Hotel Pecr Deep hat sich der Ort einen gewissen Charme bewahrt. Die Siedlung kringelt sich durch die zwei Täler der Úpa *(Ortsteil Velká Úpa)* und des Zeleného potok, aber auch die Berghänge sind gesprenkelt mit alten Riesengebirgshäusern aus wuchtigem Holz und modernen Hotels und Pensionen.

Die älteste Siedlung, eine Bergmannssiedlung, entstand in **Obří důl** *(Riesengrund)*. Man schürfte hier vor allem nach Kupfererzen und Arsenkies, mit Unterbrechungen bis 1959. Im 16. Jh. wurden die Täler auch von Holzarbeitern aus der Steiermark, Kärnten und Tirol besiedelt, die zuerst Wälder für die Bergwerke in Kutna Hora rodeten, um dann auf den kahlen Flächen ihre Bauden und Gehöfte zu bauen. Im 19. Jh. erkannten die Menschen schnell die Erholungssuchenden als neue Einnahmequelle. Was mit dem Angebot einfacher Übernachtungen im Heu begann, hat heute den Status von gediegenen Hotels.

Dank der günstigen Lage ist Pec für Wanderer und Wintersportler gleichermaßen interessant. Ein herrlicher Kranz von Berggipfeln umschließt den Ort: im Nordosten **Růžová hora** *(Rosenberg, 1.300 m)*, im Norden **Sněžka** *(Schneekoppe, 1.603 m)*, **Studniční hora** *(Brunnberg, 1.554 m)* und **Luční hora** *(Hochwiesenberg, 1.547 m)*, im Westen **Liščí hora** *(Fuchsberg)*, **Zadni planina** *(Plattenberg)* und der **Javor**.

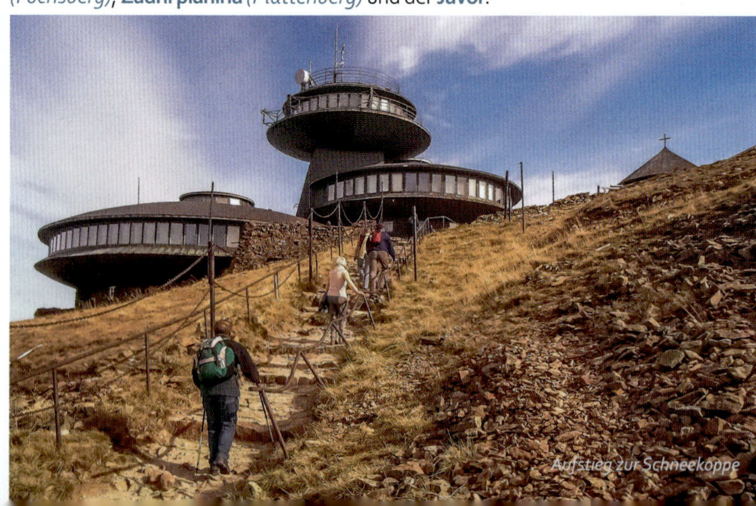
Aufstieg zur Schneekoppe

REISETEIL

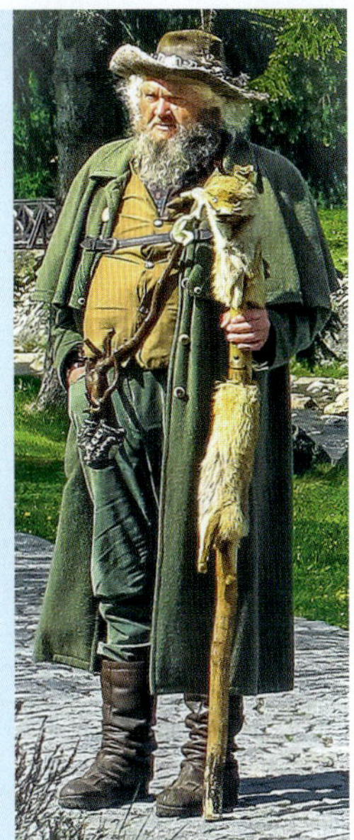

Vom Herrn der Berge zum Werbeträger - Rübezahl *(tsch. Krakonoš, poln. Liczyrzepa).* An vielen Tagen im Jahr wabern Nebel um die Felsen des Riesengebirges, Schnee verzaubert sie zu magischen Palästen und das ganze Jahr formt der Wind einzeln stehende Bäume zu gespenstischen Gebilden - eine solche Landschaft wird natürlich von der Fantasie der Menschen schnell mit übernatürlichen Wesen in Verbindung gebracht. Und so tauchte in den Geschichten, die die Bergarbeiter, Holzfäller und Bauern am Abend erzählen, im 15. Jh. ein Berggeist mit ungestümem Charakter auf, launisch, roh, humorvoll, reizbar, stolz, hilfsbereit, eitel, chaotisch, verschmitzt und freigiebig.

Über ihn geschrieben wurde das erste Mal im 16. Jh., als Edelsteinsucher in ihren Wegbeschreibungen vor "Riebenzahl" warnten. 1561 erschien er auf einer Landkarte Schlesiens als „Rübenczal". Den Namen hört er aber gar nicht gerne, denn es ist ein Spottname, wie der Schriftsteller Johann Karl August Musäus 1783 in Band 2 seiner Sammlung „Volksmährchen der Deutschen" sagenhaft erklärt.

Er ist ein echter Bergbaugeist - in vielen Bergbaugebieten Europas wird von ihm erzählt - und vermutlich ist er auch mit Bergleuten aus dem Harz oder aus Süddeutschland ins Riesengebirge eingewandert.

Rübezahl zeigt sich den Menschen in vielen verschiedenen Gestalten - mal ist er Bergmann, Handwerker oder Mönch, mal kommt er in Tiergestalt, mal ist er Zwerg und mal ein wilder Mann mit zottigen Haaren.

Sprechen Sie am besten von ihm als „Herr der Berge", denn selbstverständlich ist er auch der Gebieter über das Wetter. Wenn Sie ihn verärgern, sendet er aus heiterem Himmel Blitz und Donner, Nebel, Regen und Schnee.

Wenn er Sie mag, bekommen Sie vielleicht ein Geschenk von ihm. Auch wenn die Gaben kümmerlich erscheinen - ein Apfel oder eine Hand voll Laub, können durch seine Zauberkraft durchaus zu Gold werden!

Und heute? Schauen Sie sich um in den Touristenzentren des Riesengebirges - es gibt Rübezahl als Gasthausname und Hotel, Rübezahl-Edelsteinshop, Rübezahlschokolade, Rübezahlfeinkost, eine Rübezahlapotheke... der „Herr der Berge" ist zur Werbefigur geworden! Bekleidet/verkleidet mit Bergschuhen, Stutzen, grauem Rindenhut, Lodenmantel und einem mächtigen Knotenstock zieht er in Urlaubsorten wie Špindlerův Mlýn oder Karpacz seine Kreise und bevölkert Ansichtskarten, Trinkbecher und Shirts.

Wie Rübezahl zu seinem Namen kam: *Wie ihr alle wisst, ist „Rübezahl" nur ein Spottname für den Herrn der Berge, und zwar einer, bei dem er sehr böse wird, wenn er ihn hört. Wie er zu dem Namen kam? Nun, das war so:*

Eines Tages sah der Herr der Berge eine schöne Königstochter und verliebte sofort sehr heftig in sie. Er entführte sie in sein Reich unter den Bergen, und versuchte, ihr Herz mit Geschenken zu gewinnen - vergebens, denn die Schöne hatte Herz und Hand schon einem jungen Prinzen versprochen. Außerdem langweilte sie sich so ganz ohne ihren Hofstaat, und so kam der Herr der Berge auf die Idee, ihr ein Korb mit Rüben und einen Zauberstab zu schenken. Der Zauberstab verwandelte die Rüben in einen Hofstaat, aber Rüben sind halt Rüben und welken, und so auch der Hofstaat der Schönen. Da half es auch nichts, dass Rübezahl immer neue Rüben brachte. Die Schöne dachte nur an Flucht und griff so zu einer List. Unter dem Vorwand, die Hochzeit mit dem Herrn der Berge vorzubereiten, schickte sie ihn zum Rübenfeld, um dort die genaue Zahl der Rüben und somit der Hochzeitsgäste zu ermitteln. Rübezahl dachte sich am Ziel seiner Wünsche und zählte genau, sehr genau und sehr, sehr lange. Und die Schöne? Die verwandelte inzwischen eine Rübe in ein Pferd und floh zu ihrem Bräutigam! Die Geschichte sprach sich in Windeseile überall herum und seither hat der Herr der Berge den Spottnamen Rübezahl. Wer ihn aber bei diesem Namen nennt, muss mit dem heftigen Zorn des Berggeistes rechnen.

Die **Sněžka** *(Schneekoppe)* ist die Königin, mit 1.603 m die höchste Erhebung des Riesengebirges und der Sudeten. Aus der Ferne schaut sie aus wie eine kahle dreiseitige Pyramide, auf deren Gipfel ein Ufo gelandet ist. Über den Gipfel führt die tschechisch-polnische Staatsgrenze. Seit der Mitte des 15. Jh. wissen wir von Bergbesteigungen, die ersten Gipfelstürmer auf der Schneekoppe werden wohl die sogenannten „Venezianer"gewesen sein, norditalienische Bergleute auf der Suche nach Erz. Im Laufe der Zeit gab es dann einige Prominente, die hier die schöne Aussicht genossen haben: Johann Wolfgang von Goethe, der spätere US-Präsident John Quincy Adams, der romantische Maler Caspar David Friedrich und der Preußenkönig Friedrich Wilhelm III. mit Luise von Mecklenburg-Strelitz.

Eines der ersten Gebäude auf dem Gipfel war die barocke Laurentiuskapelle von 1668-81, 1810 zur Herberge umgewandelt und 1850 als Kapelle neu errichtet. 1868 entstand die

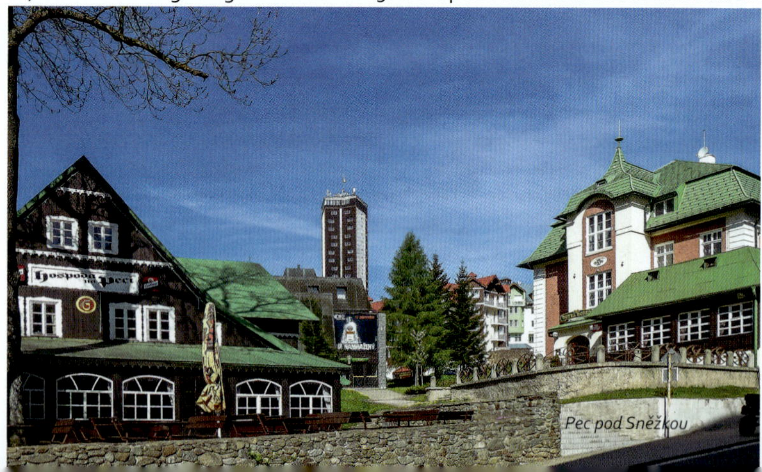

Pec pod Sněžkou

Baude Česká bouda; die moderne Baude Polská bouda (das futuristische Ufo von 1969-74) steht an der Stelle der ehemaligen Baude Slezská bouda. Auf tschechischer Seite können Sie Ihre Ansichtskarten im höchstgelegenen Postamt Tschechiens aufgeben.

Der Gipfel liegt oberhalb der Waldgrenze. Klima und Vegetation gelten als alpin, die Durchschnittstemperatur im Jahresmittel beträgt 0,2 °C, wie die Wetterstation auf polnischer Seite gemessen hat.

Von 1949-2014 beförderte ein Sessellift die Ausflügler auf die Schneekoppe, der aber gerade im oberen Teil sehr wetteranfällig war und daher oft den Betrieb einstellen musste. Als der Lift rettungslos überaltert war, beschloss man 2007 den Neubau der Bahn, der 2014 abgeschlossen war (zum Glück, denn der alte Sessellift erschien uns 2006 etwas abenteuerlich). Eine moderne Einseil-Umlaufbahn mit 4'er-Kabinen lässt in 16 Minuten pro Stunde 250 Menschen die 3.716 Meter in 2 Abschnitten den Berg hochschweben.

Das finden Sie unsportlich? Na gut, dann wählen Sie unter den zahlreichen reizvollen **Aufstiegsmöglichkeiten zur Schneekoppe**:

- über einen blau markierten Weg durch den **Riesengrund** *(Obří důl)*
- über den **Růžová hora** *(Rosenberg)*
- von **Velká Úpa** durch das Tal des **Žlebský potok** und über den **Růžová hora**
- von **Horní Malá Úpa** über die **Bouda Jelenka** *(Emmaquellenbaude)*
- mit dem Sessellift von **Karpacz** *(Krummhübel)* auf die **Kleine Koppe** *(Kopa, 1.377 m)* und dann vorbei am **Schlesierhaus** *(Dom Śląski)* über 225 Höhenmeter zum Gipfel
- von **Karpacz** durch den **Melzergrund** *(Kocioł Łomniczki)* zum **Schlesierhaus** und Gipfel
- von **Karpacz Górny** *(Brückenberg)* vorbei an der **Teichbaude** *(Schronisko Samotnia)* und **Hampelbaude** *(Schronisko Strzecha Akademicka)* zum Gipfel

Wenn Sie nicht zu den Gipfelstürmern zählen, können Sie einen gemütlichen Spaziergang (hin und zurück 8,5 km) durch das Tal der Úpa im **Obří důl** machen. Obří důl ist zusammen mit dem Elbgrund das einzige Gletschertal in Tschechien. Drei Gletschermoränen und die Gletscherkessel Úpská jáma, Velká u. Malá Studniční jáma zeugen davon. Die Landschaft ist abwechslungsreich - Kare, Wasserfälle, Lawinenhänge, Wiesenenklaven und Rübezahls Lustgärtchen *(Krakonošova zahrádka)* mit seltener Flora und Fauna erwarten Sie. Ihr Ziel ist das historische **Bergwerk Kovárna**. Von 1952-59 war hier der Höhepunkt der Arbeiten untertage - fast 7 km Bergwerke! 2004 wurde der älteste Teil der Grube, Kovárna, der Öffentlichkeit zugänglich gemacht. Auf einem 250 m langen Rundgang sehen Sie Bergwerkeinrichtungen und Stollen und können selber Bergmann spielen. Ziehen Sie sich warm an (es hat nur 6°) und tragen Sie feste Schuhe.

Das Skiresort **Černá Hora - Pec Pod Sněžkou** *(Janské Lázně, Pec pod Sněžkou, Velká Úpa, Černý Důl, Svoboda nad Úpou und teils in Malá Úpa)* ist eine Skiregion mit gemeinsamem Skipass (2019 kostete eine Tageskarte für einen Erwachsenen 880.- CZK, also etwa 34.-€). 6 Seilbahnen und 38 Schlepplifte erschließen 44 km Piste für die verschiedensten Ansprüche. Selbstverständlich gibt es auch die dazugehörige Infrastruktur mit Skisevice, Skiverleih, Skischulen, Gaststätten, Kutschfahrten, Radfahren, Kegeln, Sauna und Solarium. In Pec finden Sie ein Skigebiet mit einem Vierer-Sessellift, 9 Schleppliften, 9 km Abfahrtsstrecken, 3 Schlepplifte mit Abendbetrieb und ein Snowbordpark.

Poniklá *Poniklа* — *1.100 Einwohner* *490 hm*

Es lohnt sich, auf der Fahrt durch das wildromantische Jizera-Tal einen Abstecher in das Seitental nach **Poniklá** und **Jestřabí v Krkonoších** zu machen, denn zwischen lieblichen Hügeln und obstbaumgetupften Wiesen haben sich in beiden Orten viele, bunte alte Häuser und Gehöfte erhalten.

Parken Sie Ihr Auto bei der **Kirche sv. Jakuba**, einem frühbarocken Gotteshaus von 1682, Turm von 1804. Im Kircheninneren sind drei barocke Statuen zu sehen, ein berührender Anblick der Frömmigkeit der Menschen in früheren Zeiten. Wenn Sie 300 m die Straße bergein spazieren, kommen Sie zum **Muzeum krkonošských řemesel** *(Handwerksmuseum im Riesengebirge)*. In einer Blockholzscheune sind landwirtschaftlichen Maschinen, Geräte der Flachsverarbeitung, alte Kinderwagen, ein alter Gastraum und viele Geräte des ländlichen Alltags ausgestellt.

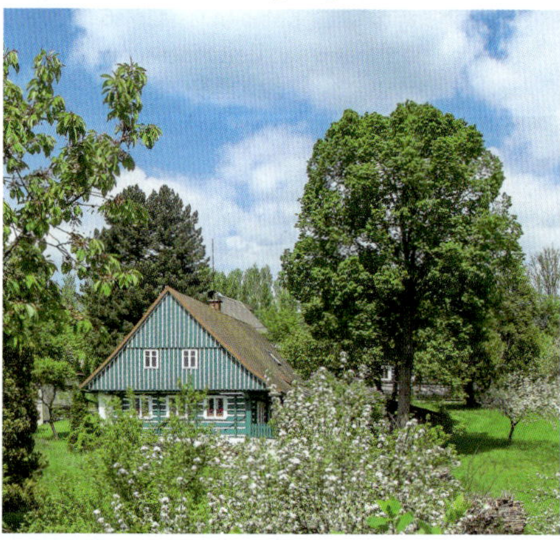

in Poniklá

Hinter der Schule finden Sie die **Firma Rautis** (ausgeschildert mit „Vánoční ozdoby"), die an die alte Tradition der Schmuckherstellung aus kleinen Flachperlen anschließt. Sie können bei der Produktion zuschauen, im Laden funkelnden Christbaumschmuck kaufen oder in der Kreativwerkstatt Ihren ganz persönlichen Weihnachtsschmuck gestalten.

Rokytnice nad Jizerou *Rochlitz a. d. Iser* — *2.640 Ew.* *520 hm* **Tour 12 & 22**

Der extrem lang gezogene Ort, bestehend aus Dolni & Horni Rokytnice im Tal des Huťský potok *(Hüttenbach)*, konzentriert sich auf sein Image als Wintersportort und kommt im Sommer dementsprechend ruhig daher.

Der Name des Baches verweist auf die Entstehung des Ortes als Bergarbeiter- und erzverarbeitende Siedlung, vor allem für Kupfer, Blei und Silber. Wallenstein förderte die lukrative Erzsuche - immerhin bekam man 1630 für 61 kg Erz 12 Kreuzer (ein Kreuzer entspricht etwa 60.-€).

Seit dem 16. Jh. war in Rokytnice auch das Glasmacherhandwerk zu Hause. Das 18. Jh. brachte ein Aufblühen der Weberei in Heimarbeit, die im 19. Jh durch die industrielle Herstellung in den Textilfabriken abgelöst wurde. Heute lassen nur noch einige verlassene Fabriken die guten Zeiten des industriellen Wohlstandes erahnen.

Das Ortszentrum liegt etwa in der Mitte zwischen Dolní und Horní Rokytnice und bekommt durch das auffällige **Rathaus** ein bisschen Pep. Das Gebäude im Jugendstil wurde 1902-1903 gebaut und in den 1970'er Jahren renoviert. Seit 2018 können Sie 88 Stufen zum Aussichtsbalkon des 37 m hohen Rathausturms hinaufsteigen, um die Region aus der Vogelperspektive zu betrachten.

In der Nähe steht die **Kirche St. Michael**, 1753-58 im Stil des Barock anstelle einer alten Holzkirche gebaut. Vor allem in Horní Rokytnice im **Ortsteil Rokytno** stehen noch einige prächtige Exemplare von Häusern im traditionellen Stil, z.B. die Häuser Nr. 12 und Nr. 129.

Rokytnice ist von Bergen umgeben: **Studená** *(Kaltenberg, 989 m)*, **Plešivec** *(Plechkamm, 1.210 m)*, **Lysá hora** *(Kahler Berg, 1.344 m)*, **Kotel** *(Kesselkoppe, 1.435 m)*, **Vlčí hřeben** *(Wolfskamm, 1.140 m)*, **Hejlov** *(Heilow, 835 m)* und **Stráž** *(Wachstein, 782 m)* und ist deshalb auch zur Wanderzeit ein guter Ausgangspunkt für Touren.

Der Wintersportler findet mehrere **Skigebiete**. Das größte Skigebiet Horní domky am Lysá hora wird von zwei Vierer-Sessel- und neun Teller-Schleppliften erschlossen und bietet die längste Sesselbahn und die längste Abfahrtspiste Tschechiens. Die anderen Skigebiete sind gut für Anfänger und Kinder geeignet. Tourengeher nützen die Skigebiete Horní domky und Studenov als Ausgangspunkt für Skitouren zum Kamm des Berges Čertova hora, zur bekannten Bergbaude Dvoračky und zur Ski-Magistrale im Gebiet von Harrachov.

Auf einem 11 km langen **Rundwanderweg „Rund um Rokytnice"** können Sie an 12 mehrsprachigen Stationen die Geschichte, Kultur und Natur des Ortes kennenlernen. Der Weg beginnt am Dolní náměstí *(Unterer Platz)* mit dem Rathaus und führt im weiten Bogen vorbei an Plätzen mit schöner Aussicht auf Iser- und Riesengebirge. Der Pfad ist mit einem grün-weißen Quadrat markiert.

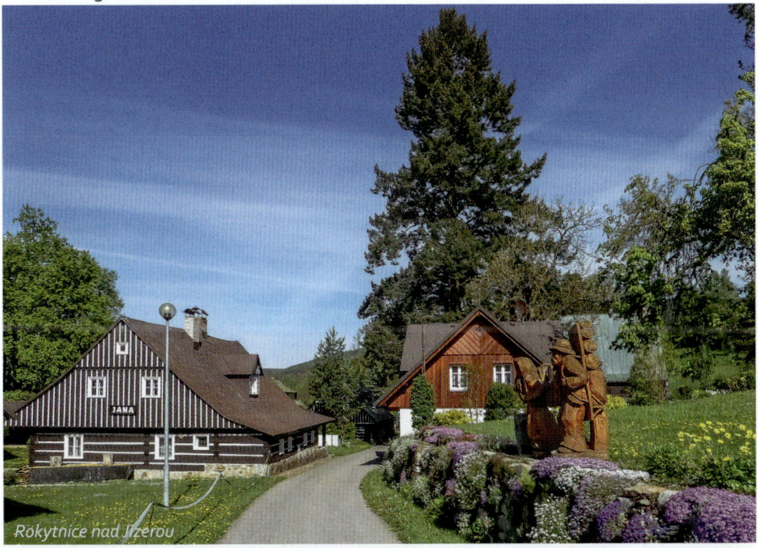

Rokytnice nad Jizerou

Špindlerův Mlýn *Spindlermühle* *1.400 Ew.* *718 hm* **Tour 13, 14, 19 & 20**

Špindlerův Mlýn ist zusammen mit Harrachov und Pec pod Sněžkou der dritte der großen böhmischen Riesengebirgsorte. Hier geht es richtig schick und mondän zu, das Tourismuskonzept scheint als Ziel den Beinamen „Davos des Riesengebirges" anzupeilen. Auf der Homepage des Ortes heißt es schon „Die Perle des Riesengebirges", „Val d'Isere in Mitteleuropa„ oder „Tschechisches Aspen"! Aber wenn man durch „Spindl" spaziert, sieht man relativ wenig Schicki-Micki-Leute, die Stimmung ist familiär, nur ein paar Boutiquen wenden sich mit ihrem Angebot an den gutbetuchten Gast.

9.000-12.000 Gästebetten verteilen sich auf die fünf Ortsteile Špindlerův Mlýn, Přední Labská *(Ochsengraben)*, Labská *(Krausebauden)*, Bedřichov *(Friedrichsthal)* und Svatý Petr *(Sankt Peter)*. Die hier noch ganz junge Elbe hat im Tal nicht viel Platz gelassen für so viele Beherbergungsbetriebe und so kriechen die Häuser seit einem Jahrhundert die Hänge hoch. Man kann hier und da einige schöne, gut erhaltene Villen und Hotelbauten aus den Anfangszeiten des Tourismus entdecken.

Heute liegt das Edelmetall in den Schmuckgeschäften, früher musste es mühsam aus dem Berg geholt werden, denn in Svaty Petr und Labska siedelten sich im 16. Jh. Erzarbeiter und Holzfäller aus den Alpen an. Die ersten Urlauber kamen in der zweiten Hälfte des 19. Jh. in die Sommerfrische, um durch Luftveränderung die Gesundheit wieder herzustellen. Der österreichische Riesengebirgsverein hatte damals die ersten Wanderwege erschlossen und Unterkünfte geschaffen. Einer, der hier von der Lungentuberkulose genesen wollte, war 1922 der Schriftsteller Franz Kafka.

In manchen Wintern sind für fast fünf Monate gute Bedingungen zum Skifahren und Skilaufen auf Skipisten aller Schwierigkeitsgrade mit einer Gesamtlänge von 25 km mit 15 Seilbahnen und Skiliften, die in der Stunde 20.600 Personen transportieren. Die Abfahrtspisten sind sowohl hinsichtlich der Länge, der Höhendifferenz, als auch der Präparierung die hochwertigsten Osteuropas.

Für Spaziergänger gibt es verschiedene Lehrpfade, z.B. die **Wanderwege des Mühlenmeisters** (1-3 km, gelbe Schautafeln) oder den **Lehrpfad Spindlermühle** mit Infotafeln und Rastplätzen. Der grün markierte Weg führt vom Zentrum zu den Krausebauden und dem Stausee Labská und zurück. Die blaue Markierung geht Richtung Sankt Peter durch das Tal des Sankt-Peter-Baches bis zu Anfang vom Langen Grund *(Dlouhý důl)* und zurück ins Zentrum.

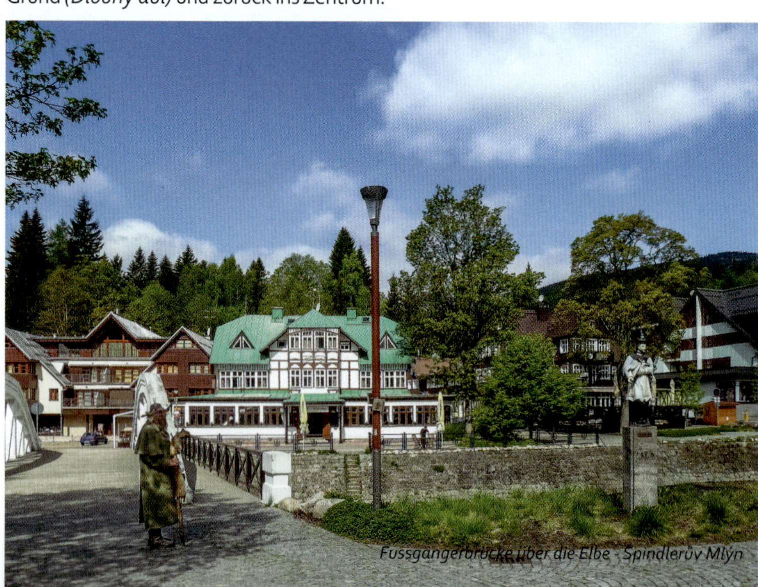

Fussgängerbrücke über die Elbe - Špindlerův Mlýn

Ein dicht- und weit verzweigtes Netz von gut gepflegten Wanderwegen lässt das Herz des Wanderers höherschlagen. Besonders beliebt ist natürlich die **Tour zur Sněžka** *(Schneekoppe)*, die Sie auf verschiedenen Wegen erreichen können:

- Špindlerův Mlýn - **Dlouhý důl** *(Langer Grund)* - Sněžka, 13 km
- Špindlerův Mlýn - **Kozí Hřbety** *(Ziegenrücken)* - Sněžka, 10,5 km
- Špindlerův Mlýn - **Důl Bílého Labe** *(Weißwassergrund)* - Sněžka, 13,5 km
- Špindlerův Mlýn - **Klínovy boudy** (Keilbauden) - Sněžka, 13,5 km
- Špindlerův Mlýn - mit **Bus nach Pec pod Sněžkou** - mit der Seilbahn auf Sněžka
- mit **Bus zur Špindlerova bouda** *(Spindlerbaude)*, auf dem Kammweg zur Sněžka, 9,5 km

Wenn Sie ein bisschen mehr Kick brauchen, können Sie zwischen Paragliding, Felsenklettern, Abseilen, einem Adventurepark, einer Fahrt am Seil entlang der Staumauer der Talsperre Labská oder Ausflügen mit „Quads" wählen.

Sehenswert ist die **Labská přehrada** *(Elbetalsperre)*: gebaut 1911-16 als Hochwasserschutz mit einem Damm mit einer Höhe von 41,5 m.

Noch eine Bemerkung zur **Špindlerova Bouda** *(Spindlerbaude)* am **Slezské sedlo** *(Spindlerpass, poln.Przełęcz Karkonoska)*: hier könnte das Wort "Massentourismus" erfunden worden sein! Die Baude ist seit einigen Jahren keine urige Hütte mehr, sondern ein Vier-Sterne-Hotel mit Wellnessbereich, Sporteinrichtungen, Restaurant, Bespaßungsprogramm, Bar und Kongresszentrum. Da sie auch mit dem Auto zu erreichen ist, ist entsprechend Betrieb: Bustouristen, Hochgebirgswanderer und Ausflügler wuseln durcheinander, das Ganze garniert mit Geschwindigkeitsfreaks, die mit Scootern die 10 km von der Baude bis ins Tal brettern.

Pramen Labe *(Elbe Quelle)*: Die Elbe entspringt in einer Höhe von 1.386 m nordwestlich von Špindlerův Mlýn zwischen den Bergen **Kotel** *(Kesselkoppe)*, **Szrenica** *(Reifträger)* und **Vysoké Kolo** *(Hohes Rad)*. Ein Becken sammelt symbolisch all die vielen kleinen Wässerchen, die hier auf der Bergwiese zusammen fließen. In der Nähe des Beckens steht eine Steinwand mit aus Mosaiksteinchen zusammengesetzten Stadtwappen der Städte, durch die die Elbe bei ihrer langen Wanderung bis an die Nordsee fließt. 1.091 Kilometer Länge - das macht die Elbe zum vierzehntlängsten Fluss in Europa! 364 km davon fließt sie durch Tschechien, der deutsche Anteil ist 727 Kilometer lang, bis sie bei Cuxhaven in die Nordsee mündet.

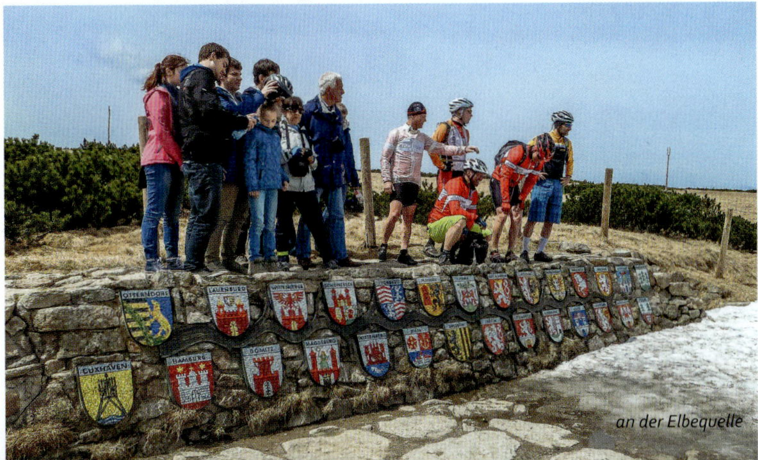

an der Elbequelle

Rübezahl und der Schäfer: *Mit einem guten alten Schäfer hatte Rübezahl Freundschaft geschlossen und der durfte seine Herde sogar bis an die Hecken von Rübezahls Gärten treiben. Der Herr der Berge ließ sich vom Hirten gerne aus dessen geruhsamen Leben erzählen. Aber eines Tages waren die Schafe zu wild oder der Schäfer passte nicht auf, und die Tiere brachen in Rübezahls Garten ein und fraßen dort alles ratzeputz ab. Oh, was wurde Rübezahl da wütend! Er breitete die Arme aus, schwenkte seinen Mantel, schrie und schleuderte seinen Stock, sodass die Herde in wilder Jagd den Berg hinunter stürmte. Viele Tiere verletzten sich oder stürzten sich zu Tode und der arme Schäfer hatte keine Herde mehr und musste verhungern.*

Szklarska Poręba *Schreiberhau (PL)* *6.650 Ew.* *440-886 hm* Tour 16 & 17

Szklarska Poręba, 20 km lang und 9 km breit, ist neben Karpacz das zweite polnische touristische Zentrum im Riesengebirge und dementsprechend auch ein touristisches Disneyland mit Andenkenläden, Schnellimbissen, Restaurants, Pensionen, Hotels und Vergnügungsattraktionen für Kinder. Der Namensbestandteil -hau im Ortsnamen verrät uns den Entstehungsgrund: hier wurden Wälder gerodet = abgehauen. Schreiberhau ist eine alte schlesische Glasmachersiedlung, denn es gab Quarz und Holz in Hülle und Fülle. Von 1366 bis Ende des 20. Jh. arbeiteten in Szklarska Poręba Glashütten. Heute wird die **Hüttentradition** in der Leśna Huta *(Waldhütte)* fortgesetzt, denn hier wird vor Augen der Zuschauer mit traditionellen Werkzeugen Glas geformt.

Ab 1745 gehörte Schlesien zu Preußen. Ende des 19. Jh. wurde auch Schreiberhau vom Tourismus entdeckt, unter anderem von den beiden Schriftstellerbrüdern **Carl und Gerhard Hauptmann**, die sich so in den Ort verliebten, dass sie sich in Mittelschreiberhau *(Szklarska Poręba Średnia)* ein Haus kauften und ausbauten. Der ältere Bruder Carl Hauptmann (1858-1921) wurde vor allem für sein „Rübezahlbuch" berühmt. Gerhard Hauptmann, der 1912 den Nobelpreis für Literatur erhielt, lebte hier von 1890-1902 und schrieb seine größten Werke: „Die Weber", „Der Biberpelz",

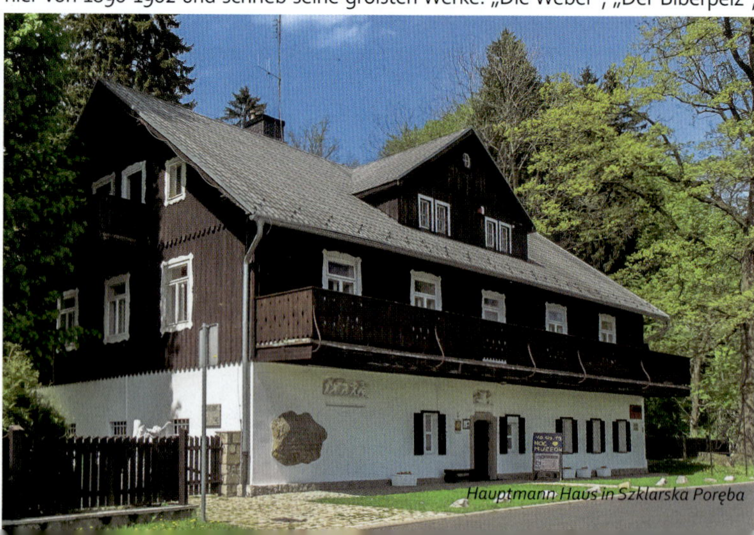
Hauptmann Haus in Szklarska Poręba

„Fuhrmann Henschel", „Hanneles Himmelfahrt" und „College Crampton". Mit der Zeit wurde das Haus zum besonderen Ort der gesellschaftlichen und künstlerischen Begegnungen und gab den Anfang für die Entstehung der Künstlerkolonie in Szklarska Poręba. Viele Wohnhäuser und Villen der Künstler putzen heute noch das Ortsbild auf.

Die Villa ist heute das **„Dom Carla i Gerharta Hauptmannów"** *(Carl und Gerhart Hauptmann Haus)* mit Dauerausstellungen und dem wunderbaren Garten, der schon von den Hauptmann-Brüdern mit interessanten Pflanzen gestaltet wurde. Auf 4,5 ha können Sie auf einer Runde durch den Park vorbei an fünf thematisch gestalteten Hütten spazieren, immer mit herrlichem Blick auf das Riesengebirge. Wer sich aber von einem Museumsbesuch neue Erkenntnisse über die Hauptmann-Familie erwartet, wird enttäuscht, denn das Hauptgewicht der Ausstellung liegt auf Gemälden des 20. Jh. und Glasarbeiten.

Die **Kośćiół Różańcowej** *(Friedhofskirche Maria Rosenkranz)* wurde 1488 erwähnt, im 17. Jh. neu aufgebaut (aus dieser Zeit stammen auch Kanzel und Hauptaltar) und 1888 umgestaltet.

In der **Kośćiół Niepokalanego Serca** *(Unbefleckktes Herz Mariä, 1755)* in Szklarska Poręba Dolna hängen Kristalllüster, die im 18. und 19. Jh. von ortsansässigen Kristallschleifern geschaffen wurden.

Auch Szklarska Poręba ist es gelungen, sich als Touristenort für das ganze Jahr zu etablieren. Die imposante Bergwelt verlockt sicher so manchen Couch-Potato dazu, die Bergschuhe anzuziehen.

Wandern Sie zum **Zackelfall** *(Wodospad Kamieńczyka)*. Das Wasser der Kamiena fällt in drei Kaskaden und hat mit seiner Kraft den Fels zu einem Kessel ausgehöhlt. Unterhalb des Wasserfalls hat die Wucht des Wassers die 100 m lange, enge Zackelklamm ausgewaschen. An der Kasse bekommen Sie einen Helm, damit Sie gut beschützt die Stufen zum Wasserfall hinunter steigen können. Vom Stadtteil Huta *(Josephinenhütte)* brauchen Sie auf dem rot markierten Wanderweg Richtung Neue Schlesische Baude *(Na Hali Szrenickie)* etwa 30 Minuten bis zum Wasserfall.

Im unteren Teil von Szklarska Poręba startend, können Sie entlang der Kamienna auf dem Grün markierten Wanderweg cirka 4 km zum 13 m hohe **Kochelfall** *(Wodospad Szklarki)* mit der Baude Kochanówka wandern, der ebenfalls in einer malerischen, von Felsen umgebenen Schlucht liegt. Der Weg führt am **Muzeum Energetyki** *(Museum für Stromerzeugung)* und am **Muzeum Ziemi** *(Museum der Erde)* vorbei. Da der Weg gut ausgebaut ist, ist der Spaziergang auch mit Kinderwagen möglich.

Wenn Sie höher hinaus wollen, bietet sich der Hausberg des Ortes, **Szrenica** *(Reifträger, 1.326 m)* an. Sie starten an der Talstation des Sesselliftes. Wer sich den Aufstieg sparen will, steigt in den Lift und fährt in 9 Minuten zum Gipfel. Zu Fuß folgen Sie zuerst dem schwarz markierten und dann dem rot markierten Weg zum Wodospad Kamieńczyka und an der Neuen Schlesischen Baude vorbei zum Szrenica, etwa 2-3 Stunden und 6 km. Je nach Kondition können Sie von hier aus zu den **Schneegruben** *(poln. Śnieżne Kotły)* laufen oder über die Grenze nach Tschechien zur Elbquelle. Die Schneegruben sind Gletscherkessel mit steilen, 200 m abfallenden Granitwänden, in deren Mitte sich zwei Schneeteiche befinden.

Der **Szrenica** ist auch das Wintersportzentrum, denn seit der Wintersaison 1993/94 erschließen zwei moderne Doppelsesselbahnen und fünf Schleppliftanlagen unter dem „Sudety Lift" die Skiarena Szrenica. Die Skiarena bietet 12 km Pisten mit unterschiedlichen

Schwierigkeitsgraden vom Profi (FIS-Abfahrt mit bis zu 50% Gefälle) bis zum Anfänger. Für schneearme Jahre stehen Beschneiungsanlagen im Skigebiet bereit. Die Tageskarte für einen Erwachsenen kostete 2019 102 PLN (24.-€)

Panoramablicke auf die imposante Bergwelt haben Sie von der **Zakręt Śmierci** *(Todeskurve)* an der Straße 358 von Szklarska Poręba nach Świeradów-Zdrój. Der Name entstand wegen der vielen Unfälle der um fast 180 Grad führenden Kurve.

Bei den zwei Granitfelsen **Krucze Skały** *(Rabenstein)* am rechten Ufer der Kamienna finden Sie das Zentrum für Extremsportarten „Quasar". Hier können Sie klettern, auf einer Seilrutsche rutschen oder auf einer Hängebrücke über eine Schlucht laufen.

Im Ortsteil **Jakuszyce** *(Jakobsthal)*, an der Grenze zu Tschechien gelegen, tummeln sich im Winter die Skilandläufer. Mit über 100 Pisten-Kilometern ist der kleine Ort mit nicht mal 100 Einwohnern Polens größtes Langlaufzentrum.

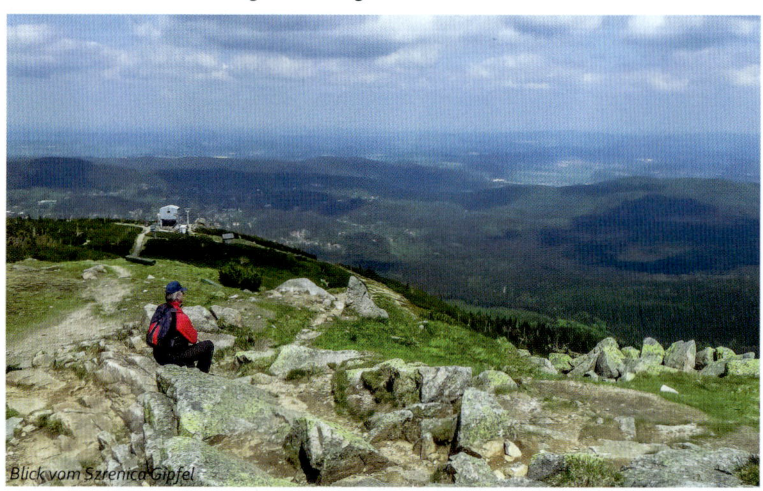

Blick vom Szrenica Gipfel

Trutnov *Trautenau* — *30.800 Einwohner* *414 hm* **Tour 21**

Stolz nennt die Stadt sich Tor zum Riesengebirge! Lassen Sie sich von den monotonen Plattenbauten am Rande der Stadt nicht davon abschrecken, durch das Tor in die Stadt zu gehen, denn das unter Denkmalschutz stehende historische Zentrum gefällt mit dem großen, rechteckigen, abschüssigen **Marktplatz Krakonošovo náměstí**, der von bunten, frisch rausgeputzten Häusern aus verschiedenen Jahrhunderten gesäumt ist. Viele Gebäude, auch in den angrenzenden Straßen, haben Laubengänge und verbreiten fast südländisches Flair. Den Platz lockern der Rübezahlbrunnen, eine Dreifaltigkeitssäule mit einer Statuengruppe von acht Heiligenfiguren und ein Denkmal Josef II. auf. Die regelmäßige, rechteckige Anlage des Platzes weist auf eine Entstehung der Stadt im 13. Jh. im Rahmen der Kolonisationstätigkeit hin.

Über Jahre hinweg war die Textilindustrie (Flachsverarbeitung) maßgebend, später die elektrotechnische und Lederindustrie. Heute finden wir am Stadtrand auch Elektro- und Elektronikindustrie (Siemens, Infineon).

Die Trautenauer Lindwurmsage: *Als die Stadt Trautenau gebaut wurde, suchten die Arbeiter in der Umgebung nach geeigneten Steinbrüchen. Zwei Maurer gelangten dabei an eine steile Schlucht, aus der ein haarsträubendes Geschrei zu hören war. Mutig schauten sie nach der Ursache und entdeckten zwischen Felsen einen Lindwurm, der sich mächtig aufbäumte. Schnell liefen sie zur Baustelle zurück und erstatteten Bericht, doch zuerst wollte ihnen niemand glauben. Erst als Herr Albrecht von Trautenau den Drachen selber gesehen hatte, machte man Pläne, das Untier zu fangen. Sie legten Ketten und Schlingen aus und als Köder ein totes Lamm. Der gierige Lindwurm wälzte sich auf das Lamm zu und verhedderte sich dabei rettungslos in den Schnüren und Ketten. Nun konnte er nicht mehr fort, wurde mit Steinen bedeckt und mit Rauch und Feuer erstickt. Und zur Erinnerung an diese Heldentat hängt heute ein eiserner Lindwurm am Rathausturm!*

Das Rathaus stand bis zum Brand 1583 mitten auf dem Marktplatz, dann wurde es 1591 nach Plänen von Carlo Valmadi im Renaissancestil am Rand neu gebaut. 1861 brannte es erneut und wurde nun im Baustil der englischen Neugotik nach den Plänen von Franz Schmoranz vor allem auf der Stirnseite verändert und durch den markanten Turm ergänzt. Im Laufe des 19. und 20. Jh. waren hier Räume der Stadtverwaltung, der Sitzungssaal, das Gefängnis und die Polizei untergebracht.

Gegenüber des Rathauses steht ein weiteres Gebäude der Neorenaissance, das **Haase-Palais**, 1861 nach den Plänen des Trautenauer Baumeisters Novotný für die Flachsgarnbarone Haase gebaut. Im ersten Stock sind noch üppige Stuckverzierungen, Malereien und Holzdecken zu sehen. Nach dem Zweiten Weltkrieg war hier ein Verwaltungsgebäude, dann war die Bibliothek untergebracht und heute ist es die Volkshochschule.

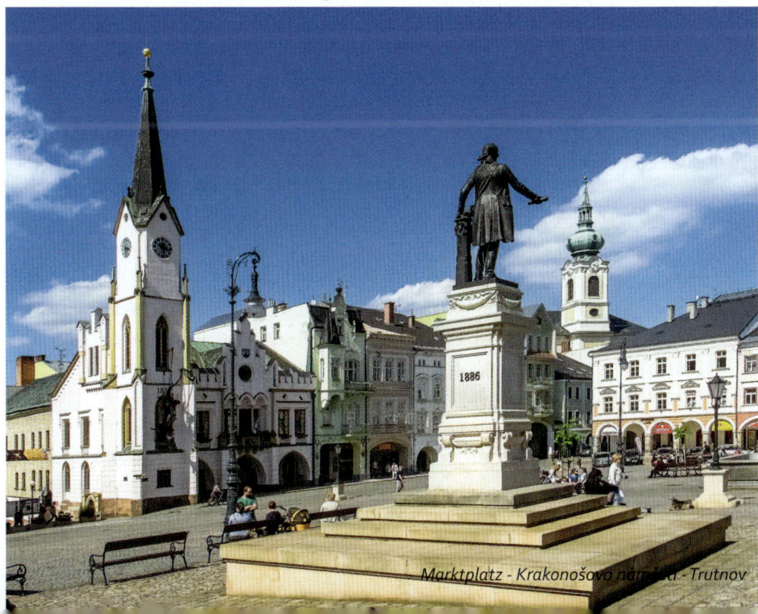

Marktplatz - Krakonošovo náměstí - Trutnov

Nordöstlich des Rathauses guckt der spätbarocke Turm der **Kostel Narození Panny Marie** *(Jungfrau Maria)* über die Dächer. Das Kirchenschiff ist ein klassizistischer Neubau von 1756-82. Im Inneren können Sie vor zehn Altären beten, der Hauptaltar ist ein Werk der Trautenauer Bildhauer Rauch und Knitschel.

Früher stand neben der Kirche die Trutnover Burg, die aber nach schweren Beschädigungen im Dreißigjährigen Krieg immer mehr verfiel. 1853 wurde auf dem Gelände ein Schulgebäude im Stil des Klassizismus gebaut, in dem seit 1929 das **Muzeum Podkrkonoší** *(Museum des Riesengebirgsvorlandes)* seine Ausstellungen zeigt, und zwar zu den Themen Archäologie, Alltagsleben im Riesengebirgsvorland und zur Schlacht bei Trutnov 1866 mit Erklärungen in Tschechisch und Polnisch. Mit der Renovierung, die 2015 den Museumsbesuch doch ziemlich beeinträchtigt hat, ist man mittlerweile fast fertig, nur an der hinteren Fassade wurde 2017 noch gewerkelt.

Eher modern geht es am náměstí Republiky zu, an dem besonders das 2011 fertiggestellte UFFO-Theater mit seiner 14 Meter hohen Glasfassade auffällt.

Nicht weit vom Zentrum braut die **Pivovar Krakonoš** *(Bierbrauerei Rübezahl)* fünf Sorten leckeres, herbes helles und dunkles Lagerbier in klassischer Technik mit Wasser aus eigenem Brunnen. Süffiges Bier für zuhause gibt es in der Verkaufsstelle neben der Brauerei.

Im August können Sie beim **Trutnover Open Air Festival** vier Tage lang auf mehreren Bühnen Rock, Pop und Indie-Musik hören - sozusagen ein ostböhmisches Woodstock!

Ein einschneidendes Datum in der Geschichte Trutnovs war die Schlacht bei Trautenau am 27. Juni 1866. Dieses Thema greift der **Lehrpfad Naučná stezka Den bitvy u Trutnova** *(Auf den Spuren des Krieges 1866 - Tag der Schlacht bei Trautenau am 27. Juni 1866)* auf, dessen einführende Infotafel am Krakonošovo náměstí steht. Ein Ziel des Rundwegs ist das Denkmal für General Gablenz auf der Anhöhe Šibení, der damals den einzigen österreichischen Sieg am nördlichen Schlachtfeld errungen hatte. Weiter geht es zur kaple sv. Jana Křtitele *(Kapelle des Heiligen Johannes des Täufers)*, die während der Schlacht heftig umkämpft wurde. Angeblich sind im Inneren der Kapelle an der Decke und am Altar noch Spuren sichtbar. Der Weg hinunter in die Stadt tangiert auf seiner linken Seite den Stadtpark. Im Wald auf der rechten Seite sind Massengräber der cirka 6.000 Gefallenen der Schlacht.

Der Lehrpfad ist Teil der Fernroute, die vom polnischen Grenzgebiet über Trutnov nach Dvůr Králové nad Labem *(Königinhof)* und weiter zum Schlachtfeld bei Königgrätz/Sadowa führt.

Ein Krieg mit vielen Namen - der Deutsche Krieg 1866 oder Preußisch-Österreichischer Krieg oder Einigungskrieg oder Siebenwöchiger Krieg oder Deutsch-Deutscher Krieg oder Deutscher Bundeskrieg oder Deutscher Bruderkrieg oder Deutsch-Österreichischer Krieg. Seit Mitte des 19. Jh. gab es Bestrebungen, aus den zahlreichen einzelnen deutschen Territorien einen einheitlichen Nationalstaat unter Führung des Königreichs Preußen als Gegengewicht zur Übermacht des Kaiserreichs von Österreich-Ungarn zu bilden. Der Wettstreit der Großmächte Österreich und Preußen um die Führungsrolle eskalierte 1866, als es Differenzen um die Verwaltungshoheit der Staaten von Schleswig und Holstein gab. Preußen erklärte im Juni 1866 Österreich den Krieg und trat aus dem Deutschen Bund aus.

Auf Seite Österreichs kämpften die Königreiche Sachsen, Bayern, Hannover und Württemberg, die Großherzogtümer Hessen und Baden, das Herzogtum Sachsen-Meiningen, das Kurfürstentum Hessen, das Herzogtum Nassau und die Freie Stadt Frankfurt. Auf der anderen Seite stand Preußen mit Unterstützung Oldenburgs, beiden Mecklenburgs, Braunschweig, den mittel- und norddeutschen Kleinstaaten, den Städten Hamburg, Bremen, Lübeck und vom 1861 neu gegründeten Königreich Italien.

Schauplätze des Krieges waren Mitteldeutschland, Italien und die Adria und - darum befassen wir uns hier damit - das habsburgische Königreich Böhmen, und da vor allem der Norden und Osten.

Die preußischen Verbände hatten die besseren Waffen und sie waren vor allem eines - sie waren schnell! Fünf Eisenbahnlinien brachten die Truppen nach Böhmen. Hier kam es zu verschiedenen Schlachten: am 26. Juni bei Hühnerwasser *(Kuřívody)*, Sichrow, Turnau *(Turnov)* und Podol, am 27. bei Nachod und Trautenau *(Trutnov)* und am 28. Juni wurden die Österreicher in der Schlacht bei Skalitz (Bitva u Skalice) und Soor sowie der Schlacht bei Münchengrätz *(Mnichovo Hradiště)* besiegt. Am 29. Juni wurden die Schlachten bei Gitschin (Jičín) und Königinhof *(Dvůr Králové)* und Schweinschädel *(Svinišťany)* geschlagen. Am 3. Juli kam es zur **Entscheidungsschlacht**: bei **Königgrätz** *(Hradec Králové)* kämpften auf jeder Seite etwa 200.000 Soldaten. Es wurde ein triumphaler Sieg für Preußen und seine Verbündeten. Die Verluste? Auf preußischer Seite rund 2.000 Gefallene sowie 7.000 Gefangene und Verletzte, Österreich verlor rund 43.000 Soldaten, darunter fast 6.000 Gefallene. Die sächsischen Verluste betrugen rund 1.500 Soldaten.

Otto von Bismarck überzeugte den preußischen König von einem schnellen Frieden, um einer französischen oder russischen Intervention zuvorzukommen. Der „Vorfrieden von Nikolsburg" wurde am 26. Juli geschlossen und später mit zwei weiteren Friedensverträgen bestätigt. Österreich trat Venetien an Italien ab, Preußen annektierte alle gegnerischen Staaten nördlich des Mains außer Sachsen und Hessen-Darmstadt. Der Deutsche Bund löste sich auf, der durch Preußen beherrschte Norddeutsche Bund wurde gegründet. 1871 wurde das Deutsche Reich unter Kaiser Wilhelm I. gegründet - der deutsche Nationalstaat war geschaffen!

Königgrätz steht militärhistorisch für einen Meilenstein der Schlachtengeschichte: es begann das Zeitalter der Massenheere, die mit der Eisenbahn schnell transportiert wurden, mit automatisierten Feuerwaffen ausgerüstet waren und mit moderner Kommunikationstechnik wie Telegrafie und Fernschreiber untereinander die Verbindung hielten. Im Ort Königgrätz fiel übrigens kein einziger Schuss - das tatsächliche Schlachtfeld liegt nordöstlich bei Lípa und Chlum.

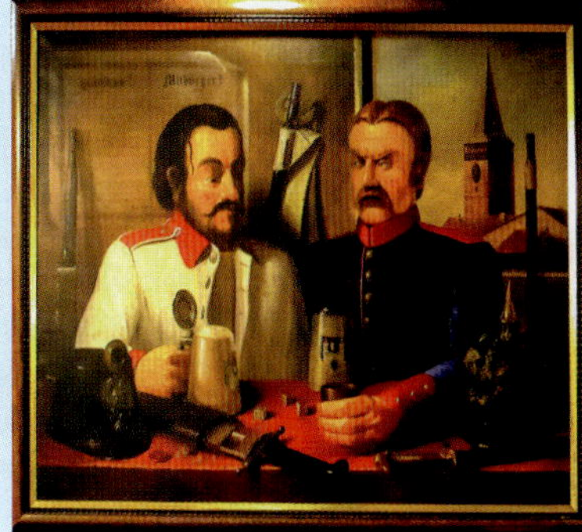

Soldaten (li: Österreich, re: Preußen)

Vrchlabí *Hohenelbe* ***12.500 Einwohner*** *477 hm* **Tour 19**

In Vrchlabí klopfen wir wieder an ein Riesengebirgstor. Die Stadt ist seit Jahrhunderten wirtschaftliches und administratives Zentrum des östlichen Riesengebirges und uns erscheint sie als eine gelungene Synthese von alt und neu.

Seit dem 14. Jh. gibt es hier eine Siedlung, die 1533 zur Stadt erhoben wurde. Mit dem Zuzug deutscher Kolonisten im 16. und 17. Jh. begann dann die typische Karriere einer Ortschaft in den Vorlanden, die mit Silber, Gold und Eisenerzen, dem Glashüttenwesen und der Holzgewinnung zu Wohlstand kam. Nachdem Ende des 18. Jh. die Erzvorkommen erschöpft waren, entwickelte sich die Textilindustrie mit angeschlossenen Druckereien und Stofffärbereien zum Haupterwerbszweig.

Heute setzt Vrchlabí nicht nur auf den Tourismus als Erwerbsquelle, sondern es ist Standort eines Betriebes der Škoda-Werke, von Maschinenbaufirmen, der elektrotechnischen Industrie und der Textilindustrie. Die Lebensader der Stadt ist die lange Straße Krkonošská, an der fast alle wichtigen Einrichtungen und Läden liegen, was sie zu Geschäftszeiten verkehrstechnisch etwas schwierig macht.

An zwei Stellen beult sich die Krkonošská zu Plätzen - den Náměstí Míru und den Náměstí T. G. Masaryka, die mit Rathaus, Tourismusinformation, Einkaufszentrum und Museum das Ortszentrum ausmachen. Seiner Rolle als Tor zum Riesengebirge wird Vrchlabí mit einem breiten Angebot an Unterkünften, Gaststätten und Kultur- und Sportstätten gerecht.

Ein Hingucker ist das **Schloss** mit den kuppelgekrönten Ecktürmen, mit dessen Bau Krystof Gendorf von Gendorf 1546 begann. Der Renaissancebau wirkt wie ein kleines italienisches Kastell und war bis zum 19. Jh. von einem Wassergraben mit drei Brücken umgeben. Heute ist das Schloss Sitz des Magistrats, und Sie können zu den Amtsstunden in die Eingangshalle spazieren, um die Intarsientüren und die Gemälde der letzten Riesengebirgsbären zu betrachten. Das Schloss ist von einem hübsch gestalteten, frei zugänglichen Park mit zwei Teichen und einigen exotischen Bäumen umgeben.

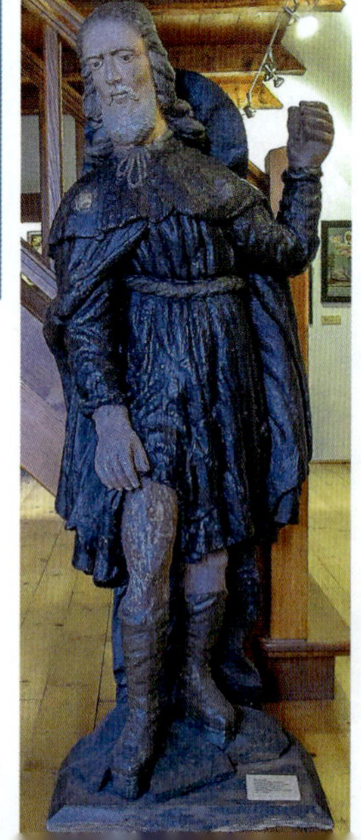

Heiligenfigur im Museum - Vrchlabí

Vrchlabí hat gleich zwei Rathäuser - das **alte Rathaus** von 1591 auf dem Miru-Platz und das **neue Rathaus** von 1732-37 auf dem T.G. Masaryk Platz; ursprünglich barock, heute im Neurenaissancestil umgebaut.

Die **Kostel sv. Vavřince** *(Kirche zum Heiligen Laurentius)* auf dem neu gestalteten Kirchplatz ist rein neugotisch, hat aber den Grundriss einer gotischen Kathedrale als Vorbild.

Eine originelle Lösung für die Nutzung alter, kleiner Häuser zeigt das **Krkonošské muzeum ve Vrchlabí - Čtyři historické domky** *(Riesengebirgsmuseum)*, denn es präsentiert seine Exponate in vier rekonstruierten, historischen Bürgerhäusern aus dem 17. und 18. Jh. mit Laubenvorbau. Konventionell aufgemacht mit Vitrinen, bietet es doch Aufschlussreiches zu den Themen Volkskunst und Kunstgewerbe, Entwicklung des Fremdenverkehrs, des Handwerks und der Industrie.

Das **Augustinerkloster** wurde 1705-25 auf Initiative der Familie Morzin gebaut. Die Augustinermönche unterrichteten Religion in den Gebirgsorten und hielten dort Messen ab. In der Klosteranlage gab es einen Klostergarten, Apotheke und Bibliothek.

Die Kirche St. Augustinus ist innen und außen im Barockstil ausgeführt, ein einheitliches Gesamtkunstwerk, so wie es der Barockzeit entspricht. Außergewöhnlich sind die zwei Orgeln, die Rieger-Orgel auf der Empore und die Orgel von Amadeus Hanisch im Priesterraum.

Der neugestaltete Klostergarten lädt zum Spazieren ein. Es gibt einen Pavillon, einen Weidenrutentunnel und einen Trittpfad mit unterschiedlichen Oberflächen. Eine geologische Ausstellung unter freiem Himmel erklärt mit sieben Informationstafeln die geologische Beschaffenheit des Riesengebirges. Hinter dem Kloster stellen Beete die Riesengebirgsflora vor.

Im Schlosspark zieht das Gebäude des **Krkonošské centrum environmentálního vzdělávání (KCEV)** die Blicke auf sich. Das Medienzentrum mit Bibliothek, Hörsälen und einem Labor wurde von 2009-13 gebaut. Da es zum großen Teil unter der Erde liegt, hat es den Spitznamen „Maulwurf" bekommen. Unter der Woche wird es von Schulen genutzt, am Wochenende ist es für alle Besucher geöffnet.

Vysoké nad Jizerou *Hochstadt an der Iser* ***1.300 Einwohner*** *692 hm*

Das hätte man hier nicht erwartet - das Städtchen auf einer Anhöhe zwischen Jizera und Kamenice hat die längste Laientheatertradition in ganz Tschechien! Das hiesige Laienensemble der Vereins „Krakonoš" spielt schon seit 1786. Seit 1925 gibt es auch ein eigenes Theatergebäude, das 2006-08 innen und außen modernisiert wurde und direkt hinter der Kirche Kostel sv. Kateřiny Alexandrijské liegt. Die rührige Theatertruppe veranstaltet seit 1971 jährlich den „Rübezahl-Theaterherbst" - ein Treffen tschechischer ländlicher Laientheaterensembles.

Das **Vlastivědné muzeum** *(Heimatmuseum)* zeigt eine reiche Sammlung von Skiern, Schneeschuhen und eine Ausstellung über die Geschichte des Dorfes und der Region.

Auf der Straße 290 aus Norden kommend, ist uns am Ortsanfang gegenüber der zwei Skilifte eine interessante kleine Siedlung aufgefallen: hier werden Einfamilienhäuser im alten Riesengebirgsstil mit moderner Technik und Komfort gebaut - gute Idee, finden wir!

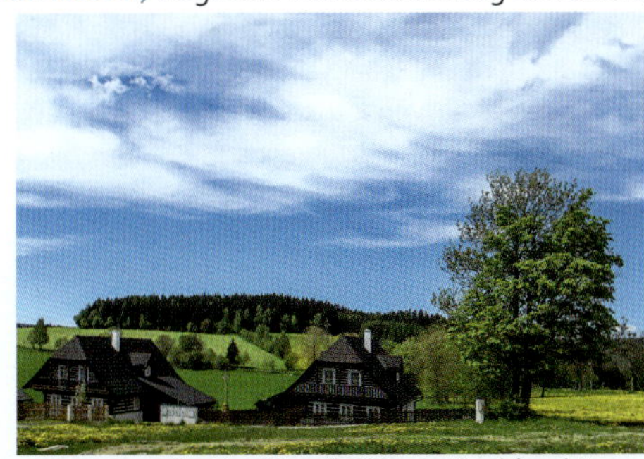

modern-traditionelle Häuser - Vysoké nad Jizerou

Žacléř *Schatzlar* ***3.100 Einwohner*** *612 hm*

Aus westlicher Richtung gesehen, ist hier das Riesengebirge zu Ende - in Žacléř sieht man das aus einer anderen Perspektive und nennt sich das östlichste Tor des Riesengebirges! Die Stadt unter dem Kamm Žacléřský hřbet wuchs im Schutz einer Burg, die die über den Schatzlarer Sattel und den Královecké sedlo *(poln. Przełęcz Lubawska, Liebauer Pass)* verlaufende Handelsstraße von Böhmen nach Schlesien schützte.

Letní zelí s jablky *(Sommerkraut mit Äpfeln)*, Rezept aus Vrchlabí. 1 mittelgroßer Kohlkopf, Salz, Kümmel, 10 kleine Äpfel, 3 EL Öl, Zucker, Essig, Petersilie oder Dill. Hacken Sie das Kraut klein und dünsten es mit Salz und Kümmel in wenig Wasser 10 Minuten. Inzwischen waschen Sie die Äpfel, entkernen und achteln sie und legen sie auf das Kraut. Sind Kraut und Äpfel ganz weich, Öl hinzufügen, mit Zucker und Essig würzen und vorsichtig umrühren, damit die Äpfel ganz bleiben. Mit klein gehackter Petersilie oder Dill bestreuen, mit gekochten Kartoffeln servieren.

Bis zur Mitte des 19. Jh. war Žacléř ein Ackerbürgerstädtchen wie viele andere. Die industrielle Revolution brachte dann den Anschluss an die Eisenbahn, die Gründung einer Papierfabrik und einer Porzellanfabrik und vor allem den Ausbau der Steinkohleförderung in tiefen Minen.

Heute möchte das Städtchen am Tourismuskuchen mitnaschen, aber wenn man sich so umschaut, klappt das noch nicht ganz. Zuviel verlotterte Bausubstanz im Zentrum und vor allem die marode, nördlich gelegene Bergarbeitersiedlung wirken nicht gerade anziehend.

Der jüngeren Geschichte des Ortes begegnen Sie, wenn Sie auf der Straße 16 von Süden nach Žacléř kommen. Dort passieren Sie **Fort Stachelberg**, 1935-38 als größte Befestigung der tschechischen Armee geplant. Ein Gang- und Saalsystem mit einer Gesamtlänge von 3,5 km verbindet die einzelnen Objekte, aber die Festung wurde nie fertig gebaut. Heute ist in der einzigen fertiggestellten Infanteriebastei (T-S73) ein Museum untergebracht. Auch wenn Ihnen der militärische Kram vielleicht zuwider ist - vom Festungsgelände haben Sie eine prächtige Aussicht!

Burg Schatzlar hatte viele verschiedene Besitzer, bis sie 1523 in den beginnenden Glaubenskriegen zur Strafe niedergebrannt wurde. Der königliche Oberberghauptmann Christoph von Gendorf, dem seit 1533 auch die Herrschaft Hohenelbe gehörte, baute an Stelle der Burg ein Renaissance-Schloss, das im Dreißigjährigen Krieg zerstört wurde, Anfang des 18. Jh. von Jesuiten wieder aufgebaut wurde, um während des Bayerischen Erbfolgekriegs 1779 abzubrennen. Im 19. Jh. wurde es wieder instandgesetzt. Gegenwärtig ist das Schloss nicht zugänglich, da es in Privatbesitz ist.

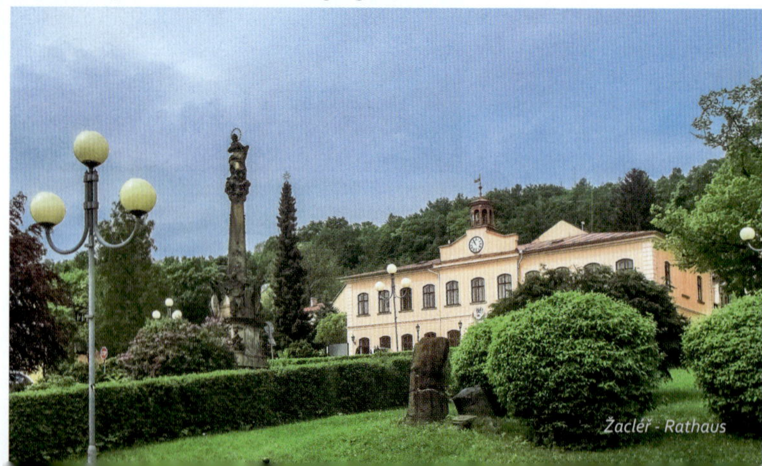

Žacléř - Rathaus

Eine ungewöhnliche Form hat der Hauptplatz mit der Mariensäule von 1725, er ist dreieckig. Früher war der Platz von Holzhäusern mit Laubengängen umgeben; zwei davon sind noch erhalten.

Die **Pfarrkirche Nejsvětější Trojic** *(Allerheiligste Dreifaltigkeit)* wurde 1677 durch Jesuiten, die im 17. Jh. hier das Sagen hatten, im Stil des Barock an der Stelle einer alten Holzkirche errichtet. Die Innenausstattung stammt überwiegend von Bildhauer Georg Pacák, der auch die Mariensäule entworfen hat.

Das Denkmal für den von den Tschechen als „Lehrer der Nation" verehrten Philosophen und **Theologen J. A. Komenský** *(Comenuis)* mit der Inschrift: „Zde se loučil s vlasti r. 1628. J. A. Komenský" *(Hier verabschiedete sich im Jahre 1628 J. A. Comenius von seinem Vaterland)* steht hier seit 1908.

Im Haus des ehemaligen Kreisgerichtes ist heute das **Stadtmuseum**, das in vier Bereichen die Geschichte von Žacléř, seine Persönlichkeiten und den Bergbau vorstellt. Die Beschriftung ist in Tschechisch, Deutsch und Polnisch.

Wenn Sie auf der Straße 300 Richtung Norden fahren, kommen Sie durch Žacléř-Kolonie, die ehemalige Bergarbeitersiedlung. Ende des 19. Jh. boomte der Bergbau, Bergleute aus dem ganzen Land wurden angeworben, die Wohnraum brauchten. Es wurde die „rote" Siedlung (wegen des rotweißen Mauerwerks) mit 12 Wohnblocks zu 20 Wohneinheiten gebaut. Auch für die einheimischen Arbeiter bedeuteten diese Wohnungen Komfort und viel kürzere Arbeitswege, denn viele liefen von ihren Einschichtbauernhöfen täglich über eine Stunde zur Arbeit. Zurzeit werden die Häuser zum Teil saniert und revitalisiert, aber nicht alle sind schon proper und adrett.

Ein Stück weiter die Straße nach Lampertice *(Lampersdorf)* und dann nach rechts den braunen Schildern folgend, stehen Sie bald vor der dem technischen Denkmal **„Důl Jan Šverma"**, einer Schwarzkohle-Tiefbaugrube mit vier Schächten, die bis 1992 in Betrieb war. Nach Beendung des Untertageabbaus wird seit 1998 Übertage Kohle gefördert, was aber nur 330.000 Tonnen Kohle im Vergleich zu früher mehr als 26 Millionen Tonnen Kohle bringt.

Das **Hornický Skanzen Žacléř** *(Bergmuseum Žacléř)* befindet sich in Maschinenhäusern und Schachtgebäuden mit Fördertürmen der Gruben Jan und Julie. Bekleidet mit Kittel und Helm können Sie an einer 90 Minuten dauernden Führung teilnehmen.

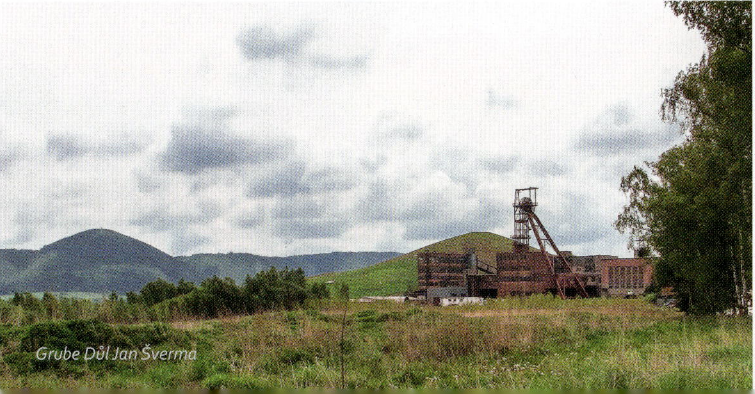
Grube Důl Jan Šverma

Bruch der Idylle - die Festungs- und Bunkeranlagen im Norden Tschechiens. Aus der Perspektive eines Urlaubers sind die Hügel und Wälder im Norden Tschechiens eine idyllische, ursprüngliche Erholungslandschaft. Militärs und Soldaten sahen und sehen in den Bergkämmen ideale Orte für Verteidigungsanlagen. Das Gebiet war schon immer Grenzgebiet, vor allem aber seit 1742, als Schlesien nach dem Ende des 1. Schlesischen Krieges an Preußen kam, denn jetzt trafen hier die Gebiete der beiden europäischen Großmächte Preußen und Habsburg aufeinander. Lagen die Befestigungsanlagen im 18. und 19. Jh. noch weiter im Landesinneren (Festung Josefov bei Jaroměř, Terezín *(Theresienstadt)*, Hradec Králové *(Königgrätz)*, Olomouc *(Olmütz)*, Pardubice *(Pardubitz)*), wurden sie in den 1930'er Jahren verstärkt auf den Hauptkämmen der Grenzgebirge errichtet. Ausgelöst durch die Machtübernahme der Nationalsozialisten in Deutschland und dem Beginn der Aufrüstung der Wehrmacht begann, unterstützt von französischen Experten, ein gigantisches Festungsbauprogramm zum Schutz der Tschechoslowakei. Zwischen 1935 und 1938 entstanden ca. 12.000 leichte Bunker, 221 schwere Kasematten und die 5 Artilleriewerke *(Dělostřelecká tvrz)* Stachelberg in Babí, Hanička bei Rokytnice v Orlických horách, Bouda bei Těchonín und Hůrka bei Králíky, der sogenannte československé opevnění *(Tschechoslowakische Wall)*. Alle Anstrengungen wurden 1938 mit dem Münchner Abkommen hinfällig - die deutsche Wehrmacht besetzte das Land und kam kampflos in den Besitz der Anlagen, die teilweise noch nicht mal fertig gebaut waren. 1945 wurden die Befestigungen bei Ostrava und Opava zur Abwehr der Roten Armee eingesetzt.

In verschiedenen anderen Orten zeigen Bunkermuseen verschiedene Aspekte des Festungsbaus auf, z.B. Fort Stachelberg, das Vojenské muzeum in Lichkov, Králíky oder Staré Město.

Die Gesellschaft Revitalizace KUKS, die als ihre Hauptaufgabe die Instandhaltung der Barockanlage Kuks sieht, hat 2011 in Zusammenarbeit mit Kartografie Praha eine Karte „Waffen, Bunker und Festungen im Grenzgebiet" herausgegeben, auf der die Standpunkte der Militäranlagen zusammen mit kurzen Erklärungen in Deutsch und Englisch präzisiert werden.

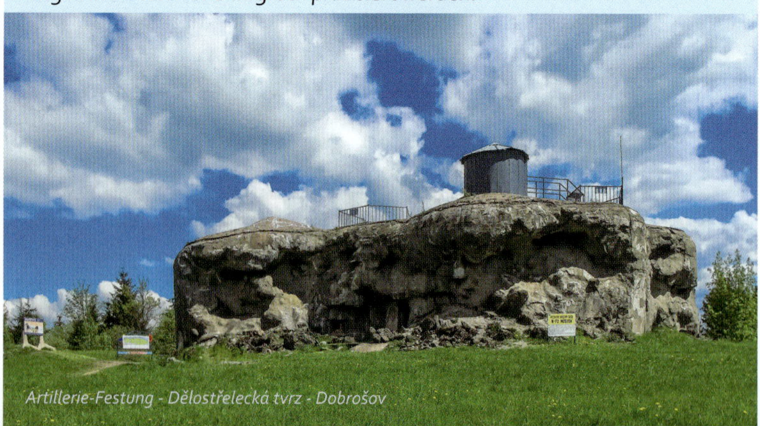
Artillerie-Festung - Dělostřelecká tvrz - Dobrošov

Stramme Wanderer haben die Möglichkeit, entlang des **Lehrpfades Po stopách J. A. Komenského** *(Auf den Spuren von Johann Amos Comenius)* sowohl die Bergstadt als auch den Pädagogen Comenius kennen zu lernen, der wegen seines protestantischen Glaubens Böhmen im Zuge der Gegenreformation verlassen musste. Der 16 km lange Lehrpfad beginnt am Rýchorské náměstí und bringt Sie über Prkenný Důl, Verniřovice, Bobr und Černá Voda auf die Růžový palouček und wieder ins Zentrum von Žacléř zurück.

Schneekoppenträger - historisches Foto in der Luční bouda

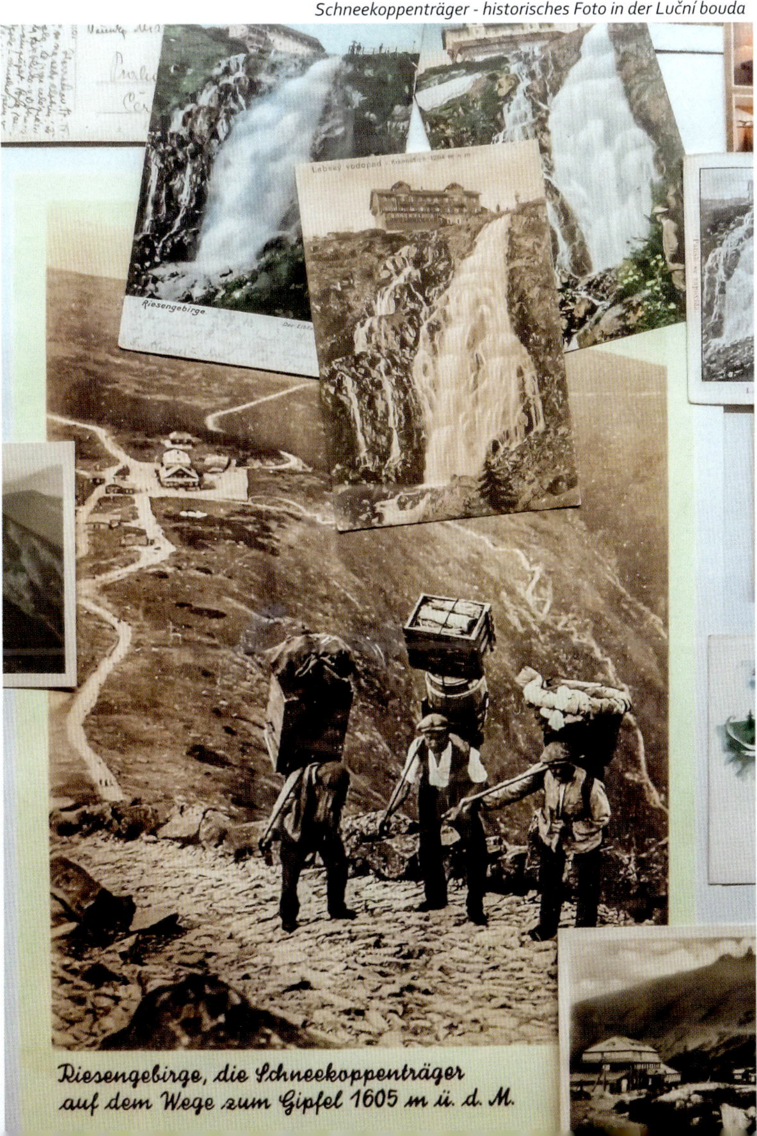

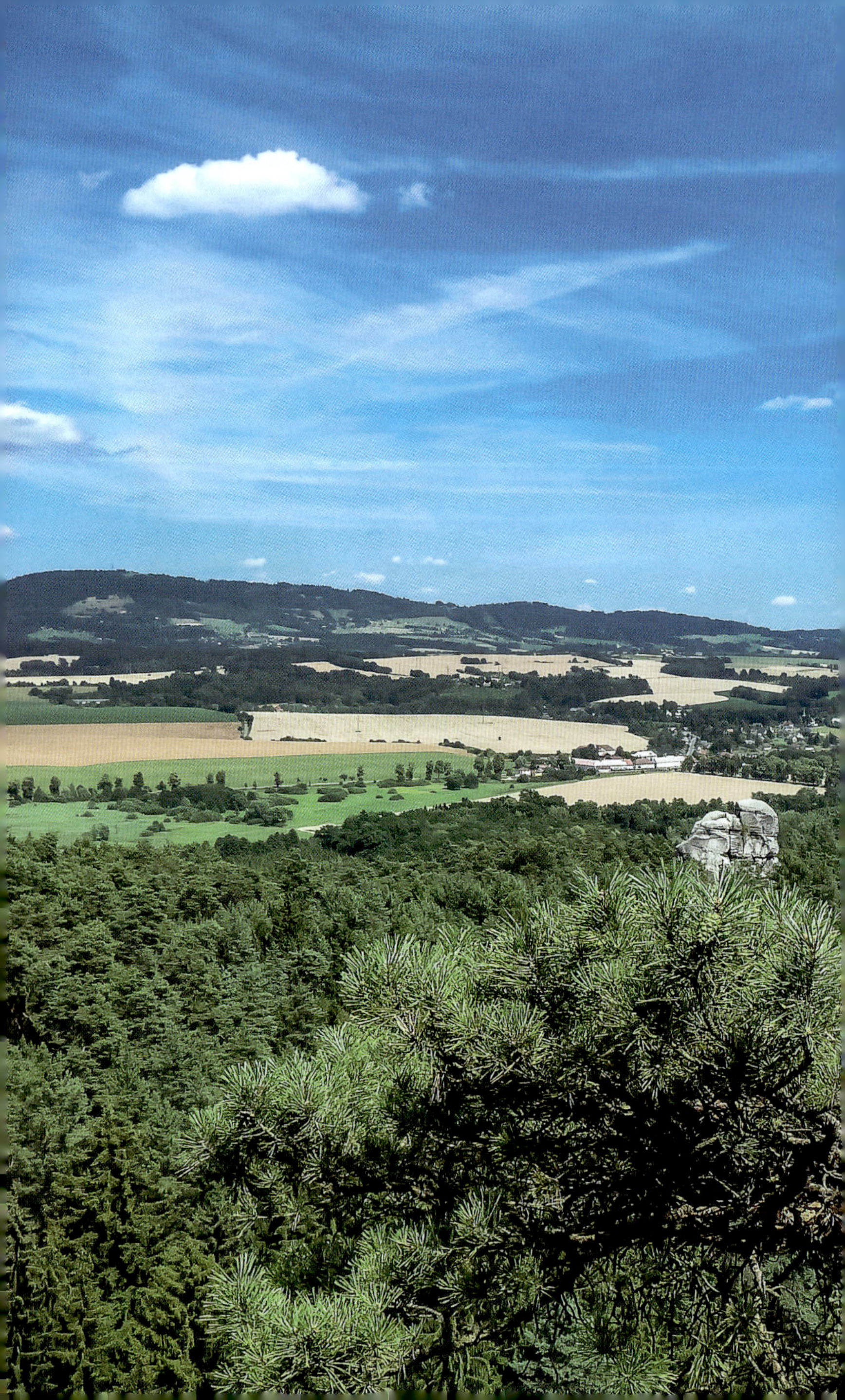

Reiseteil

Český ráj – Böhmisches Paradies

- Reiseziele von A bis Z
- Burgen, Schlösser
- Baudenkmäler
- Sehenswertes
- Kulturschätze
- Spaziergänge
- Naturparks
- Kirchen

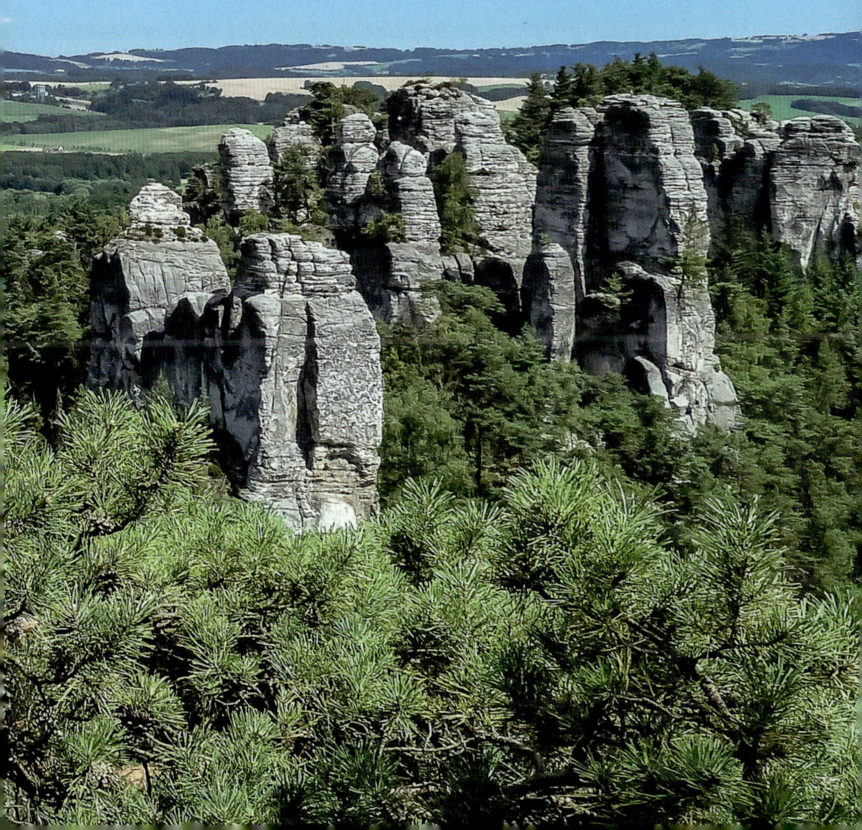

Český ráj *(Böhmisches Paradies)*

"Ein herrlich Stück von Gottes Erde ist mein Vaterland Böhmen!
Aber der schönste Theil dieses kostbaren Juwels (...) ist unstreitig der Leitmeritzer Kreis,
nicht mit Unrecht von alters her das Böhmische Paradies genannt."
Johann J. Polt

Das böhmische Eden hat keine genau definierten Grenzen, den Kern bildet das 181 km² große **Landschaftsschutzgebiet Český ráj**. Es ist das älteste Naturschutzgebiet der Tschechischen Republik und wurde 2005 zum Kern des UNESCO-Geoparks. Anderen Autoren folgend, zählen wir auch Orte wie Mladá Boleslav, Mnichovo Hradiště, Bozkov oder Nová Paka zur Region.

Mit schwärmerischen Beinamen ist das ja immer so eine Sache, oft sind die Erwartungen an eine Landschaft ganz schön hoch, wenn sie „Paradies" heißt. Aber das **Český ráj** *(Böhmisches Paradies)* ist in der Tat ein Paradies für Wanderer, für Kletterer, für Liebhaber skurriler Felsformationen, für Freunde der Volksarchitektur und nicht zuletzt für Familien, die ihren Kindern das Wandern schmackhaft machen wollen, denn die meisten Kinder sind von den abenteuerlichen Wegen durch die Felsen hellauf begeistert.

Weniger blumig klingt die geologische Beschreibung: Das **Český ráj** als Teil des **Česká tabule** *(Böhmisches Tafelland)* entstand im Mesozoikum (Erdmittelalter, von vor etwa 252,2 Millionen Jahren bis etwa vor 66 Millionen Jahren). Damals war hier ein Meer, dessen Boden sich durch tektonische Kräfte hob und in einer Reihe von selbständigen Tafeln aufstellte. Die Erosion schuf dann im Laufe der Zeit die typischen Felsgebilde, die heute als **Český ráj, Suché skály, Prachovské skály, Hruboskalsko, Příhrazské skály** usw. bekannt sind - insgesamt 15 kleine und große, labyrinthische und fantasievolle Felsenstädte. Den letzten Schliff bekam die Landschaft durch die vulkanische Tätigkeit im Tertiär. Die Hügel Velíš, Zebín, Trosky, Vyskeř und weitere sind Reste von Basaltvulkanen.

Unter der Oberfläche schufen die Kräfte der Natur Eisen-, Kupfer- und Quecksilbererzlager, Lagerstätten von Kohle, Schiefer, Glassand, Kalkstein, Edelsteinlager und die Bozkovské Höhlen mit interessanten Karstgestaltungen. Nur an den äußeren Rändern liegen Städte: Mnichovo Hradiště, Sobotka, Jičín, Lomnice nad Popelkou, Semily und Turnov.

Seit etwa 12.000 Jahren ist das Český ráj dauerhaft besiedelt - vor allem die

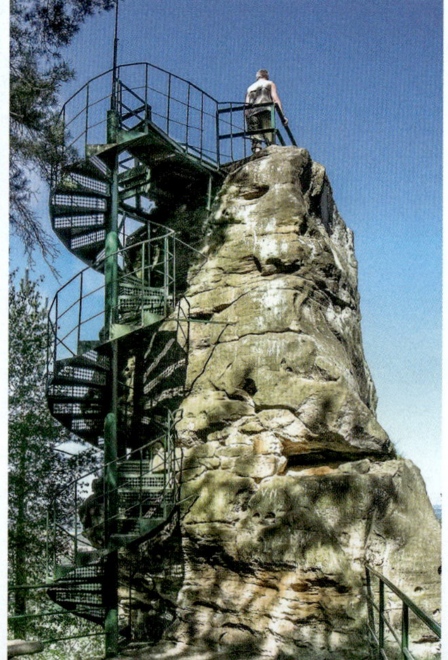

Aussichtsfelsen Hlavatice bei Turnov

Menschen der Lausitzer Kultur um 1100 v. Chr. gründeten viele Dörfer und nutzen die Felsen und besonders die Höhlen als befestigte Höhenburgen (z.B. auf dem Berg Mužský, in Hrubá skála und in den Prachovské skály).

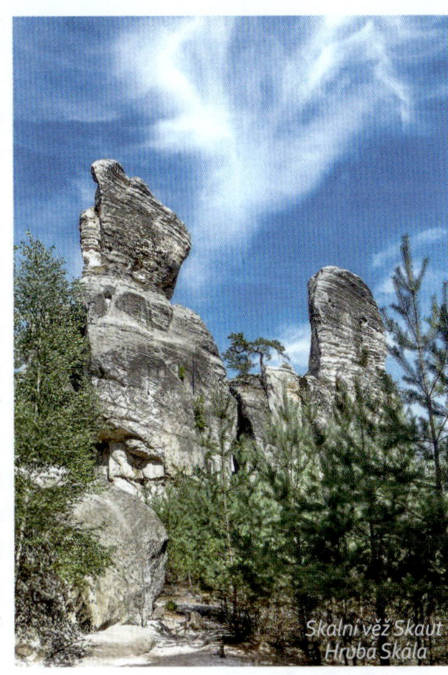

Skalní věž Skaut Hrubá Skála

Das System der gut geschützten und strategisch günstig gelegenen Wehrsiedlungen blieb zum Teil bis ins Mittelalter in Gebrauch. Spätestens ab dem 11. Jh. n. Chr. wandelte sich die Siedlungsstruktur: es entstanden verschieden große Grundherrschaften, der Adel baute Burgen und es wuchsen Städte. Fluch und Segen zugleich war im 17. Jh. die Herrschaft von **Albrecht von Wallenstein** *(Albrecht z Valdštejna)*, der nach 1620 das Friedländer Herzogtum aufbaute, das von Frýdlant über Náchod bis Jičín und Nový Bydžov reichte.

Schon im frühen 19. Jh. kamen die ersten modernen Touristen, und zwar in das Kurbad von Sedmihorky mit seinen Heilquellen. Hier wurde auch der Name „Böhmisches Paradies" vom Dichter Karel Havlíček Borovský kreiert.

Das Böhmische Paradies ist keine unberührte Natur, sondern eine seit Jahrtausenden bewohnte Kulturlandschaft, die aber gerade in den schwer zugänglichen Felsgebieten eine gewisse Urtümlichkeit bewahrt hat. Da sich nie große Industriebetriebe angesiedelt haben, herrschen auch für Fauna und Flora günstige Bedingungen. Vor allem in den Schluchtenwäldern und Feuchtgebieten können Sie wertvolle Wildpflanzenbestände und Eisvögel, Weißstörche und Graureiher finden. In den Felsen finden Uhus, Falken, Kolkraben und Steinmarder guten Lebensraum.

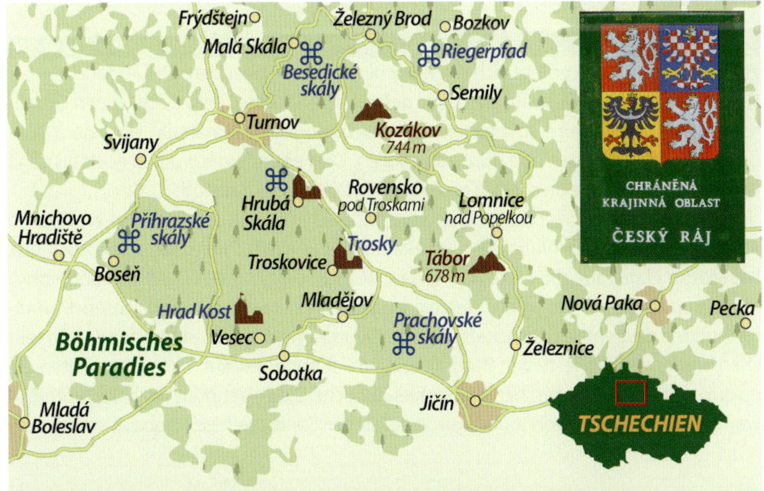

Ein funkelnder Schatz - der böhmische Granat! Bei Granat denken wir meistens zuerst an die Farbe Rot, aber es gibt den Edelstein auch in Grün, Gelb oder Orange. Die rote Spielart war vor allem im 18. und 19. Jh. beliebt und wurde und wird gerne wegen seiner Fundorte als böhmischer Granat bezeichnet. Typisch für den böhmischen Schmuck ist die Anordnung von vielen kleinen Steinen nebeneinander. Und da sind wir auch schon beim Namen - Granat kommt vom lateinischen „granum"= Korn. Das bezieht sich auf die typische rundliche Form und auch auf die Farbe des roten Granats, die an die Körner eines reifen Granatapfels erinnert.

Im Mittelalter, damals sagte man Karfunkelstein, wurden den böhmischen Steinen Zauber- und Heilkraft zugeschrieben. Deshalb verzierten sie Königsgewänder, Kelche, Monstranzen, Reliquiare und Waffen. Im 19. Jh. entdeckte das aufstrebende Bürgertum das rote Leuchten. Große Colliers und Broschen aus Granat schmückten die Damen der Salons.

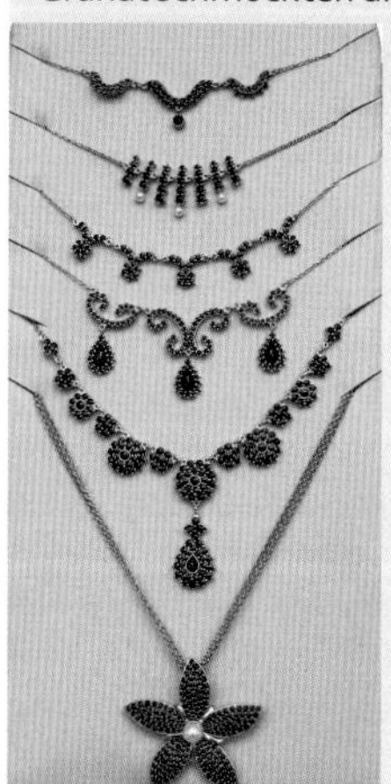

Der Edelstein wurde im Český ráj durch vulkanische Aktivitäten an die Erdoberfläche befördert und so ist das Gebiet seit jeher mit dem Handwerk der Schmuckherstellung verbunden. 1884 wurde die Fachoberschule zur Schmuckherstellung in Turnov gegründet, die bis heute fortbetseht. Die Firma Granát, die Edelstein-Schleifer, Goldschmiede und Silberschmiede ausbildet, entstand 1963 und sie betreibt als einzige die Granat-Förderung in Tschechien.

Aber Vorsicht, wenn Sie Granatschmuck kaufen wollen! Laut Radio Prag testete 2010 die tschechische Handelsinspektion 15 Schmuckhändler in beliebten Touristenorten wie Karlovy Vary, Prag oder Český Krumlov. Bei 13 Händlern wurden Fälschungen aus Glas oder anderen billigen Materialien und gefälschte Echtheitszertifikate gefunden.

Boseň *Bosin* — *400 Einwohner* *277 hm* **Tour 30**

Wie eine Filmkulisse erhebt sich die **Burgruine Valečov** über dem Ort. Anfang des 14. Jh. wurde dieses interessante Gemäuer gebaut. Die Sandsteinfelsen, die in den Grundriss mit einbezogen wurden, lieferten auch gleichzeitig das Baumaterial. Nach dem Dreißigjährigen Krieg begann die Burg zu verfallen. Die Felsenräume wurden noch bis 1892 bewohnt, alles andere diente den umliegenden Dörfern als Baustoff.

Příhrazské skály *(Pschichraser Felsenstadt)*: Zwischen Boseň und Příhrazy verbirgt sich am Osthang des Mužský die eher unbekannte Felsenstadt Příhrazské skály. Auch hier hat Mutter Natur aus 180 einzelnen Felsen, wie z.B. die bizarre Felsenformation Kobylí hlava, und tiefen, kühlen Schluchten ein verzaubertes Areal geschaffen. Unsere Vorfahren nutzten die geniale Landschaft zu Verteidigungszwecken - zwischen den Felsen tauchen immer wieder Reste von Burgruinen und Felsenburgen auf. Im 17. Jh. suchten die religiös verfolgten Böhmischen Brüder hier Zuflucht. Die **Felsenburg Drábské světničky** war vom 13.-15. Jh. bewohnt und wurde auf sieben Sandsteinfelsen gebaut, wobei viele

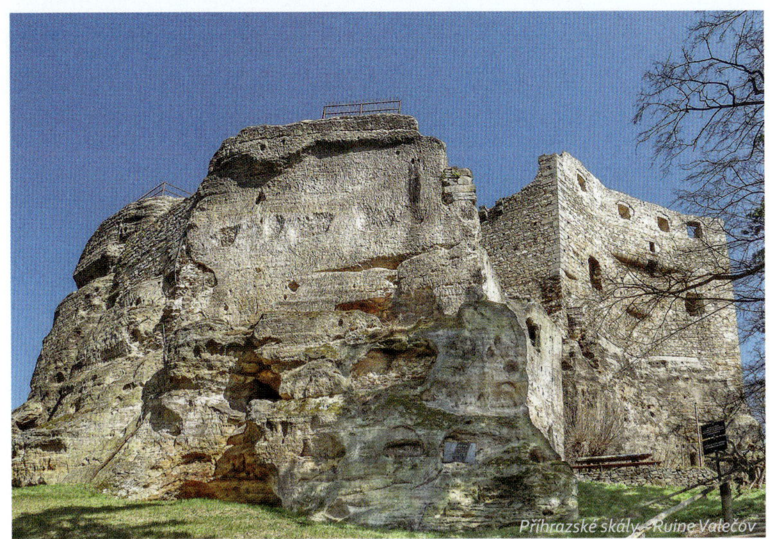

Přihrazské skály - Ruine Valečov

Räume direkt in die Felswände gemeißelt wurden. Treppauf und Treppab geht es über sechs Brückenkonstruktionen zu Resten von sieben hölzernen Bauten. Von den Aussichtspunkten wirkt die Ebene wie der Spielzeugteppich eines Riesenkindes.

Bozkov *Boskau* — *600 Einwohner* *578 hm*

Hoch über den Tälern der Flüsse Kamenice und Vošmenda liegt das Dorf Boskov. Trotzdem fahren die meisten Leute hierher, um in den Untergrund abzutauchen, denn am nördlichen Ortsrand liegt mit mehr als 1.000 m Länge die längste **Dolomithöhle** Tschechiens, die **Bozkovské dolomitové jeskyně**. Eine Welt für sich mit Tropfsteinen, Bänken, Simsen und Leisten aus Quarz, Tropfstein-und Sinterverzierungen, Kieselsteinscheiben und Rasterstrukturen und als Höhepunkt der Seedom mit dem größten unterirdischen See Böhmens mit seinen Lichtschauspielen!

Die Höhle wurde 1947 bei einer Sprengung entdeckt und ist seit 1968 zu besichtigen. Entstanden ist die unterirdische Welt durch die langsame Auflösung der im Paläozoikum *(Erdaltertum)* entstandenen Kalkgesteine.

Wer nicht tief unter die Erde will, sondern doch lieber hoch hinaus, der sollte einen Blick auf die **Kostel Navštívení Panny Marie** *(Kirche Maria Heimsuchung)* werfen, ein barocker Bau von 1693, gebaut für Pilger, die zum Brünnlein „Bei der Mutter" kamen und Wunderheilung suchten. Von außen wirkt die Kirche eher schlicht, aber der Innenraum ist reich bebildert und enthält eine gotische Skulptur der Madonna. Der Kirchenturm ist 49 Meter hoch und in den Sommermonaten für die Öffentlichkeit zugänglich.

Frýdštejn *Friedstein* — *840 Einwohner* *474 hm* **Tour 4 & 24**

Hrad Frýdštejn *(Burg Friedstein)* bewacht den Ort und das Umland. Auf einer Sandsteinklippe auf dem nordwestlichen Ausläufer des Vranowský hrebeň gelegen, dominiert der mächtige runde Bergfried mit seinem Durchmesser von 9 m, einer Höhe von 15 m und einer Mauerdicke von 2 m die Burgruine.

Die Burg, teilweise in den Felsen gehauen, wurde durch Schanzen verteidigt. Erhalten sind auch Teile der Burgmauern sowie Reste eines tiefer gelegenen zweiten Turms und ein Brunnen.

Im 14. Jh. wird Frýdštejn zum ersten Mal schriftlich erwähnt. Die Hussiten belagerten im 15. Jh. vergeblich die Burg. Bereits im 16. Jh. war die Burg unbewohnt und verfiel.

Koprelka *(Dillsuppe): 300 g Kartoffeln, Salz, ¼ l Saure Sahne, 1 TL Kümmel, 1 EL Mehl, 1 EL Dill, 2 hartgekochte Eier. Geschälte Kartoffeln in Würfel schneiden und zusammen mit dem Kümmel weichkochen. Dann die mit Mehl verquirlte Sahne unterrühren, noch 5 Minuten kochen, mit Dill würzen, die Eier vierteln, in den Suppenteller geben und mit der heißen Suppe übergießen.*

Hrubá Skála *Groß Skal* — *600 Einwohner* *287 hm* Tour 24 & 25

Hrubá Skála gilt als Eingangstor zur gleichnamigen Felsenstadt und beherbergt gleich mehrere interessante touristische Ziele, allen voran natürlich die **Hruboskalské skalní město** *(Groß-Skaler Felsenstadt)*: Das 219 Hektar große Gebiet ist seit 1998 Naturreservat. Bis zu 55 m hohe auffällig geformte Sandsteinfelsen sind für Wanderer und Kletterer gleichermaßen attraktiv.

Fantasievolle Menschen haben den Felsen einfallsreiche Namen gegeben: Kapelník *(Dirigent)*, Taktovka *(Taktstock)*, Maják *(Leuchtturm)*, Dračí zub *(Drachenzahn)* und Dračí věž *(Drachenturm)*.

Einige schöne Aussichtspunkte wie Mariánská vyhlídka *(Marienaussicht)*, vyhlídka Na Kapelu *(Kapellenaussicht)* oder vyhlídka U Lvíčka *(Löwenaussicht)* bieten weite Blicke über die Schluchten und Felsen.

Schloss Hrubá Skála kommt heute im neugotischen Gewand daher, entstand aber schon in der ersten Hälfte des 14. Jh. als uneinnehmbare Burg, die mehrmals im Besitz

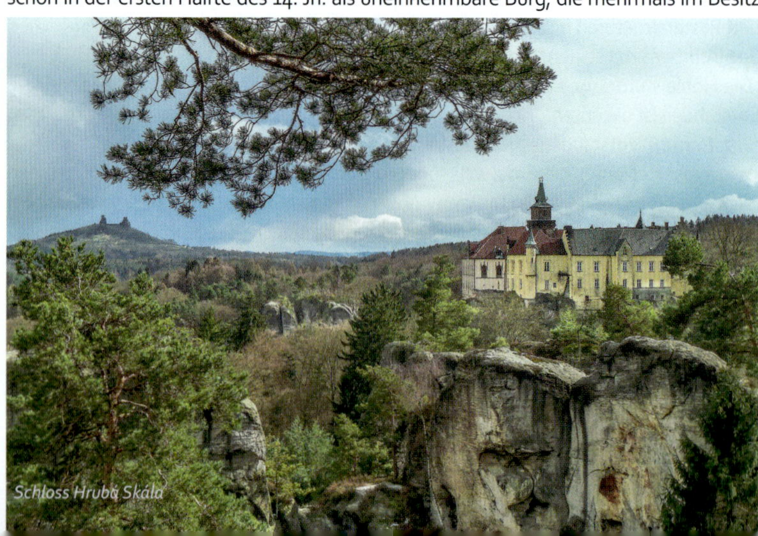

Schloss Hrubá Skála

Reiseteil

der Familie Waldstein war. In der zweiten Hälfte des 16. Jh. wurde die Burg zu einem Renaissance-Schloss und 1859 neugotisch umgebaut. Ohne Hotelgast zu sein und ohne Eintritt zu zahlen, kommen Sie bis in den ersten Schlosshof.

Arboretum Bukovina: Wenn Sie vom Schloss der roten Markierung Richtung Hrad Valdštejn folgen, kommen Sie nach etwa 800 m zum Arboretum Hrubá Skála – Bukovina, einem Waldpark von 2,73 Hektar, im 19. Jh. angelegt von Jan Křtitel von Aehrenthal und seinem Förster Leopold Angr. Hier wachsen Eichen, Douglasien, Rotbuchen, Tulpenbäume, Tannen und Mammutbäume. In der Mitte des Parks steht ein Informationszentrum im schweizerischen Baustil.

Hrad Valdštejn *(Burg Wallenstein)*: Hier stammt er her, der allgegenwärtige und berühmte **Feldherr Albrecht von Waldstein** *(Wallenstein)*! Die frühgotische Burg wurde in der zweiten Hälfte des 13. Jh auf drei Sandsteinfelsen gebaut, in den Hussitenkriegen von den Hussiten und dann von Raubrittern besetzt. Der vordere Teil der Burg wurde zu einem Wallfahrtsort mit der Johann-von-Nepomuk-Kirche umgestaltet. In dieser Zeit sind die zehn steinernen Statuen der böhmischen Schutzheiligen entstanden. Im 19. Jh. wurde die Anlage mit neuromantischen und klassizistischen Bauten ergänzt.

Jičín *Jitschin* — *16.500 Einwohner* *287 hm* **Tour 27 & 28**

Die Kleinstadt am Rande des Böhmischen Paradies hatte ihre große Zeit im 17. Jh., als Albrecht von Wallenstein, dem die Stadt nach 1621 gehörte, sie zum Mittelpunkt seines Herzogtums Friedland umgestalten wollte. Geplant waren die Erweiterung des Schlosses, eine Münze, eine Villa mit großem Park in Valdice vor der Stadt, Regierungs- und Verwaltungsgebäude und ein neues Handwerkerviertel. Wallensteins Ziel war ein repräsentatives Machtzentrum im Sinne des Barock, ein komponiertes Gesamtkunstwerk. Deshalb erstellte der italienische Architekt Nicolo Sebregondi 1633 einen der ersten mitteleuropäischen Bebauungspläne. Der Tod Wallensteins 1634 unterbrach den Höhenflug. Verwirklicht wurden die Neugestaltung des Schlosses, der Bau des Jesuitenkollegs, die Propsteikirche St. Jakob, die Neustadt mit der Kirche Kostel Panny Marie ze Sale, eine zwei Kilometer lange Lindenallee zur **Loggia mit Garten** unter dem **Berg Zebín** und das Karthäuserkloster in Valdice und der Dom.

Auch der Marktplatz verdankt sein Aussehen dem Feldherrn, der ihn als großen Raum an der Stirnseite des Schlosses anlegte, sozusagen als vierten Schlosshof. Viel Platz war auch nötig, denn der Tross des Herzogs bestand aus etwa 800 Personen und mehr als 1.000 Pferden! Dieser **Valdštejnovo náměstí** *(Wallenstein-Platz)* ist ein etwa 150x50m großes unregelmäßiges Rechteck, völlig umgeben von eiskugelfarben-bunten Arkadenhäusern im Renaissance- und Frühbarockstil, unter die sich zum Glück keine zeitgenössische Scheußlichkeit eingeschmuggelt hat. Einige Gebäude wurden im 19. Jh. um ein Stockwerk erhöht.

Drei denkmalgeschützte Objekte unterbrechen die Weite des Platzes: der Brunnen mit der Statue der Amfitrite von 1835, der Krönungsbrunnen (1835) zu Ehren der Krönung von Kaiser Ferdinand V. und die barocke Pestsäule von 1702.

Unter den praktischen Laubengängen laden kleine Geschäfte und einige Lokale zum Stöbern und Verweilen ein. Unter der Woche eilen die Menschen beschäftigt kreuz und quer über den Platz, aber am Samstagnachmittag wird es ruhig, die meisten Autos verschwinden, die Geschäfte schließen. Nun gehört der Platz den Müßiggängern, bis am Montagmorgen der Alltag sein Treiben wieder beginnt.

Die Südostseite wird vom goldgelben **Schloss** *(Wallenstein-Palais)* bestimmt. Mit dem Bau wurde von Wallensteins Vorgängern Ende des 16. Jh. begonnen. 1620 wurde das damals noch kleinere Gebäude durch eine Explosion zerstört. Der Herzog ließ es 1624-33 im Frühbarockstil um drei Höfe herum wieder aufbauen. Da er bekanntlich 1634 in Eger ermordet wurde, hatte er nicht lange Freude an seiner neuen Residenz. Heute sind hier eine Galerie mit einer ständigen Ausstellung von Werken des akademischen Malers Radek Pilař und das **Bezirksmuseum** untergebracht. Gönnen Sie sich einen Museumsbesuch, denn Sie bekommen hier vielleicht eine neue Perspektive auf den Generalissimus. Wallenstein wird hier nicht nur mit Kriegsgräuel, Mord, Totschlag und Plünderung in Verbindung gebracht, sondern er wird als Impulsgeber für Aufschwung und Stadterneuerung gezeigt. Im Übrigen ist das Museum eher konventionell gestaltet und mit einfachen Mitteln aufgepeppt und für Kinder interessant gemacht worden: Münzen durchreiben, Weben wie in der Steinzeit, Spinnen am Spinnrad, Schreiben auf altem Papier. Die Beschriftung der Vitrinen ist in Tschechisch und Englisch, in jedem der acht Räume gibt es Flyer mit Erklärungen in Deutsch. Interessant ist auch der **Drei-Kaiser-Salon** mit Bildnissen der Vertreter der Anti-Napoleon-Koalition (1813 wurde hier das Bündnis gegen Napoleon von König Friedrich Wilhelm III., Zar Alexander I. und Kaiser Franz I. beschlossen).

Diagonal gegenüber in der Nordwestecke können Literaturfreunde das **Geburtshaus von Karl Kraus** (Dichter und Publizist, Herausgeber der „Fackel", eine der führenden kultur- und gesellschaftskritischen Zeitschriften im deutschsprachigen Raum Anfang des 20. Jh.) bewundern, dessen Vater hier eine erfolgreiche Papiertütenfabrik betrieb.

Auch Mittelalterliches hat sich noch erhalten, und zwar Reste der **Stadtmauern** aus großen Sandsteinquadern. Einen durchgehenden Streifen finden Sie im Osten der Stadt hinter den Häusern Nr. 94 bis 81, auf der nordwestlichen Seite hinter den Häusern Nr. 33 bis 65 und auf der Südseite hinter den Häusern Nr. 12 bis 21. Die Wallenstein-Barockmauern von 1632 sind noch z.B. südlich vom Tor nach Valdice und hinter dem Schlossgarten erhalten. Von den historischen drei Stadttoren steht heute noch das **Valdicer Tor** von 1568.

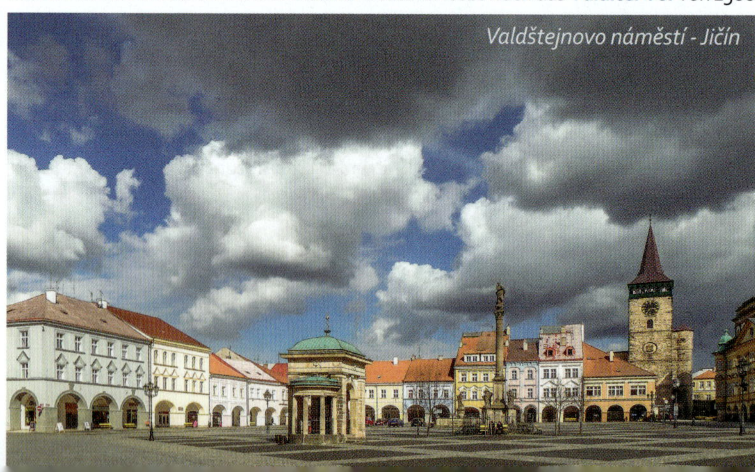
Valdštejnovo náměstí - Jičín

Schweigen ist ein Zeichen von Weisheit,
aber Schweigen allein ist noch keine Weisheit. *Jiddisches Sprichwort*

Das Leben der Juden in Böhmen ist ein sensibles Thema, dem man sich aber aus Respekt nicht verschließen darf. Gerade weil die jüdische Kultur durch die totalitären Regime ab 1939 fast völlig verschwunden ist, ist es umso wichtiger, den noch auffindbaren Überresten mit Achtung zu begegnen.

Erste jüdische Siedlungen sind in Böhmen ab dem 10. Jh. nachweisbar. Schon im Mittelalter, vor allem in der Zeit der Kreuzzüge, waren die Juden Ziel von Diskriminierungen (Kleidungsvorschriften, Leben im Ghetto), Pogromen, Plünderungen, Zwangstaufen und Vertreibungen. Ihre rechtliche Stellung wurde durch Verordnungen und Privilegien geregelt, deren Inhalt vom jeweiligen Herrscher abhing.

Nachdem einerseits die Kirche Christen verbot, Geld gegen Zinsen zu verleihen und andererseits Juden das Ausüben eines zunftgemäßen Gewerbes und die Beschäftigung mit Ackerbau verboten waren, wurde die jüdische Bevölkerung in den Handel und Geldverleih gedrängt. Dadurch wurden viele reich, und Reichtum erzeugt Neid, und Neid gepaart mit Angst vor fremden Kulturen und Vorurteilen ist der beste Nährboden für Gewalt.

Unter Karl VI. wurden 1724 sämtliche jüdische Gemeinden des Landes registriert, in Böhmen waren es 8.541 und in Mähren 5.106 Familien, die in etwa 600 Gemeinden lebten. Jüdische Familien konnten sich nur mit Genehmigung der Obrigkeit ansiedeln und durften nur bestimmte Berufe ausüben: Händler oder beispielsweise Viehschlächter, Gerber, Glaser, Wundärzte oder sie betrieben kleine, der Herrschaft gehörende Produktionsbetriebe wie z.B. zur Herstellung von Pottasche. Fleischer, Bäcker, Schneider und Schuhmacher durften sie nur für die jüdische Gemeinde sein. Diese Bedingungen veränderten sich 1849: Juden bekamen das Recht, sich in jeder beliebigen Gemeinde niederzulassen. Ab 1852 konnten sie Häuser erwerben und ab 1859 auch landwirtschaftlichen Boden.

Die Zeit der Aufklärung und der Beginn des 19. Jh. brachten erhebliche Verbesserungen für die Juden, die aber eine starke Anpassung zur Folge hatte. Emanzipation auf allen Gebieten, vor allem in der Wissenschaft, Kultur, Literatur, Philosophie, Musik und Kunst und die Assimilation wurden bald vom rasch aufkommenden Antisemitismus in Frage gestellt.

In West- und Südböhmen war das Zusammenleben mit der christlichen Mehrheit, von vereinzelten Konflikten abgesehen, problemlos. In bestimmten Gemeinden besuchten seit der zweiten Hälfte des 19. Jh. die Katholiken und Juden die Gottesdienste der jeweils anderen Glaubensgemeinschaft, auch bei Hochzeiten oder Begräbnissen.

Die ländlichen Juden waren am stärksten der Verfolgung durch die Nationalsozialisten ausgesetzt, denn sie waren zu arm, um rechtzeitig ins Ausland flüchten zu können. Der Antisemitismus gipfelte im Völkermord an etwa 350.000 tschechischen Juden durch das Nazi-Regime und seiner Anhänger.

In den Jahren des kommunistischen Regimes wurden viele jüdische Viertel, Gebäude und Friedhöfe abgerissen und zerstört. Zwischen 1945 und 1950 wanderten 24.000 Juden nach Israel und Übersee aus. Heute leben noch etwa 5.000 Juden in Tschechien. Erst seit 1990 wird versucht, einige jüdische Friedhöfe als Erinnerungsort wieder herzurichten, z.B. von Mitgliedern der „Aktion Sühnezeichen Friedensdienste" in ihren Sommercamps in verschiedenen tschechischen Orten.
Ein jüdischer Friedhof kann als „**Haus der Ewigkeit**" nicht aufgelöst werden, da die Grabesruhe auf ewig gesichert sein soll. Das Grab wird nicht eingeebnet und der Stein bleibt bestehen. Bei Platzmangel legt man eine Schicht Erde über ein Grab und bestattet einen Toten über dem anderen. Deshalb liegen die Gräber oft auch so eng zusammen. Der Grabstein wird nicht, wie bei einem christlichen Begräbnis, am Kopfende, sondern am Fußende aufgestellt. Seit dem beginnenden 19. Jh. wurden die Grabsteine nicht nur in hebräischer Sprache beschriftet, sondern auch in Deutsch. Die hebräische Inschrift enthält auch den Namen des Vaters des Toten, eine Würdigung, das Sterbedatum nach dem jüdischen Kalender und Symbole, die auf die Abstammung hinweisen, für ein Ehrenamt in der Gemeinde stehen oder Eigenschaften wie große Gelehrsamkeit und hohes Ansehen hervorheben.
Häufige Symbole sind z.B. zwei Hände mit ausgebreiteten Fingern. Sie zeigen an, dass der Tote ein Priester war. Manche Grabsteine zeigen einen Baum mit ausgebreiteten Zweigen; abgebrochene Zweige symbolisieren den Tod eines jungen Menschen. Manchmal sind die Figuren ein Sinnbild des Namens des Toten: die Figur eines Löwen steht für Loeb, ein Wolf für Benjamin und eine Rose für den Namen Bluma/Blume.
In dem im Buch behandelten Gebiet sind jüdische Gemeinden in Liberec, Jičín, Hostinné, Jablonec nad Nisou, Mladá Boleslav, Mnichovo Hradiště, Poděbrady, Rokytnice nad Jizerou, Trutnov, Turnov, Semily, Železný Brod, Lomnice nad Popelkou und Nymburk belegt.

Zeugnis des jüdischen Lebens in der Region legt die Synagoge ab, eines der wenigen relativ gut erhalten jüdischen Denkmäler im Böhmischen Paradies. Seit dem 14. Jh. hat es in Jičín eine jüdische Bevölkerung gegeben, die sich seit dem 17. Jh. (etwa 11 Familien) ghettoartig im Nordosten der Altstadt niederließen. Die klassizistische Synagoge ist von 1784, nach 1840 nach einem Brand im Empirestil umgebaut. Der Thoraschrein im Inneren wurde vermutlich aus einem Barockaltar der Ignatius-Kirche umgebaut.

Den jüdischen Friedhof mit schönen klassizistischen und barocken Grabsteinen finden Sie am Rand des Wallenstein-Parks, wenn Sie Richtung Valdice fahren und nach etwa 2 km rechts abbiegen. Er wurde von 1651 bis 1949 genutzt - Sie können für eine Besichtigung in der Touristeninformation nachfragen.

Kurz vor Valdice steht ein wohlproportioniertes, aber seltsam funktionsloses Gebäude, die **Valdštejnská lodžie** *(Wallenstein-Loggia)*, 1630-34 nach Plänen des Baumeisters Sebregondi gebaut. Die Loggia war Bestandteil von Wallensteins Plan eines Wohnsitzes in einer gestalteten Landschaft. Schön ist der dazugehörige Landschaftspark, durch den ein Rundweg führt.

Das **Karthäuserkloster** war auch ein Projekt Wallensteins, der hier das Familiengrab plante. Das Kloster wurde 1632 fertiggestellt und bis 1782 von Kartäusermönchen bewohnt. Nach der Auflösung des Klosters wurde das Gebäude Militärlager und Gefängnis und ist es noch heute. Und was wurde aus Wallensteins Leichnam? Der ruhte von 1634-36 in Stříbro *(Mies)*, wurde dann nach Valdice überführt. 1782 hat man die sterblichen Überreste aus der Gruft entnommen und in die St. Anna-Kapelle in Mnichovo Hradiště *(Münchengrätz)* überstellt, wo sie bis heute liegen.

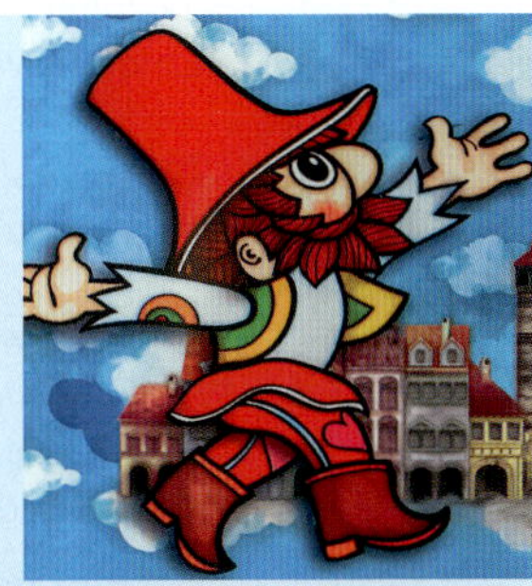

Wie aus dem Schuster Rumcajs ein Räuber wurde.

Rumcajs war ein braver Schuster am Valticer Tor in Jičín. Eines Tages sollte er für den Bürgermeister Humpal, der stolz auf die größten Füße im Städtchen war, Schuhe ausmessen - und, oh, Schreck, Rumcajs sagte beim Ausmessen: „Hmm, ich habe schon größerere Füße hier gesehen"!

Darüber wurde Humpal so wütend, dass er Rumcajs aus der Stadt jagte und die Schusterwerkstatt schloss und ein Schild an die Ladentür hängte: „Geschlossen wegen Beleidigung der bürgermeisterlichen Füsse". Rumcajs zog nun mit Frau und Kind in den Wald und versuchte, als Räuber sein Auskommen zu haben.

„**Vater**" der Räuberfigur ist der tschechische Prosaist, Dramatiker und Märchenerzähler Václav Čtvrtek. Als Zeichentrickfilm „O loupežníku Rumcajsovi" *(Der brave Räuber Fürchtenix)* begeisterten Rumcajs und seine Freunde Kinder in der Tschechoslowakei, Polen, DDR und BRD.

Klášter Hradiště nad Jizerou *Kloster an der Iser* ***1000 Einwohner*** *228 hm*

Wie der Ortsnamenbestandteil „Klaster" andeutet, dominierte vom 12. Jh. bis zu seiner Zerstörung in den Hussitenkriegen 1420 ein hoch auf dem Felsen liegendes Zisterzienserkloster die Region. Im 16. Jh. wurde auf dem Gelände ein Renaissanceschloss gebaut, das 1869 abbrannte. Nun hielt hier eine Brauerei Einzug, die bis heute leckeres Klosterbier braut. Vom Kloster und der Klosterkirche sind nur noch die Krypta, das Eingangsportal der Kirche und ein wie verloren mitten in der Brauerei stehendes frühgotisches Portal erhalten.

Koberovy *Koberwald* ***950 Einwohner*** *407 hm* **Tour 23 & 29**

Im modernen Dorfzentrum stehen mehrsprachige Schautafeln (auch in Deutsch), die allerhand Wissenswertes über Koberovy und die Dörfer der Umgebung, über Volksarchitektur, über die Felsenlandschaften, Glasmacherei, Erzgewinnung, Fauna und Flora, verschiedene Naturphänomäne und die **Suché skály** *(Dürre Felsen)* präsentieren.

Nahe beim Ortsteil Besedice liegt das **Felsenlabyrinth Kalich & Chléviště** *(Kelch & Kuhstall)*: Hunderte von Felsentürmen, Felsblöcken, Durchgängen, Höhlen und Schluchten bilden einen attraktiven Irrgarten. Zur Zeit der Gegenreformation im 17. Jh. haben sich hier die sogenannten Böhmischen Brüder versteckt und zu heimlichen Gottesdiensten getroffen. In der Felsenkapelle können Sie ihr Zeichen, den Kelch, und entsprechende Zitate sehen, z.B. von Johann Amos Comenius *„Ich glaube an Gott, dass, nachdem die Sturmdrangsal überwunden, die Regierung zu Dir und Deinen Geboten wieder zurückkehren wird, oh du tschechisches Volk"*. In der Nähe der Felsenkapelle befindet sich ein symbolisches Grab für die umgekommenen Böhmischen Brüder. Lange Zeit geriet das Felsengebiet eher in Vergessenheit und wurde erst nach dem 1. Weltkrieg für Touristen zugänglich gemacht. Die heutige Wegführung stammt aus dem Jahr 1956, als der Wanderpfad nach dem damaligen Präsidenten Edvard Beneš benannt und für die Öffentlichkeit zugänglich gemacht wurde.

Sehr lohnend sind auch die Ausblicke, die Sie von verschiedenen Aussichtsplateaus haben. Vom nahen **Berg Sokol** (562 m) präsentieren sich die **Suché skály** *(Dürre Felsen)* wie eine Theaterkulisse.

Wenn Sie eine **Runde durch die Felsen** laufen wollen, parken Sie Ihr Auto am besten in Besedice auf dem Parkplatz beim Občerstvení *(Imbiss)* Besedice und folgen der gelben Markierung durch die Suché skály: Sokol *(schöner Aussichtspunkt)*-Chléviště-Husníkova (herrliche Aussicht)-Kalich-Besedice. Der Rundweg ist etwa 5 km lang.

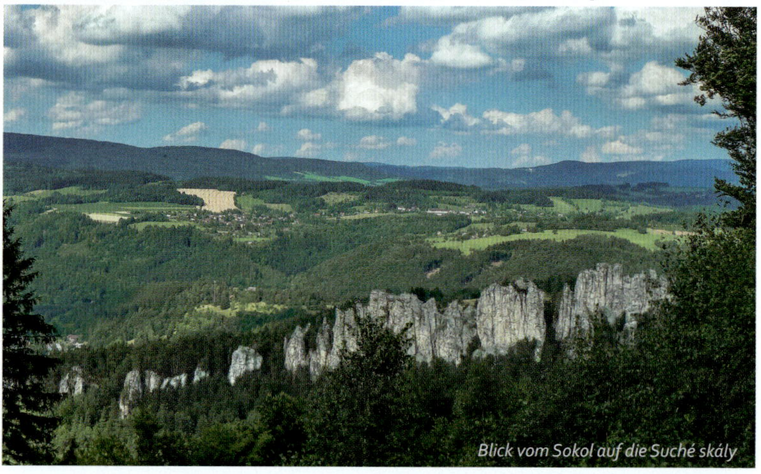

Blick vom Sokol auf die Suché skály

Lomnické suchary *(Lomnitzer Zwieback):* 1 kg Mehl, 500 g Butter, 200 g geschälte und geröstete Haselnüsse, abgeriebene Zitronenschale, Prise Salz, 3 Eigelb, 1 Würfel Hefe, 100 g Zucker, 1/2 l Milch. Bereiten Sie aus den Zutaten einen mittelfesten Hefeteig, den Sie mindestens zwei Stunden gehen lassen.

Dann teilen Sie den Teig in drei zylinderförmige Stücke mit etwa 4 cm Durchmesser und lassen Sie diese noch mal für etwa eine Stunde gehen. Bei 180° etwa 30 Minuten backen. Die Einbackrollen abkühlen lassen und in gleichmäßige, dicke Scheiben schneiden, in Puderzucker wälzen. Die gezuckerten Einbackscheiben werden dann erneut bei 190° bis 200° im Backofen gebacken.

Lomnice nad Popelkou *Lomnitz an der Popelka* **5.600 Ew.** *478 hm* **Tour 28**

Schon die Fahrt nach Lomnice macht Spaß, denn wellige Hügel tragen geschwungene Wiesen und Felder auf fetter roter Erde, in der angeblich hier und da Chalzedone und Achate zu finden sind.

Im 16. Jh. entwickelte sich in der Stadt die Leinenweberei, zu Beginn des 19. Jh. begann hier die Herstellung des berühmten Lomnitzer Zwiebacks und der Oblaten.

Die **Sehenswürdigkeiten** bilden einen bunten Stilcoktail: ein rekonstruiertes Barockschloss aus dem 18. Jh., ein Rathaus in französischer Neugotik, ein Barockbrunnen, ein Jugendstildenkmal von Jan Hus, ein hölzerner Friedhofsglockenturm aus dem 17. Jh., die Jugendstilvilla Bárta, die Barockkirche zum Hl. Nikolaus von Bari, das Museum im neoklassizistischen Adelshause Hrubý, das Theater „Tylovo divadlo" sowie die Sparkassengebäude aus den 20'er Jahren des vergangenen Jahrhunderts. Folgen Sie auf dem Husovo náměstí den braunen Schildern „Karlov", dann kommen Sie nach etwa 200 m zum langgestreckten **Karlovské náměstí**, früher der Viehmarkt, der von 15-20 Umgebindehäusern mit Vorlauben aus dem 18. Jh. umgeben ist. Das Erdgeschoss ist gemauert, der 1. Stock ist aus Holz, verschiedenfarbig gestaltet. Die Giebel schauen zum Platz. Der Platz selber ist mit Bäumen bestanden, rundherum führt eine ungepflasterte Straße - ein wenig wirkt alles wie aus der Zeit gefallen.

Im **Museum im Šlechtův Hrubý dům** sind völkerkundliche Ausstellungen, eine Gemäldegalerie und die Touristeninformation untergebracht.

Das **Schloss** wurde im 16. Jh. an Stelle der ursprünglichen Festung aus dem 13. Jh. gebaut, 1730-37 im Barockstil umgebaut und 2009-10 renoviert. Hier haben die Städtische Bibliothek sowie das Kultur- und Informationszentrum ihren Sitz.

Am Nordwestrand des Berges Babylon gibt es seit den 1950'er Jahren fünf **Skisprungschanzen** (K70, K43, K25, K13, K8), die 2007 modernisiert wurden und zu Wettkampf- und Trainingszwecken dienen.

Der Aussichtsturm **Tichánkova rozhledna** auf dem **Berg Tábor** wurde 1911 fertiggestellt. Wenn Sie seine 145 Stufen in 35 m Höhe erklommen haben, werden Sie mit einer erstaunlichen Aussicht über das Isergebirge, das Riesengebirge, das Adlergebirge und die Städte Lomnice nad Popelkou und Jičín belohnt.

In der alten **Brauerei**, dem ältesten Gebäude der Stadt, wurde von 1660-1958 Bier gebraut. Dann wurde sie für mehr als 60 Jahre anderweitig genutzt, aber seit 2019 gluckert wieder der Braukessel mit verschiedenen nicht pasteurisiert und ungefilterten Biersorten.

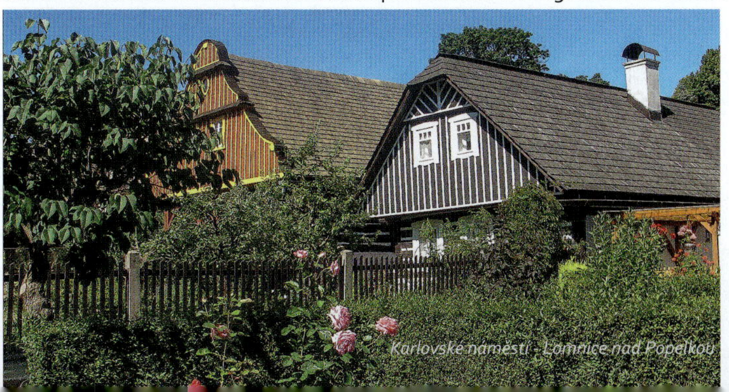
Karlovské náměstí - Lomnice nad Popelkou

Malá Skála *Kleinskal* ***1.100 Einwohner*** *326 hm* **Tour 4, 23, 24 & 29**

Malá Skála im Tal der Iser ist ein Patchworkort, der durch den Zusammenschluss von 10 Gemeinden gebildet wurde. Daher sucht man vergeblich nach einem erkennbaren Ortszentrum. Außerdem sorgt die „verkehrsmäßig günstige Lage" an der Europastraße 65 für viel Verkehr. Trotzdem präsentiert sich Malá Skála als Ferienort und lockt seine Gäste mit Campingplatz direkt an der Jizera, einem Hochseilgarten und der Nähe zu den kulturhistorischen Attraktionen des Böhmischen Paradieses. In unmittelbarer Nachbarschaft können Sie z.B. **Hrad Frýdštejn** *(Burg Friedstein)* oder das **Felsenlabyrint Besedice** besuchen.

Pluspunkt des Ortes ist seine Lage unterhalb des **Bergkamms Vranovský hřbet** mit seiner grandiosen Aussicht, auf dem sich auch einige Sehenswürdigkeiten befinden.

Die **Felsenburg Vranov**, auch Skály oder Skála genannt, gilt als die weiträumigste und größte Felsenburg Böhmens mit in Felsen gehauenen Räumen, Durchgängen und Treppen. Begründet wurde die Burg 1414 durch Henning von Waldstein als militärischer Stützpunkt gegen die Hussiten. Zwischen 1803 und 1826 ließ Zacharias Baron von Römisch, der Besitzer der Herrschaft Malá Skála, Teile der Burg zu einem **Pantheon** mit Heldenhalle mit Büsten der drei Monarchen der Allianz gegen Napoleon und Gedenktafeln umbauen. Das **Schloss** aus dem 17. Jh. ist von einem schönen Park mit Schlosskapelle und seltenen Bäumen umgeben, ist aber in Privatbesitz und für die Öffentlichkeit nicht zugänglich. Ein weiteres Felsenlabyrinth mit Felsenburg, von der noch einige Felsenräume erhalten sind, ist **Drábovna** südwestlich des Ortes.

Östlich von Malá Skála schauen die **Suché skály** *(Dürre Felsen)* auf die Jizera. Hier hat die Natur einst waagerecht liegende Sandsteinbänke mit viel Druck in eine senkrechte Lage gebracht. Die Sandsteinfelsen wirken wie ein Teil der Dolomiten und sind Nationales Naturdenkmal.

Ein stimmungsvolles Stück Volksarchitektur des Isergebirgsvorlandes finden Sie im Ortsteil Vranové 1.díl direkt an der Jizera. **Boučkův statek** *(Bouček-Gehöft)* ist ein Umgebindehaus mit Satteldach und einer hohen Giebelspitze. Das Gebäude beherbergt eine Ausstellung zur Geschichte der Region Maloskalsko, eine Galerie und ein urwüchsiges Gasthaus mit Gastgarten, wo Sie im Sommer direkt am Fluss unter einem schattigen Lindenbaum sitzen können. In der Ausgedingestube ist die Touristeninformation untergebracht.

Ebenfalls direkt am Fluss gibt es eine Anlegestelle für Wasserwanderer mit Rastplatz und Liegewiese.

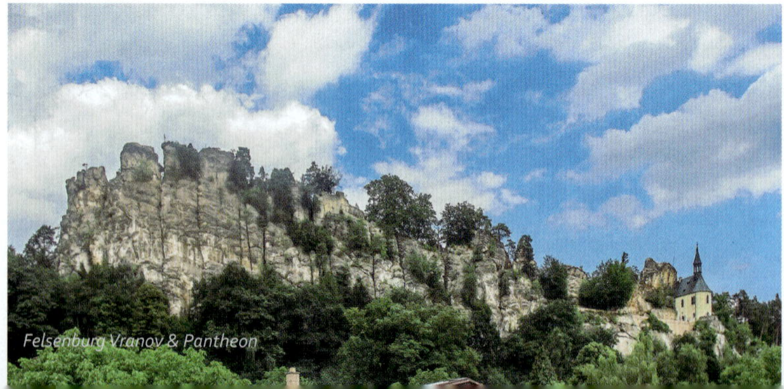

Felsenburg Vranov & Pantheon

Rafting auf der Jizera. Die quicklebendige Jizera bietet auf den 20 km zwischen Spálov und Dolánky u Turnova eine wundervolle Flusslandschaft zum Raften. Zwei Touren sind zu empfehlen: der obere Flussabschnitt von Spálov bis Malá Skála (10 km) ist besonders im Frühling bei hohem Wasserstand aufregend.

Fortgeschrittene Rafter zeigen ihr Können an den **Paraplicko Stromschnellen** und dem großen **Wehr von Splzov**, das für Kanus als nicht passierbar gilt. Wer sich nicht traut, das Gegenteil zu beweisen, kann umtragen.

Gemütlicher ist die Tour zwischen Malá Skála und Dolánky u Turnova (10 km) auf dem ruhigeren Abschnitt der Jizera. Es muss nicht umtragen werden, der Fluss fließt gemächlich und immer wieder laden Plätze wie z.B. Boučkův statek zum Rasten ein. Diese Tour können sich sogar Familien mit kleinen Kindern zutrauen.

Organisierte Rafting-Ausflüge bieten den Transport der Schlauchboote zur Einsetzstelle und Abholung am Zielpunkt an, z.B.: *www.rafty-jizera.cz/de.*

Der **Hochseilgarten Žlutá plovárna** treibt Ihren Adrenalinspiegel in die Höhe: 22 im Gelände verankerte Säulen sind durch Seile und Brücken in Höhen von 8 bis 10 Metern verbunden. Die Attraktionen heißen z.B. Tarzan, Sprung aus 8 Meter Höhe, Big-Swing, Riesenschaukel oder Seilbahn.

Mladá Boleslav *Jungbunzlau* *44.300 Einwohner 235 hm*

Gerade wenn man aus den ruhigen, verträumten Landschaften des Ještědi *(Jeschkengebiet)* oder des Český ráj *(Böhmischen Paradies)* kommt, ist die Anfahrt nach Mladá Boleslav ein kleiner Kulturschock. Die Industriestadt präsentiert sich mit viel Verkehr auf vielspurigen Straßen, mit Fabriken und Industrieanlagen und Wohnsilos. Größter Arbeitgeber ist der Automobilhersteller Škoda mit etwa 15.000 Beschäftigten. Aber das eigentliche Stadtzentrum, das sich vom Staroměstské náměstí bis zum Schloss hinzieht, ist eine hübsche Mischung aus alt und neu.

Hoch über der Krümmung der Jizera wurde in der ersten Hälfte des 10. Jh. eine Burganlage gegründet, um die herum ein munteres Handelsstädtchen wuchs, begünstigt durch die Lage am Fernhandelsweg von Prag Richtung Norden. Die Bewohner hatten etwas für alternative Glaubensrichtungen übrig, denn im 15. Jh. schloss sich die Stadt den Hussiten an und im 16. Jh. wurde die Stadt das Zentrum der Böhmischen Brüdergemeine. Zu dieser Zeit wurden das Gemeindehaus, die Schule und die Druckerei der Glaubensgemeinschaft, die sich an Hussitischen und urchristlichen Idealen orientierte, gegründet. Es war eine Zeit, in der die Wirtschaft florierte. Die große Zäsur war hier wie überall der Dreißigjährige Krieg mit der katholischen Gegenreformation. Im 18. Jh. besserten sich langsam die Zustände und das 19. Jh. brachte mit der Industrialisierung einigen Wohlstand. Richtig aufwärts ging es dann mit der Firma Laurin & Klement und ihrer Fahrrad- und Autoproduktion, die zu den Škoda-Werken wurde. Gegenwärtig sind drei Viertel aller Erwerbstätigen bei Škoda beschäftigt.

Touristenmagnet ist das **Škoda Museum**, das seit 1995 eine Sammlung von Automobilen in der alten Fertigungshalle präsentiert, in der bereits Laurin & Klement gearbeitet haben.

120 Jahre Škoda - eine Erfolgsstory. 2015 feierte der tschechische Autobauer sein Jubiläum mit Jubelzahlen: meistverkaufte Automarke in Tschechien - Zuwachs von 28 Prozent im Vergleich zum Vorjahr - das 18-millionste Auto seit Beginn der Fahrzeugproduktion 1905 hergestellt! Dabei fing alles ganz anders an. Buchhändler Václav Klement aus Mladá Boleslav ärgerte sich über sein kaputtes Fahrrad. Daraufhin begannen er und der Mechaniker Václav Laurin 1895, ordentliche Fahrräder zu bauen - mit Erfolg, denn 1899 waren Laurin & Klement der größte Fahrradhersteller des Landes. Dann kamen Motorräder dazu und ab 1905 wurden Autos gebaut (damals noch auf Bestellung), die Voiturette A. 1907 wurden schon neun verschiedene Modelle angeboten, sogar ein Omnibus. Anfang der 1920'er Jahre fusionierten Klement & Laurin mit der Maschinenbaufirma Škoda aus Pilsen.

Unter dem Namen Škoda rollten nun erfolgreiche und beliebte Fahrzeuge vom Band, egal unter welchem politischen Vorzeichen. In den 1930'er Jahren waren es die Fahrzeugtypen Popular, Rapid, Favorit und Superb, im Zweiten Weltkrieg Kübelwagen, Geländewagen mit Allradantrieb und die schweren Schlepper RSO und nach der Verstaatlichung 1946 waren die Modelle Octavia und Felicia der Renner. Škoda als Wagen für die Massen - von 1966-90 wurden bei Škoda mehr als 3,5 Millionen Fahrzeuge gebaut, für Tschechien und natürlich für den Export.

Die politische Wende 1991 brachte auch für die Autobauer Veränderungen. Škoda suchte einen potenten Partner und entschied sich für VW. Das Traditionsunternehmen wurde neben VW, Audi und Porsche die vierte Marke des Volkswagen-Konzerns. Und auch die neu designten Oktavias und Fabias kommen gut an. 1998 wurden 400.000 Autos für 70 Länder weltweit produziert. Heute heißen die Modelle Superb, Fabia, Roomster, Octavia, Yeti, Superb und Citigo. Sie fahren auf der ganzen Welt und werden außer in Tschechien in der Slowakei, Russland, Indien und China produziert. Außer in Mladá Boleslav gibt es noch tschechische Werke in Kvasiny und Vrchlabí. Nur der Firmenname will vielleicht nicht ganz zum Erfolg passen, denn „Škoda" heißt auf Deutsch „schade"!

An den touristisch interessanten Positionen der Stadt stehen elektronische Stadtführer, die auf Wunsch auch Deutsch mit Ihnen sprechen. Das Zentrum von Mladá Boleslav ist der dreieckige **Staroměstské náměstí** *(Altstadtplatz)*, an dessen kurzer Seite das Renaissancerathaus mit Sgraffiti und zwei Türmen, ein Werk des italienischen Baumeisters M. Borgorelli, auffällt. Der Platz vor dem Rathaus wurde 2011 mit Brunnen, interaktiver Wasserkaskade und Metallskulpturen neu und sehr ansprechend gestaltet.

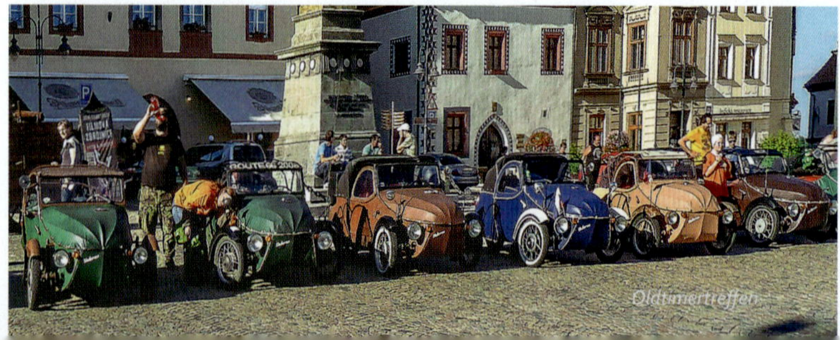
Oldtimertreffen

Der Staroměstské náměstí ist vielleicht nicht der malerischste in Böhmen, besticht aber mit seiner gelungenen Synthese von alter und neuer Architektur. Die Bauten rundherum sind ein steinernes Bilderbuch aus mindestens 5 Jahrhunderten.

Die römisch-katholische **Kirche Mariä Himmelfahrt** hinter dem Rathaus stammt aus dem 15. Jh. und wurde später barock umgebaut.

Am unteren, schmalen Ende des Platzes steht die **Boleslaver Burg**. Sie wurde im Laufe ihrer mehr als tausendjährigen Geschichte mehrmals umgebaut. Die heutige Gestalt erhielt sie erst in der 2. Hälfte des 18. Jh., als sie in eine Militärkaserne umgewandelt wurde. Heute ist die Burg der Sitz des Museums von Mladá Boleslav und des Staatlichen Bezirksarchivs.

Neben dem Schloss klebt über der Jizera das spätgotische **Stadtpalais Templ** vom Ende des 15. Jh. Hier wird im schummrigen Licht eine prähistorische Ausstellung mit zahlreichen Grab- und Skelettfunden gezeigt, ergänzt durch Videoaufnahmen.

Der Architekt des Rathauses plante auch das **Sbor Jednoty bratrské** *(Gebäude der Brüdergemeine)* am Českobratrské náměstí als dreischiffigen Renaissancebau. Nach der Rekatholisierung 1623 wurde es Lagerraum, dann Kreismuseum und heute dient der Bau als Galerie, Ausstellungs- und Konzertsaal.

Das **Stadttheater** in der Straße Palackého 263 wurde von den Architekten Jan Křížecký und Emil Králík mit keramischen Masken und Skulpturen gestaltet, während das neobarocke Innere wieder mal aus der Feder des Wiener Architektenbüros Fellner und Helmer stammt.

Die Architektur des 20. Jh. mit ihrem nüchternen Funktionalismus zeigt sich in den Bauten des tschechische Architekt Jiří Vendelín Kroha. Zu nennen sind da der Umbau des Hotels Věnec, die Krankenversicherung und die Industriefachschule.

Ebenfalls eine spannende Verbindung von alt und neu ist seit 2007 das **Bildungszentrum Škoda Auto Na Karmeli** im ehemaligen Karmeliterkloster und der Kirche des Hl. Bonaventura. Hier gibt es Weiterbildungsveranstaltungen, Ausstellungen, Modeschauen oder Open-Air Events. Eine **Zeitachse** stellt die Geschichte der Welt, der Böhmischen Länder, der Stadt Mladá Boleslav und des hiesigen Automobilwerks seit 2000 vor Christi bis heute dar.

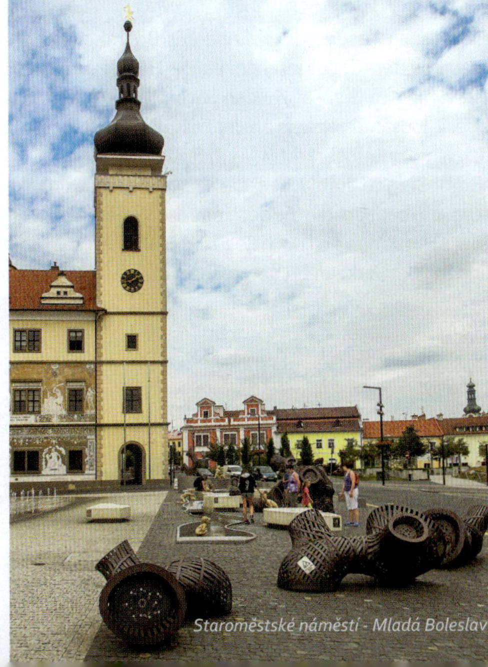

Staroměstské náměstí - Mladá Boleslav

Der **Židovský hřbitov** *(Jüdische Friedhof)* in der Pražská ist hinter einer Mauer verborgen. Obwohl er seit der Renaissance als Begräbnisstätte dient, überwiegen Sand- und Marmorgrabsteine im Barock- und Empirestil. Die bedeutendste hier begrabene Persönlichkeit ist Jakob Baschewi (1634), als Geldgeber der Habsburger Kaiser der erste geadelte Jude im Reich. Das Gelände ist aus Sicherheitsgründen verschlossen, aber der Schlüssel kann für Besichtigungen außer am Samstag und an jüdischen Feiertagen im Informationszentrum geholt werden.

All diese Sehenswürdigkeiten sind durch den **Naučná stezka Metalová cesta** verbunden, die Metall-Route durch Mladá Boleslav mit Informationstafeln, die kurioserweise mit einer Kurbel betrieben werden *(auch auf Deutsch)* . Die Tour beginnt am Info-Zentrum oder am Busbahnhof und führt Sie auf 4 km zu den Glanzpunkten der Stadt.

Mladějov v Čechách *Mladejow* ***500 Einwohner*** *285 hm* **Tour 26**

Ein Städtchen, wie man es überall finden kann - ein paar Wohnblocks, ein paar alte Gehöfte im Isergebirgsstil, eine ursprünglich gotische stockfleckige Kirche, jetzt im Barockstil und ein barockes Schloss in Privatbesitz.

Machen Sie einen **Spaziergang** an der Kirche mit dem hölzernen Glockenturm vorbei bis zum Schloss. Das Schloss selber ist zwar nicht zugänglich, aber am Feldrand an den Schlossmauern steht eine kleine Bank, von der aus Sie Ihre Augen über die wohltuend unaufgeregte Landschaft wandern lassen können - buckelige Felder mit Bäumen eingerahmt, schmale geschwungene Landsträßchen und in der Ferne zeigt Burg Trosky ihre zwei spitzen Zähne.

Mnichovo Hradiště *Münchengrätz* ***8.500 Einwohner*** *240 hm* **Tour 30**

Sozusagen das westliche Ende des Böhmischen Paradieses. Das Stadtzentrum hat schon bessere Tage gesehen, einige Häuser am Masarykovo náměstí mit barock geschwungenen Giebeln künden davon. Hübsch ist auch das Postamt im Jugendstil mit zwei imposanten Reliefs an der Fassade. Im Rathaus sind auch die Polizei und die Touristeninfo untergebracht.

Bevor Sie sich aufmachen, die einzige Sehenswürdigkeit des Ortes, das Schloss, anzuschauen, beobachten Sie doch mal das tägliche Leben in einer tschechischen Kleinstadt. Hier nimmt man sich noch Zeit zum Einkaufen, die Dinge werden sorgfältig ausgewählt und mit der Verkäuferin besprochen, man hält einen kleinen Schwatz. Zufrieden stehen

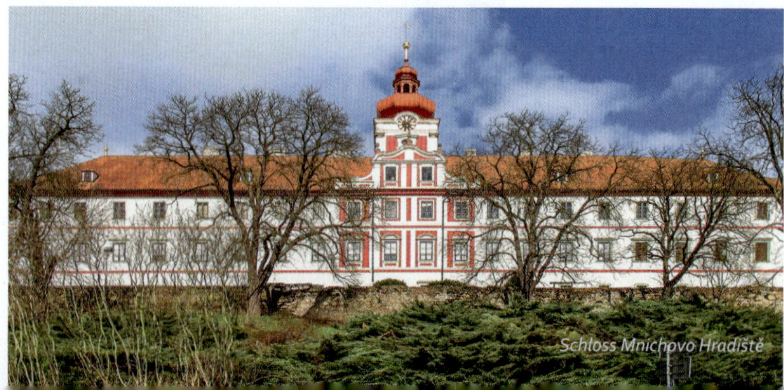
Schloss Mnichovo Hradiště

Hausfrauen mit prallen Einkaufstaschen, coole Schüler nach der Schule, müde Wanderer nach der Tour, junge Männer in Anzug und weißem Hemd an den Bushaltestellen und Busbahnhöfen, den Drehscheiben ins Umland: - ein kleines Panorama des Alltags.

Schloss Mnichovo Hradiště wurde 1623 nach der Schlacht am Weißen Berge Albrecht von Wallenstein zugesprochen, der es 1627 an seinen Verwandten Maximilian von Waldstein verkaufte.

Die Waldsteins haben die Herrschaft Mnichovo Hradiště bis 1945 in Besitz gehabt. Die heutige hochbarocke Gestalt bekam das Schloss mit dem Umbau nach Plänen des Architekten Canevalli, der mit Unterbrechungen fast 30 Jahre währte. Das Gebäude wurde modernisiert, um ein Stockwerk erhöht und der Uhrenturm errichtet. Die Sala terrena *(Gartensaal)* wurde von Mikuláš Raimimondi 1711 konzipiert.

Das Schloss beherbergt eine riesige **Bibliothek**, deren etwa 22.000 Bände vom Ende des 17. Jh. bis in die Gegenwart zusammengetragen wurden. Belletristik, Alchemie, Jura, Atlanten, historische Bücher, prächtige kunstgeschichtliche Publikatione, Botanik, Freimaurerliteratur, Familiengeschichte - alles vorhanden! Und es gab einen berühmten Bibliothekar, nämlich Giacomo Casanova, der von 1785-98 in Münchengrätz arbeitete. Außer der Bibliothek gibt es noch Sammlungen von Delfter Fayence, Porzellan und ein Empire-Schlosstheater mit originellen Kulissen.

Wer das Schlossinnere sehen will, muss an einem der drei Besichtigungsrundgänge teilnehmen. Wer das nicht mag, kann im **Schlosspark** zum Kapuzinerkloster mit der Kirche Tří králů und der Kapelle sv. Anna flanieren. In der Kapelle sind die sterblichen Überreste Albrecht von Wallenstein beigesetzt.

Ebenfalls im Schloss ist das **Museum** der Stadt Mnichovo Hradiště. Es zeigt die Geschichte der Apotheke „Zum goldenen Löwen", Beiträge zur Archäologie, völkerkundliche Exponate und eine Galerie.

Nová Paka *Neupaka* *9.100 Einwohner* *427 hm*

Wenn Sie von Libštát nach Nová Paka fahren, kommen Sie durch einige Dörfer mit Häusern im Isergebirgsstil in den verschiedenen Stadien der Vernachlässigung und Renovierungsbedürftigkeit. Die Zierde vieler böhmischer Orte, der zentrale Platz, wird auf seiner Nordseite von rein funktionellen Neu- oder Umbauten gesäumt. Die gegenüberliegende Seite wird mit Häusern aus verschiedenen Zeitaltern begrenzt, wobei das Anfang des 20. Jh. errichtete ehemalige „Hotel Central" besonders auffällt.

Anziehend und gepflegt sind die **Kirche sv. Mikuláše** am Hauptplatz, die **Barockkirche Maria Himmelfahrt**, das Paulanerkloster und das **Suchard-Haus**.

Im **Sucharda dům** *(Suchard Haus)* im Neorenaissancestil von 1896 informiert die Ausstellung des Städtischen Museum über die Geschichte der Region. In der Edelsteinschatzkammer funkeln Achate, Amethyste, Bergkristall, Rauchquarze, Jaspisse, Karneole und böhmische Granate aus der Umgebung sowie Sammlungen von Schmuckfirmen.

Den größten Schatz hat die Umgebung zu bieten. Nová Paka liegt an der geologischen Bruchstelle zwischen dem Böhmischen Paradies und dem Riesengebirgsland. Auffällig ist der hämatitfarbige Boden, der an den lang gezogenen Bergrücken Lager von Edelsteinen wie z.B. Achat und Chalzedone bedeckt.

Ein Schmuckstück im Verborgenen ist die hölzerne **Řeckokatolický kostelík** *(Griechisch-Katholische Kirche)*, die im 17. Jh. in der Karpato-Ukraine gebaut wurde und seit 1930 in Nova Paka steht. Wenn Sie im Stadtmuseum Nová Paka einen Besichtigungstermin vereinbaren, können Sie die spätgotischen Heiligenfiguren und einen reich verzierten Altar bewundern.

Gleich hinter dem Bahnhof finden Sie die **Brauerei**, wo seit 1871 Bier gebraut wird. Im Rahmen einer Führung können Sie das renovierte neugotische Brauereigebäude besichtigen und etwas über das traditionelle Brauwesen erfahren. Die acht Biersorten MotoBrouk (alkoholfrei), Brouček, Kryštof, Kumburák, Granát, Podkrkonošský speciál, Podkrkonošský speciál tmavý, Valdštejn, Hemp Valley Beer werden mit dem tschechische Originalbrauverfahren des Goldbräus hergestellt.

In den Wäldern verstecken sich die zwei **Burgruinen Kumburk** und **Bradlec**, die Sie auf einem ausgiebigen **Spaziergang** erreichen können. Gehen Sie auf dem mit rot markierten Weg aus der Stadt Richtung Kumburk und Sie kommen nach etwa 6 km den 620 m hohen Burgberg mit Ruine und Aussichtsturm. Burg Kumburk wurde im 14. Jh. das erste Mal schriftlich erwähnt. 1620 ging sie, wie so vieles in dieser Region, in den Besitz der Familie Wallenstein über. Nach dem Dreißigjährigen Krieg verfiel die Burg, weil sie für die Verteidigung des Landes nicht mehr wichtig war. Vom Aussichtsturm aus können Sie bei guten Bedingungen ein 360°-Panorama genießen!

Folgen Sie weiter der roten Markierung bis zur Hostinec *(Gasthaus)* Klepanda. Dort wenden Sie sich nach links und kommen nach knapp einem Kilometer auf dem blauen Weg zur **Ruine Bradlec**, die auf zwei Basaltgipfeln (557 m) eine ausgezeichnete Verteidigung vor Angriffen ermöglichte. Erhalten sind noch Reste der Mauern und des Turmes. Vom westlichen Aussichtsplateau blicken Sie auf die Umgebung von Jičín und über das Böhmische Paradies.

*Böhmen und Mähren überzieht ein ungewöhnlich dichtes Netz von **Burgen und Schlössern** von einmaliger Schönheit, die in Europa nur selten Ihresgleichen finden. Über **2.000 Burgen, Schlösser, Festungen und Burgruinen** blieben bis heute erhalten. Die Gebiete, die Sie mit unserem Reise- und Wanderführer bereisen, sind im Laufe der Geschichte mehr oder wenigen immer Grenzgebiete gewesen. Und daraus erklärt sich auch die hohe Dichte an Burgen - sie dienten dem Schutz der Grenze, sie bewachten die Handelsrouten in unsicheren Gebieten, sie fungierten als Unterkünfte für das Heer in Kriegszeiten und sie waren viele hundert Jahre lang Herrschafts- und Verwaltungszentren.*

Viele der Burgen und Schlösser hatten das Glück, bis 1945 noch bewohnt und gepflegt worden zu sein - und denen konnten 50 Jahre Vernachlässigung auf Grund politischer Verhältnisse nicht so viel anhaben. In der heutigen Zeit sind Burgen die absoluten Touristenmagneten, und damit keine Langeweile aufkommt, versucht man mit abwechslungsreichen Veranstaltungen, mit kulturellen Inszenierungen oder mit thematischen Schwerpunkten einen Besuch unvergesslich zu machen.

Pecka *Petzka* — *1.300 Einwohner 407 hm*

Etwa 10 km östlich von Nova Packa schmiegt sich klein und fein Pecka zwischen die überraschend steilen Vorberge des Riesengebirges. Der Ort entstand im Schutz der gotischen **Burg**, die auch heute noch in halb verfallenem Zustand mächtig über Pecka sitzt. Bekannt ist die Burg seit dem 14. Jh. Sie wurde in den Hussitenkriegen belagert, erobert und im 16. Jh. im Stil der Renaissance an- und umgebaut. Nach einem Brandt 1830 verfiel die Burg mehr und mehr. Im 20. Jh. begann die Gemeinde, das alte Gemäuer zu restaurieren und heute gibt es in der Burg eine Dauerausstellung über das Leben des Humanisten, Reisenden und Politikers Christoph Harant Freiherr von Polschitz und Weseritz (1564-1621).

Im Örtchen können Sie einen Blick auf die barocke **Kirche St. Bartholomäus** mit Deckenmalereien von Václav Kramolín werfen. Hübsch sind auch der Platz mit Pestsäule von 1720 und Barockbrunnen sowie einige Häuser im Riesengebirgsstil und ansehnliche Stadthäuser.

Prachov *Prachow* — *90 Einwohner 290 hm* Tour 26 & 27

Kaum jemand würde Prachov kennen, gäbe es nicht die **Prachovské skály** *(Prachauer Felsen)*, die Felsenstadt vom Allerfeinsten mit etwa 300 Felsengebilden aus Sandstein in einem 260 ha großen Naturreservat. Ein dichtes Netz an Wanderwegen, das verschiedene Rundgänge möglich macht, führt zu Aussichtskanzeln, zwängt sich durch Engstellen und lässt Sie Treppen steigen - da kommt der Kreislauf in Schwung!

Menschliche Besiedlung ist in den Prachovské skály seit dem 3. Jahrtausend v.Chr. bekannt. Slawische Siedler nutzten die Felsen, um ein System von Befestigungen aus Wallburgen zu schaffen. Im Mittelalter gehörte das Gebiet von Velíš mit den Prachovské skály dem König. Im 17. Jh. wurde es, wie sollte es anders sein, Teil des Wallenstein-Imperiums. Nach Wallensteins Tod bis zur Enteignung 1948 gehörten die Prachovské skály der Adelsfamilie Schlick, die sich nach der Rückgabe der Besitzungen 1993 entschlossen, die Felsenstadt für Touristen zu öffnen.

Die schönsten Plätze tragen malerische Namen: **Vyhlídka míru** *(Friedensaussicht)*, **Císařská chodba** *(Kaiserschlucht)* oder **Šikmá věž** *(Schiefer Turm)*.

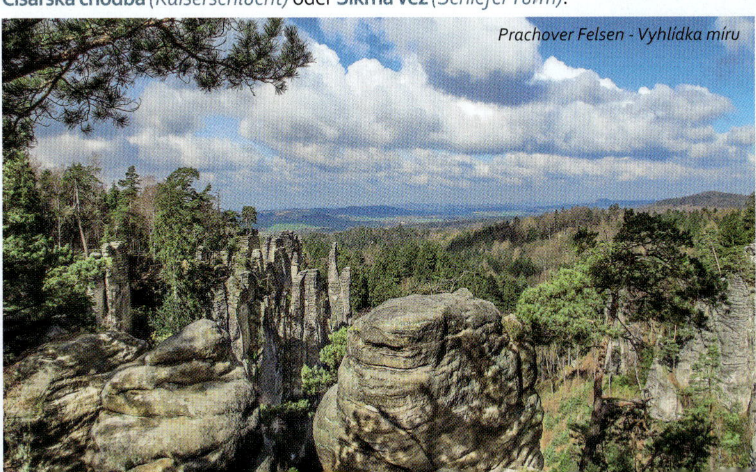
Prachover Felsen - Vyhlídka míru

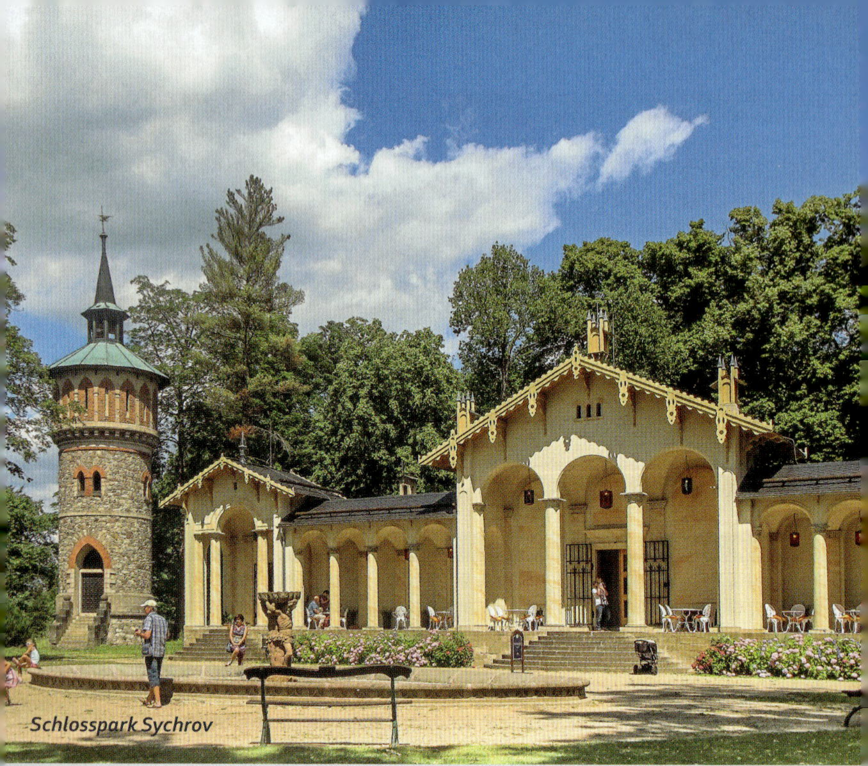

Schlosspark Sychrov

Lovecký zámeček Nová Louka

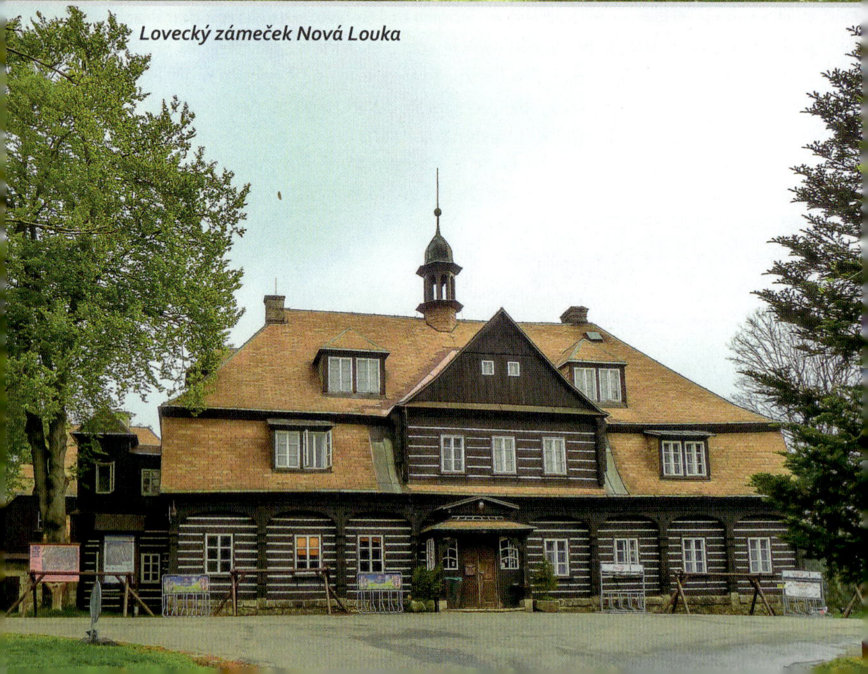

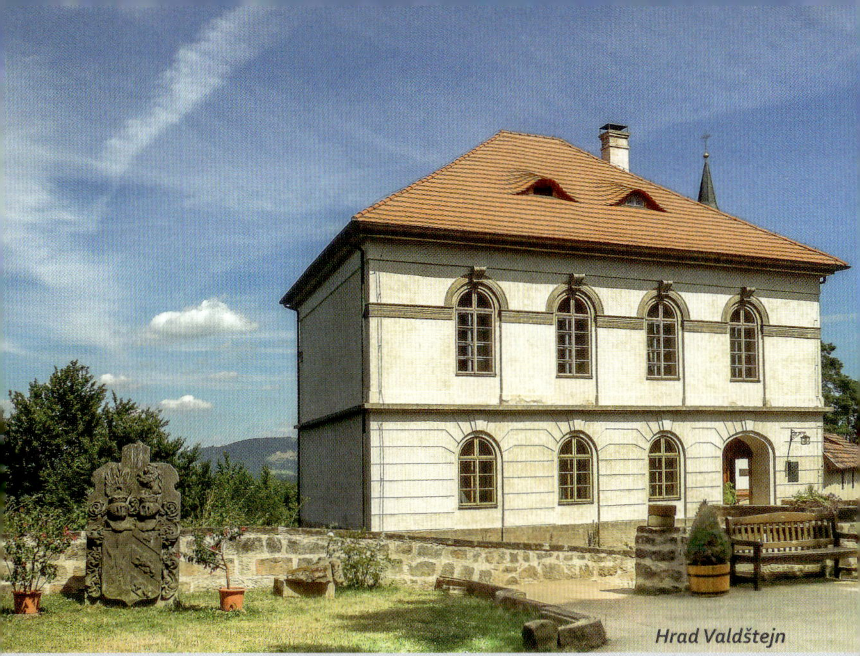

Hrad Valdštejn

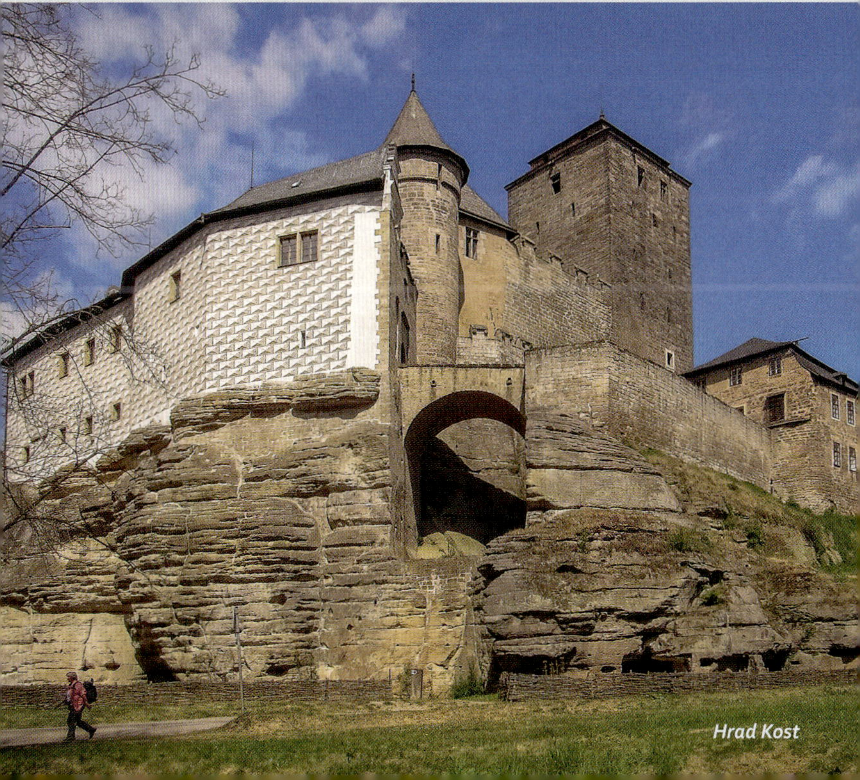

Hrad Kost

Bei der urigen und gemütlichen **Turistická chata** *(Touristenbaude)* können Sie das Felsenreich betreten, um zu zwei **Rundgängen** zu starten. An vielen Stellen stehen Lehrtafeln in Deutsch und Tschechisch. Der gelb markierte Weg ist etwa 1,5 km lang, führt durch eine sehr enge Felsspalte, zu zwei Aussichtspunkten und vorbei an gewaltigen Felsblöcken durch die Kaiserschlucht. Auf dem längeren Rundkurs, der grünen Markierung folgend, wandern Sie ca. 3,5 km. Hier erwarten Sie sieben Aussichtspunkte und eine Menge Felsentreppen!

Ein weiterer Eingang ist in Prachov. Dort können Sie auch das informative **Muzeum přírody Český ráj** *(Museum für die Natur des Böhmischen Paradieses)* besuchen und Ausstellungen zum Thema Natur der Prachovské skály und des Český ráj, einen kleinen botanischen Garten und Freilandterrarien besuchen.

Etwa 2 km nordöstlich von Prachov liegt bei **Pařezská Lhota** die **Ruine Pařez** auf einem zweigeteilten Felsen. Am westlichen Rand der Burg stand ein Turm mit einem Tor, zu dem eine Holzbrücke führte. Das Gelände ist frei zugänglich.

Rovensko pod Troskami — *Rowensko bei Turnau* — ***1.300 Einwohner*** — *306 hm*

In Rovensko gibt es bei der **Kostel sv. Václava** *(Kirche St. Wenzel)* eine Kuriosität zu sehen: in dem separat stehenden hölzernen Glockenturm hängen die Glocken verkehrt herum, also mit der Öffnung nach oben! Der Turm wurde 1630 von den Bürgern von Rovensko neu gebaut, nachdem der alte Turm im Dreißigjährigen Krieg abgebrannt war. Zuerst hingen die Glocken wie überall mit der Öffnung nach unten. Aber auf Befehl der Herrschaft wurden sie umgedreht, um die überwiegend protestantische Bevölkerung zu bestrafen, weil sie die Glocken zum Zusammenläuten beim Widerstand gegen die Zwangsrekatholisierung benutzt hatten. Heutzutage erklingen sie jeden Sonntag um 12 Uhr mittags.

Das Presbyterium der Kirche stammt aus dem 14. Jh., das Kirchenschiff kam im 16. Jh. dazu. Das Innere ist eine Stilmischung aus Renaissance (Grabstein des Jindřich Smiřický aus Smiřice) und Barock (Altäre).

Das Ortszentrum ist typisch für eine böhmische Kleinstadt: um einen zentralen Platz scharen sich Häuser aus verschiedenen Epochen, so z.B. das **Rathaus** im Neurenaissancestil von 1905. Im Rathaus ist auch das kleine **Museum**, das Sie mit der Geschichte der Stadt mit ihrer Schleifer- und Edelsteintradition vertraut macht. Einige der am Kozákov gefundenen und in Rovensko geschliffenen Steine schmücken die Wenzelskapelle der Prager Burg.

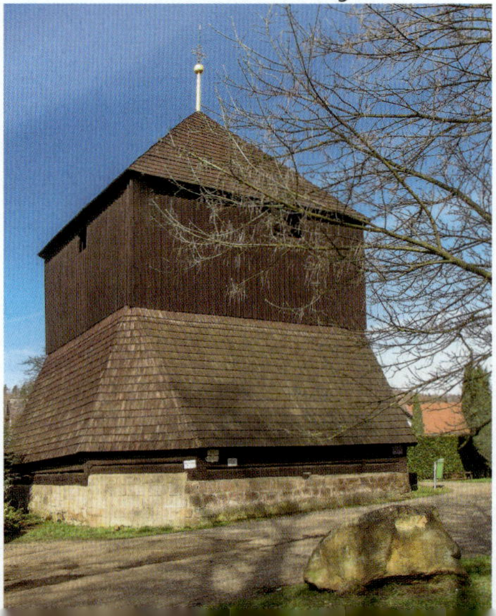

Glockenturm in Rovensko pod Troskami

Reiseteil

Semily *Semil* *8.400 Einwohner* *340 hm* Tour 28 & 29

Die Gemeinde im Iser- und Riesengebirgsvorland ist am Zusammenfluss von Jizera und Oleška unterhalb des Berges Kozákov entstanden und beschreibt sich selber als die „Die Region der Aussichten und tiefen Täler". 1352 hören wir das erste Mal schriftlich von Semily, damals im Besitz der Familie Smiřický. Die Menschen betrieben Landwirtschaft, brauten Bier, schürften nach Gold, Kupfer und Eisenerz und produzierten Garn und Stoffe. Mit dem Beginn der Industrialisierung wurden Textil-, Holz- und Maschinenbauindustrie die vorherrschenden Wirtschaftszweige.

Mittelpunkt der Stadt war bis zum Beginn des 20. Jh. der höher gelegene **Komenského náměstí** *(Komenský-Platz)*, umgeben von Kirche (neuromanisch an Stelle der alten Barockkirche), Schule und Rathaus. Nach der Regulierung der Jizera verlagerte sich das Stadtzentrum zur Jizerabrücke hin, wo der **Riegerovo náměstí** *(Riegerplatz)* entstand.

Die **Barockfriedhofkirche des heiligen Johannes des Täufers** stammt aus den Jahren 1723-27. Das **Barockschloss** von 1691 ist Sitz des Kreisamtes.

Vom Leben in früheren Zeiten künden drei Blockhütten in der Jílovecká-Straße, die ein kleines Areal bilden, das an die ursprüngliche Bebauung der Stadt erinnert. Hier wohnten an der Wende des 19. zum 20. Jh. Kleinhandwerker und Arbeiter, so auch ein Feilenhersteller, dessen Hütte mit Feilenausstellung und Originalstube zu besichtigen ist.

Die Hütten gehören zum Museum **„Muzeum a Pojizerská galerie"**, fragen Sie dort wegen einer Besichtigung nach (man spricht englisch). Das Muzeum a Pojizerská galerie im Barockgebäude von 1760 zeigt die Dauerausstellungen „Persönlichkeiten der Region Semily" und „(Un)vergessene Vergangenheit" sowie wechselnde Ausstellungen.

Auf drei Persönlichkeiten ist man in Semily stolz und hat sie mit Denkmälern geehrt: auf den Publizisten und national eingestellten Politiker **František Ladislav Rieger** (1818-1903), auf den Schriftsteller **Antonín Zeman** (Pseudonym Antal Stašek) und seinen Sohn **Ivan Olbracht** (1882-1952), ebenfalls Journalist und Schriftsteller. Das Denkmal für Rieger finden Sie auf dem Marktplatz, das Denkmal für Vater & Sohn beim Museum.

Dem Herrn Rieger ist außerdem noch ein lohnenswerter **Wander-Rundweg** gewidmet, der **Riegrova stezka** *(Rieger-Pfad)*: Er erschließt seit 1909 das tiefe, schluchtenartige Jizeratal zwischen Semily und Spálov. Verschiedene Aussichtskanzeln, Felsentunnel, Quellen, eine Galerie, Lehrtafeln und eine Hängebrücke machen eine Wanderung auf dem Pfad zum Erlebnis (siehe Tour 16). In Podspálov am Zusammenfluss von Jizera und Kamenice steht das **Vodní elektrárna Spálov** *(Wasserkraftwerk)*, das seit 80 Jahren ohne Unterbrechung und ziemlich problemlos läuft. Das Wasser wird auf die Turbine über einen 1300 Meter langen, im Felsen gehauenen Tunnel geleitet.

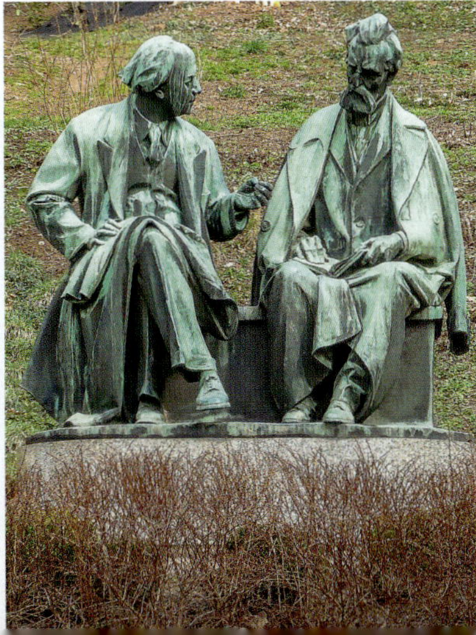

Denkmal für Antal Stašek und Ivan Olbracht

Eine technische Sehenswürdigkeit auf dem linken Jizera-Ufer ist die Eisenbahnstrecke, die durch einige Tunnel mit einer Gesamtlänge von 743 m verläuft.

Sobotka *Saboth* *2.300 Einwohner* *305 hm* **Tour 25 & 26**

Auf den ersten Blick gibt das charmante Sobotka seine Attraktionen nicht preis. Der viereckige Marktplatz mit Säulenformation in der Mitte wird von Häusern mit Laubengängen eingefasst, aber die Kleinstadtidylle bröckelt, denn leicht vergammelte Fassaden und die eine oder andere Bausünde des letzten Jahrhunderts stören das ausgewogene Bild und so mancher Laden, der noch vor einigen Jahren in Betrieb war, ist leider inzwischen geschlossen.

Aber die eine oder andere Ecke von Sobotka ist doch einen längeren Blick wert. In der Straße Šolcova steht das **Šolcův statek**, ein stattliches Gehöft, Anfang des 19. Jh. von Bauer Josef Šolc mit eingeschossigem Zimmerwerk und Söller gebaut. In den 90'er Jahren des 20. Jh. machte Dr. Karel Samšiňák, Naturwissenschaftler und Kunstkenner, eine berühmte Galerie für in- und ausländische Künstler daraus. 2005-09 wurde das Ensemble saniert, zum Kunst- und Kulturzentrum umgestaltet und um ein Lapidarium im ehemaligen Pferdestall erweitert.

Am Hauptplatz finden Sie das **Muzeum a archiv Fráni Šrámka** *(Geburtshaus und das Museum von Frána Šrámek)*. Der Schriftsteller (1877-1952) schrieb in seinen frühen Jahren Gedichte und Erzählungen, die von Anarchismus und Widerstand gegen den Krieg erzählen. Später verfasste er gefühlvolle Liebesgedichte und Geschichten. Seit 1956 findet im Juli in Sobotka zu Ehren von Frána Šrámek ein Literaturfestival statt. Leider sind seine Bücher in Deutsch für viel Geld nur antiquarisch zu erhalten.

In der spätgotischen **Kostel svaté Máří Magdaleny** *(Kirche der hl. Maria Magdalena)* können Sie an der Wand des Presbyteriums drei Kindergräber der Adelsfamilie Lobkovicz aus den Jahren 1581 und 1596 anschauen.

Nicht zu übersehen ist das über der Stadt auf einem Hügel thronende frühbarocke **Jagdschloss Humprecht**, gebaut auf Veranlassung des Barockkavaliers Humprecht Johann Czernin von und zu Chudenitz. Der Grundriss ist ungewöhnlich, nämlich oval, weil Architekt Carlo Lurago an den Galater Turm in Konstantinopel erinnern wollte. Gegenwärtig finden im Schloss gelegentlich Ausstellungen und Konzerte statt, denn der 16 m hohe Hauptsaal hat eine besondere Akustik. Im Schloss ist auch das Stadtmuseum untergebracht. Sie können das Schloss nur bei Veranstaltungen oder im Rahmen einer Führung besichtigen.

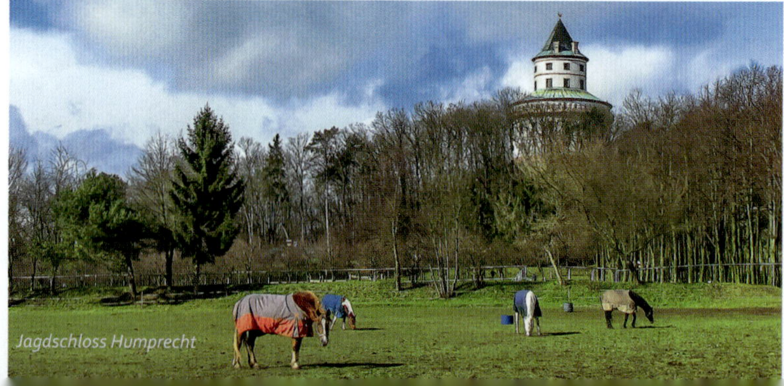
Jagdschloss Humprecht

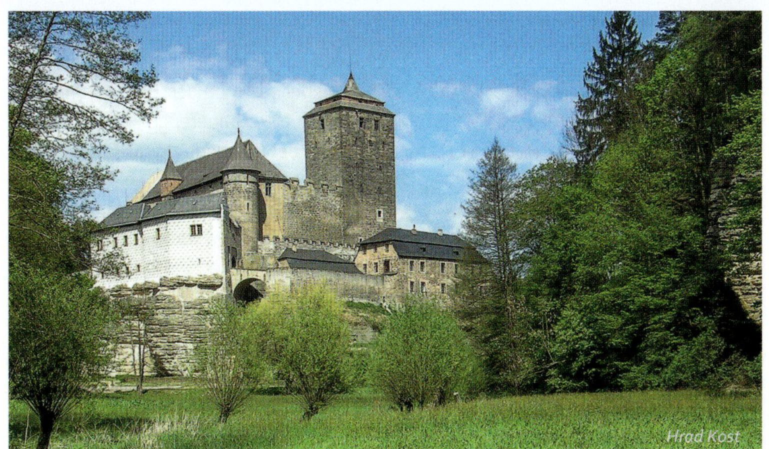
Hrad Kost

Etwa 4 km entfernt von Sobotka wacht seit 700 Jahren die **Hrad Kost** *(Burg Knochen)* über Dörfer, Hügel und Täler des Český ráj. Beneš von Wartemberg, der Bauherr, fand Anfang des 14. Jh. einen vorteilhaften Platz für den Bau seiner Burg - an einem kräftigen Sandsteinfelsen treffen drei eher feuchte und sumpfige Täler aufeinander, so dass schon natürliche Verteidigungsanlagen gegeben waren. Und seine Rechnung ging auf, denn die Burg wurde im Laufe der Zeit nur einmal erobert. Daher auch ihr Name: „Kost" bedeutet „Knochen" und tatsächlich hat sich so mancher Belagerer an diesem Knochen die Zähne ausgebissen!

Die Silhouette der Burg ist noch so wie im 14. Jh, obwohl es einige Umbauten gegeben hat, z. B. der Westflügel, der Biberstein-Renaissancepalast und der Lobkowitz-Palast. Wahrzeichen der Burg ist der trapezförmige „Weiße Turm". Dessen unregelmäßigen Formen sorgten dafür, dass Kanonenkugeln besser abprallten und schützen so die Bauten vor Schäden. Seit 1993 ist die Burg wie vor 1948 im Besitz der Adelsfamilie Kinský dal Borgo. Auf vier verschiedenen Rundgängen können Sie Kost besichtigen.

Ein herrliches Gebiet zum Spazierengehen sind die Täler rings um die Burg Kost mit ihren Fischteichen, die gleichermaßen Teil der Versorgung- und der Verteidigungsanlage der mächtigen Burganlage waren.

Im **Údolí Plakánek** *(Tal Plakanek)*, ein felsiges und meist mit Kiefernwäldern bewachsenes romantisches Tal, wurde im 17. Jh. Holzkohle gebrannt. Die Sandsteinbrüche im Tal lieferten die Steine für den Bau der Burg Kost und der Kirche in Sobotka.

Sage von Hrad Kost: *Vor langer, langer Zeit sollte die Burg gestürmt werden. Mauern und Tore hielten die Feinde davon ab, aber diese waren hartnäckig und gaben nicht so schnell auf und belagerten die Burg Tag um Tag, Woche um Woche. Da wurde das Essen knapp. Aber anstatt sich zu ergeben, fiel dem Burgherren eine List ein. Er ließ alles Fleisch, was noch vorhanden war, zubereiten. Die Knochen warfen sie den Belagerern aus dem Fenster zu. Die Belagerer glaubten nun, dass die Menschen auf der Burg noch immer in Überfluss leben und sie brachen noch am selben Tag die Belagerung ab und zogen ab.*

Svijany *Swijan* *330 Einwohner 255 hm*

Seit Jahrhunderten gehörten **Schloss** und **Brauerei** zusammen und seitdem 2013 die Brauerei das marode Schloss kaufte, ist das wieder so. Ende des 16. Jh. wurde hier ein Herrenhaus der Familie von Vartemberk, zu dem eine Brauerei gehörte, zu einem Schloss umgebaut. Aus dieser Zeit stammen die bei der Renovierung 2016 wiederentdeckten Renaissance-Wandmalereien. Einige Besitzer wechselten sich ab - die Šlik, die Wallensteins, die Rohans, die Kratochvíls und mit der Verstaatlichung Mitte des 20. Jh. ging es dann mit Schloss und Brauerei mächtig bergab. 1992 wurde die Brauerei reprivatisiert und mit viel Geschick ausgebaut. 10 Sorten würziges Bier sind in vielen tschechischen Gaststätten zu finden.

Das Schloss dient heute frisch renoviert als Ausstellungsgelände (Archäologie, Bronzeschatz, Geschichte des Schlosses und der Brauerei) und Schauplatz kultureller Veranstaltungen.

Im Ortsteil **Příšovice** haben sich noch eine Handvoll alter Bauernhäuser im Holzgewand erhalten, die aber nicht öffentlich zugänglich sind.

Teiche - eine mittelalterliche Speisekammer mit Verteidigungsfunktion! *Im Český ráj funkeln einige Teiche, die in der Landschaft liegen, als wären sie schon seit Urzeiten da. Diese zum Teil mit Gräben verbundenen Wasserflächen sind nicht natürlicher Herkunft, sondern sie wurden im Mittelalter angelegt, um den großen Bedarf an Karpfen decken zu können. Schließlich gab es damals bis zu 130 Fasttage im Jahr, an denen die Kirche den Verzehr von Fleisch untersagt hatte. Viele fleischlose Delikatessen wurden deshalb kreiert - Fisch war als eines der erlaubten Lebensmittel auf allen Tischen begehrt! Und so entstand die Teichwirtschaft als eine der ältesten Formen der Fischproduktion, ausgehend von den Klöstern und der Grundherrschaft.*

Unterhalb der Burgen Kost & Trosky gelegen, waren die in sumpfigen Gebieten gelegenen Teiche auch Teil der Verteidigungsanlagen. Stellen Sie sich mal vor, was mit einem Ritter in schwerer Rüstung (bis zu 50 kg schwer) passiert, der in einen Sumpf tappt!

Heute dienen die Teiche als Erholungsgebiet, als Wasserrückhaltebecken, und sie sind mitbestimmend für das Kleinklima. Außerdem sichert der Lebensraum Teich mit seinen vielen Teillebensräumen (Unterwasserwelt, Überwasser-Lebensraum, Röhricht) vielen Tier- und Pflanzenarten die Existenz.

Die „Erntezeit" am Fischteich im Herbst, das Abfischen, ist eine Attraktion! Das Wasser wird weitgehend aus dem Teich abgelassen, die Fische mit dem Zugnetz gefangen, in Holzbottichen sortiert und zum Verkauf vorbereitet. Der Teichwirt und seine Helfer können nun sehen, wie erfolgreich ihre Jahresarbeit war.

Troskovice *Troskowitz* *90 Einwohner 345 hm* Tour 25

Mitten im Český ráj ragt zwei großen abgebrochenen Zähnen gleich **Hrad Trosky** über Felder und Wiesen. Von der Burg aus sah man im weiten Umkreis jeden Feind, der sich der Burg nähern wollte und umgekehrt wird die Burg heute von fast überall im Český ráj gesehen. Čeněk von Wartenberg nutzte im 14. Jh. zwei schroffe Basaltkegel, die 47m hohe Baba *(Altes Weib)* und die 57 m hohe Panna *(Jungfrau)*, um dazwischen die innere Burg zu errichten. Auf die Kegelberge wurden Türme gebaut. Von Süden war Trosky durch den Steilhang geschützt, vom Norden mit der Vorburg. Durch Verkaufen und Vererben hatte die Burg viele Besitzer. Im Dreißigjährigen Krieg stand sie schon verlassen und verödet. Der Dornröschenschlaf dauerte bis ins 19. Jh., als die Romantiker an vielen Orten in Europa vergessene Burgen wieder entdeckten, so auch Trosky. Über das Aussehen der Burg im Mittelalter können wir nur Vermutungen anstellen, denn es existieren keine entsprechenden Unterlagen mehr. Selbst der heutige Name ist nicht der ursprüngliche Name, denn „Trosky" bedeutet Schutt oder Trümmer.

Im Norden von Trosky hat sich in den schluchtartigen Tälern ein System von acht Teichen gebildet (Věžák, Nebák, Vidlák, Krčák, Hrůdka, Rokytnický, Dolský und Podsemín), an denen es einige Badestellen gibt.

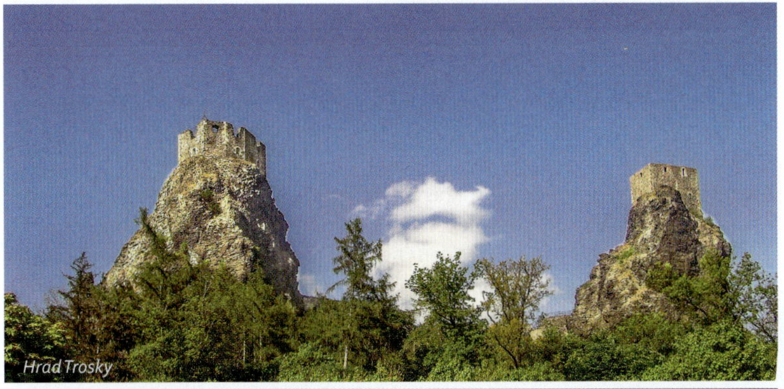

Hrad Trosky

Turnov *Turnau* — *14.300 Einwohner* *260 hm* Tour 23 & 24

Das Paradies hat viele Tore - auch Turnov, ein emsiges tschechisches mittelgroßes Städtchen mit dem üblichen Kranz an Plattenbauten an der Peripherie ist eines davon!

Seit dem 16. Jh. ist Turnov ein Zentrum der Edelsteinschleiferei, die vor allem an den Hängen des Kozákov gefunden wurden (Achat, Jaspis). Folgerichtig entstand 1884 in Turnov die **Střední umělecko průmyslová škola** *(Fachschule für Edelsteinbearbeitung)*. Einige Schmuckgeschäfte verkaufen die geschmackvollen Produkte. Neben dem Rathaus präsentiert die Galerie Granát eine Ausstellung von Granatschmuck; außerdem zeigen Steinschleifer ihre Kunst. Auf dem Hauptplatz, hier heißt er náměstí Českého Ráje, erregen drei Gebäude Aufmerksamkeit: das **Jugendstilhaus** der Sparkasse, das **Renaissancerathaus** mit einem Türmchen und die Kostel sv. Františka z Assisi *(Klosterkirche St. Franz von Assisi)* aus dem 17. Jh.

Wenn Sie der Straße Skálova an der nordöstlichen Ecke des Platzes etwa 50 m folgen, kommen Sie zum **Muzeum Český ráj** *(Museum Böhmisches Paradies)*. Das ist eine kleine, feine Schatzkammer mit Werkstücken der Edelsteinschleiferschule, mit der größten Sammlung von Jaspissen, einem großen Diorama von Mikoláš Aleš von 1895 und einer funkelnden mineralogischen Ausstellung. Die Erklärungen zur Ausstellung sind in Tschechisch und Englisch, in jedem Raum gibt es einen Flyer mit knappen Erklärungen in Deutsch.

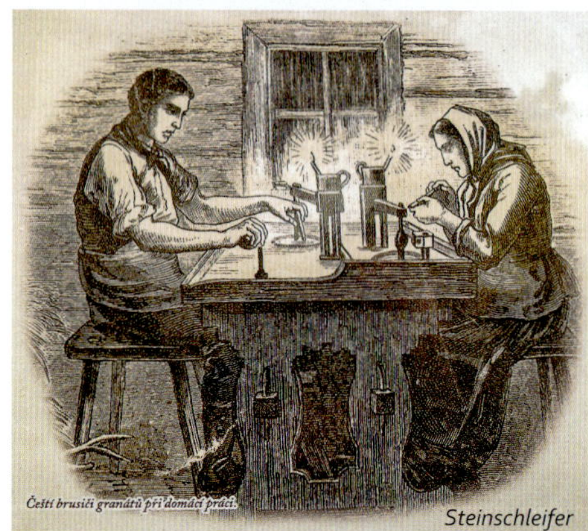

Steinschleifer

Gegenüber dem Museum führt eine kleine Straße zu einem hübschen, baumbestandenen Platz vor der gotischen **Kostel sv. Mikuláše** *(Kirche St. Nikolaus)* aus dem 14. Jh., die in der Renaissance und im Barock umgebaut wurde. Wenn Sie Glück haben, ist sie geöffnet und Sie können drinnen die Grabsteine der Familie der Wartenberger bewundern.

Spazieren Sie nun die Straße Jiráskova nach rechts und biegen beim Hotel Victoria nach links in die Trávnice, der Sie etwa 100 m bis zu einem kleinen Platz folgen. Dort noch ein paar Schritte in die Straße Krajířova und Sie stehen vor der **Synagoge**, eine der wenigen, die von den Nazis nicht zerstört wurde. Zwei Vorgänger aus Holz verbrannten bei Stadtbränden, bis Anfang des 18. Jh. dieses Gebäude mit Eingangshof und großer Treppe aus Stein gebaut wurde. Im Inneren sind vor allem der Hauptgebetsraum mit den Wandornamenten und das schmiedeeiserene Gitter der Frauengalerie bemerkenswert. Die **jüdische Gemeinde** hatte auch einen **Friedhof**, der derzeit schrecklich eingequetscht unter der Schnellstraße gegenüber dem Eisstadion liegt (der Straße Sobotecká nach Süden folgen) und der einige schöne Grabsteine aus dem 18. Jh. hat.

Bei der Synagoge der Palackého bis zum Kreisverkehr und dort in die Hluboká gehend, kommen Sie dort auf der linken Seite zu einer Passage, die Sie zum **Stadttheater** aus den Jahren 1872-74 bringt. Es ist das verkleinerte Abbild des Prager Theaters Prozatímní divadlo.

Zwei weitere Sehenswürdigkeiten sind nördlich der Stadt auf einem **Lehrpfad** zu erreichen (oder mit dem Auto). Der Pfad beginnt beim náměstí Českého ráje und folgt, blau markiert, der Straße Žižkova über den Park Metelkovy sady zum **Bauernhof Dlaskův statek** und zum **Schloss Hrubý Rohozec** und wieder zurück (ca. 6 km).

Der Bauernhof Dlaskův statek ist ein typisches Beispiel für ein Isergebirgshaus aus dem frühen 18. Jh. Der Bauernhof ist von einer Balkenmauer mit zwei Toren umgeben. Die Scheune stammt noch aus dem ursprünglichen Baubestand, der Speicher wurde aus Malý Rohozec hierher gebracht. Von den ursprünglichen Bauwerken blieb im Hof eine gezimmerte Scheune erhalten. Versuchen Sie, am Ostersamstag in Turnov zu sein, denn da findet in Dlaskův statek der **traditionelle Ostermarkt** statt. Dort können Sie bunte, liebevoll verzierte kraslice *(Ostereier)* kaufen, eine pomlázka *(Weidenrute)* flechten oder die leckeren Koláčky *(Kolatsche)* essen.

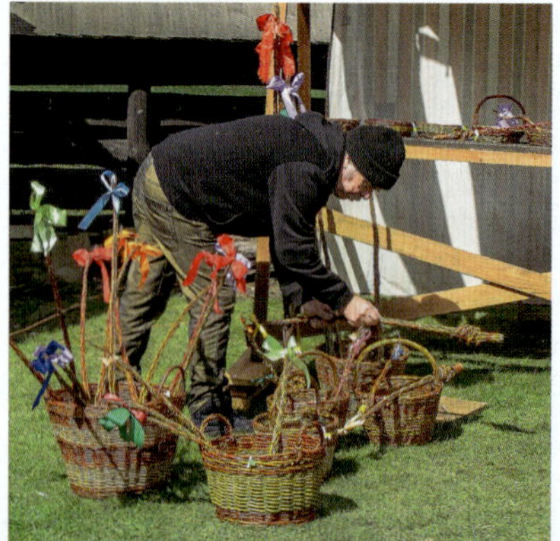
Weidengerten - Ostermarkt Dlaskův statek

Veselé Velikonoce - Osterbräuche in Tschechien.
Viele verschiedene fröhliche, bunte Bräuche rund um das Osterfest gibt es im ganzen Land und viele Traditionen werden besonders auf dem Land immer noch gepflegt. Die meisten Bräuche und Symbole sind Sinnbilder für neues Leben im Frühling, für Fruchtbarkeit und Neuanfang.

Das wohl bekannteste Symbol (nicht nur in Tschechien) sind **Kraslice** *(Ostereier)*. Es gibt sehr kunstvolle Techniken, Ostereier zu verzieren: Batiktechniken, Binsenmark-Technik, Färben mit Zwiebelschalen, Ritzen, Gravieren, Bemalen mit Wasserfarben, Bekleben...

Traditionell verzieren und bemalen junge Mädchen die Ostereier. Am Ostermontag besuchten die Burschen die Mädchen, auf die sie ein Auge geworfen hatten und strichen mit den Weidengerten mehr oder weniger sanft über ihre Beine.

Das Mädchen hatte ein verziertes, gekochtes Ei parat, welches der junge Mann aß, damit die Kraft des Eies auf ihn überging. Ein ausgeblasenes Ei zeigte ihm, dass das Mädchen ihn verschmähte.

In den Tagen vor Ostern stehen vor vielen Geschäften Kübel und Körbe mit kunstvoll geflochtenen Weidengerten, die mit roten, gelben und grünen Bändern geschmückt sind, die **Pomlázka**. Frische Weidenzweige sollen demjenigen, der damit geschlagen wird, Gesundheit und Jugend bringen. Diese geflochtene Peitsche wird deshalb seit Jahrhunderten von Knaben am Ostermontag singend umhergetragen, um damit symbolisch den Mädchen auf die Beine schlagen.

Früher war es üblich, die pomlázkas selbst zu flechten. Die jungen Mädchen müssen, so will es der Brauch, ein paar symbolische Gertenstreiche hinnehmen. Nicht mit der Ostergerte gepeitscht zu werden, war früher sogar eine Schande. Die gleiche Bedeutung hat das Bespritzen mit Wasser. Manchmal wird dabei auch ein bisschen übertrieben - wir haben mal erlebt, wie in einer Kneipe der Koch die Bedienung in ein Wasserfass gesteckt hat!

Laut kann es auch werden, denn am Zelený čtvrtek *(Gründonnerstag)*, Velký pátek *(Karfreitag)* und Bílá sobota *(Ostersamstag)* ziehen Jungengruppen mit hölzernen **Ratschen** *(řehtačka)* durch die Dörfer, um mit dem Lärm Judas zu vertreiben.

Regionen, in denen Tracht getragen wird (z. B. im Chodenland), sind am Ostersonntag besonders farbenprächtig, denn da legen die Frauen ihre spezielle Fastentracht ab und Trachten in bunten Farben an.

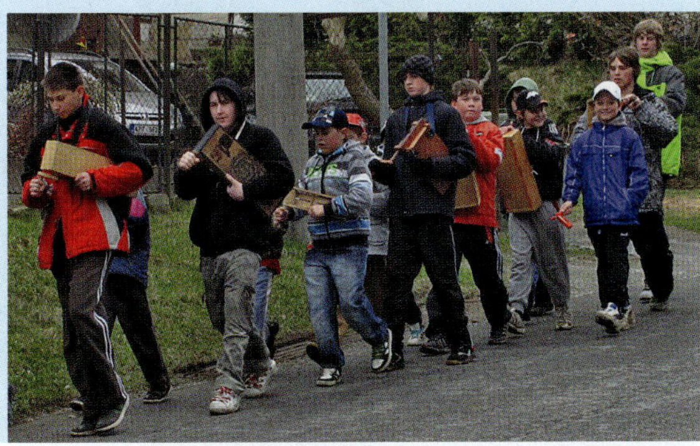

In der alten Schule von Dolánky können Sie im **Dům přírody Českého ráje** *(Haus der Natur)* eine Ausstellung über das Český raj besuchen und das ältesten Landschaftsschutzgebiet Tschechiens mit allen Sinnen kennenlernen.

Schloss Hrubý Rohozec *(Schloss Großrohosetz)* entstand in der zweiten Hälfte des 13. Jh. auf einem steilen Felsen über der Jizera. Um 1600 wurde die Anlage im Stil der Renaissance und nach 1822 nach Plänen des Architekten Jan F. Joendl im neogotischen Stil umgebaut. Von der Mitte des 17. Jh. bis 1945 gehörte Schloss Hrubý Rohozec der Familie Desfours. Vorher diente es als Residenz der Geschlechter von Wartenberg, Krajíř und Wallenstein. Heute können Sie eintauchen in die Welt des böhmischen Adels der vergangenen Jahrhunderte, denn mehr als zwanzig Räume mit Möbeln und Gemälden, der Rittersaal, die Bibliothek und eine Porträtgalerie der Besitzer können auf verschiedenen Themenrundgängen besichtigt werden. Das Schloss ist von einem englischen Park umgeben.

Velikonoční nádivka - traditionelle Osterspeise. *Nádivka bedeutet „Füllung“, denn die Speise ist ursprünglich zum Füllen von Gerichten wie Backhühnchen bestimmt gewesen. Sie können das Gericht aber auch als Beilage zu Fleisch oder salzigen Mehlspeisen servieren.*

200 ml Milch, 2 Eier, 3 in Würfel geschnittene alte Semmeln und 350 g gekochtes Selchfleisch werden in einer Schüssel vermischt und mit Salz, Pfeffer, Wacholderbeeren gewürzt. Dann mischen Sie gewaschene und gehackte Brennesseln und etwas Semmelbrösel dazu. Die Masse wird in einer gefetteten Form etwa 30 Minuten gebacken. Es ist unschwer eine starke Ähnlichkeit zu Semmelknödelteig zu erkennen - wer weiß, wovon sich die nach Wien ausgewanderten böhmischen und mährischen Köchinnen haben inspirieren lassen!

Vesec u Sobotky *Wesetz* — *28 Häuser* *299 hm* **Tour 25**

Vesec ist ein Eldorado für Freunde der Volksarchitektur und steht seit 1995 unter Denkmalschutz. 18 meist gezimmerte Häuser des Isergebirgstyps umstehen in Form eines Rundlingdorfes den Dorfplatz mit großen alten Bäumen und Löschteich und haben es irgendwie geschafft, sowohl der Abrissbirne als auch unsensiblen Modernisierungsversuchen zu entgehen. Auch der Massentourismus scheint Vesec noch nicht als Ziel entdeckt zu haben. Deshalb ist es dort wohltuend ruhig - keine Andenkenbuden, keine Imbissstände, kein Gasthaus.

Vesec

Aber es gibt ein oder zwei Bänke am Löschteich, die zu einer Rast einladen und unter den großen Bäumen lässt sich gut picknicken.

Die Gehöfte stammen überwiegend aus dem 18. und 19. Jh. Wer bisher die alten Bauerngehöfte in den anderen Orten im Böhmischen Paradies angeschaut hat, wird möglicherweise eine Besonderheit der Häuser in Vesec bemerken: die Fenster der Giebelseite liegen paarig nebeneinander und sind durch einen schön gestalteten farbigen Fensterahmen miteinander verbunden.

Filmemacher sind ganz erpicht auf idyllische Plätze. Der Film um die tschechische Kultfigur Jára Cimrman *(Jára Cimrman ležící, spící (Jára Cimrman liegend, schlafend))* wurde in Vesec und auf dem historischen Landgut Dlaskův statek gedreht. Vor allem das Haus Nr. 19 ist ein Filmstar. Im Film Jára Cimrman war es ein Federmuseum, und in Jak dostat tatínka do polepšovny *(Wie man den Vater in die Besserungsanstalt bekommt)* ein Gemischtwarenladen.

Železnice *Eisenstadtel* — *1.300 Einwohner* *321 hm* Tour 28

Der Ortsname sagt es schon - in Železnice hat man sich schon vor tausenden von Jahren mit Eisenverarbeitung beschäftigt, wie archäologische Funde in der Umgebung belegen. Mehr darüber erfahren Sie im **Vlastivědné muzeum** *(Städtisches heimatgeschichtliches Museum)* mit volkskundlichen und archäologischen Sammlungen, Bildern von Tavik František Šimon und mit einer Ausstellung eines Krämerladens mit seiner ursprünglicher Einrichtung.

Harmonisch ist der Stadtplatz, der nach einem großen Brand 1826 mit Häusern im einheitlichen klassizistischen Stil des Architekten J. Hetner umbaut wurde.

Die romanische **Kirche des heiligen Johannes des Täufers** wurde in den Jahren 1727-31 im Barockstil umgebaut und dem heiligen Aegidius *(Jilji)* geweiht.

Železný Brod *Eisenbrod* — *6.100 Einwohner* *305 hm*

Hier ist im engen Tal der Jizera nicht viel Platz, deshalb drückt sich der Ort kräftig zwischen die Felsen. Wenn Sie auf der Straße 282 auf den Ort zufahren, sehen Sie als erstes pastellfarbene Wohnblöcke, die aus dem bunten Dächergewirr hervor spitzen wie Zahnstocher.

Der ursprüngliche Name der Siedlung „Brod" bedeutet Furt. Hier überquerte die Handelsstraße von Prag nach Deutschland und Polen die Jizera, also ein günstiger Platz für eine Stadtgründung. Im Mittelalter und in der Frühen Neuzeit war die Eisenverarbeitung der Haupterwerbszweig. Im 17. Jh. war Brod das Zentrum des Gebirgsvorlandes. In der zweiten Hälfte des 19. Jh. baute Baron Liebieg eine große Textilfabrik. Parallel dazu entwickelten sich die Glasschmuckherstellung und das Glaskunsthandwerk im großen Maßstab. Die 1920 gegründete **Glaskunstfachschule** war die erste ihrer Art in den böhmischen Ländern. Es entstanden hier Erzeugnisse aus Glas mit einem hohen Wert sowohl in künstlerischer als auch funktionaler Hinsicht. Heute spielen Schmuckgegenstände und die Herstellung von Hüttenglas, Thermometern und kleinen Glaserzeugnissen wie Glasfiguren eine wichtige Rolle.

Sie können Ihre Kenntnisse über Glasmacherei in Böhmen im **Městské muzeum v Železném Brodě** *(Museum der Stadt Železný Brod)* vertiefen, das seit 1936 seine Heimat im Haus Klemencovka am Stadtplatz hat. Schon von außen ist das Gebäude eigenwillig und interessant, denn das Bürgerblockhaus von 1792 wurde architektonisch in das neu erbaute Gebäude der Stadtsparkasse eingegliedert. Themen sind die Entwicklung des Glasmachergewerbes in Železný Brod seit den 60'er Jahren des 19. Jh., eine Ausstellung der besten Werke aus der Glasgewerbeschule und der Ausstellungsraum der berühmten Glasdesigner Libenský und Brychová.

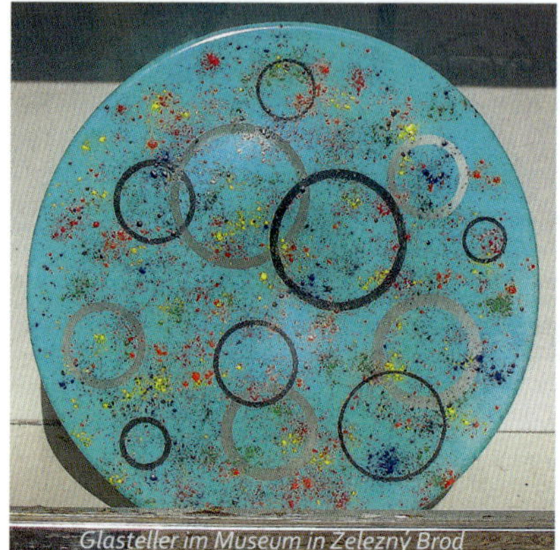
Glasteller im Museum in Železný Brod

Jedes Jahr am dritten Septemberwochenende findet die **Veranstaltung Skleněné městečko** *(Glasstadt)* mit Vorführungen der Glasproduktion und einer Reihe kreativer Workshops statt.

Machen Sie einen **Spaziergang** durch den **Stadtteil Travniky** mit seinen denkmalgeschützten Holzhäusern im Riesengebirgsstil. Der Rundgang ist ausgeschildert und an den interessanten Punkten stehen Erklärungstafeln in Tschechisch, Englisch und Deutsch. Travniky ist kein Freilichtmuseum, sondern ein bewohnter Ortsteil, in dem renovierte alte Häuser neben traurigen Halbruinen stehen. Viele der alten Häuser werden bewohnt, bei einigen kann man es sich gut vorstellen, bei anderen...

Der Spaziergang startet am **Malé náměstí**, wo Sie auch parken können. Von der hoch liegenden Kirche haben Sie einen schönen Blick. Neben der Kirche stehen ein hölzerner Glockenturm von 1761 und das achtseitige, gemauerte barocke Beinhaus. Gehen Sie wieder runter auf den Platz und durch die Straße Hluboká ulice, bis Sie zu einem malerischen Winkel mit historischen Häuschen rund um einen Brunnen gelangen. Durch eine Gasse kommen Sie zum Gross-Haus - die Häuser heißen hier nach ihren einstigen Besitzern. Die František-Balatka-Straße nach links hinauf führt zu drei gut erhaltenen Landhäusern. Nun gehen Sie wieder nach links zum Brunnen beim Gross-Haus und von dort in eine enge Gasse zur Straße Železná ulice. Biegen Sie dort rechts ein, wenn Sie die Firma mit **Verkaufsstelle Kortan**, die Glas & Bijouterie herstellt, besuchen wollen und Glasmachern bei der Arbeit zuschauen möchten. Halten Sie sich nun in Richtung auf den Bach Žernovník, überqueren ihn und wenden sich nach rechts. Vor Ihnen steht **Běliště**, das größte Blockhaus der Stadt aus dem Jahr 1807, heute Stadtmuseum für die heimatkundliche Ausstellung. Zu sehen ist hier ein alter Klassenraum, eine Schusterecke, Innungsgegenstände, Bäckerei und Pfefferkuchenbäckerei, Hilfsmittel für die Leinenbearbeitung, die Stube eines Heimwebers, Bekleidungsstücke aus dem vorigen Jahrhundert, volkstümliche Holzkrippen und einmalige Holzmodelle von bürgerlichen Häusern. Kehren Sie um und spazieren Sie durch die Straße Štefánikova, die Sie auf den Platz Náměstí 3. května führt und Sie vor dem **Klemens-Blockhaus „Klemencovsko"** mit **Glasmuseum** stehen.

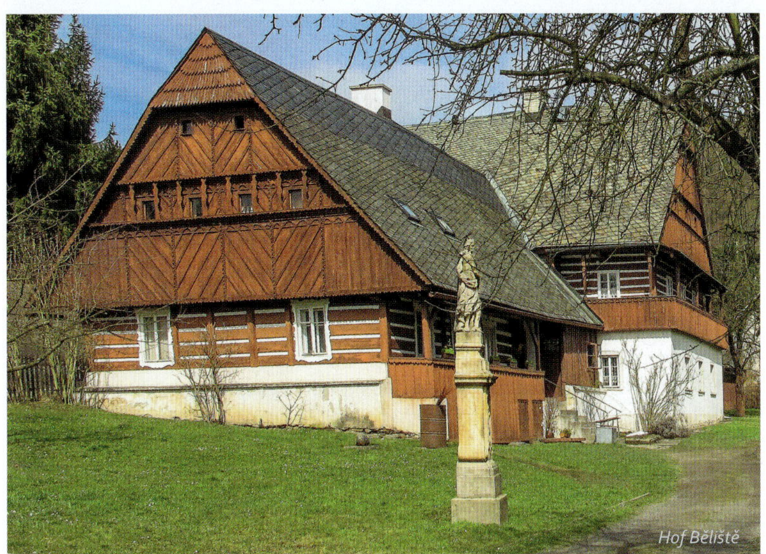
Hof Běliště

Zweckmäßigkeit trifft auf Schönheit -Volksarchitektur. Das Jizerské hory *(Isergebirge)*, das Krkonoše *(Riesengebirge)* und das Český ráj *(Böhmische Paradies)* sind reich an alten gezimmerten, farbigen Bauernhäusern, Glockentürmen, Marterln, Kirchen und Kapellen. So unterschiedlich sie auch aussehen, haben sie alle eines gemeinsam: sie sind Zeugnis der menschlichen Volkskunst, die mit den gegebenen lokalen Baumöglichkeiten und Ressourcen nicht nur zweckmäßige, sondern auch liebevoll gestaltete, harmonische Gebäude hervorgebracht hat. Ästhetik und Funktionalität gehen hier eine gelungene Symbiose ein.

Das Baumaterial ist oft Holz, das ja im Überfluss vorhanden war. Die Bauernhäuser sind meistens Stockwerkhäuser mit ein oder zwei Stockwerken, das Haus steht gerne mit dem Giebel zur Straße. Zum Hof hin gibt es einen kleinen, überdachten Gang, gut geeignet für Arbeiten auch bei schlechtem Wetter und schlechtem Licht. Die Überdachungen waren gerne säulengestützt, um die Tragfähigkeit zu erhöhen.

Die meisten Häuser sind Umgebindehäuser oder Schrotholzhäuser. Beim **Umgebindehaus** wird die Blockstube von einem Tragwerk „umbunden", auf dem das Dach oder Fachwerkobergeschoss ruht. Diese Stützkonstruktion ist das Umgebinde. Diesen Typ finden wir von Schlesien über die Oberlausitz und Nordböhmen bis in die Sächsische Schweiz verbreitet.

Bei **Schrotholzhäusern** wurde die Rinde der Bäume drei bis vier Jahre vor dem Fällen eingeritzt, damit sich das Harz im Stamm sammeln konnte und das Holz auf natürliche Art konservierte. Bis zu zwölf Meter lange Balken wurden aufeinandergelegt und mit einer Schicht aus Farn, Moos und Filz untereinander abgedichtet. Die weißen Linien und Fugen an den Fassaden sollten das Eindringen von Feuchtigkeit verhindern. Ursprünglich blieben die Bretter ohne Anstrich und wurden von der Sonne schwarz. Manchmal bestrich man sie zum Schutz mit Ochsenblut, Leinöl oder Firnis. Im 19. Jh. wurde es modern, die Wände rotbraun, blau, grün oder ocker zu färben.

Die Hausgiebel sind selten nur einfach verschalt, sondern es gibt Treppengiebel, ährenförmige Giebel oder Balustradengiebel mit der Sonne (Bretter in Strahlenform gelegt). Ursprünglich waren die Dächer mit Stroh gedeckt, später auch mit Pappe oder Eternit. Der besseren Haltbarkeit wegen wurde Holz mit Stein kombiniert, so dass viele Häuser ein gemauertes Keller- oder Untergeschoss haben. Die Innenraumaufteilung war ursprünglich simpel: eine schwarze oder Rauchküche mit dem nach oben hin offenen Herd, Stube ev. mit Ofen, Kammer und Stall.

Leider wurden nicht zu allen Zeiten diese traditionellen Bauten geschätzt. Gerade nach 1950 bemühte sich die tschechische Regierung um eine radikale Modernisierung der alten Orte. Das bedeutete aber meist den Abriss der Objekte. Nur die, die „vergessen" wurden oder zu abgelegen waren, blieben verschont. Ende des 20. Jh. trat dann der Gedanke des Denkmalschutzes und der Erhaltung alter Bausubstanz in den Vordergrund, und so können wir heute durch die **Denkmalszonen** Trávníky in Železný Brod, Vesec bei Sobotka, Karlov in Lomnice nad Popelkou, die Jílovecká-Straße in Semily und das „neugierige Gässchen" in Jilemnice spazieren. Stattliche Einzelgehöfte sind Kopicův statek bei Kacanovy, Boučkův statek in Malá Skála, Šolcův statek in Sobotka, Bělíště in Železný Brod, Bičíkův statek und Holánův statek in Příšovice oder Dlaskův statek bei Turnov.

Hölzerne Glockentürme stehen in Mladějov v Čechách, Rovensko pod Troskamy, Mužský, Vyskeř (besonders schönes Ensemble), Bitouchov, Semily, Osek, Pojedy, Bošín und Mcely.

Orte mit mehreren **traditionellen Gebäuden** sind Kořenov, Horni Polubny, Albrechtice v Jizerských horách, Arnoltice, Dolní/Horní Řasnice, Dolní & Horní Pertoltice, Bedřichov), Karlov, Horní Maxov, Černousy, Bílý Potok pod Smrkem, Jesenný, Vyskeř, Dobšice bei Libošovice, Mladějov, Ktová, Syřenov - Újezdec, Nepřívěc, Jestřabí v Krkonoších, Mrklov, Strážné, Paseky nad Jizerou oder Příchovice.

Zu verschiedenen Zeiten im Jahr finden traditionelle Märkte und Feste statt, so z.B. ein Ostermarkt am Ostersamstag in Dlaskův statek, Weihnachts- und Jahrmärkte in Bělíště in Železný Brod oder Maskenumzug in Rovensko pod Troskamy. Auch im **Krkonoše** und **Krkonoše podhůří** sind die alten Bauernhäuser aus Holz gezimmert. Vor allem die Gehöfte des westlichen Riesengebirges ähneln in Bauweise und Ausstattung stark dem sogenannten Haus des Isergebirgstyps mit seinem einfachen Grundriss und dem oft reich verzierten Giebel.

Östlich der Linie Vrchlabí-Špindlerův Mlýn wurde ein bisschen anders gebaut. Die Konzeption war aufwändiger, z.B. zimmerte man gerne eine über dem Eingang auf Balken ruhende, vorragende Kammer mit Laubengang, wodurch der Grundriss kreuzförmig wurde. Diesen so gemütlich wirkenden Häusern begegnen Sie in diesen Regionen auf Schritt und Tritt. Fahren Sie mal durch Jestřabí v Krkonoších, Poniklá, Malá Úpa, Roprachtice, Františkov, Rokytno-Rokytnice nad Jizerou, Štěpanická Lhota, Studenec oder Strážné und halten Sie die Augen offen, Sie werden es nicht bereuen!

Im **Ještědi** und **Podještědi** ist Holz in Kombination mit Stein ebenfalls das vorherrschende Baumaterial. An der Bauart der Häuser kann man noch in etwa die Zugehörigkeit der Bevölkerung erkennen. Bauten mit Fachwerk und Umgebinde wurden gerne von den deutschen Bewohnern gebaut, wohingegen die tschechische Bevölkerung (z.B. um Český Dub) die Blockbauweise bevorzugte. In Aufteilung und Ausstattung gleichen sie im Wesentlichen den Gebäuden im Jizerské hory, Český ráj und Krkonoše. Eine Besonderheit sind die kleinen, von zwei Säulen getragenen Vordächer über dem Hauseingang, „kleiner Himmel" genannt.

Hübsche Beispiele bäuerlicher Baukunst finden Sie z.B. in Kříž, Lada, Jitrava, Jonsdorf, Staré Hrady, im Tal zwischen Hradek nad Nisou und Černá Louže, Kryštofovo Údolí, Hoření Paseky oder Rynoltice.

Sie können auf **zwei Touren** auch Volksarchitektur-Gucken und Sport verbinden. Wanderern empfehlen wir den Marsch von Poniklá über Jestřabí v Krkonoších und Františkov nach Rokytno-Rokytnice. Auf diesen cirka 15 km sehen Sie viele, viele alte Häuser in allen Varianten. Sportliche Radler oder Montainbiker radeln von Poniklá - Jestřabí v Krkonoších - Františkov - Rokytno Rokytnice und durch das Jizera-Tal über Jablonec nad Jizerou zurück nach Ponikla. Das sind etwa 40 km mit recht viel auf und ab und schönen Bauerngehöften.

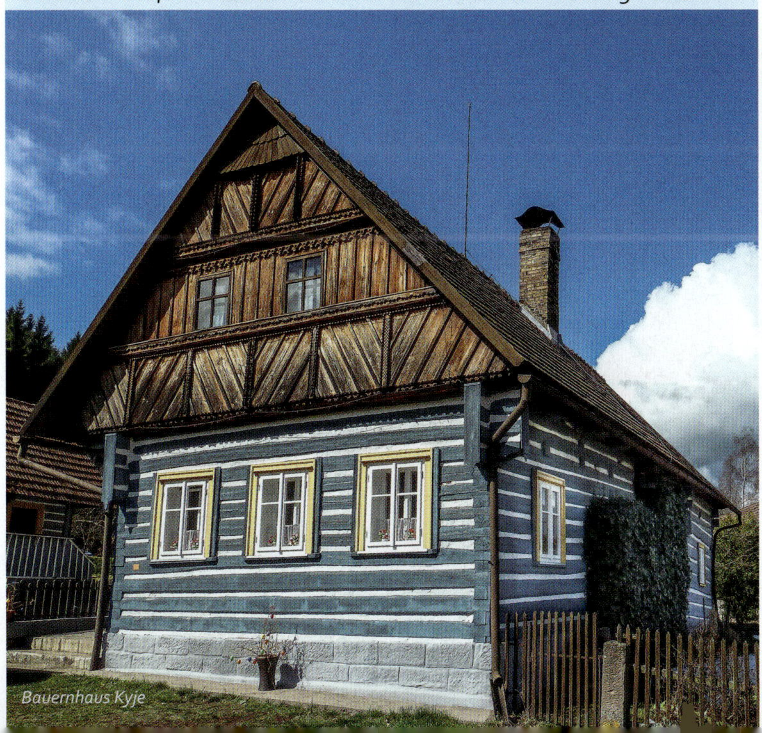

Bauernhaus Kyje

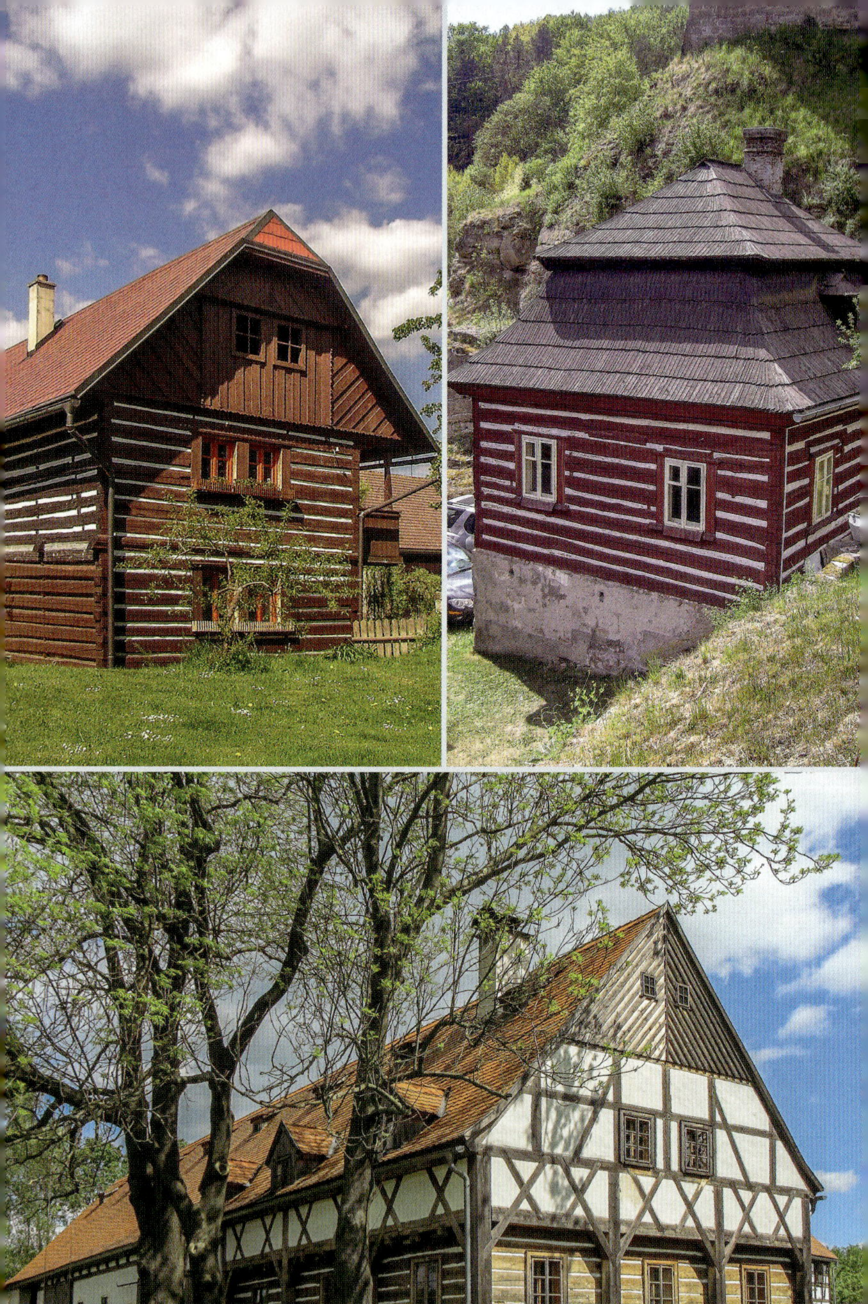

Jindřichovice pod Smrkem

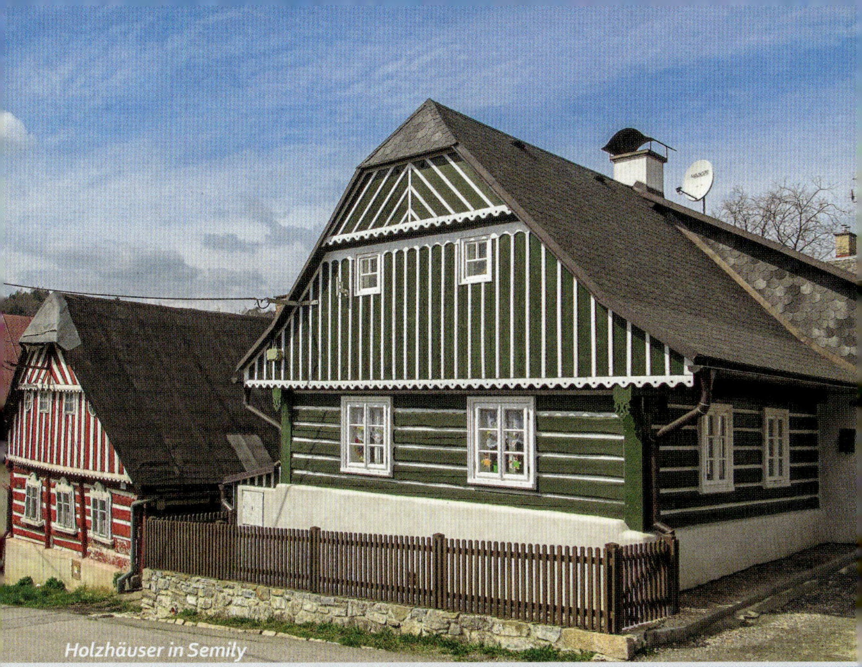

Holzhäuser in Semily

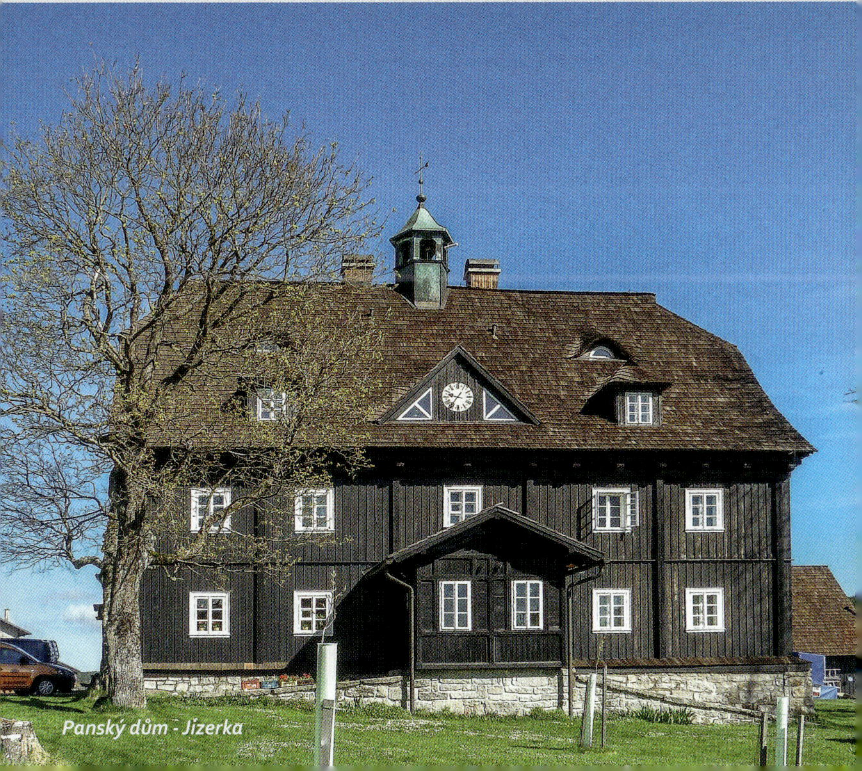

Panský dům - Jizerka

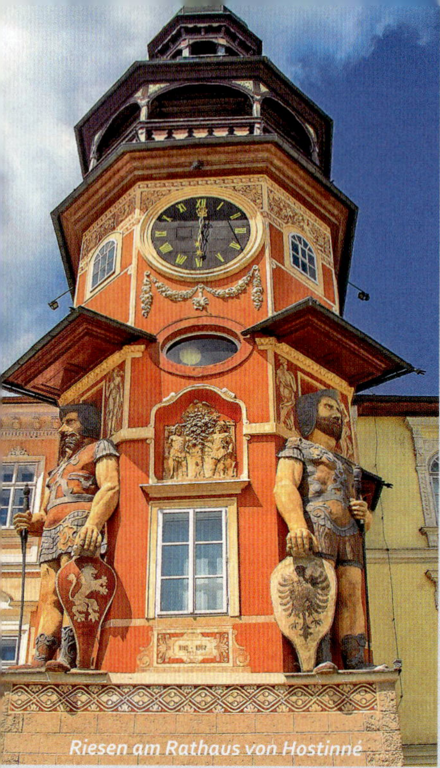

Riesen am Rathaus von Hostinné

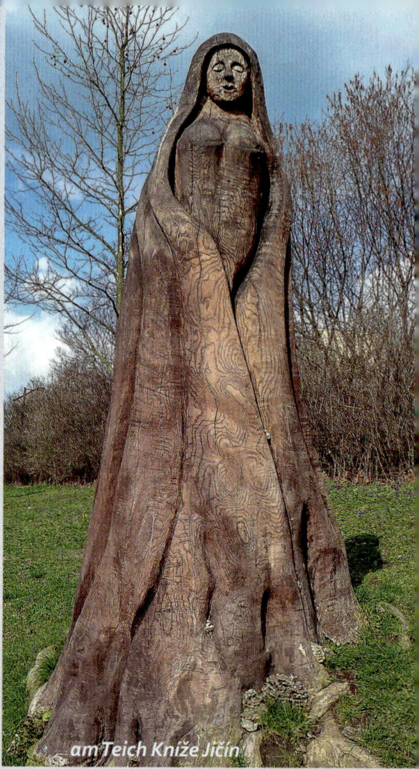

am Teich Kníže Jičín

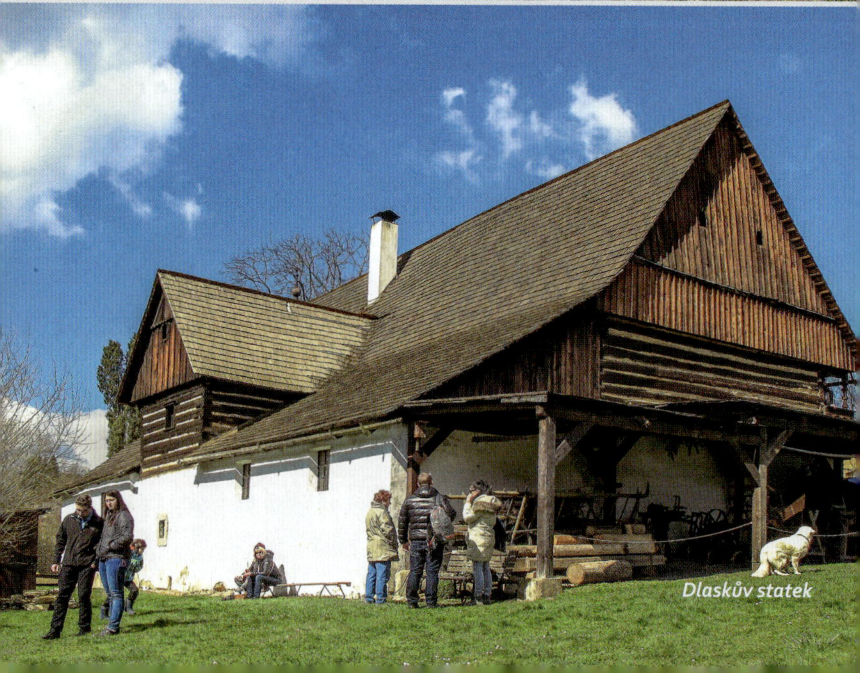

Dlaskův statek

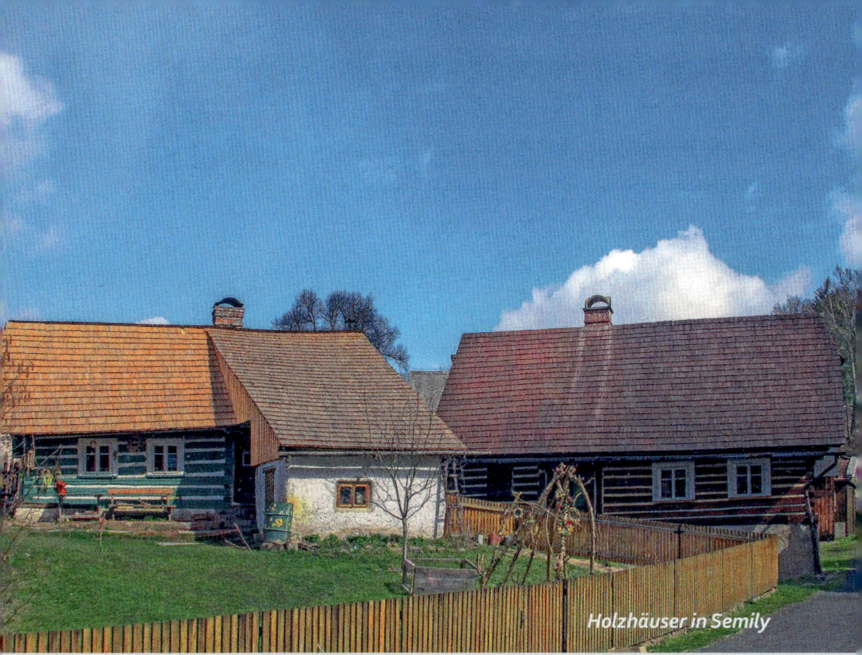

Holzhäuser in Semily

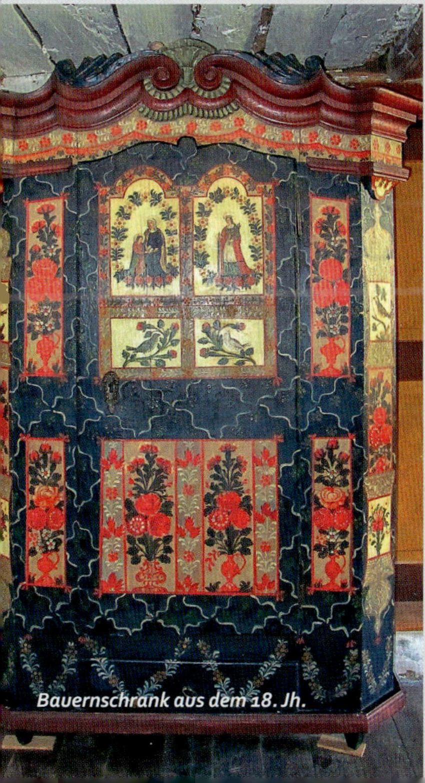

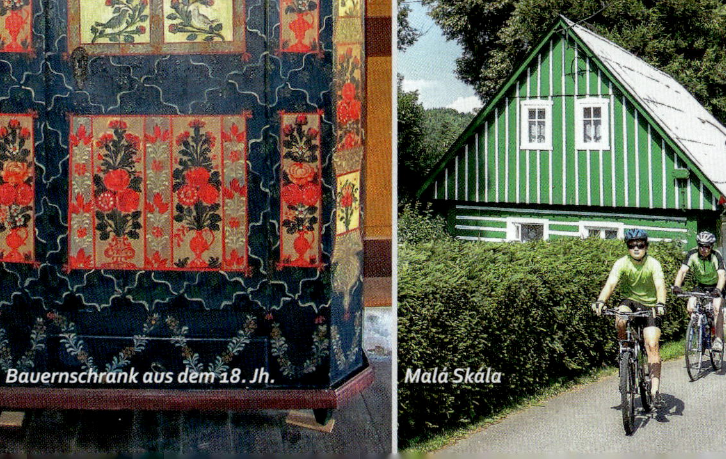

Bauernschrank aus dem 18. Jh.

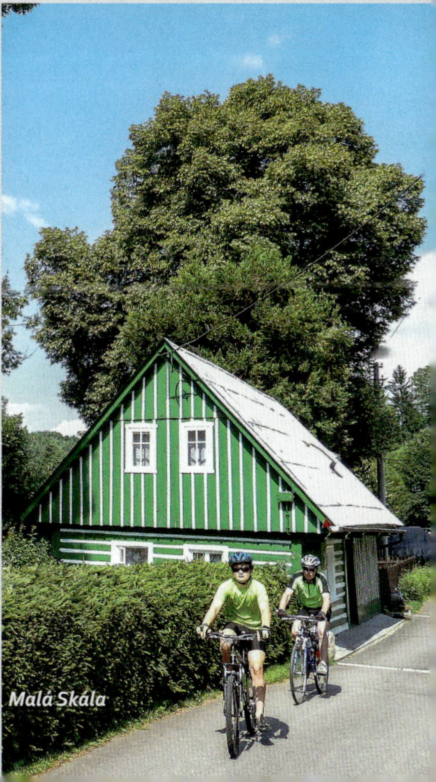

Malá Skála

Wanderteil

Wegverlauf – Streckeninfo – Karten

- Lužické hory – Lausitzer Gebirge
- Ještědský hřbet – Jeschkengebirge
- Jizerské hory – Isergebirge
- Krkonoše – Riesengebirge
- Český ráj – Böhmisches Paradies

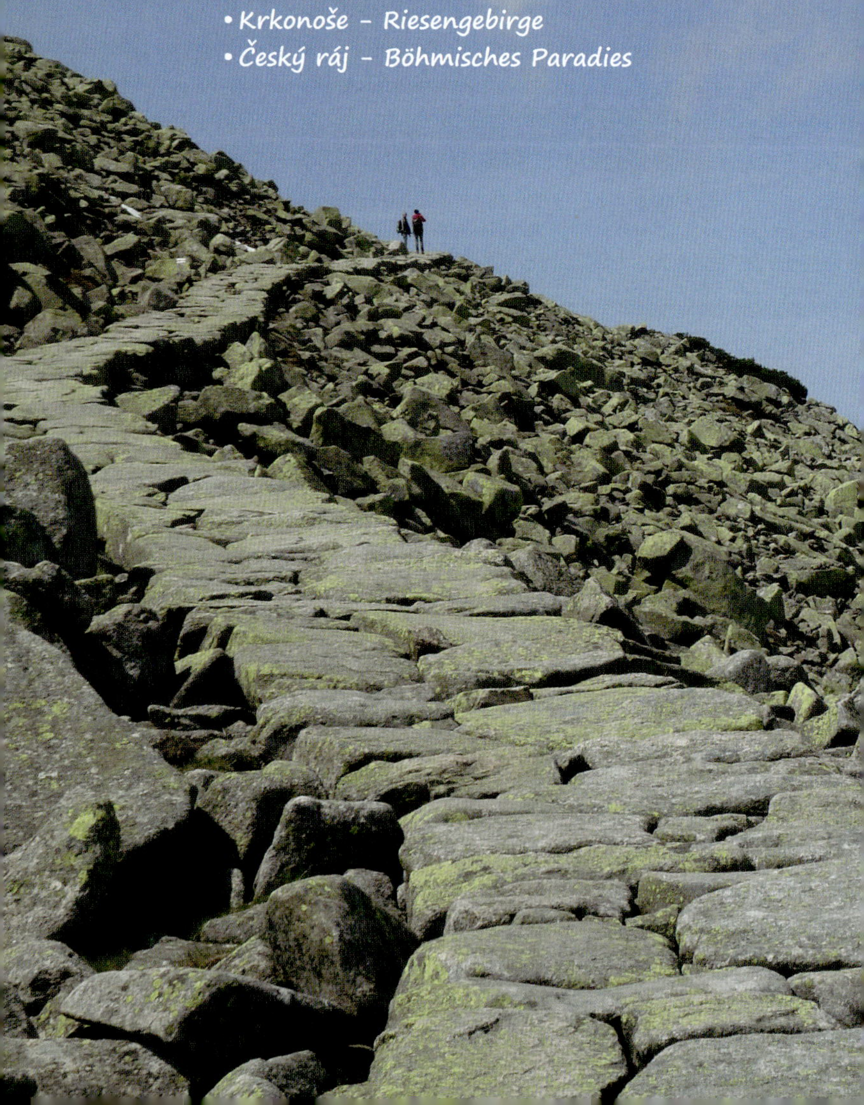

Wir möchten Sie mit den hier beschriebenen Wandertouren anregen, Nordböhmen zu Fuß zu erkunden. Wandern ist eine besonders eindrucksvolle Art, um die landschaftlichen Schönheiten einer Region zu entdecken. Bei der Auswahl der Touren im Iser- und Riesengebirge haben wir uns für eine fortlaufende, meist der Landesgrenze Tschechiens folgende Streckenführung entschieden. Im Böhmischen Paradies schließen die einzelnen Etappen einen Kreis durch das prächtige Wandergebiet mit seinen bizarren Felsenstädten aus Sandstein.

Weiterhin finden Sie in unserem Wanderteil eine im Zittauer Gebirge beginnende Streckenwanderung, die über den Liberecer Hausberg Ještěd *(Jeschken ⇧1.012 m)*, auf dem sich ein ufoähnliches Hotel mit ca. 100 m hohen Fernsehturm befindet, bis nach Jičín im Böhmischen Paradies führt.

Wir ergänzen das Wander-Programm mit einigen Tipps für Extratouren und Abstecher. So können Sie sich für einzelne Etappen als Tagestouren entscheiden oder zu einer Strecken-Wanderung in Nordböhmen aufbrechen. Sie müssen ja nicht gleich die gesamten Strecken in einem „Ritt gehen", denn die einzelnen Regionen können sehr gut in jeweils einer Wanderwoche erkundet werden!

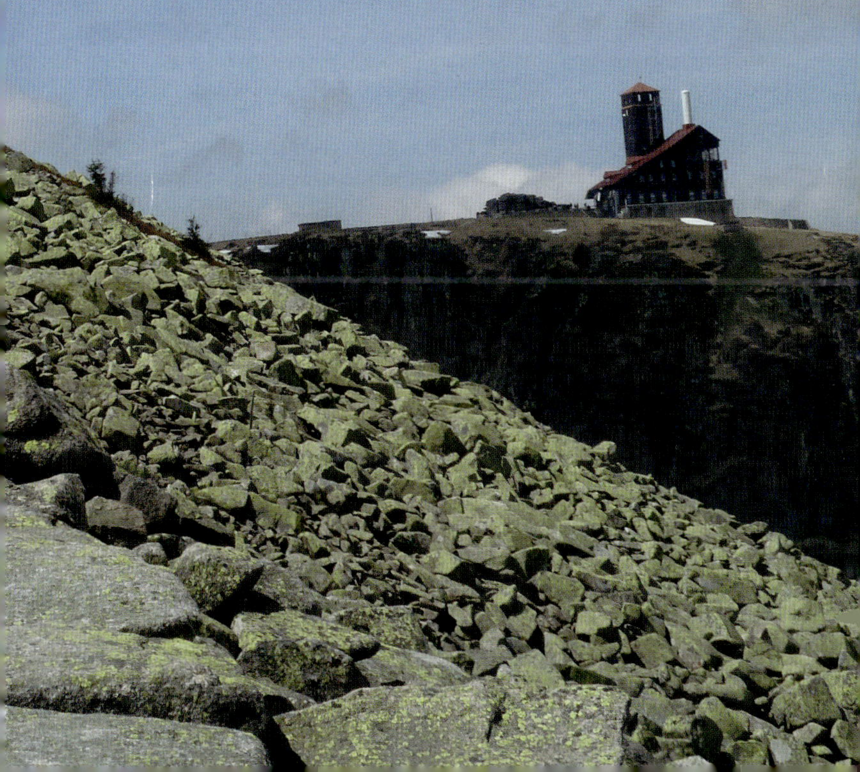

Die Landschaften, durch die unsere im Buch beschriebenen Wanderungen führen, sind ausgesprochen abwechslungsreich, und so findet jeder Liebhaber von Rucksacktouren die passende Strecke für sich. Besonders die liebliche Berglandschaft im Böhmischen Paradies mit seinen zahlreichen märchenhaften Felsenstädten bietet dem Genusswanderer beste Bedingungen für erlebnisreiche Touren. Freunde von anspruchsvollen Kammwanderungen kommen besonders in den einsam schlafenden böhmischen Wäldern des Isergebirges und auf den Hochebenen des Riesengebirges auf ihre Kosten.

In unseren Wanderstrecken-Beschreibungen geben wir Ihnen Hinweise zum Start- und Endpunkt einer jeden Tagestour, der Streckenlänge, den Höhenmetern und zur Streckenmarkierung, damit Sie möglichst problemlos Ihr Ziel erreichen.

Die Streckenführung wurde von uns so gewählt, dass viele landschaftliche und kulturelle Sehenswürdigkeiten am Weg liegen und immer am Startort und am Ziel die Möglichkeit zur Übernachtung besteht, auch wenn sich dadurch hier und da etwas längere Etappen ergeben. Leider verlaufen die Wanderstrecken oft auch über asphaltierte Abschnitte, besonders bei den markierten Wanderwegen in unmittelbarer Grenznähe und auf schmalen Nebenstraßen zwischen kleineren Ortschaften. Adressen ausgewählter Hotels, Pensionen und Sehenswürdigkeiten finden Sie im Infoteil des Buches.

Markierung der Wege - Karten - Beschreibung der Wanderetappen

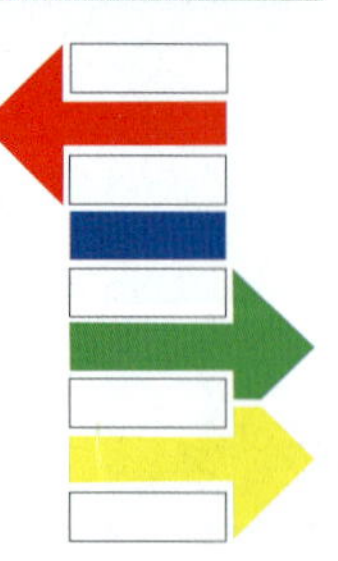

Die einheitliche Markierung der Wanderwege in ganz Tschechien wird Ihnen die Orientierung und Wegfindung auf Ihren Touren sehr erleichtern. Die Wanderwege im gesamten Land sind durch ein einheitliches Markierungssystem gekennzeichnet, bei dem ein waagerechter, farbiger Balken auf weißem Untergrund (Viereck) gesetzt ist. Die Farben rot, blau, grün und gelb kommen dabei als Balken zur Anwendung und sind auch identisch mit der farblichen Wegkennzeichnung in den Wanderkarten der zwei tschechischen Anbieter SHOCart (1:40.000) und Klub Českých Turistů (1:50.000).

Es gibt auch regionale Besonderheiten, so wird z.B. gerne ein grüner diagonaler Balken benutzt, um einen Naturlehrpfad oder Themenweg zu kennzeichnen. Sollten Sie doch mal den Weg verlieren oder Hilfe benötigen, wählen Sie die Telefonnummer der tschechischen **Bergwacht** *(Horská služba):* +420 1210.

Bei der Beschreibung der einzelnen Wanderetappen haben wir uns für eine Art „Stenostil" entschieden und viele Symbole verwendet, um möglichst viele Infos unterzubringen und trotzdem das Buch nicht allzu unhandlich werden zu lassen. Die Erklärung der Symbole finden Sie auf der hinteren Umschlagklappe des Buches.

Die Entfernungsangaben der Etappen sind überwiegend von Ortsmitte, in Tschechien meist náměstí *(Marktplatz)*, bis Ortsmitte berechnet. Wenn Sie Ihre Wanderungen beispielsweise von einem Quartier am Ortsrand oder vom Bahnhof aus starten oder beenden, kann sich die Kilometerzahl ändern.

Für alle Wanderungen können Sie sich über unsere Homepage *(www.reisebuch-karhu.de)*, die GPX-Tracks kostenfrei herunterladen. Das Passwort lautet: *Buch2_Oybin*.

Die Wegkreuzungen und Abzweige sind in den tschechischen Wanderkarten meist durch ein Plus (+) und das Wort: rozcestnik *(rozc.)* gekennzeichnet und haben fast alle auch einen „eigenen Namen", der dann in der Natur oben auf dem Wegweiser steht und Ihnen sehr bei der Orientierung hilft. Bei der Beschreibung der Etappen haben wir jede Wanderwegkreuzung mit dem Symbol (**+**), dem Namen des Punktes, an dem der Wegweiser steht und meist auch mit den Höhenmetern (⇧) aufgeführt. Die danach mit einem Pfeil (➤) angegebenen Kilometer beziehen sich immer auf die Entfernung vom Start einer jeden Etappe.
Da landesweit alle Wanderwege mit einem farbigen Balken gekennzeichnet sind, haben wir in der Wegbeschreibung immer nur mit Großbuchstaben und fetter Schrift die Farbe der Markierung aufgeführt, die Ihren Wanderweg kennzeichnet.
Die für jede Etappe angegebenen Höhenmeter sind mit einem Symbol versehen (↑Aufstieg & ↓Abstieg). Sie stehen für die Summe der jeweils auf einer kompletten Wanderetappe überwundenen Höhenmeter.
Für die im Buch vorgestellten Regionen finden Sie sehr gut organisierte individuelle Wandertouren mit Gepäcktransport beim Aktivreisen Spezialisten **REISE-KARHU**. Infos unter: **www.reise-karhu.de**. Fordern Sie den aktuellen Katalog kostenfrei an.

Lužické hory - Lausitzer Gebirge & Ještědský hřbet - Jeschken Gebirge

Die Touren 1-4 beschreiben eine Strecken-Wanderung vom Kurort Oybin durch das Lausitzer- und Jeschken Gebirge, über den Ještěd Gipfel bei Liberec, bis Malá Skála.

Jizerské hory - Isergebirge

Die Touren 5-11 beschreiben Wanderungen durch das Isergebirge von der Neiße bei Liberec über die malerische Hochebene der Malá Jizerská louka *(Kleine Iserwiese)* bis ins Jizerský důl *(Isertal)*, sowie bei Josefův Důl *(Josefsthal)* und Tanvald *(Tannwald)*.

Krkonoše - Riesengebirge

Die Touren 12-22 beschreiben Wanderungen durch das Riesengebirge mit Touren zur Sněžka *(Schneekoppe)*, zum Spindlerpass ,zur Quelle der Elbe und nach Trutnov.

Český ráj - Böhmisches Paradies

Die Touren 23-31 beschreiben Wanderungen durch märchenhafte Felsenstädte und zur Ruine Trosky in einem Gebiet, das nicht zu Unrecht als das Böhmische Paradies bezeichnet wird.

Wanderweg-Markierungen: Wir sind bei Wanderungen in Tschechien immer wieder von der Art der Wegmarkierung begeistert, weil sie uns sehr logisch, praktisch und zielführend erscheint.

Ende des 19. Jh. wurde im Zusammenhang mit dem aufblühenden Wandertourismus begonnen, Wegweiser aufzustellen. Damals wurde die Entfernung in Tausender-Schritten angezeigt, die Farben waren rot und weiß und der Wegweiser hatte ein kleines Dach.

Die ersten auf diese Art gekennzeichneten Wege waren am Radhošť (um 1884), durch das Moldautal, von Burg Karlštejn nach Beroun und von Holoubkov nach Rač, die von Markierungsmannschaften von 3-6 Mitgliedern gepflegt wurden. In der Zwischenkriegszeit wurden dann die Farben, wie wir sie heute kennen, verwendet, die Entfernungsangaben waren in Stunden und Minuten und man entschied sich für eine einheitliche Streifensymbolik. Die verschiedenen Wanderwege wurden miteinander verbunden und erweitert, so dass das Netz um 1938 eine Länge von 40.000 km hatte.

Nach dem Zweiten Weltkrieg wurden die ersten drei Fernwanderwege markiert: der Strážní stezka (vom Gipfel des Velká Čantoryje an der mährisch-polnischen Grenze bis ins Erzgebirge und wieder zurück), der Stezka svobody (von Dyleň bis in die Slowakei) und der Cesta hrdinov SNP (von Burg Devín bis zum Duklapass an der polnisch-slowakischen Grenze).

Ab 1990 betreut der Klub českých turistů *(Klub Tschechischer Touristen)* das Wegenetz. Fast 1.300 ehrenamtliche Mitarbeiter erneuern alte Schilder, bringen neue Schilder an und markieren neue Routen gemäß der „Verbindlichen Markierungsmethodik".

Das System ist beeindruckend, einfach und sehr logisch aufgebaut, denn die Markierungen bestehen im ganzen Land aus einheitlichen Balken in den Farben Rot/Blau/Grün/Gelb auf weißem Grund, wobei die rot markierten Wege als die Hauptrouten gelten. Die Wegkreuzungsschilder sehen ebenfalls in ganz Tschechien gleich aus: jedes Wegkreuz hat oben eine geografische Bezeichnung als Namen und führt die jeweils nächsten 2-3 Abzweige in jeder Richtung mit Namen, farblicher Markierung und Entfernung auf. Daher ist es auch für ungeübte Wanderer fast nicht möglich, sich zu verlaufen.

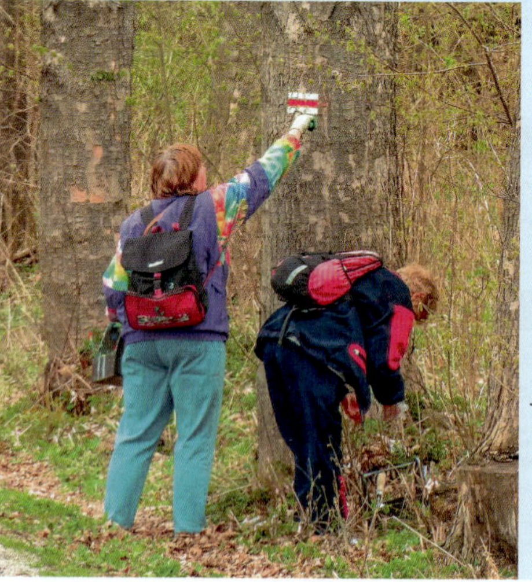

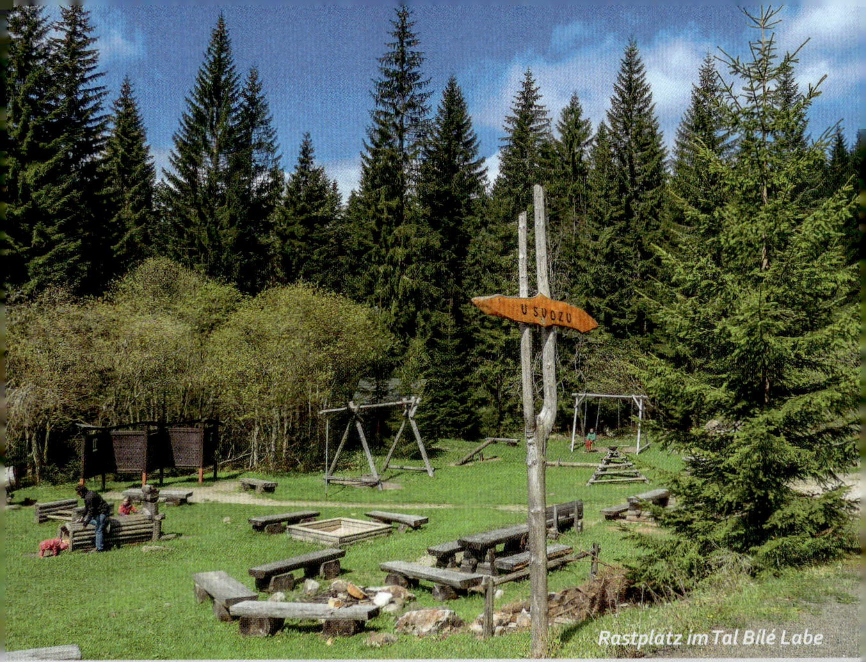

Rastplatz im Tal Bílé Labe

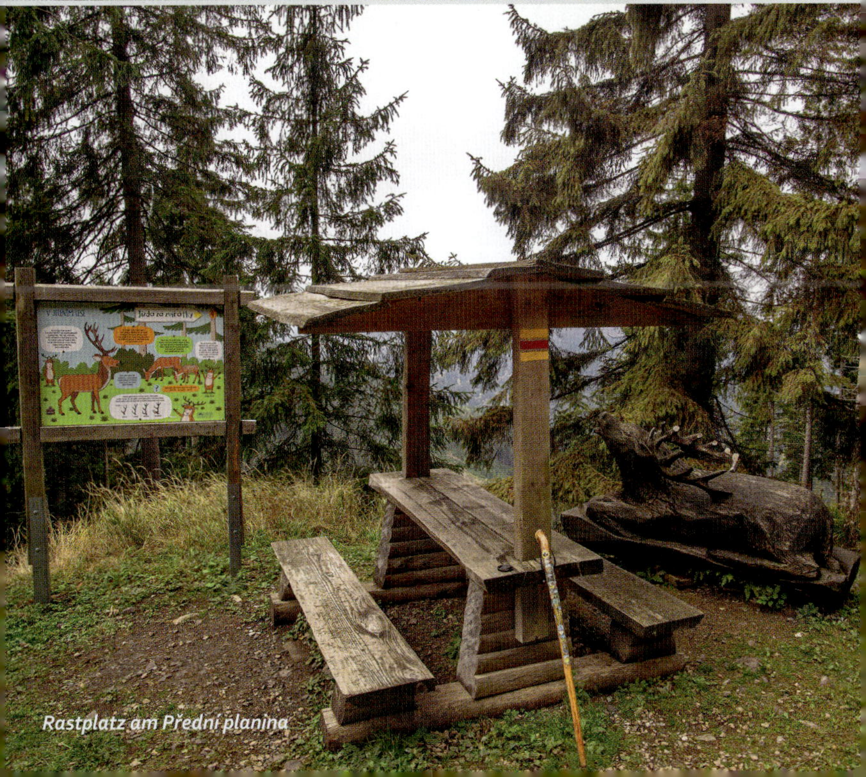

Rastplatz am Přední planina

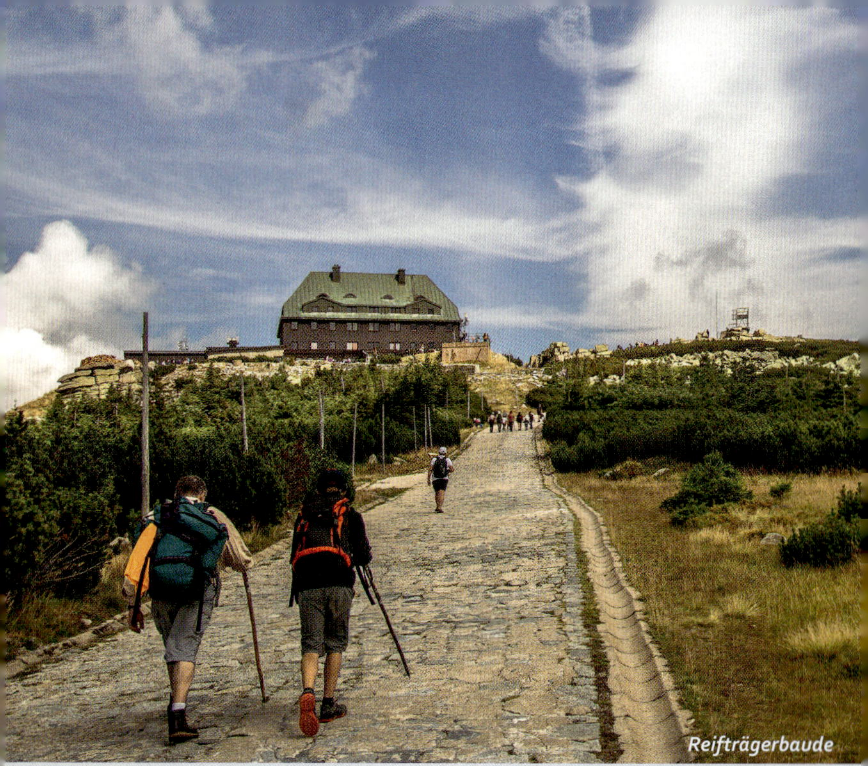

Reifträgerbaude

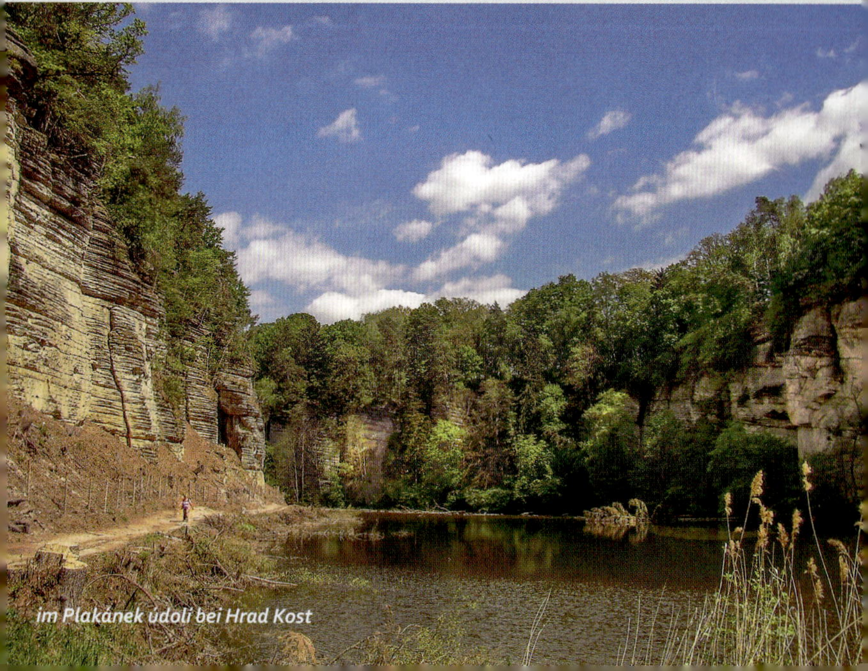

im Plakánek údolí bei Hrad Kost

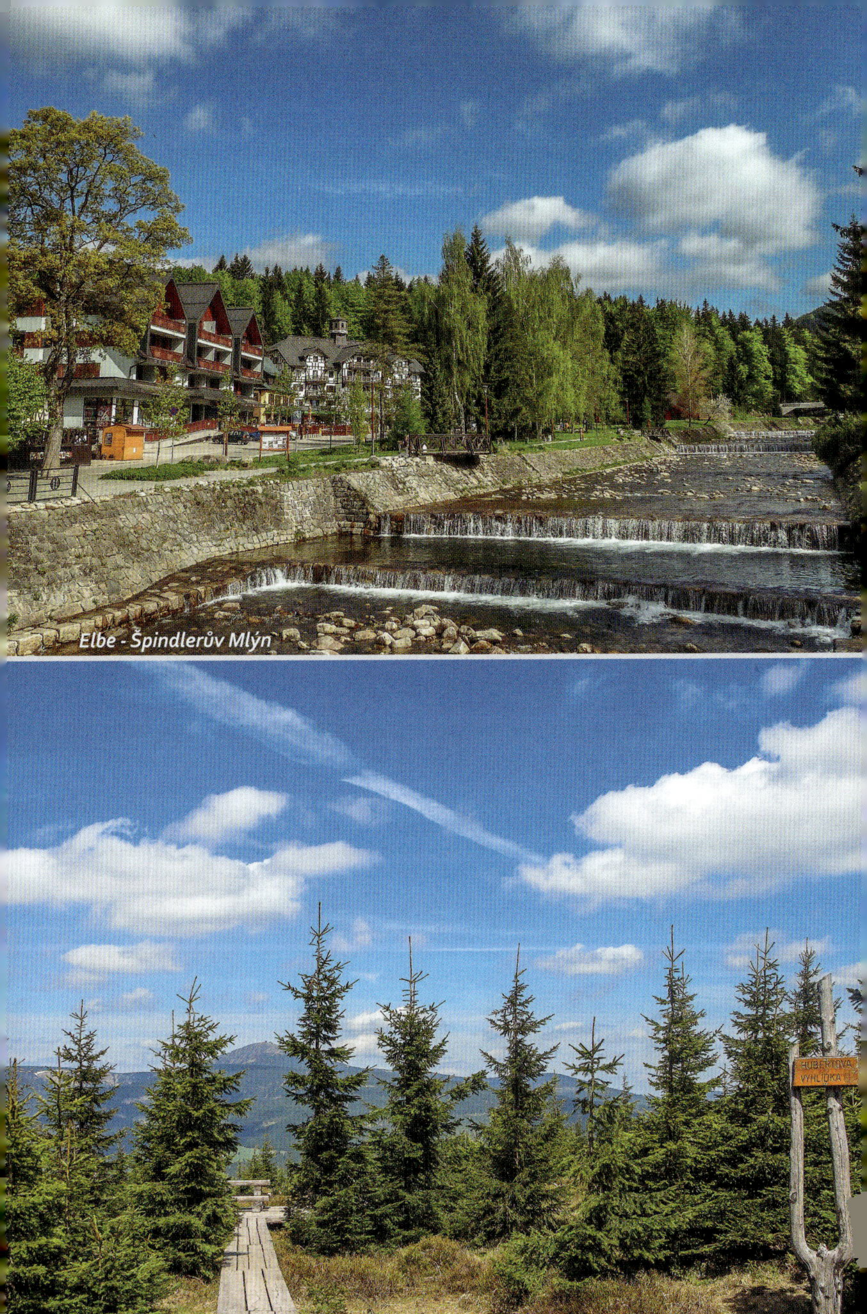

Elbe - Špindlerův Mlýn

im Moor Černohorské rašeliniště

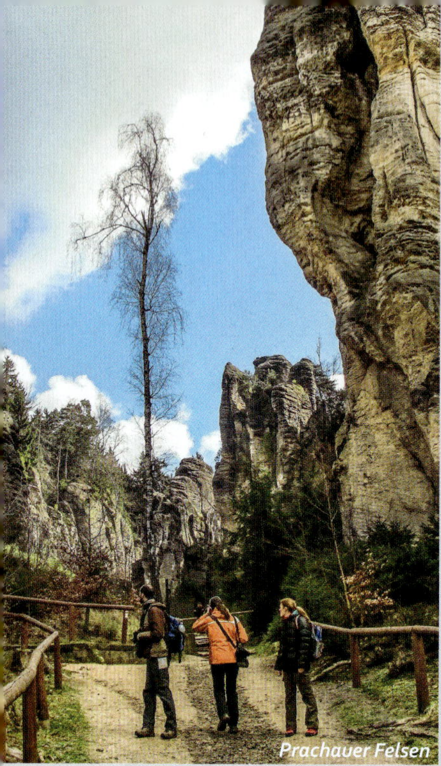

Prachauer Felsen

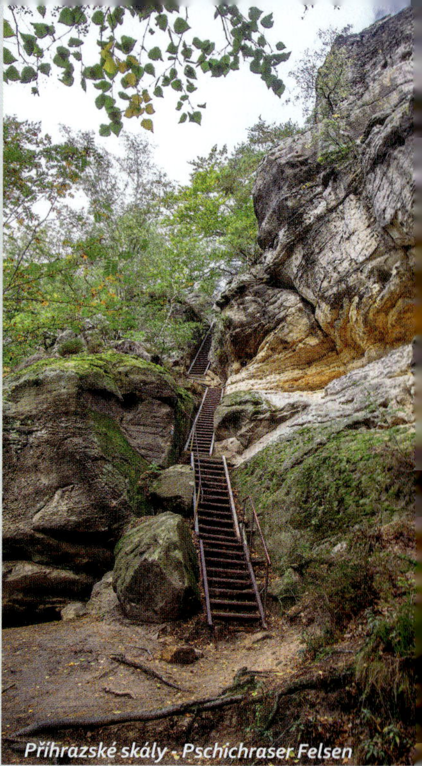

Příhrazské skály - Pschichraser Felsen

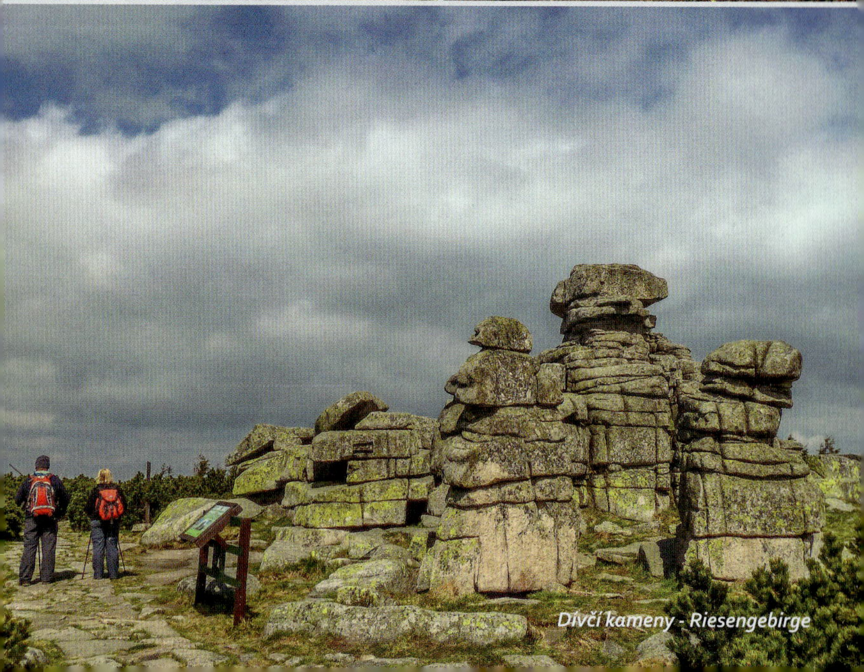

Dívčí kameny - Riesengebirge

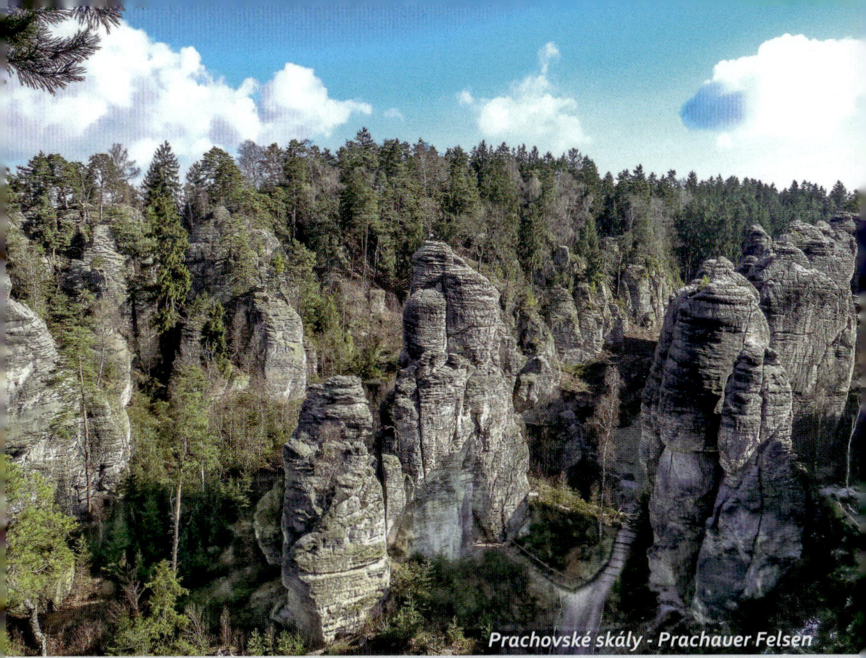

Prachovské skály - Prachauer Felsen

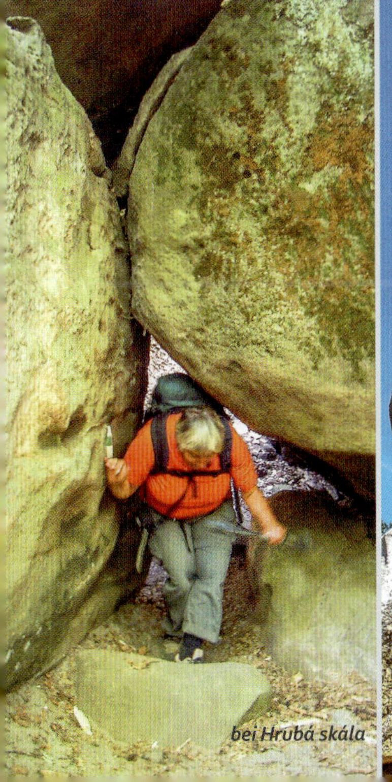

bei Hrubá skála

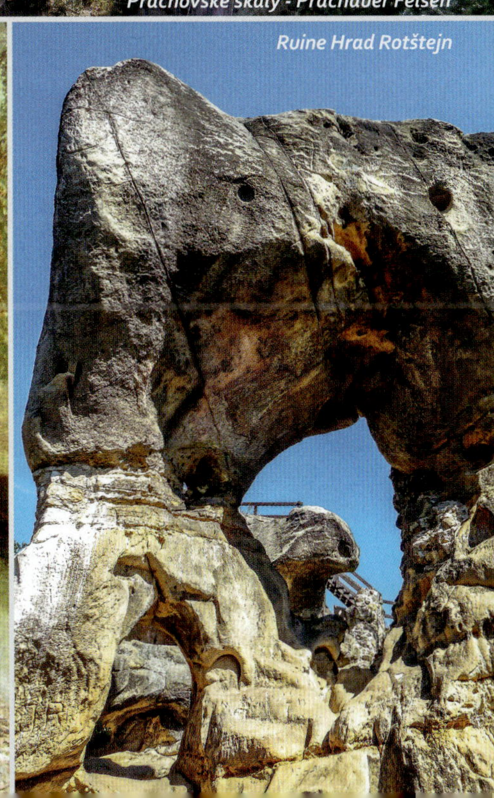

Ruine Hrad Rotštejn

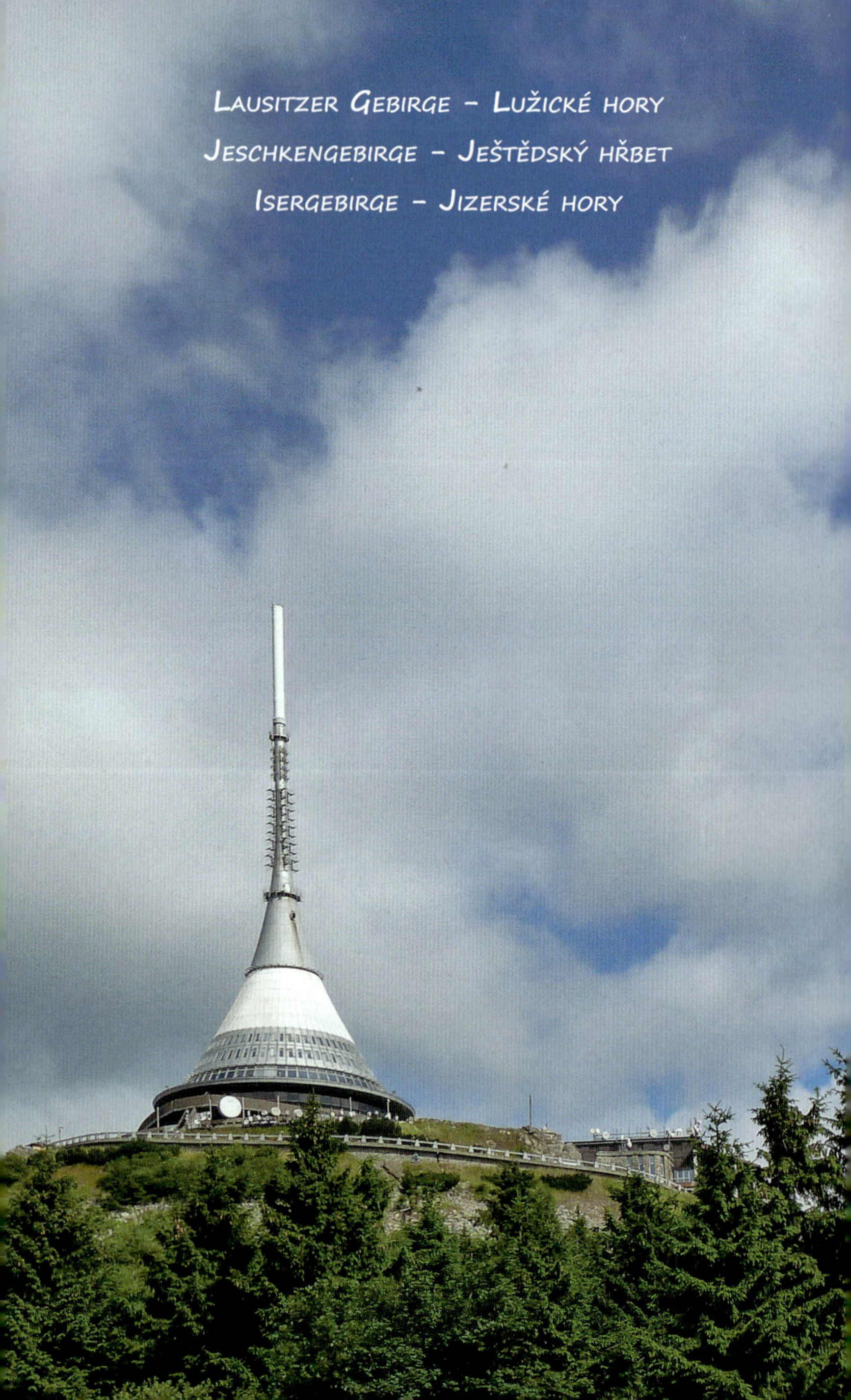
Lausitzer Gebirge – Lužické hory
Jeschkengebirge – Ještědský hřbet
Isergebirge – Jizerské hory

Die auf den folgenden Seiten beschriebene Strecken-Wanderung beginnt am Fuße des Berges Oybin unterhalb der Klosterruine und der barocken kleinen Bergkirche. Den bezaubernden, in einem Talkessel des Zittauer Gebirges gelegenen Kurort Oybin erreichen Sie bequem und gemütlich „unter Dampf" mit der Zittauer Schmalspurbahn.

Nach dem Start in Oybin wandern Sie auf einer Strecken-Tour durch das Lausitzer- und Jeschken Gebirge mit dem Ještěd Gipfel bis nach Jičín im malerischen Böhmischen Paradies.

Im Isergebirge führen die Wanderungen zu den Aussichtstürmen bei Hejnice, Tanvald und Josefův Důl und von der Neiße in Liberec nach Jizerka, die am höchsten gelegene Ansiedllung des Isergebirges.

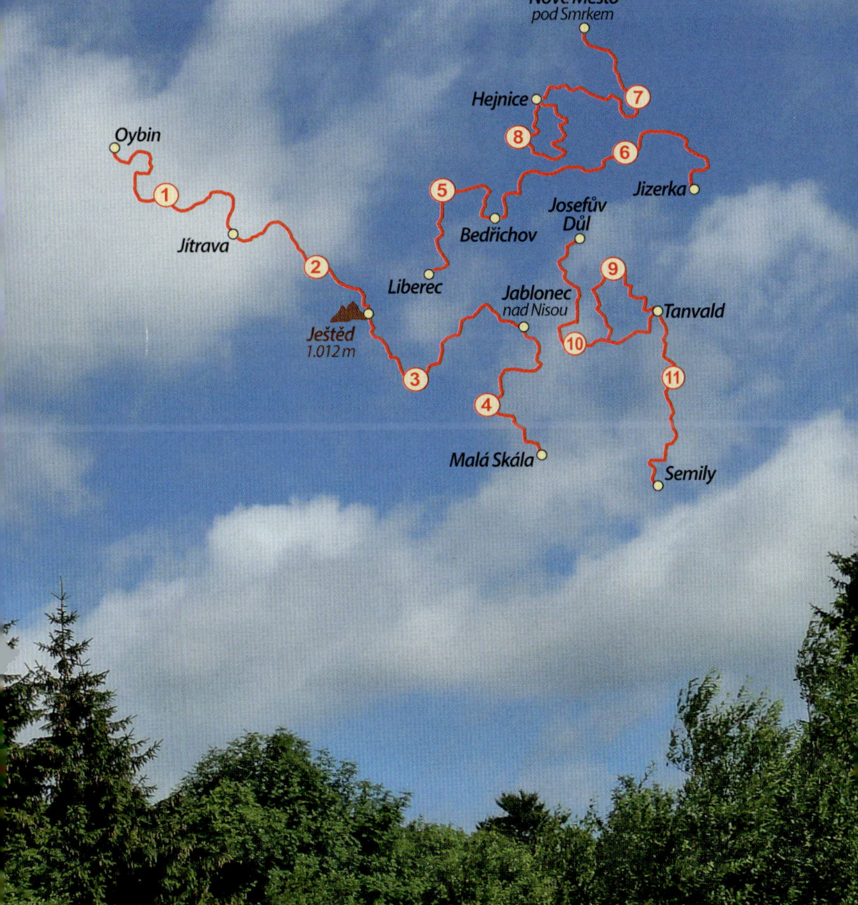

1 Oybin *(Zittau)* - Jítrava

Sehenswert: Kurort Oybin mit der Kloster- & Burgruine, der barocken kleinen Bergkirche und der Töpfer-Aussicht, Bílé Sloní Kameny *(Weiße Elefantensteine)*
Streckenlänge: 21,6 km **Höhenmeter:** ↑618 ↓634
Wanderkarten: Lužické hory Nr. 404 von SHOCart - 1:40.000 oder
Lužické hory Nr. 14 von KČT - Klub český turistů - 1:50.000
Wegmarkierung: mit Balken: *GELB* *ROT* und als Europäischer Fernwanderweg E3

Am Fuße des Berges Oybin, unterhalb der Klosterruine und der barocken Bergkirche, starten Sie, wandern durch das Lausitzer Gebirge zur Töpfer-Aussicht und überqueren bei Lückendorf die Grenze zu Böhmen. Nach Petrovice führt der Weg durch den Kaisergrund *(Krásný důl)* und vorbei an den mächtigen Elefantensteinen nach Jítrava *(Pankraz)*.
Sie können die Tour auch bereits in Zittau beginnen und bequem mit der Zittauer Schmalspurbahn bis in den Kurort Oybin „dampfen".

Wegverlauf

✱Oybin Bahnhof ⇧394 m, vorbei an Café Balzer und Bergkirche hinauf zur Klosterruine ➤0,7 km, nach einer Runde über den Berg Oybin wieder zurück ins Tal, links dem Dampfbahn-Lehrpfad folgen, *BLAU*
+Teufelsmühle ⇧389 m ➤2,8 km, rechts ab *GELB*, nach 400 m gerade über die „Krieche" mit Treppen aufwärts, Sie können auch links über die Gratzer Steine gehen (600 m länger)
+Töpferbaude ⇧582 m ➤3,8 km, schöne Aussicht von den Sandsteinfelsen
+Wegkreuz ➤4,1 km, rechts ab *GELBER PUNKT* (gerade zur Böhmischen Aussicht)
+Am Scharfenstein ⇧530 m ➤5,0 km ◈, rechts der Aussichtspunkt, gerade *GELBER PUNKT*, auf der Großen Felsengasse zur Aussicht Mönchskanzel ➤6,0 km, 60 m nach dem Muschelsaal dann links ab
+Wegkreuz ⇧551 m ➤6,4 km, rechts halten, dem mit *GELBEN PUNKT* markierten Wanderweg zum Kammloch folgen
+Hraniční uzávera *(Kammloch)* ⇧520 m ➤7,0 km ◈, am Fußgängergrenzübergang nach Tschechien, rechts auf *ROT* dem Europäischen Fernwanderweg E3 folgen
+Na Šestce *(Byv, Mysl.)* ⇧446 m ➤8,8 km, links halten auf *ROT* E3
+Sokol *(odb. Kezřic)* ⇧490 m ➤9,7 km ◈, an der Kočičí studánka *(Quelle)*, links *ROT*

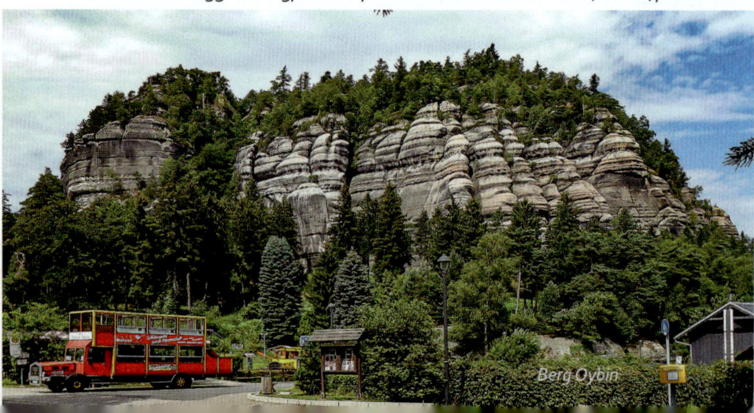
Berg Oybin

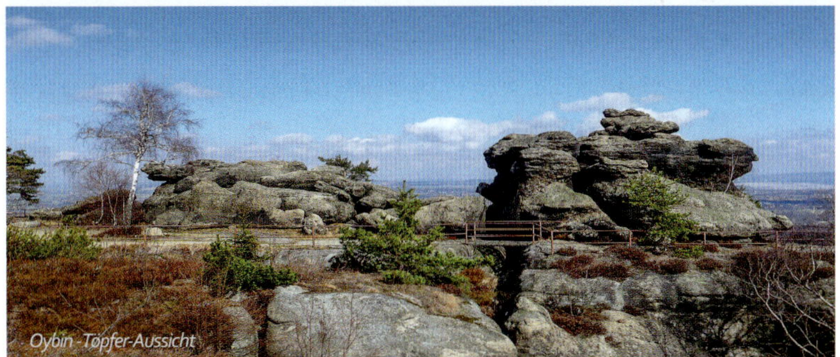

✧**Petrovice** ➤11,0 km ⚐, der Straße nach rechts für ca. 50 m folgen, dann links ab und auf der Seitenstraße weiter

+Petrovice ⇧370 m ➤11,3 km, links auf ***ROT*** Richtung Horní Sedlo, kurz nach dem Ort, an einer Wiesenweggablung links ab

+Pod Strážnín Vrchem ⇧389 m ➤12,3 km, geradeaus weiter auf ***ROT***

+Pod Loupežnický Vrchem ⇧487 m ➤13,6 km ◈, Infotafel, gerade weiter

+U Tobiášovy Boruvice ⇧481 m ➤14,1 km, gerade weiter auf ***ROT***

+Krasny Důl ⇧400 m ➤15,0 km, gerade

+Pod Vraními Skalami ⇧398 m ➤16,5 km ◈, gerade auf ***ROT***, nach 200 m können Sie rechts auf dem Lehrpfad durch die Felsengruppen Vraní skály & Horní skály bis zum Wegkreuz Horní sedlo gehen (400 m weiter)

+Horní sedlo ⇧460 m ➤17,4 km, an der Kapelle unter der Linde, links weiter auf ***ROT***

+Pod Vysokou ⇧490 m ➤19,7 km, rechts ab, ☝ nach 300 m links ab vom Forstweg und auf einem schmalen Pfad weiter

+Bílé Kameny ⇧388 m ➤20,4 km, vorbei an den mächtigen Elefantensteinen

+Jítrava Bus ⇧370 m ➤21,2 km, gerade über die Straße, vorbei an der Tankstelle und an der Kreuzung im Ort links halten

✱Hotel Jítrava ⇧377 m ➤21,6 km ⚐ ⌂ Ende am Hotel mit dem Biergarten

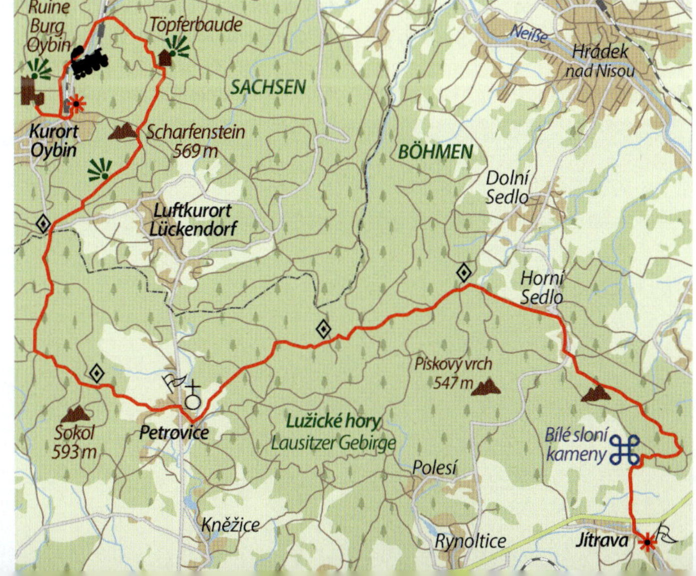

2 Jítrava - Ještěd *(Liberec)*

Sehenswert: Ještěd *(Jeschken)* ⇧1.012 m, mit dem futuristischen Hotel und dem ca. 100 Meter hohen Fernsehturm auf dem Gipfel, das Wahrzeichen der Region Liberec
Streckenlänge: 15,9 km **Höhenmeter:** ↑979 ↓360
Wanderkarten: Lužické hory Nr. 404 von SHOCart - 1:40.000 oder
Lužické hory Nr. 14 von KČT - Klub český turistů - 1:50.000
Wegmarkierung: mit Balken: ***ROT*** und als Europäischer Fernwanderweg E3

Die Wanderung führt Sie von Jítrava *(Pankraz)* durch das Jeschkengebirge, vorbei an der kleinen Kaple sv. Kryštofa *(Christophoruskapelle)* und über den Lom *(Scheuflerkoppe)* ⇧682 m zum Křižanské sedlo *(Neuländer Sattel)*. Hier liegt zur Linken Kryštofovo Údolí *(Christophsgrund)* mit dem berühmten Viadukt und rechts Křižany *(Kriesdorf)* mit dem Kletterfelsen Krkavčí skály *(Rabensteine)*. Nach den Dánské kameny *(Dänischen Steine)* beginnt bald der kräftige Aufstieg zum Gipfel des Ještěd. Oben auf dem Berg empfängt Sie das Hotel und ein atemberaubender Rundblick über das Jeschken- und Isergebirge. Wenn Sie Ihre Wanderung in Liberec *(Reichenberg)* beenden wollen, dann können Sie auf ***BLAU*** hinab nach Horný Hanichov wandern oder mit der Seilbahn ins Tal schweben, um anschließend mit der Straßenbahn weiter ins Zentrum zu fahren.

Wegverlauf

✱Jítrava ⇧377 m, vom Hotel Jítrava aus gerade auf ***ROT*** der durch den Ort führenden Straße folgen, am Ortende in einer Rechtskurve gehen Sie nach links, vorbei an einer kleinen Steinsäule, auf der Nebenstraße weiter
+Vápenný Lom ⇧610 m ➤2,5 km ◈, gerade weiter auf ***ROT***
+Velky Vápenný ⇧790 m ➤4,3 km, gerade
+Trávnik ⇧666 m ➤5,6 km ◈, gerade
+Kaple sv. Krýstova ⇧595 m ➤8,3 km ◈, an der kleinen Kapelle gerade weiter
+Křižanskě sedlo ⇧576 m ➤9,5 km ◈, links halten, nach dem Verkehrsschild, rechts dem aufwärts führenden Waldpfad folgen
+Pod Malým Ještědem ⇧754 m ➤11,1 km ◈, am Rastplatz gerade weiter ***ROT***
+Dánské Kamený ⇧710 m ➤12,4 km ◈,

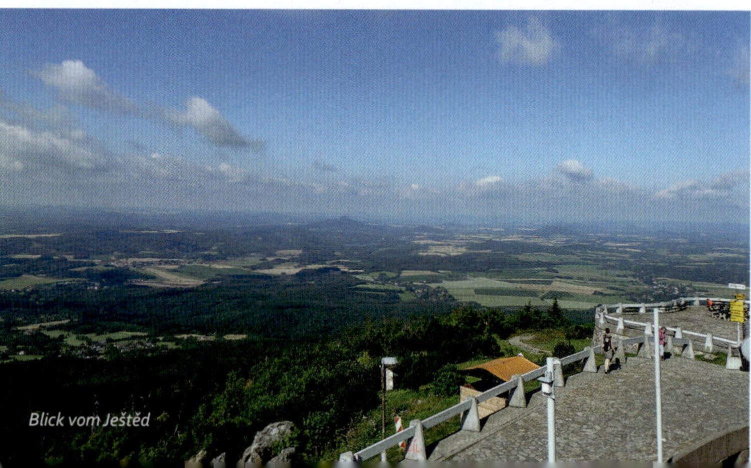
Blick vom Ještěd

Wanderteil

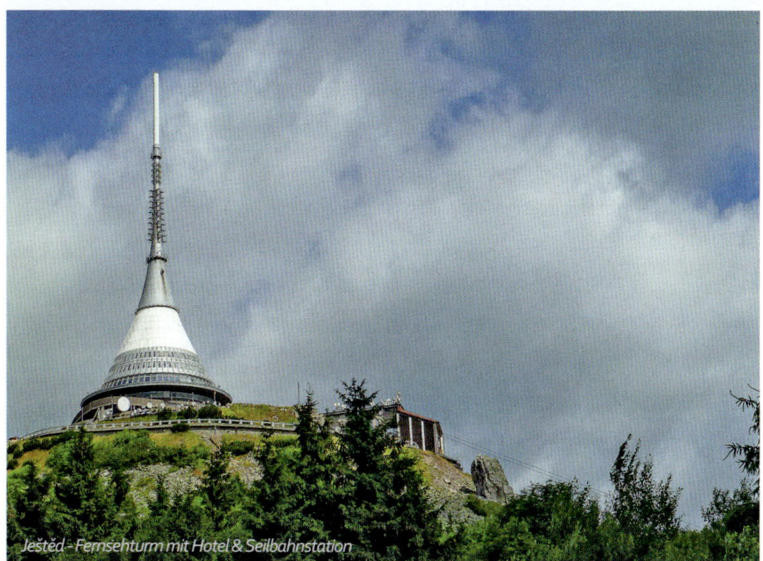

Ještěd - Fernsehturm mit Hotel & Seilbahnstation

geradeaus weiter auf ***ROT***, links geht es zur 150 m entfernten kleinen Felsengruppe der Dánské kameny *(Dänische Steine)*
+Výpřež ⇧776 m ➤13,8 km, nach rechts über die Straße, am Parkplatz kleiner Kiosk
+Nad Výpřeží ⇧882 m ➤15,1 km, gerade weiter auf ***ROT***, der Weg steigt nun kräftig an, nach 400 m rechts halten, oder Sie folgen der Fahrstraße bis zum Gipfel
+Ještěd *(ODB.)* ⇧970 m ➤15,5 km, gerade auf einem nicht markierten steinigen steilen Pfad bis hinauf zum Gipfel, oder Sie folgen der Fahrstraße bis zum Gipfel
✱Ještěd Gipfel ⇧1.012 m ➤15,7 km ⌂⚐, Ende der Wanderung am futuristischen Hotel auf dem Gipfel, Seilbahnstation, genießen Sie die wundervolle Rundumsicht.

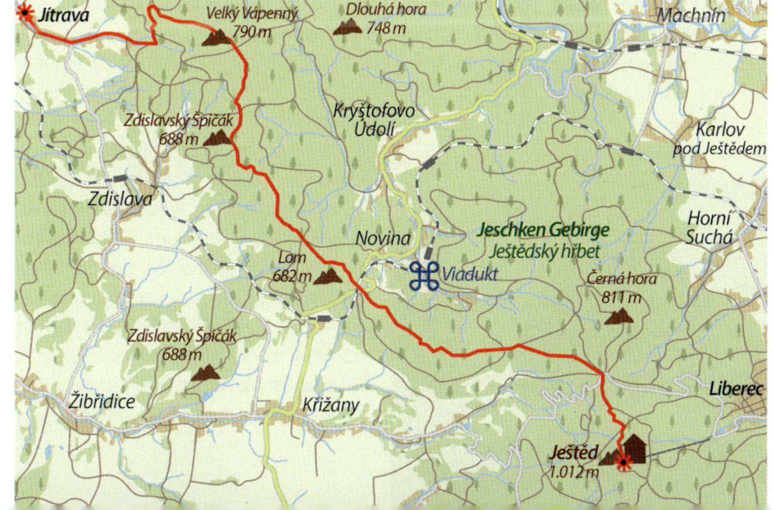

WANDERTEIL

3 Ještěd *(Liberec)* - Jablonec nad Nisou

Sehenswert: Ještěd *(Jeschken)* ⇧1.012 m, mit dem futuristischen Hotel und dem ca. 100 Meter hohen Fernsehturm auf dem Gipfel, das Wahrzeichen der Region Liberec, Riesenfass-Gasthaus Obří sud auf dem Javorník ⇧684 m
Streckenlänge: 23,7 km **Höhenmeter:** ↑512 ↓977
Wanderkarten: Jizerské hory, Frýdlantsko Nr. 402 von SHOCart - 1:40.000 oder Jizerské hory a Frýdlantsko Nr. 20-21 von KČT - Klub český turistů - 1:50.000
Wegmarkierung: mit Balken: ***ROT BLAU GRÜN***

Wenn Sie die Tour in Liberec *(Reichenberg)* beginnen, fahren Sie mit der Straßenbahn zum Stadtteil Horný Hanichov und wandern auf ***BLAU*** zum Ještěd oder schweben mit der Seilbahn hinauf. Die Wanderung führt Sie dann vom Ještěd abwärts zum Sattel Ještědka, über den Černý kopec und vorbei an der Chata Pláně pod Ještědem zum U Šámalů dem ältesten Gasthaus in der Region Liberec.
Auf dem Weg zum Riesenfass-Gasthaus Obří sud auf dem Javorník, überqueren Sie den Höhenzug Rašovský hřbet und haben unterwegs oft traumhafte Ausblicke. Das Ziel der Wanderung ist Jablonec nad Nisou im Tal der Lužická Nisa *(Lausitzer Neiße)*.

Wegverlauf

✱Ještěd ⇧1.012 m ⚐⌂, vom Hotel auf dem Gipfel, vorbei am Kiosk auf dem unmarkierten steinigen Pfad abwärts
+Ještěd *(ODB.)* ⇧970 m ➤0,2 km, links ab auf ***ROT*** (E3) Richtung Ještědka, der schmalen abwärts führenden Straße folgen
+Ještědka ⇧930 m ➤0,8 km ⌂⚐, Horská Chata Ještědka, am Parkplatz gerade ***ROT***
+Horní Hanychov Skalka ⇧892 m ➤1,8km, an Sesselliftstation auf dem Černý kopec, gerade, bald auf steinigem Pfad abwärts
+Plané Pod Ještědem ➤2,5km ⌂⚐ gemütliche Chata Plané mit Terrasse, auf ***BLAU*** zum Javorník

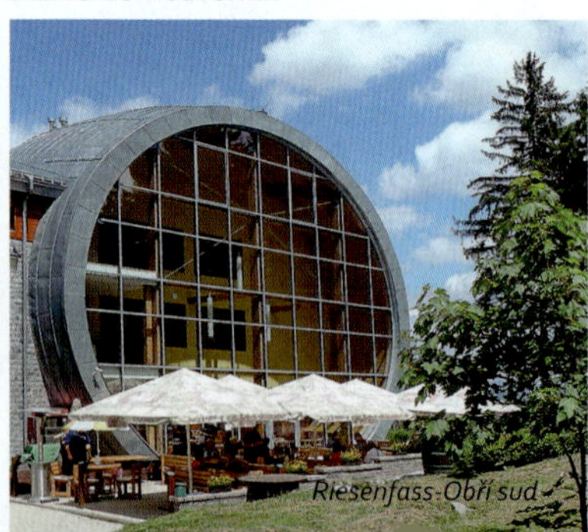
Riesenfass-Obří sud

+U Šámalů ➤5,5 km ⚐, das älteste Gasthaus der Region, leider nur Sa./So. geöffnet, gerade weiter auf ***BLAU***
+Rošovský Hřbet ⇧625 m ➤5,9 km, links ***BLAU***, auf dem Wiesenweg haben Sie prächtige Ausblicke zum Iser- & Riesengebirge, Böhmischen Paradies und auf Liberec
+Rašovka ⇧610 m ➤7,4 km ⚐, am Restaurace V Trnčí, links ab auf ***BLAU***
+Rašovka sedlo ⇧592 m ➤8,4 km, links halten, beim folgenden Anstieg schöner Blick zurück zum Ještěd
+Javornická Kaple ⇧675 m ➤9,6 km◈, gerade vorbei an der Sessellift Bergstation
+Javorník ⇧684 m ➤10,1 km ⚐⌂, Obří Sud ein Gasthaus im Riesenfass, links ab auf ***GRÜN*** über steinigen Waldpfad abwärts Richtung Jeřmanice, bei Erreichen der Straße ➤11,0 km, dieser nach links folgen, vorbei an der Sessellifttalstation ⚐ ➤11,3 km, schöner Ještěd Blick
+Bushaltestelle ➤11,5 km, rechts ab der schmalen Straße durch die Siedlung folgen

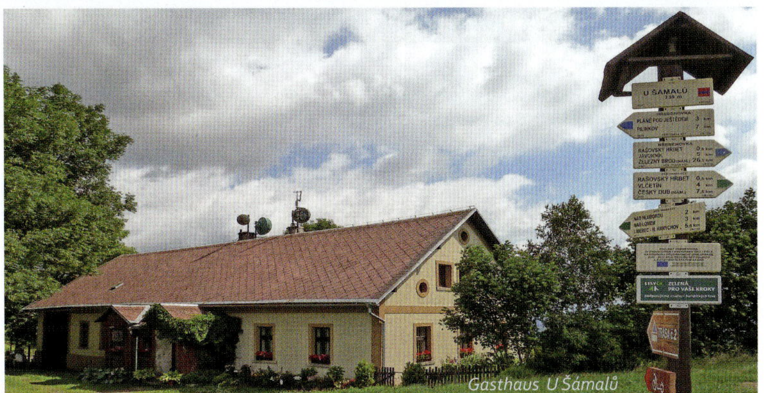

Gasthaus U Šámalů

+Jeřmanice *(Žst.)* ⇧518 m ➤12,4 km, rechts auf ***GRÜN*** weiter, vor der Autobahn E442 ➤12,7 km, links unter der Bahnlinie hindurch, parallel zur E442 weiter, nach ca. 250 m rechts auf Brücke über E442, nach der Brücke kleines Bistro ⚐ ➤13,0 km, rechts auf ***GRÜN*** der Straße folgen

+Abzweig ➤13,5 km, nach dem Ort links ab Richtung Milíře, ☝ nach ca. 1 km zweigt ***GRÜN*** rechts ab von der schmalen Straße

+Milíře *(Kap.)* ➤14,5 km, gerade ***ROT***

+Milíře *(Rozc.)* ⇧568 m ➤15,0 km, rechts halten der Straße folgen, nach ca. 200 m rechts ab auf Waldpfad weiter

+Proseč n. N. ⇧392 m ➤17,8 km, bei der Haltestelle der Straßenbahn und Regionalbahn können Sie Ihre Tour abkürzen, wenn Sie mit der Bahn nach Jablonec fahren, die Wanderung geht rechts auf ***ROT***, nach ca. 50 m links über die Neiße, nach nochmals 50 m rechts in die Straße Prosečská und nach ca. 20 m beim Restaurace Česka Beseda ⚐ links ab in die Straße U Sokolovny

✧Horní Proseč ⇧444 m ➤18,5 km, gerade durch die kleine Siedlung

+Prosečký Hřeben ⇧581 m ➤20,3 km, rechts ab auf ***BLAU*** Richtung Jablonec, hier geht's links (ca. 600 m) zum Aussichtsturm Rozhledna Proseč

+Proseč. Hřeben-Jižní Rozc ⇧532 m ➤21,2 km, gerade auf ***BLAU***

✧Kreisverkehr an Straße Široká, gerade

+Jablonec n. N. Brandl ⇧481m ➤22,3 km, am Kreisverkehr, links der Straße Liberecká Richtung Zentrum folgen, ☝ Straße biegt nach ca. 600 m links ab

✱Jablonec n. N.-Mírové náměstí ⇧514 m ➤23,7 km ⚐⌂, Ende der Tour am Rathaus

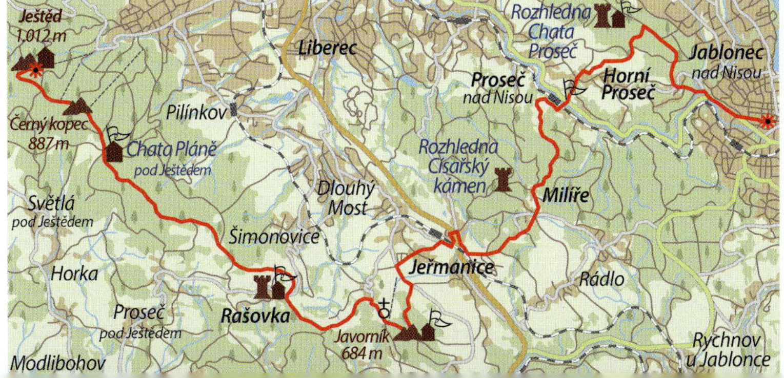

4 Jablonec nad Nisou - Malá Skála

Sehenswert: Jablonec nad Nisou *(Gablonz an der Neiße)* mit dem Glas- und Bijouterie Museum im Jugendstil, Rozhledna *(Aussichtsturm)* Kopanina, Ruine Hrad Frýdštejn, Ruine Felsenburg Vranov mit dem Pantheon, Malá Skála *(Kleinskal)*
Streckenlänge: 17,2 km **Höhenmeter:** ↑340 ↓611
Wanderkarten: Jizerské hory, Frýdlantsko Nr. 402 & Český Ráj, Mladoboleslavsko Nr. 421 von SHOCart - 1:40.000 oder Jizerské hory a Frýdlantsko Nr. 20-21 & Český Ráj Nr. 19 von KČT - Klub český turistů - 1:50.000
Wegmarkierung: mit Balken: ***BLAU*** ***GELB*** ***ROT***

Die Wanderung führt Sie von Jablonec nad Nisou, aus dem Tal der Lužická Nisa *(Lausitzer Neiße)* über den Höhenzug Ještědsko-kozákovský hřbet *(Jeschken-Kosakow-Kamm)* hinein ins Český Ráj *(Böhmische Paradies)*, das Sie bei der Ruine der Hrad Frýdštejn erreichen. Kurz vor dem Ziel in Malá Skála kommen Sie zur Ruine der Felsenburg Vranov mit dem Pantheon, es erwartet Sie ein malerischer Blick ins Jizeratal.
Über schmale Steinstufen und durch enge Spalten können Sie die ehemalige Felsenburg mit Ihren zahlreichen kleinen Höhlen und dem Burgbrunnen erkunden. Die mehr als 300 m lange Felsenburg ist die weiträumigste und größte Felsenburg Böhmens.

Wegverlauf

✱Jablonec n. N.-Mírové náměstí ⇧514 m, auf dem mit blauen Dreieck markierten Weg, der Straße Kamenná abwärts folgen, gerade über den Dolní náměstí und gerade über die Straße 5. května, nun kräftig ansteigend der Vzdušná ulička folgen, nach ca. 60 m über ein Bahngleis und weiter auf der Kokonínská aufwärts

✧Sendemast ➤1,0 km, schöner Blick auf Jablonec, gerade durch die Siedlung, dann nach ca. 300 m den rechten, durch eine Schranke versperrten Weg wählen

✧Schwimmbad ⇧589 m ➤1,8 km ◊, vorbei an den drei Teichen, dann beim ersten Haus, rechts dem Schotterweg folgen und nach ca. 100 rechts ab auf ***BLAU*** weiter

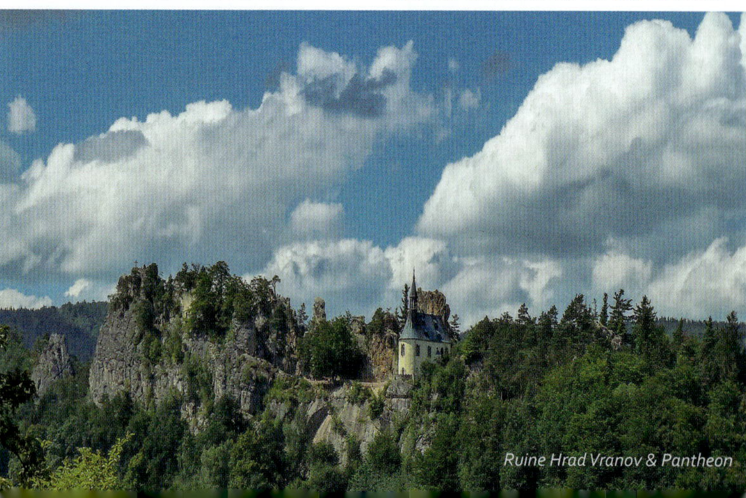

Ruine Hrad Vranov & Pantheon

Wanderteil

+Vrkoslavice ⇧598 m ➤2,3 km, auf ***BLAU*** Richtung Dobrá voda gerade über die Straße Pražská, bei Verlassen der Siedlung den linken Wiesenweg wählen

+Vyhlídka U Dobrévody ⇧630 m ➤3,4 km, an der Straße dann links ab

+Dobrá voda ⇧630m ➤4,1 km, gerade auf ***GELB*** dem Waldweg folgen

✧Dolni Dobrá voda ⇧559 m ➤4,7 km

+Rychnov U Kostela ⇧445m ➤6,7 km, nach der Kirche rechts ab auf ***GELB***, nach ca. 100 m links über ein Bahngleis, dann gerade am Bahnviadukt vorbei und beim Bahnhof links durch die Unterführung

+Rychnov n. N. *(Žst.)* ⇧447 m ➤7,4 km, am Bahnhof rechts auf ***BLAU*** der schmalen Straße aufwärts folgen

+Pelíkovice-Boží Muka ⇧540m ➤9,2 km ◈, gerade auf ***BLAU***

+Kopanina-Pacltova Rozhledna ⇧657 m ➤12,6 km, am Aussichtsturm rechts halten auf ***BLAU***, links (***GRÜN***) kommen Sie zur 350 m entfernten Chata Kopanina, wo Sie den Schlüssel für den Turm erhalten

✧Penzion Na Vejpřeži ➤12,9 km ⌂⚐

+Frýdštejn *(Žric.)* ⇧505 m ➤14,1 km, Ruine der Hrad Frýdštejn mit ca. 15 m hohen Burgturm (Eintritt ca. 50 CZK), ca. 400 m entfernt bergab Restaurace Vila Frýdstejn mit schönem Biergarten, weiter auf ***ROT*** Richtung Malá Skála

✧Vranovský hřeben ⇧413 m ➤15,0 km, ein über Holztreppen begehbarer Felsen

+Pantheon Vranov ⇧340 m ➤15,8 km, rechts haltend kommen Sie zum Eingang vom Pantheon & Hrad Vranov (Eintritt ca. 50 CZK), prächtige Aussicht ins Jizeratal, kleiner Kiosk, Lustschloss und begehbare Felsen der Burgruine der Hrad Vranov, die Wanderung führt danach auf ***ROT*** über Serpentinen und Stufen vorbei am Abzweig zur Pantheon Vyhlídka *(Aussicht)*, abwärts nach Malá Skála

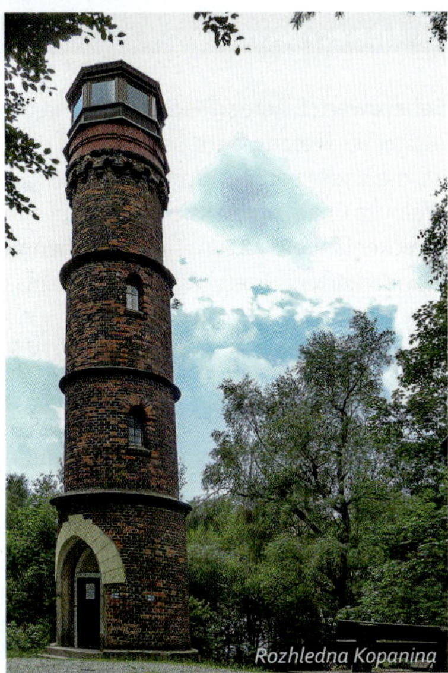
Rozhledna Kopanina

+Malá skála-pod Pantheonem ➤16,2 km, rechts, Fußgängerbrücke über die Jizera

+Malá Skála-V Teplicích ⇧271 m ➤16,5 km, rechts auf ***ROT***, vorbei am Klettergarten und Campingplatz im Tal der Iser weiter

✱Malá Skála *(Kap.)* ⇧268m ➤17,2 km ⌂⚐ Ende der Tour an der kleinen Kapelle

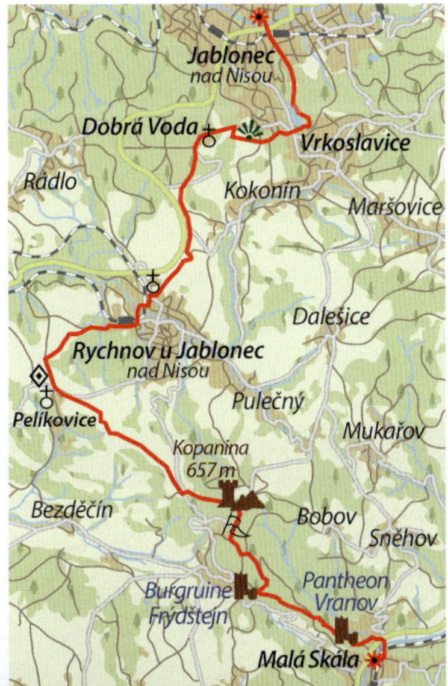

WANDERTEIL

5 Liberec - Bedřichov

Sehenswert: Liberec *(Reichenberg)* mit dem prächtigen Rathaus an der Nordseite des Altstädter Platzes, dem Schloss und dem Zoo, der auch Startpunkt der Wanderung ist, die Vodní nádrž *(Talsperre)* Bedřichov staut die Černá Nisa *(Schwarze Neiße)*, die Královka Chata mit Aussichtsturm auf dem Gipfel des Nekras ⇧859 m bei Bedřichov
Streckenlänge: 15,4 km **Höhenmeter:** ↑580 ↓291
Wanderkarten: Jizerské hory, Frýdlantsko Nr. 402 von SHOCart - 1:40.000 oder Jizerské hory a Frýdlantsko Nr. 20-21 von KČT - Klub český turistů - 1:50.000
Wegmarkierung: mit Balken: *GELB* *GRÜN* *BLAU* *ROT*

Die Wanderung beginnt am Lidové sady, beim Zoo von Liberec, sehr gut erreichbar vom Stadtzentrum aus mit den Straßenbahnlinien 2 und 3 und führt hinauf zum Rozhledna Liberecká výšina *(Aussichtsturm Liberecer Höhe)*.
Vorbei am ehemaligen Wasserkraftwerk Rudolfov wandern Sie dann über die Staumauer der Talsperre Bedřichov bis zur Královka Chata mit dem Aussichtsturm und dem gemütlichem Gasthaus auf dem Nekras Gipfel ⇧859 m.

Wegverlauf

✱Liberec *(Lidové sady MHD)* ⇧413 m, vom Zoo (Endhaltestelle der Straßenbahn) auf *GELB*, rechts vorbei am Cafe
◈ Rastplatz pod Libereckou výšinou ➤0,6 km, rechts ab weiter auf *GELB*
+Rozhledna Liberecká výšina ⇧546 m ➤1,0 km, Sie gehen links auf *GELB*, vorbei am Hotel Liberecká výšina ⌂⚐
+Strážní buk ⇧544 m ➤1,6 km, gerade weiter auf *GELB*, nach ca. 200 m ◈ an der Quelle Skautská studánka
+Mlynářův Kříž ⇧594 m ➤2,9 km ◈, rechts auf *GRÜN* vorbei am Kreuz
+Rudolfov *(Elektrárna)* ➤4,2 km, ehemaliges Wasserkraftwerk, rechts *GRÜN* der Straße durch die kleine Siedlung folgen

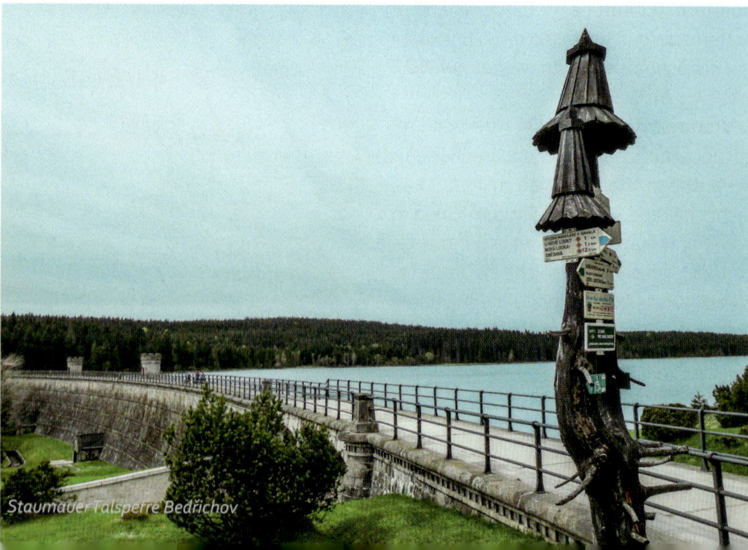
Staumauer Talsperre Bedřichov

WANDERTEIL

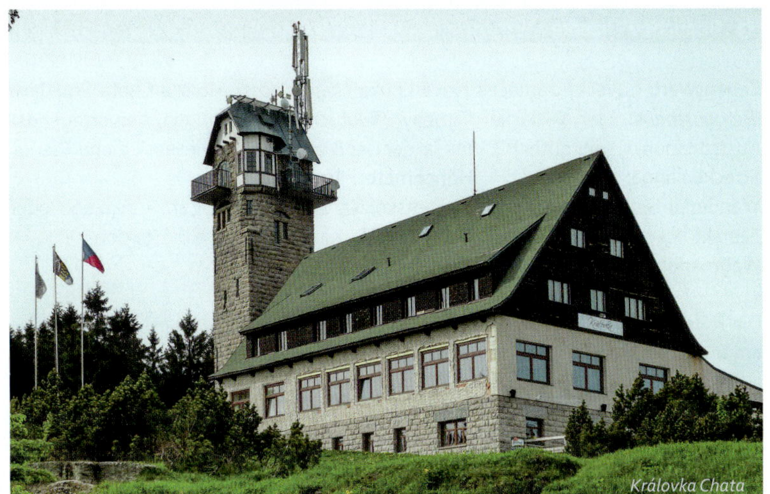

Královka Chata

+Pod Přehradou ⇧747 m ➤6,7 km, gerade
+Stammelův Kříž ⇧775 m ➤7,4 km, hier rechts ab auf ***BLAU*** über die Staumauer der Talsperre Bedřichov
+Přehr. Bedřichov *(Č. Nisa)* ➤8,0 km ◈, rechts ab weiter auf ***GRÜN***
+Bedřichovvské S. *(Maliník)* ⇧775 m ➤11,8 km, links auf ***ROT*** der abwärts führenden Straße für ca. 150 m folgen und diese dann nach rechts verlassen, auf ***ROT*** weiter durch den kleinen Skiort Bedřichov
+Bedřichov Stadion ⇧680 m ➤13,0 km ◈, am kleinen Teich rechts auf ***GELB*** aufwärts an der Lesní Chata ⌂⚐ vorbei
+Královka Chata ⇧859 m ➤14,3 km ⚐, der Aussichtsturm der Chata auf dem Gipfel Nekras kann bestiegen werden (Gebühr), Sie gehen am Wegkreuz rechts auf ***BLAU*** wieder hinab nach Bedřichov
✱Bedřichov škola ➤15,4 km ⌂⚐

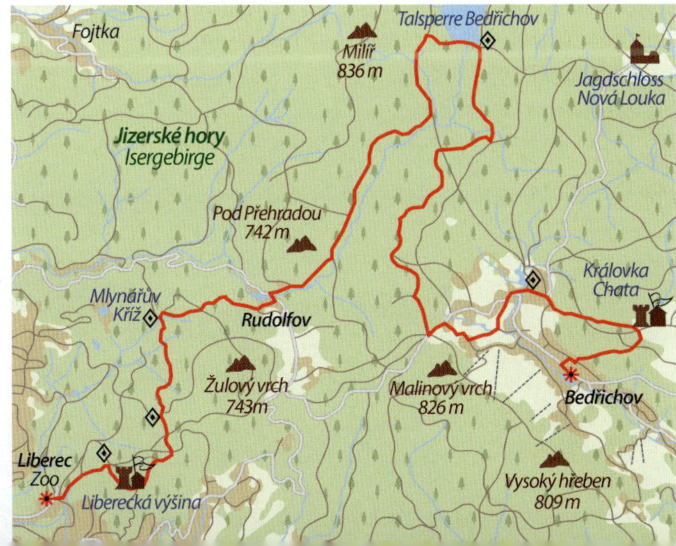

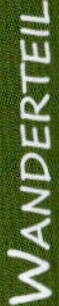

6 Bedřichov - Jizerka

Sehenswert: Lovecký zámeček Nová Louka *(Jagdschloss)*, Horská Chata Smědava *(Berggasthaus)*, der Pytlácké Kámeny *(Raubschützenfelsen)* ein hervorragender Aussichtspunkt, sehr guter Blick ins Tal der Iser & zur Wald- & Wiesensiedlung Jizerka
Streckenlänge: 25,6 km **Höhenmeter:** ↑742 ↓342
Wanderkarten: Jizerské hory, Frýdlantsko Nr. 402 von SHOCart - 1:40.000 oder Jizerské hory a Frýdlantsko Nr. 20-21 von KČT - Klub český turistů - 1:50.000
Wegmarkierung: mit Balken: *GELB* *BLAU* *ROT* *GRÜN*

Die Tour beginnen Sie in Bedřichov am Ski-Stadion unterhalb der Lesní Chata. Vorbei am urigen Jagdschloss aus Holz und der Šamalova Chata, führt Sie Ihre Wanderung auf der Isermagistrale zu den Pytlácké Kámeny *(Raubschützenfelsen)* und zur malerischen Hochebene bei Jizerka. Die reizvollste Gemeinde des Isergebirges bildet eine typische Wiesen-Enklave mit verstreuten Hütten inmitten der Berge. Hier steht auch das bekannte, neu errichtete Misthaus, es wurde vor allem durch seinen Besitzer berühmt - Gustav Ginzel, einem bekannten Bergsteiger und Globetrotter.

Wegverlauf

✱Bedřichov Stadion *(Bus)* ⇧680m ◈ auf *GELB* vorbei am kleinen Teich und am Denkmal für die 1970 bei einem Erdbeben verunglückte tschechische Peru-Expedition
+U Nové Louky ⇧791 m ➤2,3 km, hier rechts ab und weiter auf *BLAU*
+Nova Louka ⇧780m ➤2,8km, gerade auf *BLAU* zum 200 m entfernten Lovecký zámeček *(Jagdschloss aus Holz)* & Šamalova Chata, rechts halten, der Weg verläuft nun leider meist auf einer schmalen asphaltierten Forststraße
+Blatný Rybník ➤3,7 km, links ab auf *BLAU* am Teich entlang
+Kristiánov ⇧812m ➤5,7km, Lesni Hřbítov *(Waldfriedhof)* gerade auf *BLAU*
+Rozmezí ⇧1.000m ➤8,9km, gerade auf *BLAU* dem Betonplattenweg folgen, nach ca. 100 m ◇

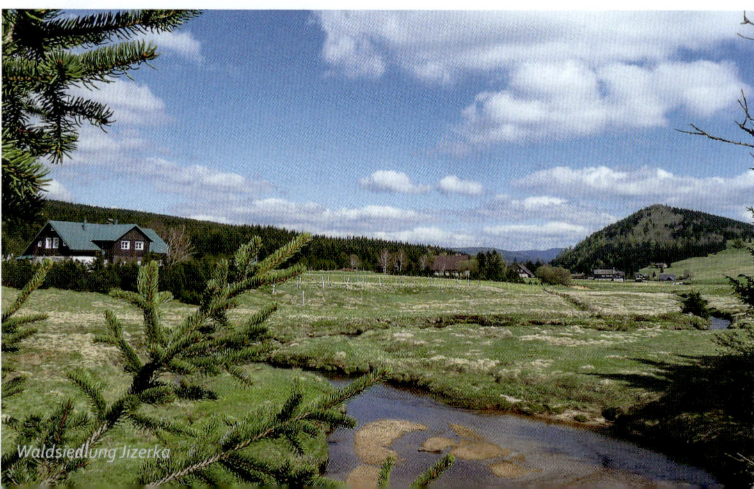
Waldsiedlung Jizerka

+Čihadla ⇧978 m ➤10,3 km, rechts ab weiterhin ***BLAU*** folgen
+U Knejpy *(Štolpišská silnice)* ⇧981 m ➤10,6 km, gerade auf ***ROT***
+Na Knejpé ⇧990 m ➤11,0 km ◈ Horska Stanice Knajpa, gerade ***ROT***
+Pod Jizerou ⇧968 m ➤11,9 km, gerade auf ***ROT*** weiter
+Paulova Paseka ⇧960 m ➤12,4 km ◊, gerade weiter auf ***ROT***
+Smědava ⇧847 m ➤13,8 km ⌂⚐, Horská Chata Smědava, rechts auf ***GRÜN*** Richtung Předel
+Smědava most ⇧849 m ➤14,1 km, nach der Brücke links ab, wenn Sie die Strecke kürzen wollen, so gehen Sie hier gerade direkt nach Jizerka (→6 km)
+Černa Směda ⇧864 m ➤15,0 km, links ***GRÜN*** am kleinen Teich vorbei
+Předel ⇧888 m ➤17,0 km ◈, rechts ab auf ***ROT*** Richtung Jizerka
+Zelený Kámen ⇧892 m ➤19,3 km, gerade ***ROT***, auf Holzbohlenweg durch das Naturreservat Černa jezirka
+Pytlácké Kámeny *(Raubschützenfelsen)* ⇧975 m ➤21,6 km, gerade auf ***ROT*** durch die Felsengruppe
+Jelení Stráň ⇧1.018 m ➤23,0 km, gerade weiter, rechts kommen Sie zur Aussicht Věžní skály *(Törmelfelsen)* die aber leider von Bäumen schon sehr verdeckt ist, der Weg führt nun über steinigen Pfad abwärts, bei Erreichen einer schmalen Straße ➤23,5 km ◊, folgen Sie dieser nach rechts
+Lasiží cesta ⇧858 m ➤25,0 km, links ab auf ***ROT*** in die kleine Wald- und Wiesensiedlung Jizerka, rechts steht das neu errichtete Hnojový dům *(Misthaus)*
✱Jizerka ⇧860 m ➤25,6 km ⚐⌂, Ende der Wanderung bei der Chata Panský Dům

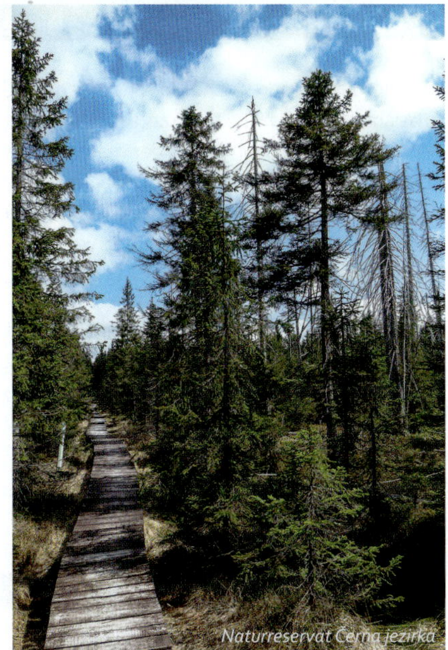
Naturreservat Černa jezirka

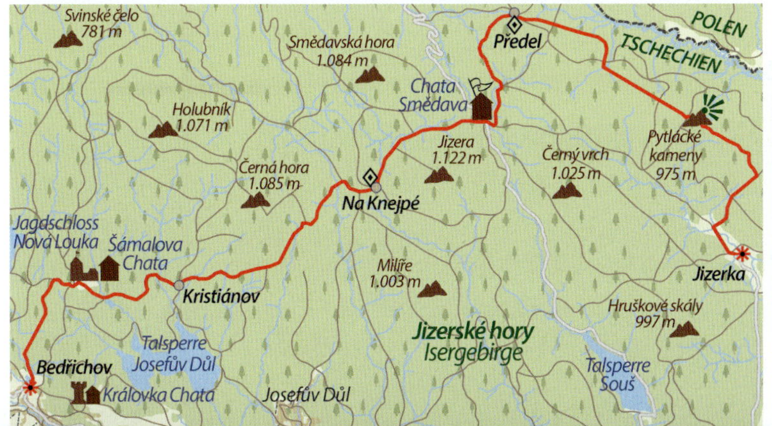

7 Nové Město pod Smrkem - Smrk - Hejnice

Sehenswert: Smrk ⇧1.124m der höchste Gipfel im tschechischen Isergebirge, Aussichtsfelsen Paličník mit fantastischer Sicht ins Smědá-Tal, auf Bílý Potok und auf den Wallfahrtsort Hejnice mit der mächtigen barocken Kirche
Streckenlänge: 18,2 km **Höhenmeter:** ↑712 ↓804
Wanderkarten: Jizerské hory, Frýdlantsko Nr. 402 von SHOCart - 1:40.000 oder Jizerské hory a Frýdlantsko Nr. 20-21 von KČT - Klub český turistů - 1:50.000
Wegmarkierung: mit Balken: ***BLAU*** ***GELB*** ***ROT***

Die im Folgenden beschriebene Wanderung beginnt in Nové Město pod Smrkem, gut per Regionalbahn von Liberec aus zu erreichen. Vorbei an der Pramen *(Quelle)* Novoměstská kyselka führt Sie die Tour über höchsten Berg des tschechischen Isergebirges den Smrk 1.124m nach Hejnice (Bahnanschluss). Vom ca. 23 Meter hohen, ganzjährig geöffneten Aussichtsturm auf dem Smrk-Gipfel haben Sie eine prächtige Rundumsicht bis ins Lausitzer- und Riesengebirge.
Wenn Sie das Freilichtmuseum Skanzen von Jindřichovice pod Smrkem besuchen möchten, können sie auch dort bereits Ihre Wanderung starten (ca. 5 km zusätzlich).

Wegverlauf

✱Nové Město *pod Smrkem nám.* ⇧469m, auf ***BLAU*** durch die Straße Husova in Richtung Smrk ⌂⚐
+U Spálené Hospody ⇧529 m ➤1,3 km, gerade auf ***BLAU***, nach 50 m beim Restaurant nach rechts der schmalen Forststraße durch das Tal des Ztracený potok folgen
+U Kyselky ⇧545m ➤2,1km, gerade auf ***BLAU***, nach ca. 50m kommen Sie links zur Pramen Novoměstská kyselka, idyllischer ◊ bei der überdachten Quelle
☝➤2,8 km, ca. 50 m nachdem die schmale Straße den Bach Ztracený potok überquert, verlassen Sie auf ***BLAU*** links die Straße und folgen einem aufwärts führenden Forstweg, ☝➤3,2 km, in der Kurve geht der Weg links ab und führt auf schmalen Wurzelpfad steil bergauf

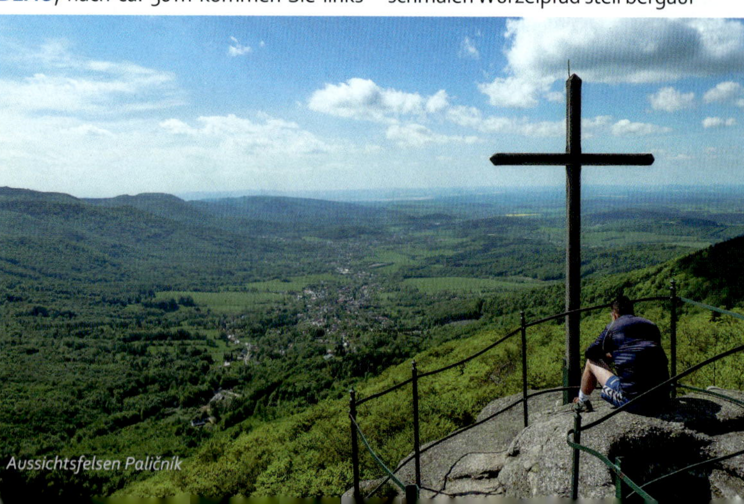
Aussichtsfelsen Paličník

+Streitův Obrázek ⇧705 m ➤3,7 km ◈, auf ***BLAU*** Richtung Smrk
✧**Aussicht Pechova smrt** ➤4,6 km ◈, gerade weiter und nach ca. 50 m links ab auf einem Pfad aufwärts
+Smrk *(Vrchol)* ⇧1.124 m ➤6,4 km, rechts ab auf ***BLAU***, nach ca. 100 m beim Theodor-Körner-Denkmal geht es rechts zum Smrk-Aussichtsturm ◇, prächtige Rundumsicht über das Isergebirge bis zur Schneekoppe, nach weiteren 400 m kommen Sie an einen Aussichtspunkt ◇ und gehen gerade auf einem Holzbohlenweg bergab
+Nebeský žeb. ⇧931 m ➤7,7 km, links halten auf ***BLAU***
+Na Písčinách ⇧877 m ➤8,8 km, rechts ab auf ***BLAU*** weiter

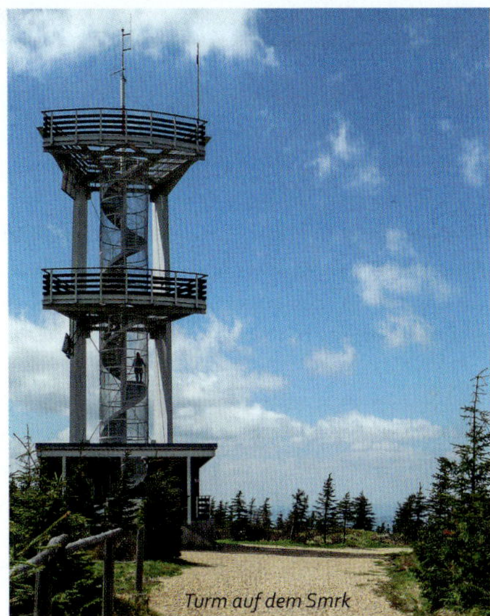
Turm auf dem Smrk

+Pod Klínovým Vrchem ⇧941 m ➤10,6 km (Wegkreuzschild ist etwas versteckt unter Bäumen), weiter auf ***GELB*** Richtung Bílý Potok
+Paličník-odb. ⇧944 m ➤10,8 km, 50 m links kommen Sie zum mächtigen Aussichtsfelsen mit fantastischer Sicht ins Smědá-Tal, auf Bílý Potok und Hejnice, auf einem steilen Pfad auf ***GELB*** abwärts
+Hájený Potok ⇧776 m ➤11,6 km, links ab im wilden Bachtal des Hájený potok
+Bártlova Bouda ⇧520 m ➤13,6 km ⚐, an der gemütlichen Baude gerade weiter auf ***GELB*** durch die Siedlung
+Bílý Potok ⇧430 m ➤16,0 km, auf ***BLAU***
+Bílý Potok žst. ⇧402 m ➤16,2 km, an der Bahnstation gerade weiter auf ***BLAU***
+Hejnice žst. ⇧378 m ➤17,8 km, an der kleinen Bahnstation links ab auf ***ROT***
✱**Hejnice** *(Basilika Minor)* ⇧375 m ➤18,2 km ⌂⚐, Ende der Wanderung auf dem Platz vor der mächtigen Wallfahrtskirche.

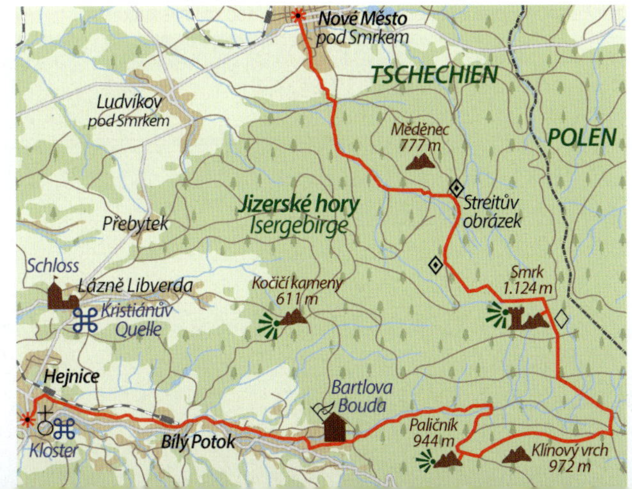

8 Hejnice - Ořešník, Frýdlantské cimbuří & Hajní kostel

Sehenswert: Wallfahrtsort Hejnice *(Haindorf)* mit der mächtigen barocken Kirche neben dem Kloster, drei aussichtsreiche Gipfel Ořešník *(Nußstein)* ⇧800 m, Frýdlantské cimbuří *(Friedlander Zinne)* ⇧900 m & Hajní kostel ⇧730 m, Wasserfall am Černý Štolpich *(Schwarzer Stolpich)*
Streckenlänge: 15,3 km **Höhenmeter:** ↑938 ↓938
Wanderkarten: Jizerské hory, Frýdlantsko Nr. 402 von SHOCart - 1:40.000 oder Jizerské hory a Frýdlantsko Nr. 20-21 von KČT - Klub český turistů - 1:50.000
Wegmarkierung: mit Balken: *ROT GELB GRÜN*

Die Wanderung beginnt im kleinen Wallfahrtsort direkt am Kloster und führt Sie zu drei beeindruckenden Aussichtspunkten im Isergebirge. Nach der Überquerung vom Fluss Smědá steigt der Weg ab dem Ortsrand von Hejnice im Wald stetig bergan zur ersten Aussicht auf dem Ořešník. Dem Bachbett vom wilden Wasserfall Černý Štolpich folgend, kommen Sie zum Rastplatz am Černý Potok. Auf dem Rückweg zum Kloster haben Sie die Möglichkeit für Abstecher zu den zwei anderen Aussichtspunkten Frýdlantské cimbuří & Hajní kostel, die einen wundervollen Rundblick über das Isergebirge und auf Hejnice bieten.

Wegverlauf

✱Hejnice *(Basilika Minor)* ⇧375 m, auf *ROT* Richtung Ořešník, am Kloster rechts auf Brücke über die Smědá und sofort links ab, schöner Blick zur mächtigen Kirche, nach Verlassen des Ortes ➤0,7 km über Wiesen und Waldwege aufwärts

+Ořešník ⇧800 m ➤2,8 km, links ab weiter *ROT*, rechts auf rotem Dreieck kommen Sie zur Felsengruppe mit der Aussicht

+Velký Štolpich *(vodopád)* ⇧774 m ➤4,9 km auf Holzsteg über den Bach, dann links auf *ROT* am Wasserfall aufwärts

+U Tetřeví boudy ⇧900 m ➤5,7 km, geradeaus weiter auf *GELB*

+Na Žďárku ➤6,3 km, gerade *GRÜN*

+Nad Černým potokem ⇧926 m ➤6,9 km, nach 100 m links ab auf *GRÜN*, nach weiteren 100 m links halten

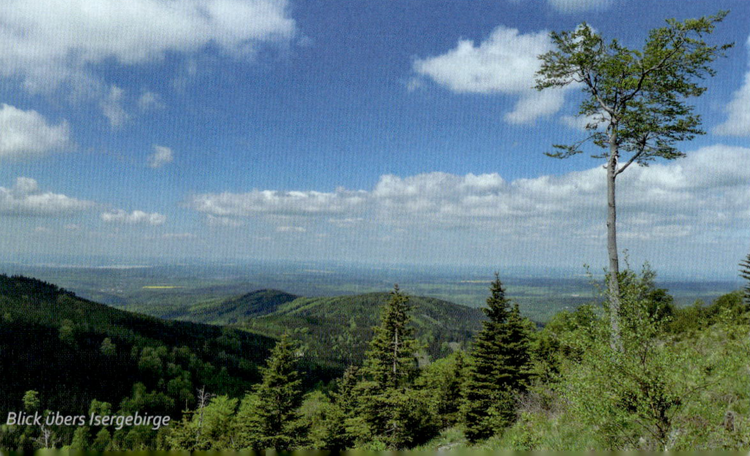
Blick übers Isergebirge

Wanderteil

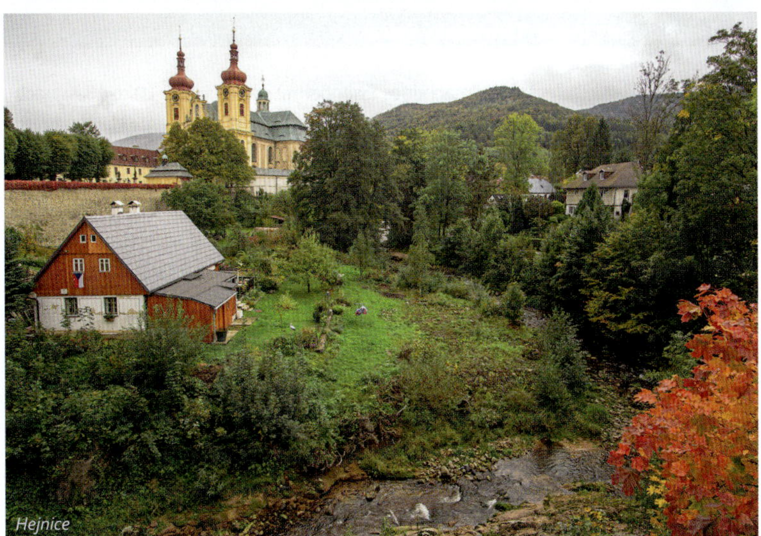

◊**Černý potok** ⇧925 m ➤7,4 km, ein überdachter Rastplatz am kleinen Teich

+Pod Frýdlanstkým cimbuřím ⇧803 m ➤8,5 km, rechts auf *GELB* über einen schmalen Pfad steil aufwärts

+Frýdlanstkým cimbuřím ⇧900 m ➤8,8 km, rechts gelbes Dreieck zur 200 m entfernten Aussicht, danach auf gleichem Weg zurück und rechts weiter abwärts auf ***GRÜN***

+Hajní kostel ⇧658 m ➤10,6 km, rechts grünes Dreieck steil aufwärts zur 400 m entfernten Felskanzel und herrlichen Aussicht, danach auf gleichem Weg zurück und rechts weiter abwärts auf ***GRÜN***

+Černý potok *(odb. k vdp.)* ⇧630 m ➤11,2 km, rechts halten ***GRÜN***, links dem grünen Dreieck folgend, geht es zum Wasserfall (500 m)

+U Liščí chaty ⇧454 m ➤12,3 km, links halten auf *GELB*

✧**Abzweig** ➤13,3 km, links *GELB*, nach 50 m über den Černý potok und durch die kleine Siedlung

✧**Brücke** ➤14,8 km, über den Fluss Smědá, dann links ab auf *GELB* dem Uferweg folgen, am anderen Ufer Kirche und Kloster

✱**Hejnice** *(Basilika Minor)* ➤15,3 km ⌂⚐, Ende der Rundwanderung auf dem Platz vor der mächtigen Wallfahrtskirche neben dem Kloster.

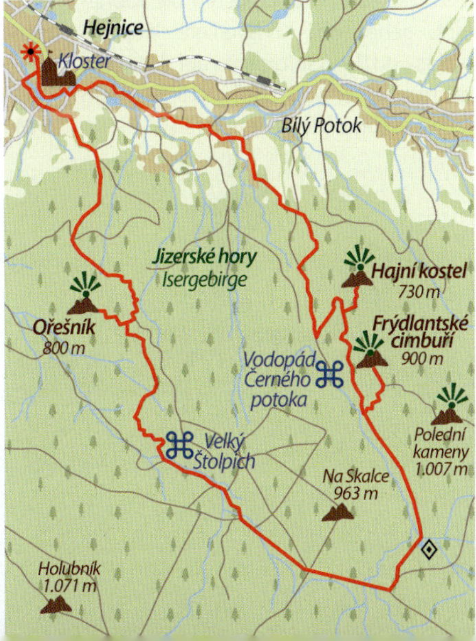

9 Tanvald - Smržovka - Tanvaldský Špičák

Sehenswert: Aussicht Terezínka, mächtiges Eisenbahnviadukt (116 m lang, 26 m hoch), kleines Schloss, Aussichtsfelsen Finkův kámen *(Finkenstein)* in Smržovka *(Morchenstern)*, Museum výroby hraček *(Holzspielzeug)* in Jiřetín pod Bukovou *(Georgenthal)*, Chata mit steinernen Aussichtsturm auf dem Tanvaldský Špičák *(Tannwalder Spitzberg)* ⇧810 m
Streckenlänge: 19,0 km **Höhenmeter:** ↑761 ↓761
Wanderkarten: Jizerské hory, Frýdlantsko Nr. 402 von SHOCart - 1:40.000 oder Jizerské hory a Frýdlantsko Nr. 20-21 von KČT - Klub český turistů - 1:50.000
Wegmarkierung: mit Balken: ***ROT*** ***BLAU*** ***GELB*** ***GRÜN***

Von der kleinen Bahnstation in Tanvald aus überqueren Sie den Fluss Kamenice und steigen hinauf zur Vyhlídka *(Aussicht)* Terezínka, die Ihnen wundervolle Blicke über das im Tal liegende Tanvald und auf das Isergebirge bietet. Über den Muchov Gipfel folgen Sie dem Černostudniční hřeben *(Schwarzbrunnkamm)* und gehen hinab nach Smržovka, wo am östlichen Ortsrand das beeindruckende Bahnviadukt zu sehen ist. Vorbei am Aussichtsfelsen Finkův kámen kommen Sie nach Jiřetín pod Bukovou und wandern neben einem Skihang zur Chata und Aussichtsturm auf dem Tanvaldský Špičák ⇧810 m. Die Tour führt wieder hinunter ins Kamenice-Tal und verläuft auf einem idyllischen Uferweg zurück nach Tanvald.

Wegverlauf

✱Tanvald *(žst.)* ⇧474 m ⚐ ⌂, von der kleinen Bahnstation aus folgen Sie der Straße Poštovní zur Krkonošská, halten sich auf ***ROT*** rechts und überqueren die Kamenice, gehen am Kreisverkehr ➤0,4 km rechts und dann sofort links auf dem Zebrastreifen über die Straße und folgen dem aufwärts führenden Wiesenpfad

+Pod Terezínkou ⇧551 m ➤0,7 km, gerade auf ***ROT*** aufwärts Richtung Machov

+Vyhlídka Terezínka ⇧622 m ➤1,5 km ◈, schöne Aussicht, vor dem Rastplatz rechts weiter auf ***ROT***, der Weg führt über kleine Geröllfelder und zwischen Felsen stetig aufwärts

+Muchov ⇧787 m ➤2,9 km, nach ca. 200 m ◈

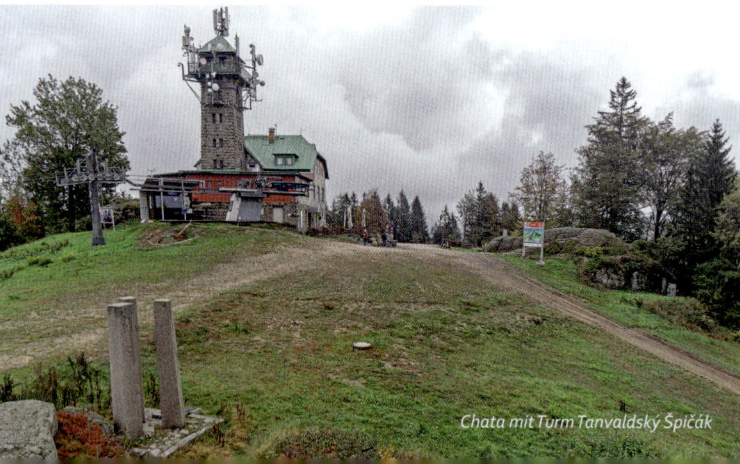

Chata mit Turm Tanvaldský Špičák

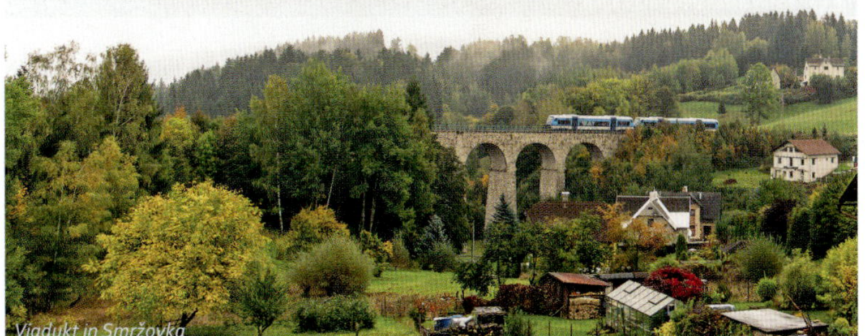
Viadukt in Smržovka

+Vrchůra ⇧750 m ➤4,1 km, rechts ***BLAU*** abwärts Richtung Smržovka-střed

➤6,4 km kurz vor Erreichen der Hauptstraße in Smržovka biegt ***BLAU*** rechts ab, doch Sie gehen noch 80 m gerade (ohne Markierung), dann links in die Jana Švermy, nach 100 m rechts ab in die Hornoveská, an deren Ende bei einem Steinkreuz am Baum nach links und Sie treffen nach 100 m wieder der Markierung ***BLAU*** ➤7,0 km, der Sie nach rechts folgen

✧Zámeček Smržovka ⇧592 m ➤8,0 km, nach dem kleinen Schloss auf dem náměstí T. G. Masaryka links halten ***BLAU***

+Smržovka *(žst.)* ⇧598 m ➤8,2 km, am Bahnhof rechts ***BLAU***, nach 300 m über die Bahn, rechts das Viadukt

+Smržovka *(Pod Skalní vyhl.)* ⇧632 m ➤8,9 km gerade ***BLAU***, links ab die Aussicht Finkův kámen

+Záhoří ⇧680 m ➤9,5 km rechts ***GELB***, nach 100 m rechts ab, nach weiteren 100 m links in den Wald

✧ Bahnunterführung ⇧530 m ➤11,1 km, dann links der Straße folgen

+Jiřetín pod Bukovou *(žst.)* ⇧528 m ➤11,7 km, gerade ***GRÜN***, vorbei am Spielzeugmuseum, nach 300 m über die Kamenice und links ab

+Tanvaldský Špičák ⇧831 m ➤14,2 km, Aussichtsfelsen, Chata mit Turm, herrlicher Isergebirgsblick, gerade ***GRÜN***

+Pod Špičákem ⇧782 m ➤14,6 km, rechts ***BLAU*** auf Pfad abwärts

+Špičák *(jižní sedlo)* ⇧650 m ➤15,4 km ◈, rechts halten ***BLAU***

+Horní Tanvald ⇧577 m ➤16,2 km, gerade auf ***BLAU*** weiter abwärts, vorbei am K. T. Körner Gedenkstein und einer Kirche

+Kamenice *(mezi splavy)* ⇧492 m ➤16,9 km, gerade ***BLAU*** weiter am Flussufer der Kamenice bis nach Tanvald

✱Tanvald *(žst.)* ⇧474 m ➤19,0 km, Ende der Rundwanderung an der Bahnstation

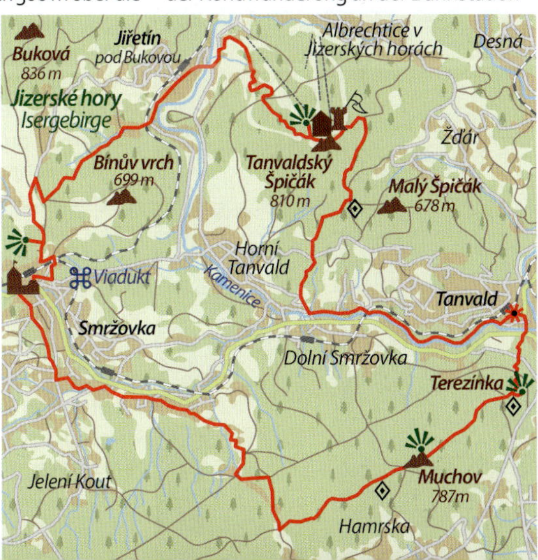

10 Tanvald - Josefův Důl

Sehenswert: Vyhlídka Terezínka schöne Aussicht auf Tanvald und das Isergebirge, Chata Černá Studnice ⇧869 m mit 21 m hohen steinernen Aussichtsturm der über 91 Stufen erobert werden kann, Gipfel Bramberk ⇧765 m & Slovanka ⇧820 m mit Aussichtstürmen
Streckenlänge: 20,0 km **Höhenmeter:** ↑819 ↓696
Wanderkarten: Jizerské hory, Frýdlantsko Nr. 402 von SHOCart - 1:40.000 oder Jizerské hory a Frýdlantsko Nr. 20-21 von KČT - Klub český turistů - 1:50.000
Wegmarkierung: mit Balken: *ROT* *GRÜN*

Die Wanderung beginnen Sie an der kleinen Bahnstation von Tanvald. Dann führt Sie der Weg gleich hinauf zur Vyhlídka Terezínka, die Ihnen einen wundervollen Blick über das im Tal liegende Tanvald und auf das Isergebirge bietet. Doch auch der weitere Verlauf der Tour ist sehr aussichtsreich, führt er Sie doch über die drei Berge Černá Studnice *(Schwarzbrunnberg)* ⇧869 m, Bramberk ⇧765 m und Slovanka *(Seibthübel)* ⇧820 m, auf deren Gipfel immer ein Turm mit herrlicher Aussicht und ein gemütliches Gasthaus zur Einkehr auf Sie wartet. Das Ziel der Wanderung ist die lang gezogene Gemeinde Josefův Důl *(Josefsthal)* inmitten des Isergebirges.

Wegverlauf

✱Tanvald *(žst.)* ⇧474 m ⚐⌂, von der kleinen Bahnstation folgen Sie der Straße Poštovní zur Krkonošská, halten sich auf *ROT* rechts und überqueren den Fluss Kamenice, gehen am Kreisverkehr ➤0,4 km rechts und dann gleich wieder links auf dem Zebrastreifen über die Straße und folgen dem aufwärts führenden Wiesenpfad

Turm auf dem Bramberk

+Pod Terezínkou ⇧551 m ➤0,7 km, gerade auf *ROT* aufwärts Richtung Machov
+Vyhlídka Terezínka ⇧622 m ➤1,5 km ◈, schöne Aussicht, vor dem Rastplatz rechts weiter auf *ROT*, der Weg führt über kleine Geröllfelder und zwischen Felsen stetig aufwärts
+Muchov ⇧787 m ➤2,9 km, nach ca. 200 m ◈
+Vrchůra ⇧750 m ➤4,1 km, gerade auf *ROT* Richtung Berany
+Berany ⇧ 794 m ➤6,1 km, gerade, nach ca. 500 m Felsengruppe Kladívko
+Černá Studnice ⇧869 m ➤7,5 km ⚐, neben der gemütlichen Chata mit dem Turm ein kleiner Aussichtsfelsen und das Malé Arboretum, Sie gehen rechts auf *ROT* abwärts, nach dem Wald gerade über die schmale Straße und halten sich nach ca. 150 m auf der Wiese dann links, gehen weiter abwärts, an einer Pension links und nach 50 m gleich wieder rechts
+Nová Ves ⇧621 m ➤9,7 km, über Straße

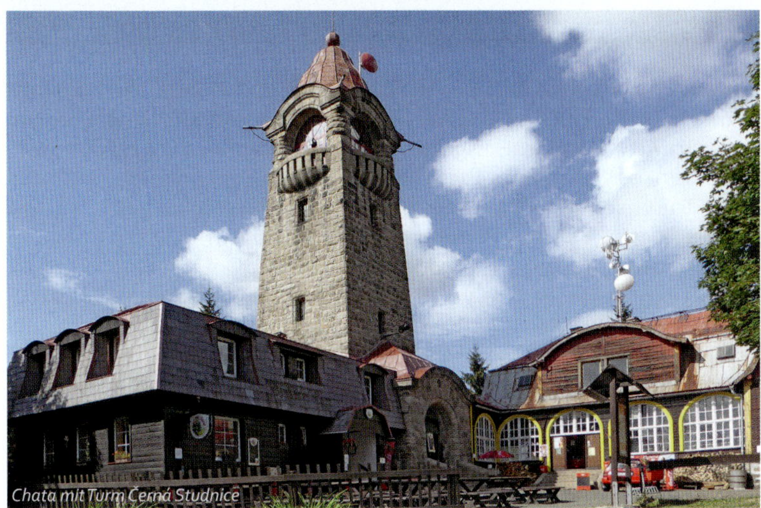
Chata mit Turm Černá Studnice

+Kynast-Nisanka ⇧650 m ➤10,6 km, gerade weiter auf ***ROT***

✧Lučany n. N. ➤11,3 km, der Straße nach rechts für ca. 200 m folgen

+Lučany n. N. ⇧571 m ➤11,5 km, links ab Richtung Slovanka auf ***ROT***, bald über weite Wiesen aufwärts

+Pod Bramberkem ⇧707 m ➤13,5 km

+Bramberk ⇧765 m ➤14,3 km ⚐ ◈, Aussichtsturm aus Stein, links halten auf ***ROT***

+Pod Krásným ⇧771 m ➤14,9 km ◈, rechts ***ROT***

+pod Slovankou ⇧737 m ➤16,4 km ⚐, rechts ab auf ***GRÜN***, nach ca. 150 m an der Infotafel mit der Ruhebank links ab und Sie folgen einem Kreuzweg weiter aufwärts

+Slovanka ⇧820 m ➤17,1 km ⌂⚐, neben der kleinen Bergbaude steht ein begehbarer 14 m hoher Aussichtsturm aus Stahl, links ab weiter auf ***ROT***

+Hrabětice pod Slovankou ⇧781 m ➤17,5 km, rechts ab

+Penzion Alberto ⇧18,2 km ⚐⌂, gerade weiter und am Ortsrand von Josefův Důl auf einer kleinen Steinbrücke über die quirlige, noch junge Kamenice

✱Josefův důl *(Úd. Kamenice)* ⇧594 m ➤20,0 km ⚐⌂, Ende der Wanderung beim Hotel Perla Jizery

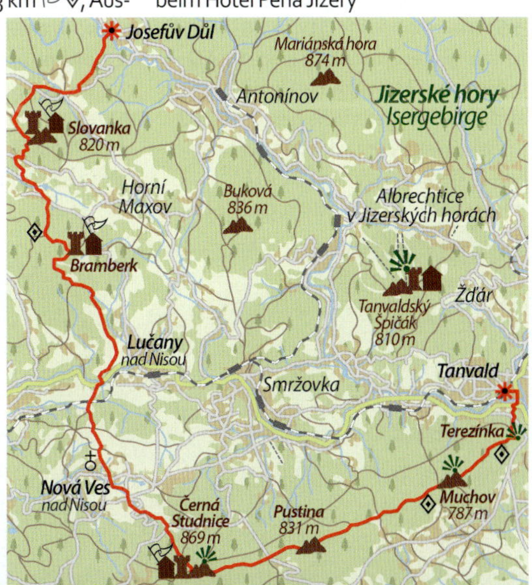

11 Tanvald - Semily

Sehenswert: Wanderpfad Palackého stezka entlang der Kamenice und der malerische Rieger-Pfad im Tal der Jizera *(Iser)* mit seinen vielen prächtigen Aussichtsfelsen, der 77 m langen, schwebend über den Fluss gebauten Galerie, Felsentunnel und Wasserkraftwerk, in welchem das Wasser durch einen in den Felsen gehauenen unterirdischen Stollen fließt, Semily mit Denkmal F. L. Rieger, Schloss, Statue Vater & Sohn
Streckenlänge: 22,8 km **Höhenmeter:** ↑433 ↓572
Wanderkarten: Jizerské hory, Frýdlantsko Nr. 402 von SHOCart 1:40.000 oder Jizerské hory a Frýdlantsko Nr. 20-21 & Český Ráj Nr. 19 von KČT - Klub český turistů 1:50.000
Wegmarkierung: mit Balken: ***BLAU*** ***ROT***

Vom Bahnhof Tanvald aus folgen Sie dem Wanderpfad Palackého stezka bis Spálov, welcher das Isergebirge mit dem Böhmischen Paradies verbindet. Auf schmalen Wegen im engen, wilden Kamenice-Tal kommen Sie über Velké Hamry nach Návarov. Hier an der Mündung des Baches Zlatník in die Kamenice befinden sich die Überreste der einst uneinnehmbaren Burg Návarov auf einem Felsvorsprung.
Bei Bohuňovsko besteht die Möglichkeit für einen Abstecher zur Tropfstein-Dolomithöhle von Bozkov. Ab dem Zusammenfluss von Kamenice und Jizera *(Iser)* folgen Sie dann dem Riegerpfad weiter bis Semily. Ein Lehrpfad informiert über die Geologie, Fauna und Flora, sowie über die technischen Sehenswürdigkeiten des idyllischen Tales.

Wegverlauf

✱**Tanvald** *(žst.-bus)* ⇧466 m ⚐⌂, auf ***BLAU***, am Kreisverkehr gerade, dann links in die Straße Vítězná
+**Svárov** *(továrna)* ⇧431 m ➤2,6 km ⚐⌂, gerade weiter an der Kamenice ***BLAU***
⚐**Hospoda U Bulíka na Hřišti** ➤3,5 km, an der Fußgängerbrücke gerade ***BLAU***
✧**Velké Hamry** ➤3,9 km, an der Straßenbrücke geradeaus weiter ***BLAU***
+**Haratice** ⇧387 m ➤5,8 km, gerade ***BLAU***
+**Pod Návarovem** ⇧387 m ➤8,8 km, gerade weiter im Tal ***BLAU***, 200 m links auf ***GRÜN*** die Ruine einer Felsenburg, weitere 200 m das Zámek Návarov
+**Návarov** *(most)* ⇧350 m ➤9,6 km ⚐⌂, vor der Brücke über die Kamenice, links halten, auf ***ROT*** über Metalltreppe weiter
+**Na Mansku** ⇧308 m ➤13,3 km, auf ***ROT*** gerade an der Brücke vorbei

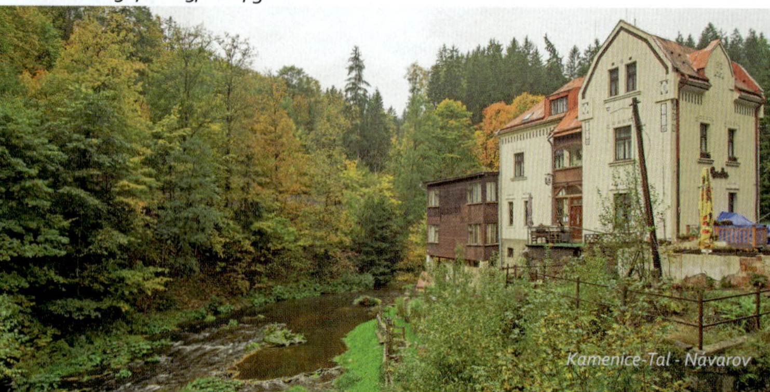
Kamenice-Tal - Návarov

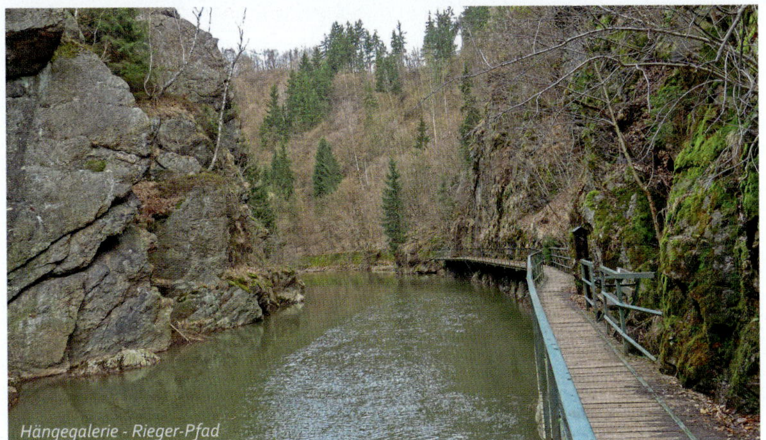
Hängegalerie - Rieger-Pfad

+Pod Bozkovskými jeskyněmi ⇧349 m ➤13,8 km, rechts halten ***ROT***, wenn Sie zur Tropfstein-Höhle von Bozkov wollen, gehen Sie links auf ***BLAU*** (1 km)

+Pod Bozkovem ⇧350 m ➤14,4 km, gerade

+Ústí Vošmendy *(rozc.)* ➤16,1 km, rechts auf der Straße über die Brücke ***ROT***

+Spálov *(silnice, rozc.)* ➤17,0 km, gerade

+Spálov *(žst.)* ⇧293 m ➤17,3 km ⚐⌂, Gasthaus Pod Spálovem an der Bahnstation, links ab auf ***ROT*** dem Riegerpfad durch das enge Jizeratal folgen

✧**Wasserkraftwerk Podspálov** ➤17,6 km

✧**Antal Staška Pramen** *(Quelle)* ➤17,8 km

✧**Felstunnel** ⇧304 m ➤18,8 km

✧**Böhmova vyhlídka** ⇧342 m ➤19,2 km, (Antonin Böhm Aussicht), herrlicher Talblick, daneben der Rastplatz Pěšorest ◇, Infotafel Geologicka mapa

✧**altes Wasserkraftwerk** ➤19,7 km, es beginnt die Hängegalerie zwischen mächtigen Felsen durch einen engen Talabschnitt der Jizera, nach 500 m am Rastplatz eine Infotafel zum Riegerpfad ◇

+Bítouchov ➤20,8 km ⚐, rechts ***ROT***

+Semily *(Lávka)* ⇧320 m ➤21,2 km, nach der Fußgängerbrücke über die Jizera, links dem Uferweg Richtung Zentrum folgen

✧**Brücke über die Jizera** ➤22,1 km, dann rechts weiter und bald vorbei am Denkmal Vater & Sohn und dem Zámek *(Schloss)*

+Semily *(Riegrovo nám.)* ⇧325 m ➤22,8 km ⚐⌂, Ende der Tour bei der Touristinfo

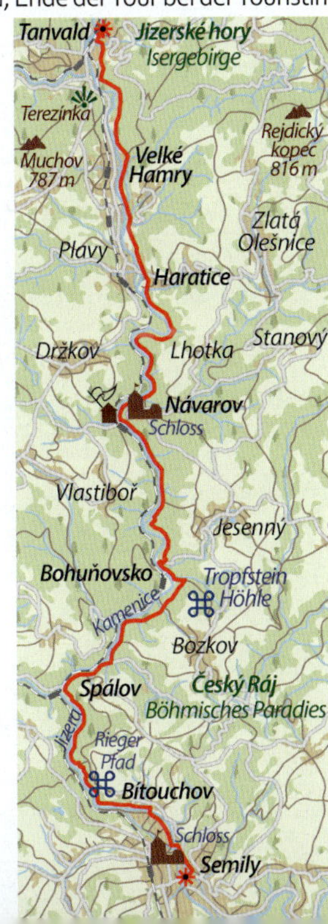

Riesengebirge – Krkonoše

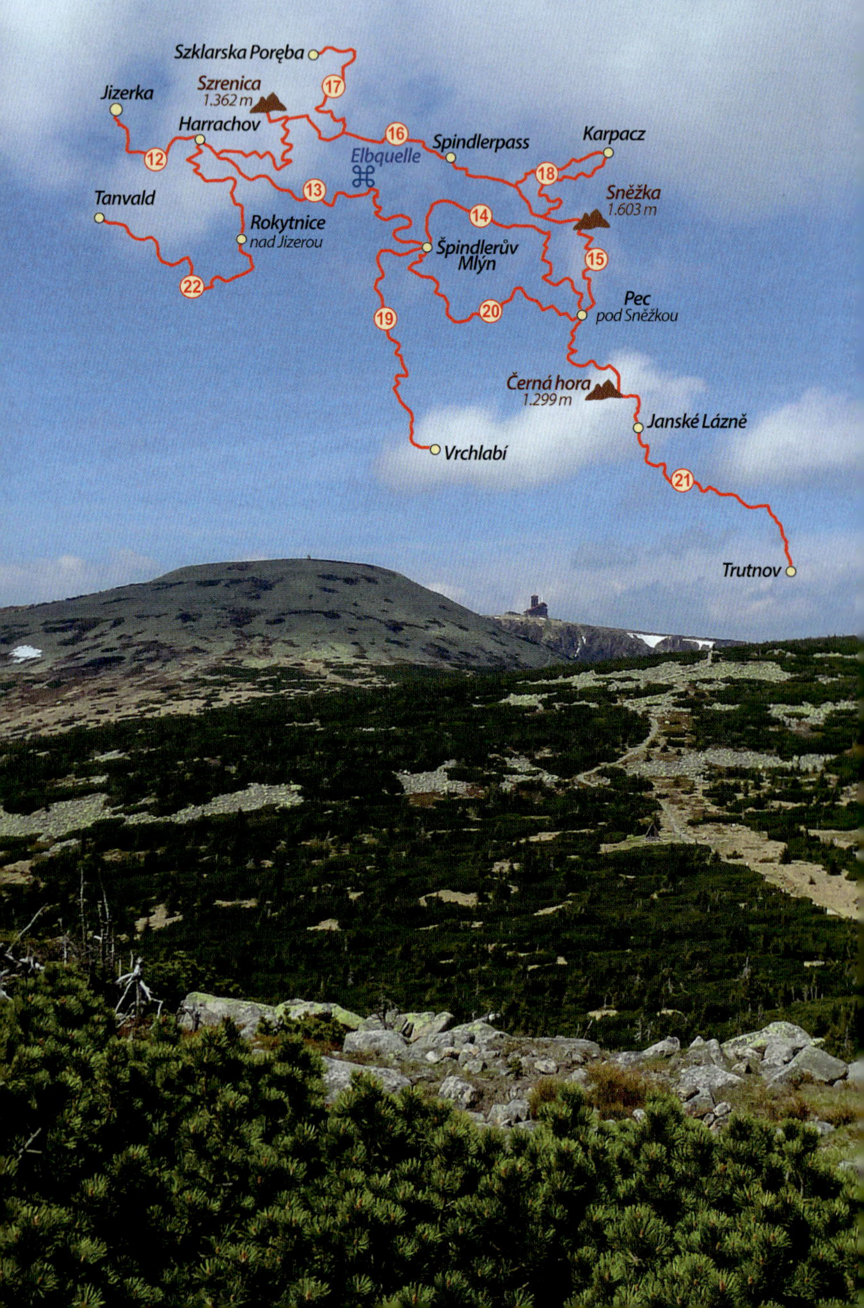

Die beschriebene Streckentour durch das Riesengebirge beginnt in der am höchsten gelegenen Ansiedllung des Isergebirges, in Jizerka, und führt Sie ins idyllische Tal der Mummel nach Harrachov.

Rübezahls Reich, das sagenumwobene Riesengebirge mit der mächtigen Schneekoppe, der Elbe-Quelle, dem aussichtsreichen Freundschaftsweg und den Schneegruben, erwartet Sie dann auf den nächsten Wanderungen.

Einen Besuch wert sind auf jeden Fall auch Špindlerův Mlýn *(Spinderlermühle)* mit seiner malerischen Lage am Zusammenfluss von Labe *(Elbe)* und Dolský potok und das von den drei höchsten Berge des Riesengebirges: Sněžka ⇧1.603 m *(Schneekoppe)*, Studniční hora ⇧1.554 m *(Brunnenberg)*, Luční hora ⇧1.547 m *(Wiesenberg)* umgebene Pec pod Sněžkou *(Petzer)*.

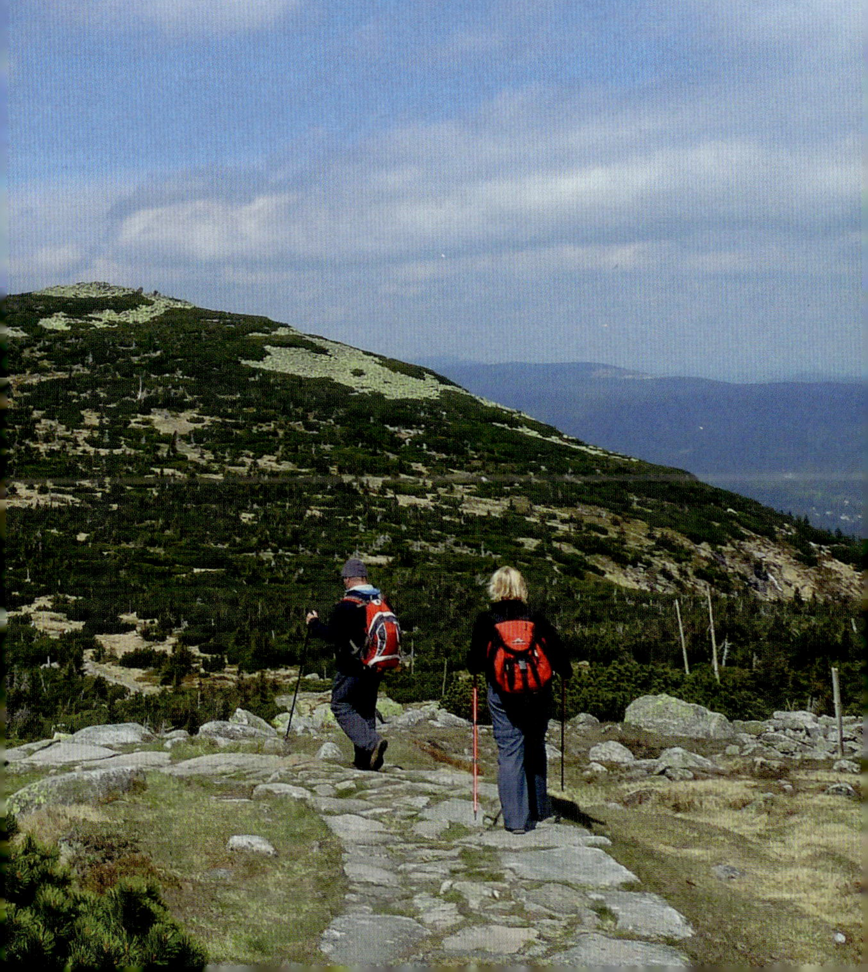

12 Jizerka - Harrachov - Rokytnice nad Jizerou

Sehenswert: Wintersportort Harrachov mit der mächtigen Skisprung-Anlage, von der Sie eine fantastische Aussicht haben, Čertovy hory *(Teufelsberg)* ⇧1.021 mit herrlicher Rundumsicht, Felsengruppe U Janovy Skály *(Am Johannes´ Fels)*
Streckenlänge: 19,3 km **Höhenmeter:** ↑620 ↓943
Wanderkarten: Jizerské hory, Frýdlantsko Nr. 402 & Krkonoše Nr. 424 von SHOCart - 1:40.000 oder Jizerské hory a Frýdlantsko Nr. 20-21 & Krkonoše Nr. 22 von KČT - Klub český turistů - 1:50.000
Wegmarkierung: mit Balken: ***ROT*** ***BLAU*** ***GRÜN*** ***GELB***

Die Tour starten Sie im kleinen Ferienort Jizerka, eine typische Wiesen-Enklave mit verstreuten Hütten am Fuße des Vulkankegels des Bukovec. Hier steht auch das bekannte Misthaus. Gleich zu Beginn führt Sie der Weg auf den Bukovec ⇧1.005 m und Sie bekommen eine schöne Aussicht über die Hochebene. Durch das liebliche Tal der Jizera und das Bahnviadukt bei Kořenov erreichen Sie den Wintersportort Harrachov und steigen an der Skisprung-Anlage hinauf zum Gipfel des Čertovy hory. Vorbei an der Felsengruppe U Janovy Skály *(Am Johannes´ Fels)* wandern Sie hinab nach Rokytnice nad Jizerou.

Wegverlauf

✱Jizerka ⇧860 m ⚐⌂, auf ***ROT*** Richtung Harrachov der schmalen Straße folgen, „oben" auf der Kuppe ➤0,6 km, links ab und dem mit grünem schrägen Balken markierten Lehrpfad folgen

+Bukovec *(Upolínová Louka)* ⇧895 m ➤0,7 km, rechts aufwärts zum Gipfel, schöne Blicke zurück auf Jizerka

+Bukovec ⇧1.005 m ➤1,2 km, schöne Aussicht über die Waldsiedlung Jizerka

+Bukovec *(Stary Lom)* ⇧910 m ➤1,7 km, rechts halten weiter auf dem Lehrpfad

+Pralouka ⇧910 m ➤2,0 km, links ab auf ***ROT*** und nach 250 m ✋ nicht verpassen, biegt ***ROT*** rechts ab und führt auf einem schmalen Pfad abwärts

+Nad Jizerskými Prahy ➤2,6 km, rechts ab auf ***ROT*** durch das Tal der Jizera

+Údolí Jizery ➤6,3 km ◈, gerade durch das Bahn-Viadukt hindurch

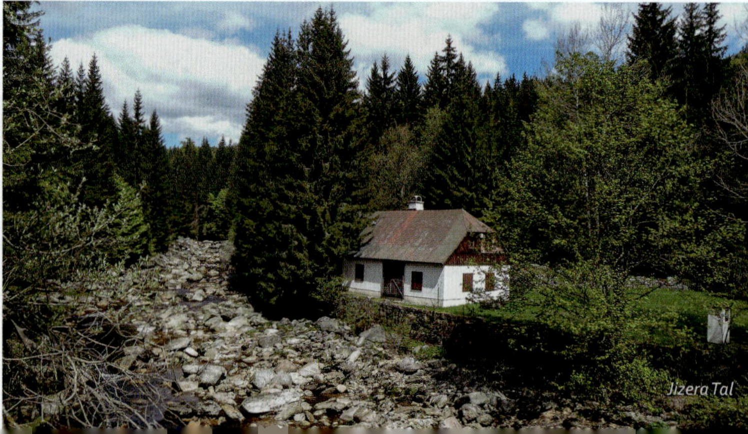
Jizera Tal

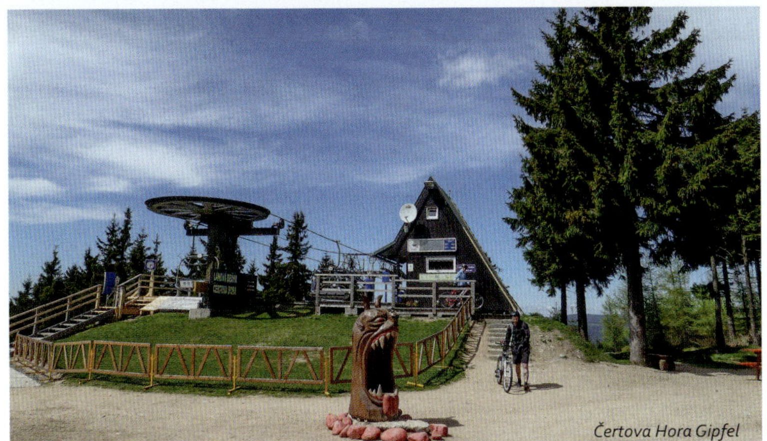
Čertova Hora Gipfel

+Martinské Údolí ⇧ 634 m ➤7,7 km, links auf ***ROT***, auf einer Brücke über die noch junge Jizera, Chata Ski Sport ➤8,4 km
+Harrachov *(Mýtiný žst.)* ➤9,0 km, Imbiss an der Bahnstation, gerade auf ***ROT***
+Harrachov *(U Diany)* ➤10,5 km, rechts ab auf ***BLAU*** vorbei am Sportplatz, dann gerade über die Straße und die Milnice
+Harrachov *(lan.)* ➤12,1 km, rechts ab auf ***GRÜN*** und bald unter dem Sessellift und der Piste hindurch, dann unmittelbar links von der Sprungschanzen-Anlage aufwärts, anfangs auf Betonstraße, dann auf schmalen steinigen Pfad, unter dem Sessellift nach rechts hindurch, weiter auf einem asphaltierten Weg und dann nach links auf dem Pistenhang aufwärts zur Bergstation vom Sessellift. Die Strecke auf den Čertova Hora kann auch per Sessellift zurückgelegt werden.
+Pod Čertovou Horou ⇧ 950 m ➤13,8 km, links ab ***BLAU***
+Čertova Hora ⇧ 1.021 m ➤14,2 km kleiner Kiosk an der Bergstation, auf ***BLAU*** rechts halten Richtung Felsengruppe Janovy Skály
+U Janovy Skály ⇧ 992 m ➤15,5 km, gerade weiter auf ***BLAU***, nach rechts kommen Sie zu der ca. 100 m entfernten, im Wald gelegenen Felsengruppe ◊
+Studenov *(rozc.)* ⇧ 930 m ➤16,3 km, gerade vorbei an der kleinen Chata ◊
+Studenov ➤16,4 km, rechts ab ***GRÜN***
+Studenov *(Kostelní cesta)* ➤17,6 km, rechts ab auf ***GELB*** bis ins Tal
✱Rokytnice nad Jizerou *(nám.)* ⇧ 538 m ➤19,3 km, Ende am Rathaus

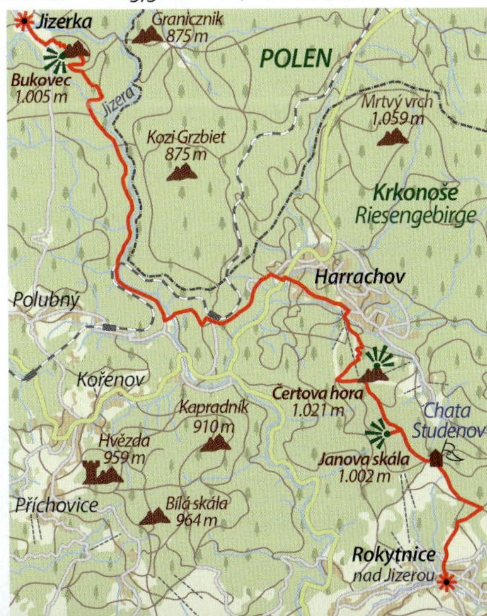

13 Harrachov - Elbquelle - Špindlerův Mlýn

Sehenswert: Chata Dvoračky *(Rochlitzer Hofbaude)*, Pramen Labe *(Elbquelle)* ⇧1.380 m, Pančavský vodopád *(Pantschefall)* mit herrlicher Aussicht, Šmídova Vyhlídka *(Schmidt-Aussicht)* mit Panaromablick auf das Riesengebirge, Medvědín Gipfel *(Bärenberg)* ⇧1.235 m
Streckenlänge: 23,8 km **Höhenmeter:** ↑930 ↓883
Wanderkarten: Krkonoše Nr. 424 von SHOCart - 1:40.000 oder
Krkonoše Nr. 22 von KČT - Klub český turistů - 1:50.000
Wegmarkierung: mit Balken: ***BLAU*** ***ROT*** ***GRÜN*** ***GELB***

Von der Seilbahn-Talstation in Harrachov aus führt Sie der Weg durch die Siedlung Rýžoviště im Tal des Ryzí potok *(Seifenbach)* hinauf zur Bergbaude Horská chata Skácelka und zur Chata Dvoračky *(Rochlitzer Hofbaude)*, von deren Terrasse sich ein schöner Blick bietet.

Auf steinigen aussichtsreichen Pfad gehen Sie weiter aufwärts zur großen Riesengebirgs-Hochebene mit der Labská Louka *(Elbwiese)* und Pramen Labe *(Elbquelle)*.

Die nahe Labská Bouda *(Elbbaude)* lädt nun zur Einkehr und Erholung ein, bevor Sie auf einen fantastischen Panoramaweg den Pančavský vodopád *(Pantschefall)* und die Šmídova Vyhlídka *(Schmidt Aussicht)* erreichen, mit Fernsicht bis zum Spindlerpass und zur Schneekoppe. Auf dem Medvědín *(Bärenberg)* haben Sie nochmal die Möglichkeit zur Einkehr und können die Wanderung kürzen, indem Sie mit dem Sessellift hinab nach Špindlerův Mlýn *(Spindlermühle)* schweben.

Wegverlauf

✱Harrachov *(lan.)* ⇧598 m ⚐⌂, ***GRÜN*** auf dem Talweg, alternativ können Sie auch mit dem Lift auf den Čertova hora fahren, um dann weiter auf ***BLAU*** bis zum Wegkreuz Ručičky zu gehen

+Harrachov *(bus)* ⇧692 m ➤0,6 km, rechts ***GRÜN***, kurz zuvor die Touristinfo

+Rýžoviště ⇧725 m ➤1,7 km, gerade

+Ručičky ⇧974 m ➤5,4 km ⚐◈, gerade ***BLAU***, wenn Sie nicht in der Horská chata Skácelka einkehren möchten, können Sie hier auch links ***GRÜN*** gehen

+Hoření Domky *(Lovčenka)* ⇧914 m ➤5,9 km, links halten ***BLAU***

+Hoření Domky *(u vleku)* ➤6,3 km ⚐⌂, Horská chata Skácelka, gerade ***BLAU***

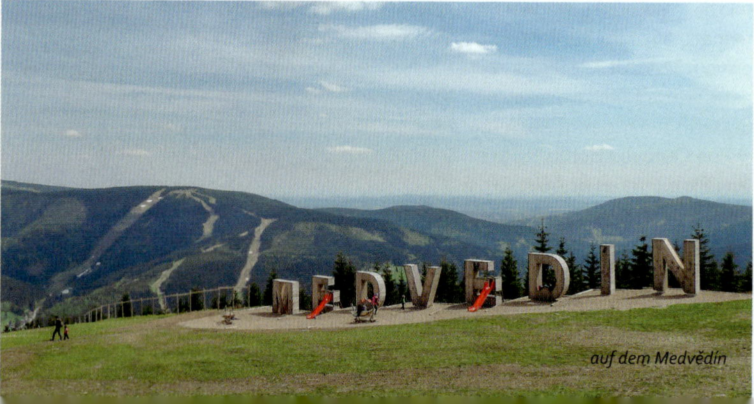

auf dem Medvědín

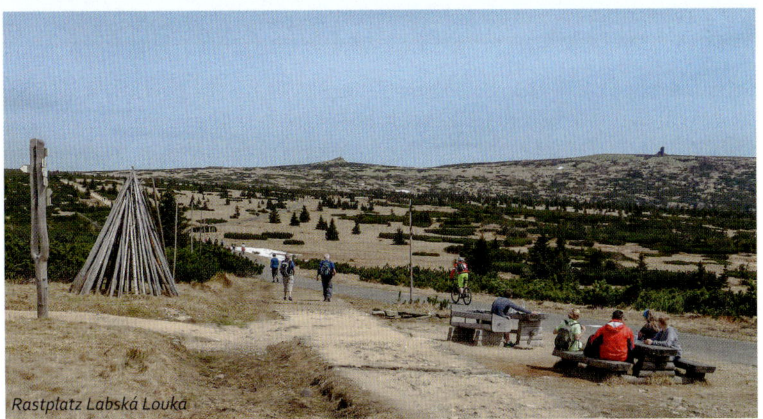
Rastplatz Labská Louka

+Nad Světlankou ⇧937 m ➤6,9 km, auf **GELB** links weiter aufwärts
+Dvoračky Turistická chata ⇧1.125 m ➤8,1 km, prächtige Aussicht, gerade auf **ROT**, über steinigen Pfad aufwärts weiter, unterwegs schöne Ausblicke
+U Růženčiny Zahrádky ⇧1.367 m ➤10,1 km ◊, herrliche Fernsicht, links halten **GRÜN**
+U Čtyř Pánů ⇧1.339 m ➤11,0 km, gerade auf **GELB** (nach ca. 200 m können Sie auf **BLAU** ohne Schwenk über die Elbquelle direkt zur Labská Bouda gehen)
+Labská Louka *(Elbwiese)* ⇧1.371 m ➤11,8 km ◊, gerade weiter auf **GELB**
+Pramen Labe *(Elbquelle)* ⇧1.380 m ➤12,3 km ◊, rechts ab auf **ROT**
✧Labská Bouda *(Elbbaude)* ⇧1.340 m ➤13,2 km, an der Baude gerade
+Labská Bouda ⇧1.300 m ➤13,5 km, **ROT** rechts auf aussichtsreichen Panoramaweg
✧Pančavský vodopád *(Pantschefall)* ➤14,4 km, mit prächtigen Ausblicken bis zum Spindlerpass und zur Schneekoppe
+Vrbatova Bouda *(Goldhöhen-Baude)* ⇧1.397 m ➤15,5 km, gerade auf **ROT** abwärts einer schmalen Straße folgen
+Šmídova Vyhlídka ⇧1.280 m ➤17,5 km ◊, Panoramablick auf das Riesengebirge und in das Elbetal, rechts auf **ROT**
+Medvědín *(Lan.)* ⇧1.235 m ➤18,6 km, Möglichkeit zur Talfahrt per Sessellift, Sie gehen rechts weiter auf **ROT**
+Nad Jilemnickou Boudou ➤19,9 km, links ab auf **ROT** zur Jilemnická Bouda ➤20,4 km, dort gerade auf **ROT**
+Horni Misečky *(Vlek)* ⇧1.025 m ➤20,8 km links auf **ROT** hinab nach Špindlerův Mlýn
✱Špindlerův Mlýn *(nám.)* ➤23,8 km

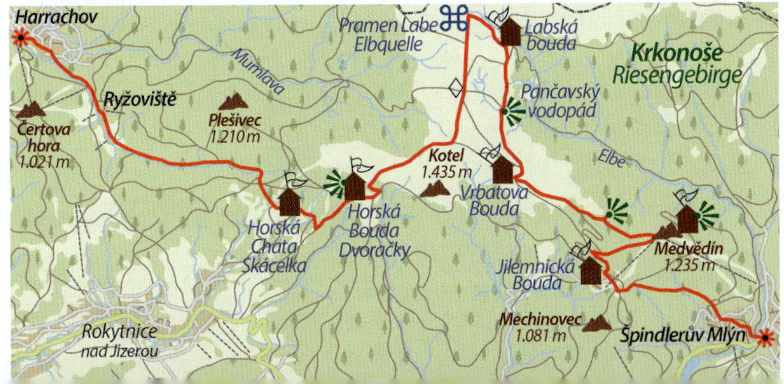

WANDERTEIL

14 Špindlerův Mlýn - Luční Bouda - Pec pod Sněžkou

Sehenswert: Špindlerův Mlýn *(Spindlermühle)* liegt idyllisch im Tal der noch jungen Elbe, die gemütliche, malerisch im Tal der wilden Bílé Labe gelegene Bouda u Bílého Labe *(Baude an der Weißen Elbe)*, die Luční Bouda *(Wiesenbaude)* ⇧1.395 m mit Hotel und eigener kleinen Brauerei, Pec pod Sněžkou *(Petzer)* im Tal der Úpa
Streckenlänge: 17,3 km **Höhenmeter:** ↑802 ↓741
Wanderkarten: Krkonoše Nr. 424 von SHOCart - 1:40.000 oder
Krkonoše Nr. 22 von KČT - Klub český turistů - 1:50.000
Wegmarkierung: mit Balken: ***BLAU*** ***ROT*** ***GRÜN***

Von Špindlerův Mlýn aus folgen Sie der noch jungen Elbe flussaufwärts bis zur Mündung der Bílé Labe *(Weißen Elbe)*, in deren anfangs lieblichen Tal Sie bis zur gemütlichen Bouda u Bílého Labe wandern. Auf steilen schmalen Pfad steigen Sie entlang der nun wilden Bílé Labe, die sich hier über viele Kaskaden ins Tal „stürzt", zur Hochebene Bílá louka *(Weiße Wiese)*, und es bietet sich Ihnen eine fantastische Panoramaaussicht zur Luční Bouda und zur Sněžka *(Schneekoppe)*. Der letzte Wegabschnitt der Tour führt Sie vorbei an der Richtrovy Boudy hinab ins Tal der Úpa, und am kleinen Stausee erreichen Sie Pec pod Sněžkou.

Wegverlauf

✱Špindlerův Mlýn *(nám.)* ⌂⚐, auf ***BLAU*** über die Elbe-Brücke und dann nach rechts dem Uferweg entlang der Elbe folgen
+Špindlerův Mlýn *(Lan.)* ➤1,1 km ⚐, Talstation vom Sessellift zum Medvědín, gerade weiter entlang der Elbe auf ***BLAU***
+Pod Dívčí Strání ➤2,0 km ◊, kleine Touristinfo zum Nationalpark, rechts ab auf ***BLAU***, über die Elbe, hier mündet die Bílé Labe *(Weißen Elbe)*, deren Tal Sie nun aufwärts folgen
+U Dívčí Lávky ➤2,4 km ◊, gerade weiter
+Pod Pernosti ➤2,6 km, gerade ***BLAU***
+Pod Jeleními Boudami ➤3,0 km, Mündung des Červený potok, gerade
✧U Svozu ◊➤4,8 km, nach 600 m großer Rastplatz am Wasserfall Balvanový vodapád, auf einer Brücke über die Bílé Labe

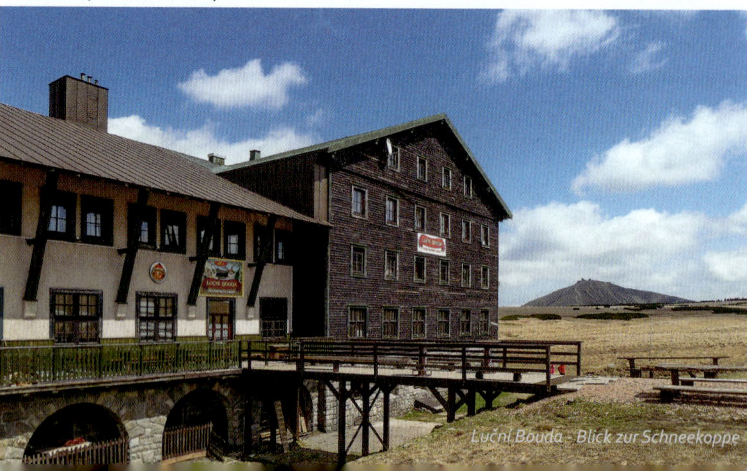
Luční Bouda - Blick zur Schneekoppe

Wanderteil

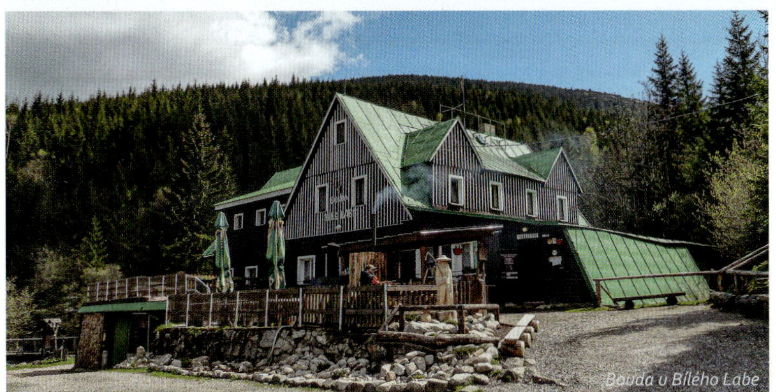
Bouda u Bílého Labe

+Bouda u Bílého Labe ⇧1.000 m ➤5,8 km ⌂⚐, an der idyllisch gelegenen Baude gerade auf ***BLAU*** über einen steinigen, steilen schmalen Pfad aufwärts im malerischen Tal der wilden Bílé Labe, die sich hier über viele Kaskaden ins Tal „stürzt", bei Erreichen der Hochebene haben Sie prächtige Panoramaaussicht zur Luční Bouda und zur Sněžka *(Schneekoppe)*

+Luční Bouda *(Tur. Ch.)* ⇧1.395 m ➤9,6 km ⌂⚐, in der reizvoll gelegene Wiesenbaude unterhalb der fast schon „greifbaren" Schneekoppe gibt es eine Minibrauerei, Sie folgen nun rechts ***ROT*** Richtung dem Kaplička - Památník obětem hor *(Denkmal für die Opfer der Berge)* ⇧1.509 m ➤10,5 km, prächtige Aussicht, gerade ***ROT***

+Výrovka *(Tur. Ch.)* ⇧1.357 m ➤12,0 km ⌂⚐, links ab auf ***GRÜN*** nun der schmalen Straße abwärts folgen

+Richtrovy Boudy ⇧1.165 m ➤13,6 km, z. Z. geschlossen, links ab ***ROT*** in Richtung Modrý důl, nach ca. 500 m bekommen Sie einen herrlichen Blick zur Schneekoppe

+Modrý důl ⇧980 m ➤14,7 km, rechts ab

+Bukové údolí *(Rozc.)* ➤16,6 km, auf ***ROT*** vorbei am kleinen Stausee ins Zentrum

✱Pec pod Sněžkou *(Corso)* ⇧760 m ➤17,3 km ⌂⚐, Ende der Wanderung am Hotel Corso an der Kreuzung im Úpa-Tal

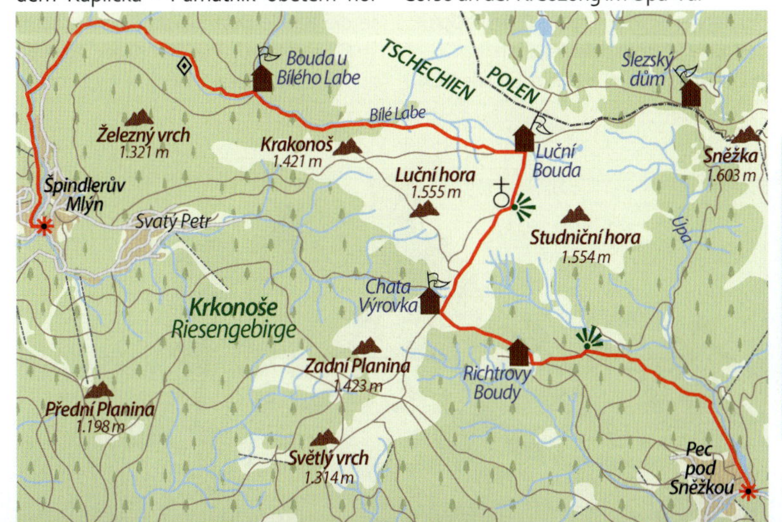

15 Pec pod Sněžkou - Sněžka - Slezské sedlo *(Spindlerpass)*

Sehenswert: Pec pod Sněžkou *(Petzer)* im Tal der Úpa, Bouda pod Sněžkou, Sněžka *(Schneekoppe)* Gipfel ⇧1.603 m, Dom Słaski *(Schlesierhaus)*, Luční Bouda *(Wiesenbaude)* ⇧1.395 m, Felsengruppe Polední kámen *(Mittagstein, pol. Słonecznik)*
Streckenlänge: 18,5 km **Höhenmeter:** ↑932 ↓496
Wanderkarten: Krkonoše Nr. 424 von SHOCart - 1:40.000 oder
Krkonoše Nr. 22 von KČT - Klub český turistů - 1:50.000
Wegmarkierung: mit Balken: ***BLAU*** ***ROT*** ***GELB***

Eine der beeindruckendsten Wanderungen im Riesengebirge. Sie starten in Pec pod Sněžkou und gehen aufwärts im Tal der Úpa. In der urgemütlichen Bouda pod Sněžkou können Sie sich nochmal stärken, bevor der kräftezehrende, aussichtsreiche Anstieg zur Schneekoppe beginnt. Auf dem Sněžka Gipfel ⇧1.603 m werden Sie für Ihre Mühe mit prächtigen Blicken ins Tal und über die weite Hochmoorebene belohnt. Sie folgen nun bis zum Ziel der Wanderung am Slezské sedlo *(Spindlerpass)* dem Freundschaftsweg, einen Kammweg entlang der tschechisch-polnischen Grenze, der Ihnen unterwegs einen grandiosen Blick von der Steilwand hinab zur kleinen Teichbaude bietet und Sie zur bizarren Felsgruppe der Mittagssteine führt.

Wegverlauf

✱Pec pod Sněžkou *(Corso)* ⌂⚐, vom Hotel Corso auf ***BLAU*** im Úpa-Tal aufwärts
+Pec pod Sněžkou *(rozc.)* ➤0,8 km, geradeaus weiter, an der Talstation von der Kabinen-Seilbahn rechts vorbei
+Pec pod Sněžkou *(Odb. k. Lanovce)* ➤1,1 km, gerade ***BLAU***, nach ca. 200 m bei der Betyna Bouda ⚐ rechts über die Úpa
✧Bouda Vobřím dole ➤2,1 km ⚐
+Obří důl ⇧915 m ➤2,7 km, gerade ***BLAU***
✧Bouda pod Sněžkou ⇧950 m ➤3,3 km ⚐⌂, urige, gemütliche Baude
✧Kaple Vobřím dole ➤3,4 km ♢, über steinigen oft schmalen Pfad steil aufwärts, unterwegs schöne Blicke zurück ins Tal
+Obří Sedlo ⇧1.395 m ➤6,0 km, direkt an der Grenze, aber schon auf polnischer Seite die Baude **Dom Słaski** *(Schlesierhaus)* ⚐⌂, rechts auf ***ROT*** führt der Aufstieg zum **Sněžka Gipfel** ⇧1.603 m ➤7,1 km ⚐,

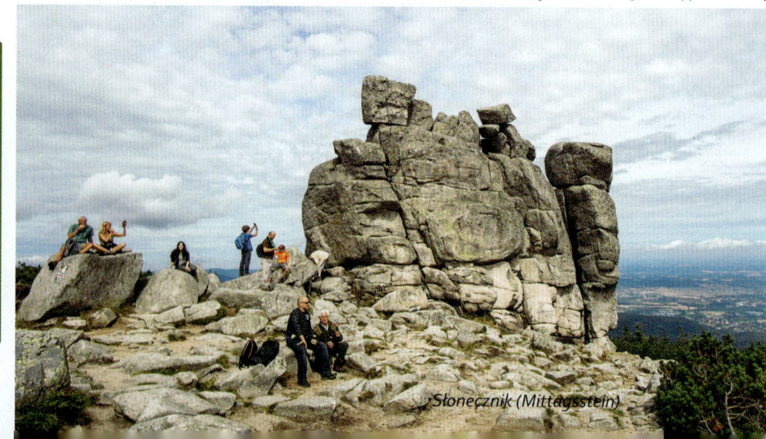
Słonecznik (Mittagsstein)

Sie können wählen, ob Sie sich für den steilen schmalen mit Ketten gesicherten Pfad oder den breiten gemächlich im weiten Bogen nach oben führenden Weg entscheiden (Hin- und Rückweg je ca. 30 min.), vom Gipfel geht eine Kabinenseilbahn nach Pec pod Sněžkou und falls Sie einen Abstecher nach Karpacz planen, ca. 1 km vom Dom Słaski beim Kopa-Gipfel geht ein Sessellift hinab nach Karpacz

+Obří Sedlo ➤8,9 km, links auf ***BLAU*** unmittelbar an der tschechisch-polnischen Grenze, auf Holzbohlen durch das Hochmoorgebiet Úpské rašeliniště an der Úpa-Quelle zur Luční Bouda, Sie können die Strecke kürzen, wenn Sie ab dem Dom Słaski auf ***ROT*** dem Freundschaftsweg auf dem Kamm folgen

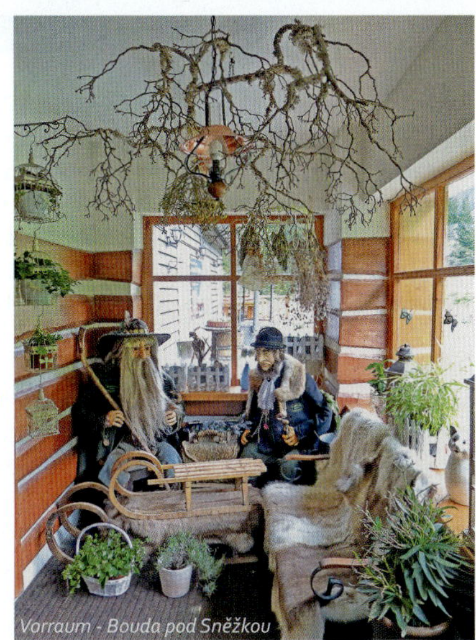

Vorraum - Bouda pod Sněžkou

+Luční Bouda ⇧1.395 m ➤11,3 km ⌂⚐, Sie folgen nun ***GELB*** zurück zum Freundschaftsweg auf dem Kamm

+Równia pod Sněžka ⇧1.416 m ➤12,2 km, links auf ***ROT*** dem Freundschaftsweg folgen, bald prächtige Aussicht auf die Kleine Teichbaude am Mały Staw *(Kleiner Teich)* und auf den Wielki Staw *(Großer Teich)*

+Słonecznik ⇧1.420 m ➤14,9 km, an der großen Felsengruppe Mittagstein *(tschech. Polední kámen)* gerade weiter, schöner Blick

+Pod Malym Szysakem ➤17,2 km, ***ROT***

✱Špindlerovka ⇧1.200 m➤18,5 km, Ende am Slezské sedlo *(Spindlerpass)* bei der Špindlerova Bouda, die Erlbachova bouda ⚐⌂, liegt 500 m unterhalb vom Pass

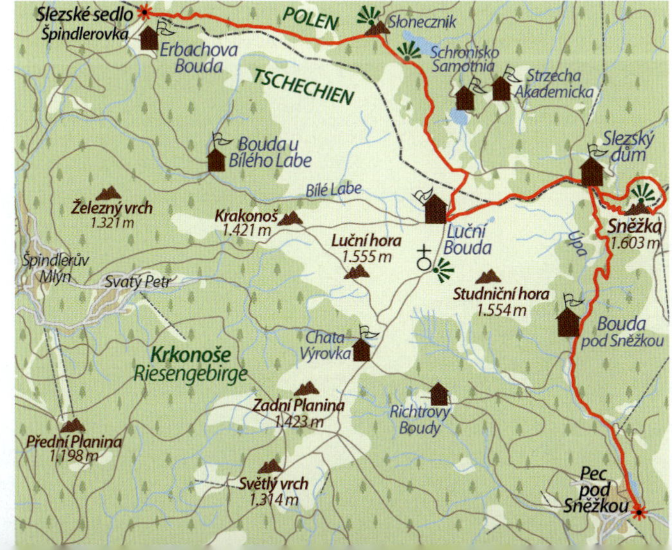

16 Slezské sedlo *(Spindlerpass)* - Harrachov

Sehenswert: Gletscherkare der Schneegruben *(poln. Śnieżne Kotły, tschech. Sněžné jámy)*, Reifträgerbaude *(poln. Schronisko na Szrenicy)*, Felsengruppe Svinské Kameny *(Sausteine, poln. Trzy Swinki)*, Mumlavský vodopád *(Mummelfall)*
Streckenlänge: 21,4 km **Höhenmeter:** ↑432 ↓960
Wanderkarten: Krkonoše Nr. 424 von SHOCart - 1:40.000 oder
Krkonoše Nr. 22 von KČT - Klub český turistů - 1:50.000
Wegmarkierung: mit Balken: ***ROT*** ***GELB*** ***BLAU***

Die Tour beginnt am Slezské sedlo bei der Spindlerbaude und verläuft bis zur Schronisko na Szrenicy *(Reifträgerbaude)* auf dem Freundschaftsweg. Unterwegs öffnen sich Ihnen immer wieder fantastische weite Blicke über die Hochebenen auf dem Kammweg entlang der tschechisch-polnischen Grenze. Besonders beeindruckend ist der Blick in die wilden Schneegruben. Die Felswände der Gletscherkare fallen hier 215 m steil ab, an den unteren Rändern der Kare befinden sich mehrere kleinere Seen, die Sniezne Stawki *(Kochelteiche)*. Von der Reifträgerbaude auf dem Gipfel der Szrenica *(Reifträger, tschech. Jínonoš)* ⇧1.362 m wandern Sie durch die Felsen der Sausteine hinab nach Harrachov in das idyllische Tal der Mummel vorbei am bekannten Mummelfall.

Wegverlauf

✱Špindlerovka ⇧1.200 m, links auf ***ROT*** ⚐⌂ Richtung Szrenica *(Reifträger)*
+Pod Petrovou bouda ⇧1.210 m ➤1,6 km ◊, gerade ***ROT***, links führt ein Weg ***GRÜN*** zur Chata Vatra & Moravská bouda (800 m)
+U Petrovy boudy ⇧1.260 m ➤1,9 km
+Petrovka ⇧1.285 m ➤2,2 km, ***ROT*** beim Neubau der Petrovka bouda, links auf ***GELB*** nochmals die Möglichkeit zur Chata Vatra & Moravská bouda zu gehen
+Dívčí Kameny ⇧1.414 m ➤3,1 km, Felsengruppe mit schönem Blick bis zur ehemaligen Schneegrubenbaude, gerade ***ROT***
+Mužské Kameny ⇧1.417 m ➤4,0 km, noch mal eine Felsengruppe mit fantastischer Aussicht, gerade weiter auf ***ROT***

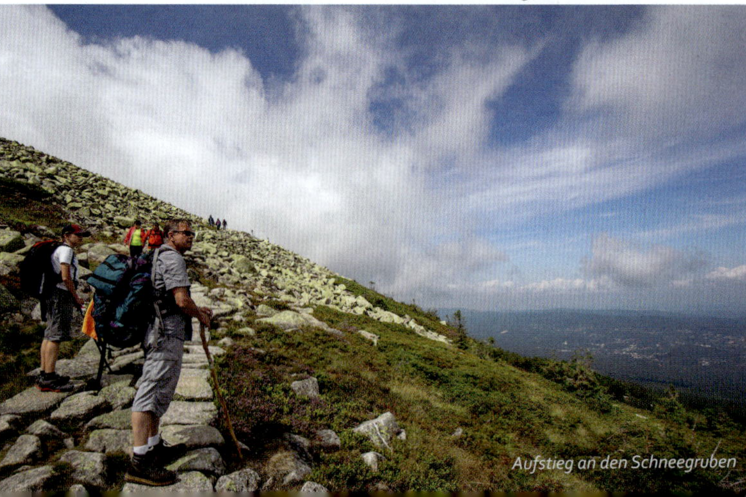
Aufstieg an den Schneegruben

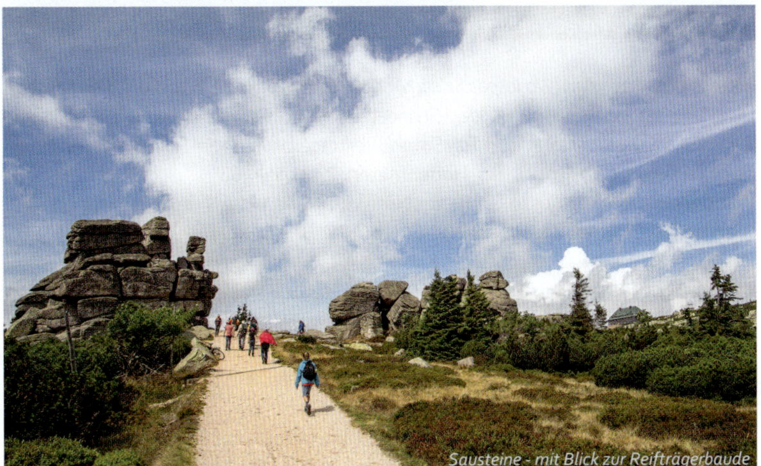
Sausteine - mit Blick zur Reifträgerbaude

+Pod Smělcem ⇧1.360 m ➤4,7 km ◊
+Obnizenie pod Smielcem ⇧1.380 m ➤5,5 km, gerade auf steinigen Pfad aufwärts, es bieten sich fantastische Blicke in die beeindruckenden Śnieżne Kotły *(Schneegruben, tschech. Sněžné jámy)*
+Sněžne Jámy ⇧1.490 m ➤6,7 km, rechts halten auf ***ROT*** vorbei an der ehemaligen Schneegrubenbaude, nach links führt ein Weg auf ***GELB*** zur Labská bouda (2,5 km)
+Česká Budka ⇧1.417 ➤8,4 km, gerade ***ROT*** (links führt ein Weg zur Elbquelle)
✧**Tvarožník** ➤9,9 km ◊, an der kleinen Felsengruppe geradeaus weiter
+Svinské Kameny - Trzy świnki ⇧1.290 m ➤10,3 km, gerade ***ROT*** nach 200 m führt der Weg durch die Felsengruppe Svinské Kameny *(Sausteine, poln. Trzy Swinki)*
+Graniczna Łąka ⇧1.310 m ➤10,6 km, rechts
⚐ ⌂**Szrenica** ⇧1.362 m ➤11,2 km, von der Schronisko na Szrenicy *(Reifträgerbaude)* zurück zum Wegkreuz Svinské Kameny
+Svinské Kameny ➤12,1 km, nun nach rechts auf ***GELB*** weiter abwärts
+Vosecká bouda ➤12,5 km ⚐⌂, gerade auf ***GELB***, von der Baude aus haben Sie schöne Aussicht bis zum Ještěd
+Pod Voseckou boudou ⇧1.135 m ➤13,7 km, gerade ***GELB*** auf der Forststraße abwärts
+Krakonošova Snídaně ➤14,9 km ⚐◊, hier beim kleinen Kiosk rechts auf ***BLAU*** abwärts im idyllischen Tal der Mumlava
+Mumlavský vodopád *(Mummelfall)* ➤19,6 km, malerischer und wohl bekanntester Wasserfall im Riesengebirge
+Bouda u Mumlavského vodopádu ⇧770 m ➤19,8 km ⚐◊, auf ***BLAU*** links
+Harrachov Bus ➤20,8 km, rechts ***BLAU***
❋**Harrachov lan.** ➤21,4 km ⌂⚐ Ende der Tour an der Talstation vom Sessellift

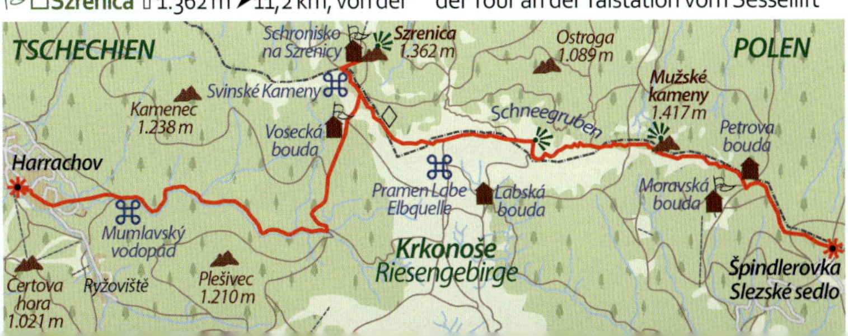

17 Szklarska Poręba - Śnieżne Kotły *(Schneegruben)* - Szrenica *(Reifträger)*

Sehenswert: Kochelfall *(Wodospad Szklarki)* & Kochanówka-Hütte, Schronisko Pod Łabskim Szczytem *(Alte Schlesische Baude)*, Schneegruben *(poln. Śnieżne Kotły)*, Felsengruppe Svinské Kameny *(Sausteine, poln. Trzy Swinki)*, Reifträgerbaude *(poln. Schronisko na Szrenicy)*
Streckenlänge: 20,7 km **Höhenmeter:** ↑1.159 ↓566
Wanderkarten: Karkonosze - Riesengebirge vom Verlag PLAN Galileos - 1:25.000
Wegmarkierung: mit Balken: ***GRÜN*** ***SCHWARZ*** ***BLAU*** ***ROT***

Die anspruchsvolle, anstrengende Wanderung beginnt an der Talstation vom Szrenica-Sessellift in Szklarska Poręba *(Schreiberhau)* und führt zu Beginn durch den bekannten Ort ins idyllische Tal der Kamienna *(Zacken)*. Bei der Mündung des Szklarka *(Kochel)* verlassen Sie das Tal und gehen zum Kochelfall mit der kleinen gemütlichen Kochanówka-Hütte. Stetig ansteigend, kommen Sie zur herrlich gelegenen Bergbaude der Schronisko Pod Łabskim Szczytem und zu den beeindruckenden Schneegruben. Der Weg hindurch besteht aus einem Steinenmeer und Felsbrocken, über die Sie zum Teil balancieren müssen. Bei den Sniezne Stawki *(Kochelteiche)* werden Sie für Ihre Mühe mit einem atemberaubenden Blick zu den mächtigen Felswänden entschädigt. Auf einem sich in Serpentinen nach oben windenden Pfad erreichen Sie den Kammweg und folgen der tschechisch-polnischen Grenze. Es öffnen sich traumhafte Blicke in die Schneeegruben und über die Hochebene auf dem Weg zu den Sausteinen und der Reifträgerbaude. Vom Gipfel der Szrenica (Reifträger, tschech. Jínonoš) ⇧1.362 m gelangen Sie per Sessellift wieder ins Tal, auch zu Fuss möglich (zusätzlich 6 km).

Wegverlauf

✱Szklarska Poręba ⇧705m, von der Talstation Kolej Linowa Szrenica auf der Straße Turystyczna in den Ort, ***SCHWARZ***
✧Młyn Łukasza ⇧636 m ➤1,0 km ⚐, vor der Brücke an der Lukasmühle gerade über die Straße, auf ***GRÜN*** in das Tal der Kamienna, nach 1, 5 km über eine Straße

✧Eingang Kochelfall ⇧518 m ➤3,9 km, an der kleinen Kamienna-Brücke nach rechts zur Kochelfall-Kasse, dann rechts ***BLAU***
✧Kochelfall ⇧546 m ➤4,3 km, an der Kochanówka-Hütte ⚐ gerade weiter
+Abzweig ⇧602 m ➤5,1 km, Pfad aus dem Tal heraus, dann links halten ***BLAU***

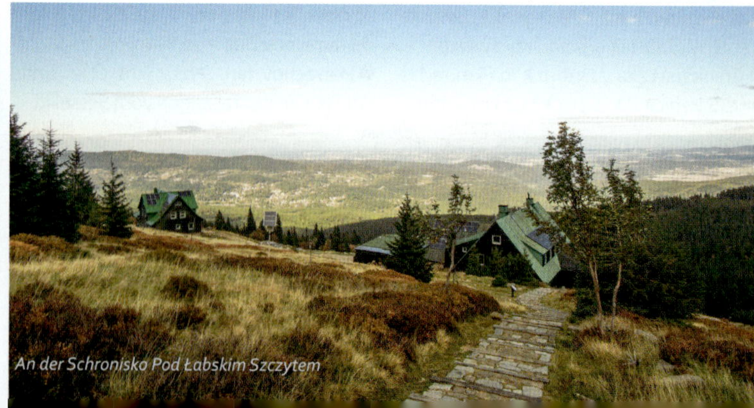
An der Schronisko Pod Łabskim Szczytem

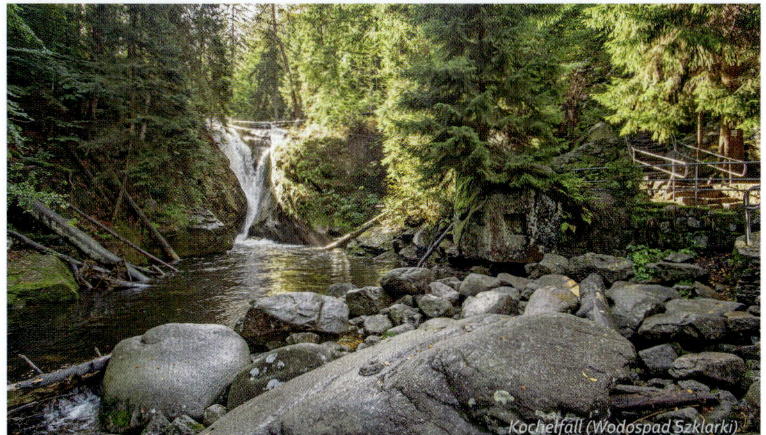
Kochelfall (Wodospad Szklarki)

✧**Szrenicki potok** ⇧697 m ➤6,8 km, kleine Holzbrücke über den Reifträgerbach
✚**Pod Łabskim Szczytem** ⇧1.168m ➤9,6km ⌂⚐, an der Alten Schlesischen Baude gerade weiter aufwärts ***ROT***
✚**Mokre Rozdroże** ⇧1.260 m ➤9,9 km, links ab ***GRÜN*** in die Śnieżne Kotły, der oft schmale felsige Weg ist ohne große Steigung, aber erfordert Trittsicherheit
✧**Śnieżne Kotły** ⇧1.247 m ➤12,6 km, die Kochelteiche sind ein guter Platz für eine Rast vor dieser atemberaubenden Kulisse
✚**Rozdroże pod Wielkim Szyszakiem** ⇧1.213 m ➤13,8 km, ***BLAU*** rechts dem steil aufwärts führenden Pfad folgen
✚**Obnizenie pod Smielcem** ⇧1.380m ➤14,6 km, rechts ab ***ROT*** dem Freundschaftsweg auf dem Kamm folgen und auf steinigen Pfad aufwärts, es bieten sich fantastische Blicke in die Schneegruben
✚**Sněžne Jámy** ⇧1.490 m ➤15,7 km, rechts halten auf ***ROT*** vorbei an der ehemaligen Schneegrubenbaude, nach links führt ein Weg auf ***GELB*** zur Elbbaude (2,5 km)
✚**Česká Budka** ⇧1.417 ➤17,5 km, gerade ***ROT***, (links führt ein Weg zur Elbquelle)
✧**Tvarožník** ➤19,0 km ◊, an der kleinen Felsengruppe geradeaus weiter
✚**Svinské Kameny - Trzy świnki** ⇧1.290m ➤19,4 km, gerade ***ROT*** nach 200 m führt der Weg durch die Felsengruppe Svinské Kameny *(Sausteine, poln. Trzy Swinki)*
✚**Graniczna Łąka** ⇧1.310 m ➤20,0 km, rechts
⚐⌂**Szrenica** ⇧1.362 m ➤20,3 km ⌂⚐ an der Reifträgerbaude vorbei und zur 400 m entfernten Bergstation vom Sessellift
✚**Górna stacja kolei linowej** ⇧20,7 km, von der Bergstation mit dem Sessellift ins Tal, Umstieg in der Zwischenstation
✱**Szklarska Poręba**, Talstation Szrenica-Lift

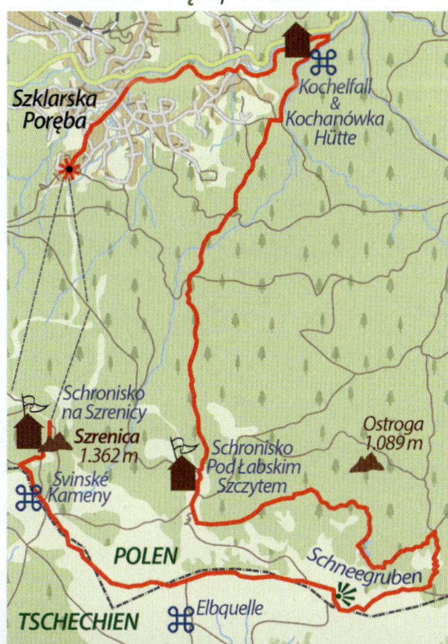

18 Karpacz - Kirche Wang - Kleine Teichbaude

Sehenswert: Karpacz *(Krummhübel)*, Kirche Wang *(Kościół Wang)* im Ortsteil Karpacz Górny *(Brückenberg)*, Felsengruppen Pielgrzymy *(Dreisteine)* & Polední kámen *(Mittagstein, pol. Słonecznik)*, Bergbauden Schronisko Samotnia *(Kleine Teichbaude)* am Karsee Mały Staw *(Kleiner Teich)* & Schronisko Strzecha Akademicka *(Hampelbaude)*
Streckenlänge: 15,1 km **Höhenmeter:** ↑691 ↓691
Wanderkarten: Karkonosze - Riesengebirge vom Verlag PLAN Galileos - 1:25.000
Wegmarkierung: mit Balken: *GELB* *ROT* *BLAU* *GRÜN*

Die Rundwanderung beginnt im Ortsteil Karpacz Górny an der Kirche Wang. Sie ist eine mittelalterliche norwegische Stabkirche und reich mit Schnitzereien verziert. Vom großen Rastplatz auf der Polana-Wiese, bei der Brandstelle der ehemaligen Schlingelbaude, gehen Sie anfangs auf Bohlen und dann auf schmalen steilen Pfad aufwärts zu den Felsformationen der Dreisteine und zum Mittagstein. Genießen Sie rückwärtsblickend die fantastische Aussicht. Sie folgen nun dem Freundschaftsweg auf dem Riesengebirgskamm und haben nach der Ruine der Prinz-Heinrich-Baude *(Schroniska Księcia Henryka)* malerische Blicke auf den Großen & Kleinen Teich.
Sie verlassen bald den Kammweg und gehen vorbei an der Hampelbaude zur idyllisch am Ufer vom Karsee Mały Staw gelegenen Kleinen Teichbaude. Bereits 1670 errichtet, gilt sie als eine der ältesten und am schönsten gelegenen Bauden im Riesengebirge. Über steinige Pfade, unterhalb der mächtigen Felswände, erreichen Sie wieder die Polana-Wiese und wandern hinab ins Tal der Łomnica *(Große Lomnitz)* nach Karpacz.

Wegverlauf

✱**Karpacz Górny Kościół Wang** ⇧860 m, von der Stabkirche im oberen Ortsteil von Karpacz auf ***BLAU*** Richtung Polana
+**Równienka** ⇧960 m ➤0,7 km, gerade ***GELB***
+**Suszyca** ⇧1.046 m ➤1,8 km, gerade
+**Polana** ⇧1.067 m ➤2,1 km ◊, auf der Polana Wiese am Rastplatz rechts ***GELB***
✧**Pielgrzymy** ⇧1.197 m ➤3,2 km, an den Dreisteinen, gerade ***GELB*** auf dem Pfad
+**Słonecznik** ⇧1.420 m ➤4,4 km, an der

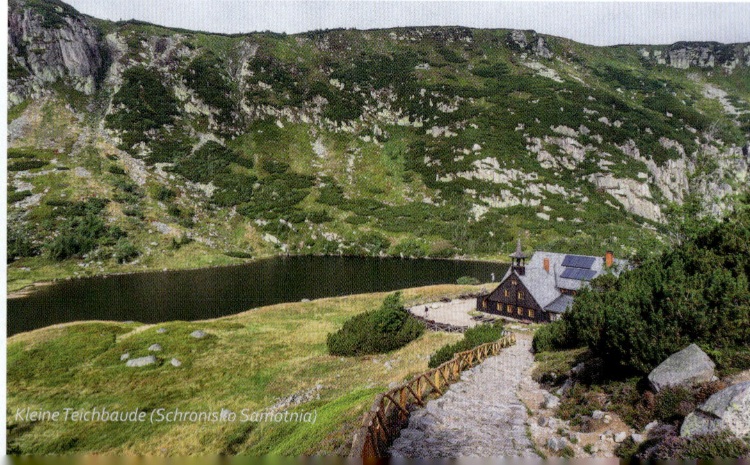
Kleine Teichbaude (Schronisko Samotnia)

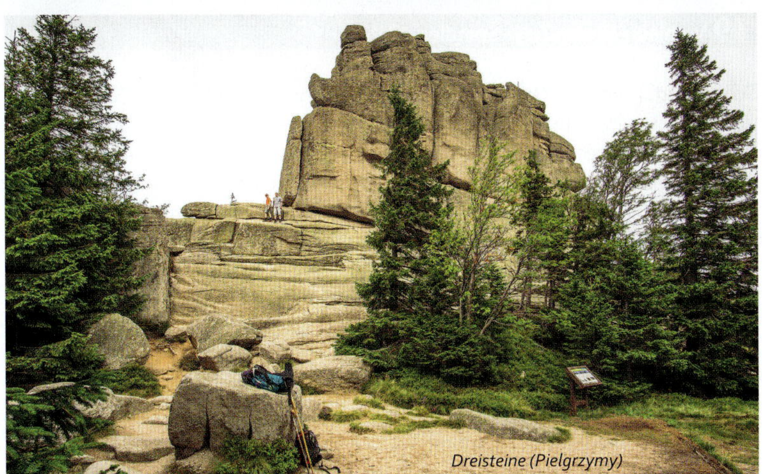
Dreisteine (Pielgrzymy)

Felsengruppe Polední kámen *(Mittagstein)* links auf **ROT** dem Kammweg folgen

+Abzweig ⇧1.389 m ➤4,7 km, gerade **ROT**, herrliche Blicke hinunter auf die Karseen Wielki Staw und auf den Mały Staw

+Równia pod Sněžka ⇧1.416 m ➤7,1 km, gerade **ROT** auf dem Freundschaftsweg

+Spalona Strażnica ⇧1.430 m ➤7,5 km, links **BLAU** abwärts auf dem Pflasterweg

+Strzecha Akademicka ⇧1.258 m ➤8,8 km ⌂⚐, links auf **BLAU** hinter der Hampelbaude abwärts

+Schronisko Samotnia ➤9,5 km ⇧1.195 m ⌂⚐, gerade **BLAU** am Seeufer weiter, schöner Weg unterhalb der gewaltigen Felsabstürze vom Hauptkamm

+Kozi Mosteck ⇧1.109 m ➤10,9 km, am Abzweig der Ziegenbrücke links halten **BLAU**

+Polana ⇧1.067 m ➤11,6 km ◊, Polana Wiese rechts ab **GRÜN**

+Suszyca ⇧1.046 m ➤11,9 km rechts ab **GRÜN** auf dem Weg Droga Bronka Czecha durch das Pląsawą und Łomnica Tal nach Karpacz Górny, nach 450 m ein Aussichtspunkt, oder ab Suszyca gerade auf gleichem Weg zurück zur Kirche Wang

✧Abzweig ⇧805 m ➤13,5 km, links ab **GRÜN** der Straße Strażacka folgen, nach 550 m rechts in die Straße Karkonoska und nach 100 m links in die Straße Sucha

✧Kaplica Matki Bożej Ostrobramskiej ⇧768 m ➤14,4 km, links ab und aufwärts auf **BLAU**, nach 400 m links ab

✱Karpacz Górny Kościół Wang ➤15,1 km

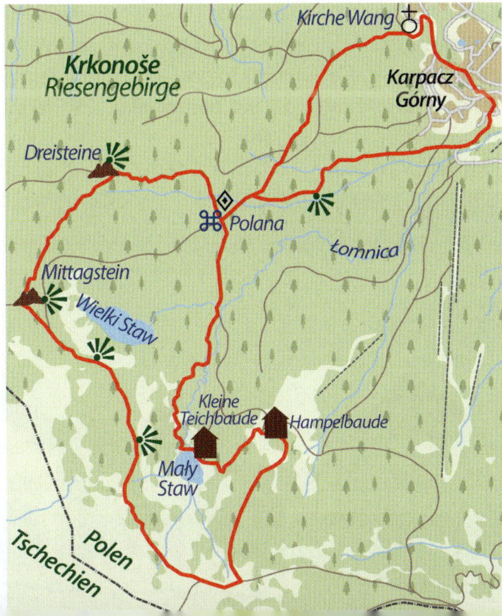

19 Vrchlabí - Přední Žalý - Špindlerův Mlýn

Sehenswert: in Vrchlabí *(Hohenelbe)* das Schloss mit seinen vier achteckigen Türmen, das in vier schmucken Häusern untergebrachte Riesengebirgsmuseum und das Augustinerkloster, Přední Žalý *(Vorderer Heidelberg)* ⇧1.019 m mit Aussichtsturm und Bergbaude, Gasthaus Rovinka, Aussicht vom Šeřín *(Finsterstein)* ⇧1.027 m und vom Harrachova skála ⇧1.035 m, die Krausebauden-Talsperre *(Labská přehrada)* bei Špindlerův Mlýn *(Spindlermühle)*
Streckenlänge: 21,4 km **Höhenmeter:** ↑971 ↓734
Wanderkarten: Krkonoše Nr. 424 von SHOCart - 1:40.000 oder
Krkonoše Nr. 22 von KČT - Klub český turistů - 1:50.000
Wegmarkierung: mit Balken: *GELB* *ROT* *BLAU* *GRÜN*

Am Riesengebirgsmuseum mit der Nationalparkinformation in Vrchlabí beginnt die Tour. Die vier hübsch restaurierten Giebelhäuser vom Museum gehören mit ihren Arkaden zu den ältesten Volksbauten des Riesengebirges. Vorbei am Augustinerkloster und der schmucken Kněžická chalupa *(Hütte)* führt der Weg zum Gipfel des Přední Žalý. Hier auf dem Hausberg von Vrchlabí, am steinernen Aussichtsturm, lädt eine gemütliche Bergbaude zur Rast. Sie folgen dem Kammweg Bucharova cesta zum Gasthaus Rovinka und haben vom Šeřín und vom Harrachova skála einen herrlichen Blick. Nun geht es hinunter ins Tal der Elbe, und am Ufer der Krausebauden-Talsperre wandernd, erreichen Sie das Ziel der Tour Spindlermühle.

Wegverlauf

✱Vrchlabí *(nam.)* ⇧492 m ⚐ ⌂, Sie folgen auf *GELB* der Straße Husova, gehen nach 200 m vorbei am Augustinerkloster und dem Eingang vom Schlosspark
+Vrchlabí *(nad klášterem)* ⇧554 m ➤0,9 km gerade der Straße aufwärts folgen *GELB*
✧Kaple sv. Anny a 14 sv. pomocníků ⇧676 m ➤1,9 km ◊, gerade *GELB*
⚐ **Kněžická chalupa** ⇧682 m ➤2,5 km ⌂,
+Křižovky *(bus)* ⇧722 m ➤3,6 km, rechts
+Úbočí Žalého ⇧925 m ➤5,1 km, rechts ab *GELB*, weiter kräftig aufwärts
+Žalý *(rozhl., odb.)* ⇧996 m ➤5,7 km, rechts *GELB* vorbei am Denkmal für die Opfer des Faschismus zum Turm
+Přední Žalý *(rozhl.)* ⇧1.019 m ➤5,9 km ⚐, gemütliche Bergbaude (Di-So) mit Aussichtsturm, wieder zurück zum Abzweig

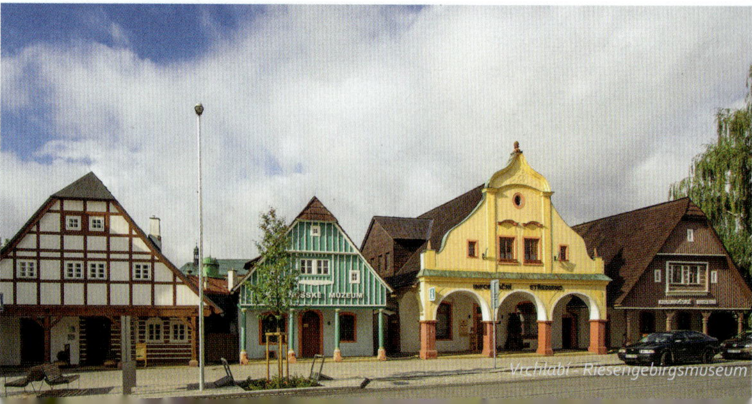
Vrchlabí - Riesengebirgsmuseum

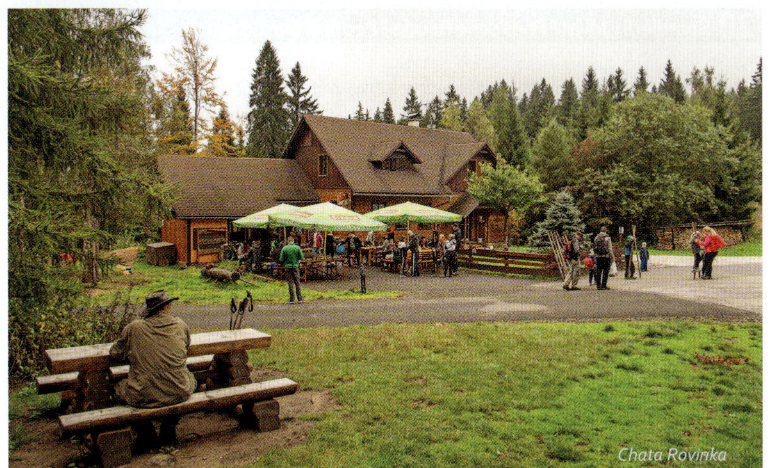

Chata Rovinka

+Žalý *(rozhl., odb.)* ➤6,1 km, rechts ***ROT*** auf dem Kammweg Bucharova cesta
+Pod Zadním Žalým *(Rozc.)* ⇧896 m ➤8,0 km, gerade ***ROT***
+Rovinka *(Občerstvení)* ⇧846 m ➤9,4 km ⚐◊, an der Baude gerade weiter ***ROT***
+Šeřín ⇧1.027 m ➤10,8 km ◊, schöne Aussicht vom Felsen auf dem Gipfel, ***ROT***
+Černá skála ⇧1.039 m ➤12,2 km, am Aussichtsfelsen, links halten ***ROT***
+Pod Černou skalou ⇧938 m ➤13,5 km, gerade ***ROT***, wollen Sie abkürzen dann gehen Sie hier links ***BLAU*** zum Stausee
+Harrachova skála *(odb.)* ⇧1.056 m ➤15,1 km, links nach 150 m die prächtige Aussicht ◊, dann zurück weiter auf ***ROT***
+Pod Harrachovou skálou ⇧1.007 m ➤15,7 km, rechts ab ***BLAU*** ins Tal, wenn Sie nicht zum Stausee möchten, gehen Sie hier rechts auf ***ROT*** vorbei an der Chata Stopa (400 m) direkt nach Špindlerův Mlýn
+Labská *(sev. okraj)* ⇧828 m ➤17,2 km ◊, rechts ab weiter auf ***BLAU***, oder links auf ***GRÜN*** direkt nach Špindlerův Mlýn
+Labská ⇧736 m ➤18,0 km ⚐⌂, am Hotel Nico links, nach 60 m rechts, nach 600 m links über die Staumauer ***BLAU***
+Labská přehrada *(nádrž)* ➤18,8 km, links ***GRÜN*** dem Uferweg folgen
+U Tabulových bud ➤20,6 km, gerade
+Špindlerův Mlýn *(Hotel Lomnice)* ➤21,2 km nach der Svatopetrský potok Brücke links
✱Špindlerův Mlýn *(nám.)* ⇧712 m ➤21,4 km

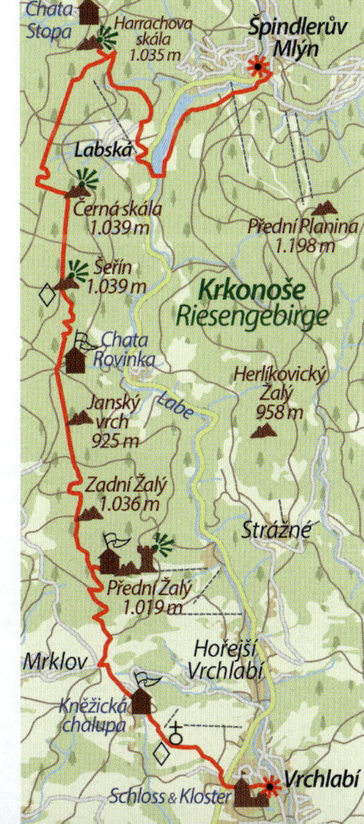

20 Špindlerův Mlýn - Fries'sche Baude - Pec pod Sněžkou

Sehenswert: Špindlerův Mlýn *(Spindlermühle)* mit schmucken Holzhäusern, Felsen Hranostají skála, Naturdenkmal Kalksteinbruch Lom Strážné, Friesova bouda & Pivovar *(Fries'sche Baude & Brauerei)*, Chalupa na Rozcestí, Pec pod Sněžkou *(Petzer)*
Streckenlänge: 19,4 km **Höhenmeter:** ↑974 ↓930
Wanderkarten: Krkonoše Nr. 424 von SHOCart - 1:40.000 oder
Krkonoše Nr. 22 von KČT - Klub český turistů - 1:50.000
Wegmarkierung: mit Balken: ***BLAU*** ***GRÜN***

Sie beginnen die Tour in Špindlerův Mlýn, überqueren beim Hotel Lomnica den Svatopetrský potok *(Grundwasser)* und wandern durch die kleine Siedlung Hromovka zum mächtigen Felsen Hranostají skála und dem Kalksteinbruch Lom Strážné.
Vorbei an der Hříběcí bouda (geschlossen) steigt der Weg dann stetig an zur Fries'schen Baude ⇧1.217 m auf dem südwestlichen Hang vom Světlý vrch *(Heller Berg)*. Genießen Sie die wundervolle Aussicht und das leckere Bier aus der eigenen Brauerei. Vorbei an dem auf einer Hochebene gelegenen kleinen gemütlichen Gasthaus Chalupa na Rozcestí ⇧1.349 m, geht es dann hinunter ins Tal der Úpa nach Pec pod Sněžkou.

Wegverlauf

✱Špindlerův Mlýn *(nám.)* ⇧712 m, auf ***BLAU*** der Straße Svatopetrská folgen, nach 180 m rechts über die Brücke, dann rechts
+U Tabulových bud ⇧746 m ➤0,7 km, 20 m nach der Skipiste links aufwärts ***BLAU***
✧Hromovka ⇧846 m ➤1,6 km, nach der Penzion links aufwärts, dann rechts ***BLAU*** dem Forstweg folgen
+U Hromovky ⇧746 m ➤2,0 km ◈, auf ***BLAU*** rechts halten, der Weg ist von Dez.-Apr. gesperrt (dann auf ***GELB*** links)
+Nad Michlovým mlýn ⇧725 m ➤3,9 km, links halten auf der Forststraße ***GRÜN***
+U Krásné pláně ⇧976 m ➤5,6 km ◈, gerade
+Hranostají skála ⇧808 m ➤6,4 km, gerade ***GRÜN*** und bald über die Malé Labe *(Kleine Elbe)*, nach 300 m links an der Straße
+Mramorový lom ⇧789 m ➤7,3 km, am

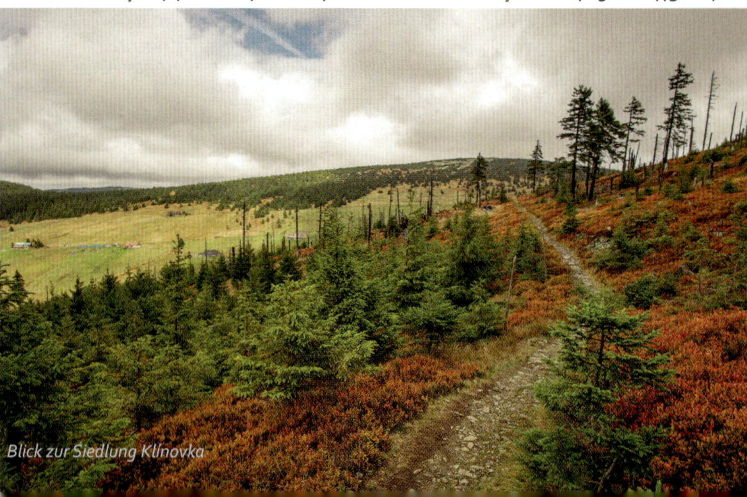

Blick zur Siedlung Klínovka

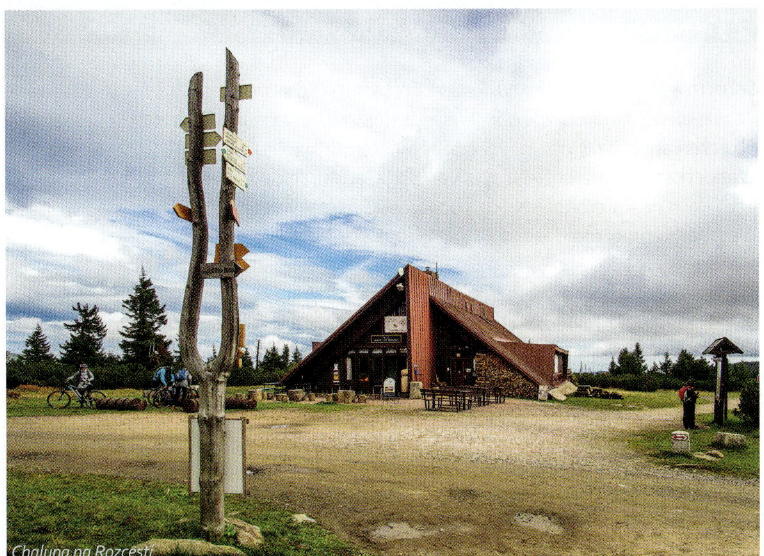
Chalupa na Rozcestí

Steinbruch Lom Strážné links ab ***GRÜN***

+Hříběcí bouda ⇧810 m ➤7,6 km, an der Baude (ist z. Z. geschlossen) links ab ***BLAU***

+Nad Hříběcí boudou ⇧887 m ➤8,2 km, links ab aufwärts an der Forstraße ***BLAU***

+Friesovy boudy ⇧1.220 m ➤11,2 km ⌂⚐

+U Klínových bud ⇧1.260 m ➤12,5 km, gerade weiter ***BLAU***, prächtige Aussicht

+Klínovka ⇧1.280 m ➤12,7 km, scharf rechts abbiegen weiter auf ***GRÜN***

+Nad Klínovkou ⇧1.325 m ➤13,2 km, gerade

+Na Rozcestí *(Bufet)* ⇧1.349 m ➤13,7 km ⚐, nach dem Gasthaus links, dann sofort rechts ***GRÜN***, schöne Blicke zur Schneekoppe

+Severka ⇧1.064 m ➤16,8 km, auf ***GRÜN*** der schmalen Straße abwärts folgen

+Pec p. S. *(horská služba)* ⇧860 m ➤18,4 km an der Bergrettung über Straße dann links

+Pec p. S. *(Veselý Výlet)* ➤18,9 km, gerade

✻Pec pod Sněžkou *(Corso)* ⇧760 m ➤19,4 km ⌂⚐, Ende der Wanderung am Hotel Corso an der Kreuzung im Úpa-Tal

21 Pec pod Sněžkou - Janské Lázně - Trutnov

Sehenswert: Pec pod Sněžkou *(Petzer)*, Černá hora *(Schwarzenberg)* ⇧1.299 m, Kurpark & Kolonnaden in Janské Lázně *(Johannisbad)*, Trutnov *(Trautenau)*, das Tor zum Riesengebirge
Streckenlänge: 27,8 km **Höhenmeter:** ↑735 ↓1.071
Wanderkarten: Krkonoše Nr. 424 von SHOCart - 1:40.000 oder
Krkonoše Nr. 22 von KČT - Klub český turistů - 1:50.000
Wegmarkierung: mit Balken: ***BLAU*** ***GELB*** ***ROT*** ***GRÜN***

Die Wanderung beginnt in Pec pod Sněžkou gleich mit einem kräftigen Aufstieg vorbei an der Kolínská Bouda zum Černá Hora Gipfel. Unterwegs bieten sich immer wieder prächtige Blicke zurück über Pec pod Sněžkou und bis zur Schneekoppe. Dann gehen Sie hinab nach Janské Lázně, wo der kleine Kurpark mit den Kolonnaden zu einer Erholungspause einlädt.
TIPP: vom Černá Hora Gipfel verkehrt eine Kabinenseilbahn ins Tal nach Janské Lázně, so kann die recht lange Wanderung wunderbar verkürzt werden.

Wegverlauf

✱Pec pod Sněžkou *(Corso)* ➤765 m ⌂⚐, auf ***BLAU*** der aufwärts führenden Straße durch den Ort folgen
+Pec pod Sněžkou *(Bus)* ⇧779 m ➤0,4 km
+Pec pod Sněžkou *(Javor, lan.)* ⇧803 m ➤1,2 km, am Ortsende links über den Vlčí potok, auf ***BLAU*** der schmalen kräftig ansteigenden Straße folgen, in einer Rechtskurve die Straße gerade verlassen und kurzes Stück im Wald, dann wieder nach rechts der Straße aufwärts folgen, rückwärts blickend tolle Aussicht bis zur Schneekoppe
✧Žižkova Bouda ⇧1.003 m ➤2,5 km ⌂⚐
+Husova Bouda ⇧1.065 m ➤3,0 km ⚐, rechts ***GELB*** nach der Husova Bouda links
✧Lidická Bouda ⇧1.100 m ➤3,4 km ⚐⌂
+Lučiny *(Pražska Bouda)* ⇧1.123 m ➤3,6 km ⚐⌂, links ab, nun weiter auf ***ROT***
+Kolínská Bouda ⇧1.117 m ➤4,1 km ⚐⌂, rechts halten auf ***ROT***
+Pod Kolínskou bodou ⇧1.108 m ➤4,5 km ◊, gerade weiter ***ROT***
+Václavák ⇧1.162 m ➤5,3 km, gerade ***ROT***, links geht es ins Moor Černohorské rašeliniště

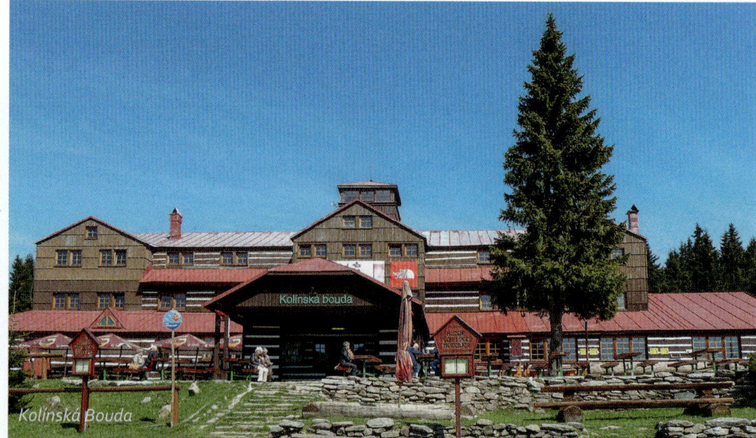

Kolínská Bouda

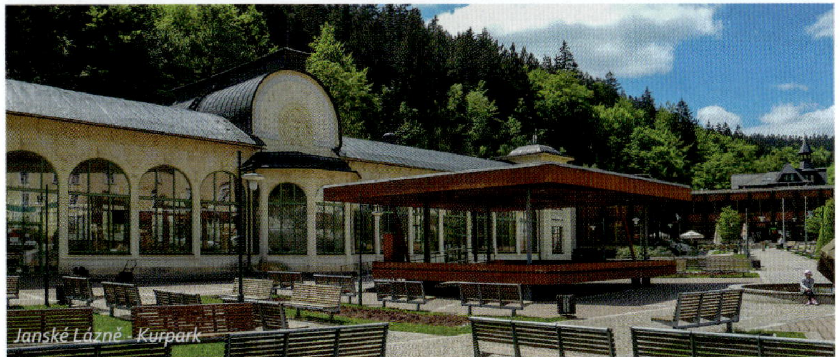

+Černá Bouda ⇧1.237 m ➤6,2 km, links halten auf ***ROT*** über steinigen Pfad abwärts, auf ***GELB*** kommen Sie nach ca. 600 m zum Černá Hora Gipfel ⇧1.299 m (Seilbahn ins Tal nach Janské Lázně)
+Malý Pardubickýh Bud ⇧1.222 m ➤7,6 km links halten auf ***ROT*** abwärts, beim Sessellift ➤9,9 km diesem nach links 120 m folgen, dann links auf der schmalen Straße weiter, bei Erreichen der Hauptstraße in Janské Lázně ➤10,6 km nach links
+Janské Lázně *(Lesní dům)* ⇧661 m ➤10,4 km, am Hotel rechts abwärts
+Janské Lázně *(nám.)* ⇧617 m ➤10,9 km, am Kurpark mit den Kolonnaden auf ***GRÜN*** Richtung Pod Janskou Horou, vorbei an der Kirche und Klinik, dann über Bach Rudolfův potok ➤11,9 km
+Pod Janskou Horou ⇧718m ➤12,0 km, links auf ***GRÜN***
+Janská Hora ⇧728 m ➤12,6 km, gerade ***GRÜN*** auf Feld- & Waldwegen, ➤14,0 km Rastplatz ◊ mit schöner Aussicht über das Riesengebirgsvorland
+Mladé Buky *(Kostel)* ⇧530 m ➤17,1 km ◊, auf ***GRÜN*** rechts 200 m an der Straße, dann links ab und in einem Bogen am Golfplatz entlang ➤18,9 km ***GRÜN*** biegt überraschend nach links auf einen Wiesenpfad ab
+Nad Hrádečkem ⇧511 m ➤19,0 km, links ab und auf ***GRÜN*** weiter durch ein Waldstück und dann unter einer Straßenbrücke ➤23,4 km hindurch
+Staré Město *(internát)* ⇧448 m ➤23,6 km rechts ***GRÜN*** der Straße Horská für 700 m folgen, dann links ab zum Úpa-Ufer
+Horn Staré Město *(Most)* ➤25,0 km auf ***BLAU*** gerade weiter entlang am Ufer
✱Trutnov *(Bus)* ⇧420 m ➤27,8 km, Ende der Tour auf dem Náměstí Republiky

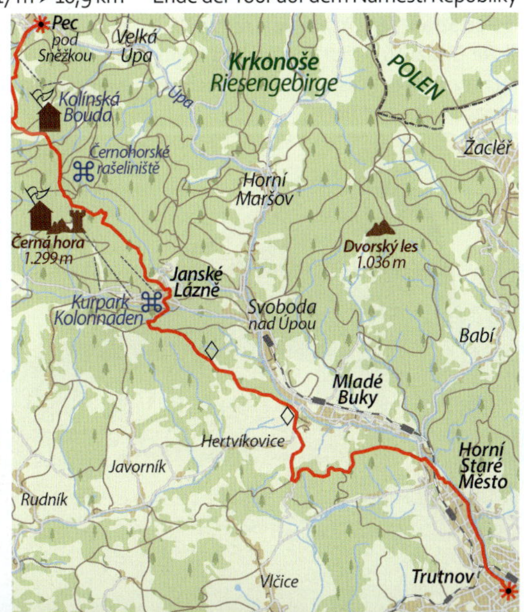

22 Rokytnice nad Jizerou - Hvězda - Tanvald

Sehenswert: Rathaus in Rokytnice nad Jizerou, Aussicht vom Stráž ⇧782 m, Eingangsportal Pfarrhaus in Jablonec n. J., Krkonošské muzeum *(Riesengebirgsmuseum)* mit Musikinstrumentensammlung in Paseky, 24 m hoher Aussichtsturm Štěpánka & Turnovská chata auf der Hvězda *(Stephanshöhe)* ⇧959 m, Muzeum Jára Cimrman mit Turm in Příchovice
Streckenlänge: 18,2 km **Höhenmeter:** ↑718 ↓786
Wanderkarten: Krkonoše Nr. 424 von SHOCart - 1:40.000 oder
Krkonoše Nr. 22 von KČT - Klub český turistů - 1:50.000
Wegmarkierung: mit Balken: ***GELB*** ***ROT*** ***GRÜN***

Direkt am schmucken Rathaus von Rokytnice n. J. startet die Tour und führt auf den Stráž Gipfel *(Wachstein)*, wo sich ein fantastischer Riesengebirgsblick öffnet. In Jablonec überqueren Sie nach dem Pfarrhaus die Jizera *(Iser)* und folgen dem Flusstal bis Makov. Steil aufwärts gehend kommen Sie zum Riesengebirgsmuseum mit dem Denkmal der vergessenen Patrioten in Paseky. Ein kleines Skigebiet querend, erreichen Sie den Hvězda Gipfel mit dem steinernen Aussichtsturm Štěpánka und der urgemütlichen Turnovská chata. Ein weiterer Aussichtsturm bei Příchovice neben dem Muzeum Jára Cimrman bietet nochmal Gelegenheit, den Blick über Iser- & Riesengebirge schweifen zu lassen.

Wegverlauf

✱Rokytnice nad Jizerou *(nám.)* ➤538 m ⌂⚐, auf ***GELB*** links vorbei am Rathaus
+Rokytnice nad Jizerou *(Horní Ves)* ⇧644 m ➤0,8 km, geradeaus weiter aufwärts ***GELB***
+Pod Stráží ⇧694 m ➤1,3 km, rechts ***ROT***
+Na Stráží *(Tur. Ch.)* ⇧723 m ➤1,8 km, rechts 400 m geht es zur Stráž-Aussicht ◊, danach weiter auf ***ROT***
✧Jablonec nad Jizerou ⇧467 m ➤5,0 km, an der Kirche rechts der Straße vorbei am Pfarrhaus folgen, nach 250 m links und über die Jizera-Brücke, dann gerade ***GRÜN***
+Zadní Blansko ⇧464 m ➤6,7 km, an der Brücke gerade weiter dem schönen Talweg entlang der Jizera folgen ***GRÜN***

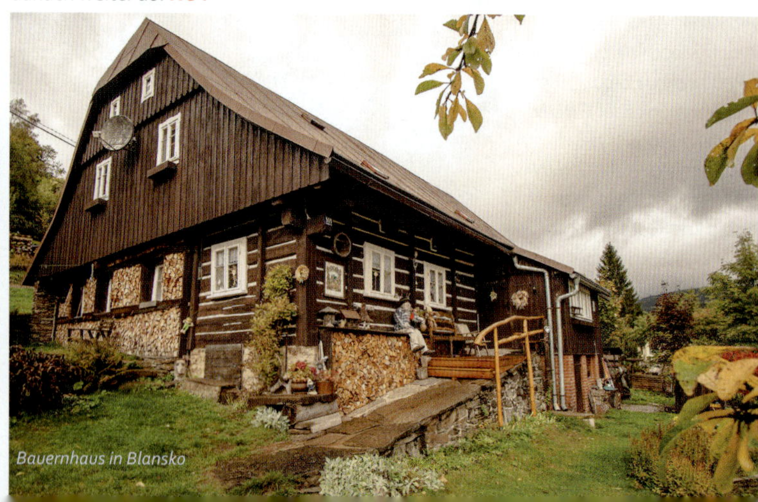
Bauernhaus in Blansko

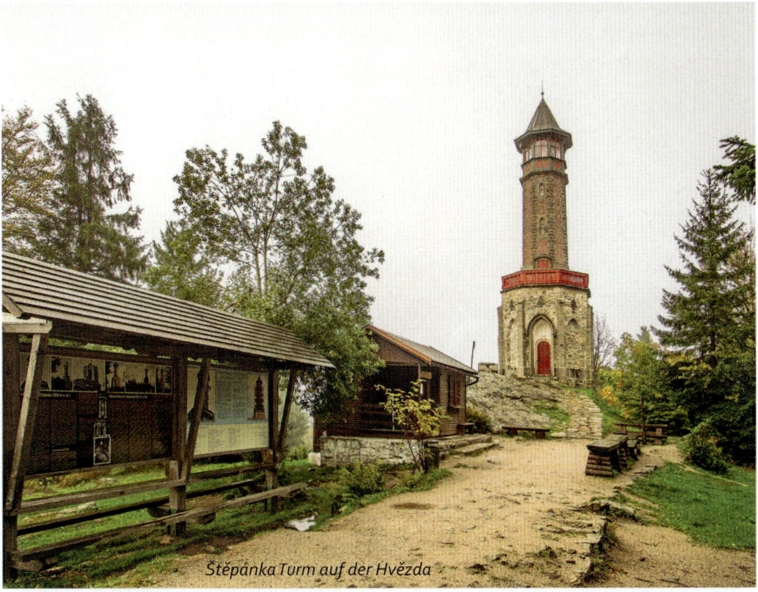

Štěpánka Turm auf der Hvězda

+Paseky n. Jiz. *(Makov)* ⇧473 m ➤7,5 km ⌂⚐, am Gasthaus U Zapadlých Vlastenců rechts, nach 80 m links aufwärts ***GRÜN***
+Paseky n. Jiz. *(Planýrka)* ➤8,3 km, gerade
+Paseky n. Jiz. *(Muzeum)* ⇧662 m ➤8,7 km nach dem Gasthaus na Buďárce ⚐ rechts
+Na Perlíčku ⇧793 m ➤10,6 km, rechts ab ***GELB***, links 100 m die Bergbaude Horská chata Na Perlíčku ⌂⚐
+Hvězda *(Tur. Chata)* ⇧934 m ➤13,2 km rechts ab zum Aussichtsturm Štěpánka, dort rechts haltend kommen Sie auf dem Rückweg vorbei an der Turnovská chata ⚐, dann gehen Sie weiter auf ***GRÜN***
+Pod Hvězdou ➤14,0 km ◊, links ***GRÜN***
+Příchovice *(Bus)* ⇧855 m ➤14,7 km, links halten ***GRÜN***, nach 250 m an der Kirche Gasthaus Příchovická Hospůdka ⚐
+Příchovice *(Hřbitov)* ⇧796 m ➤15,2 km, gerade ***GRÜN***, links das kleine Muzeum Jára Cimrman mit dem Aussichtsturm & gemütlichen Restaurant U Čápa ⌂⚐
✱Tanvald *(žst.-bus)* ⇧466 m ➤18,2 km ⌂⚐, Ende der Wanderung am Bahnhof

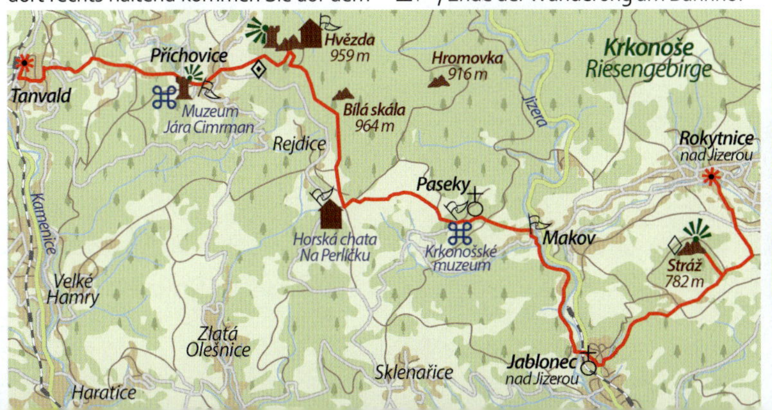

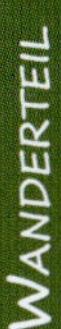

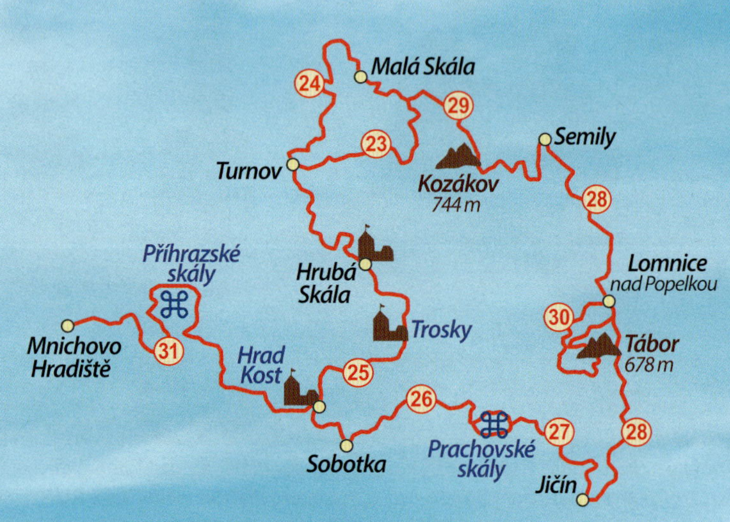
Malá Skála
24
29
23
Semily
Turnov
Kozákov
744 m
28
Příhrazské skály
Hrubá Skála
Lomnice nad Popelkou
30
Trosky
Tábor
678 m
Mnichovo Hradiště
31
Hrad Kost
25
26
27
28
Sobotka
Prachovské skály
Jičín

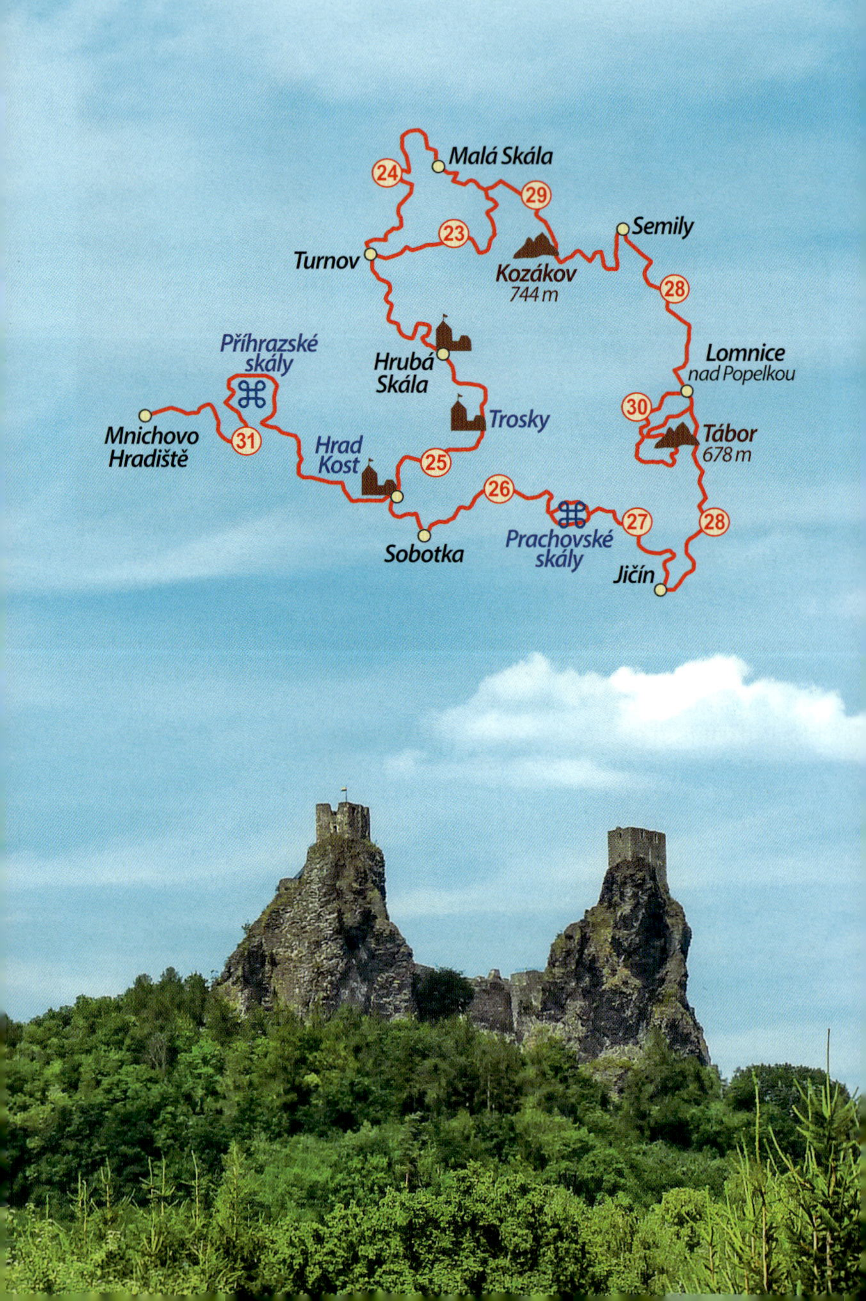

Auf den von uns vorgestellten Touren durch das Böhmische Paradies erleben Sie wahrlich beeindruckende Wander-Juwelen:

Trosky - die mächtige Ruine mit ihrer unverwechselbaren Silhouette das Wahrzeichen des Böhmischen Paradieses.

Zauberwelt der geheimnisvollen Felsenstädte, ein unvergessliche Szenerien mit imposanten Sandsteinfelsen, engen Schluchten & malerischen Tälern

Burgen Kost, Valdštejn, Hrubá Skála, Ruinen Frýdštejn & Rotštejn.

Manchmal ist das Paradies näher als man glaubt...

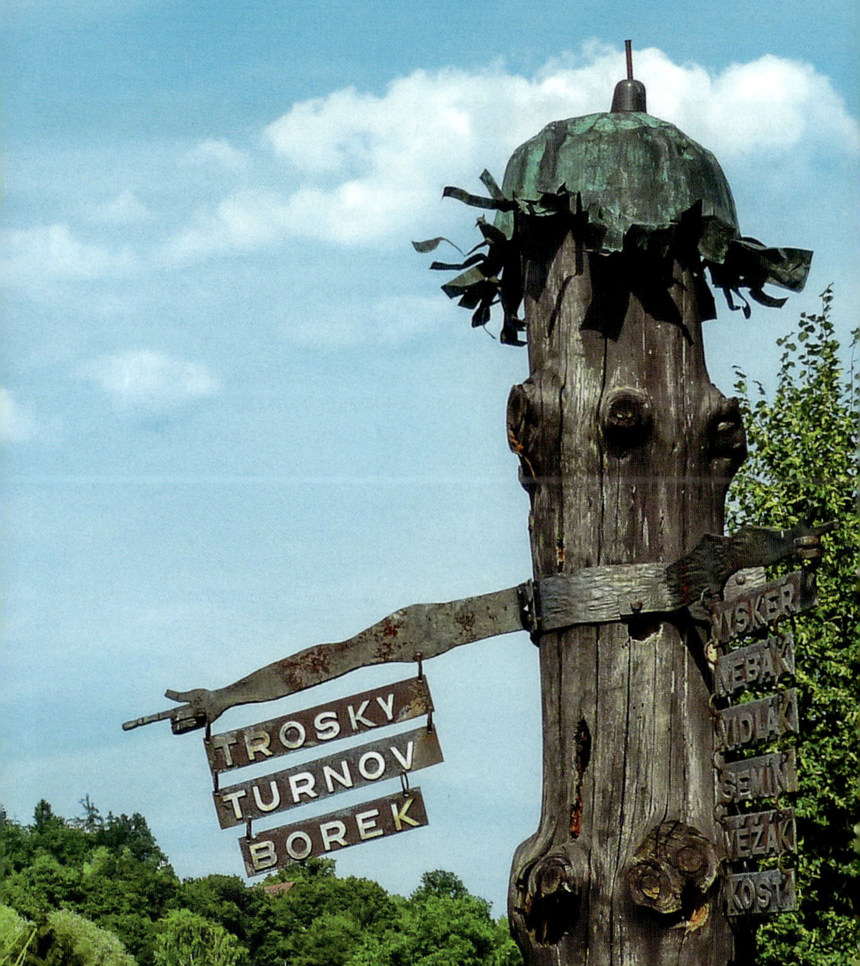

23 Malá Skála - Hrad Rotštejn - Turnov

Sehenswert: Felsenlabyrinthe Skalní bludiště Chléviště *(Kuhstall)* & Kalich *(Kelch)*, Ruine Hrad Rotštejn, Klokočske skály *(Klokotscher Felsen)*, Aussicht Zdenčina skála, in Turnov das Museum Böhmisches Paradies mit schmuckem Kamenářský dům *(Steinmetzhaus)*
Streckenlänge: 16,6 km **Höhenmeter:** ↑419 ↓412
Wanderkarten: Český Ráj, Mladoboleslavsko Nr. 421 von SHOCart - 1:40.000 oder Český Ráj Nr. 19 von KČT - Klub český turistů - 1:50.000
Wegmarkierung: mit Balken: ***ROT*** ***GELB*** ***BLAU***

Von Malá Skála an der Jizera *(Iser)* aus führt die Tour über zahlreiche Stufen im steten Auf und Ab durch die Wunderwelt der Felsenlabyrinthe Skalní bludiště Chléviště & Kalich, wo sich Ihnen herrliche Ausblicke bieten. Durch die kleinen Orte Besedice und Koberovy wandernd, kommen Sie zu den Aussichtsfelsen der Ruine Hrad Rotštejn. Zum Abschluss der Tour durchqueren Sie die Klokočske skály und haben von der Vyhlídka Zdenčina skála noch mal prächtige Blicke ins Jizeratal, bevor Sie die Stadt der Edelsteine Turnov erreichen.

Wegverlauf

❋Malá Skála *(Kap.)* ⇧268 m, links halten auf ***ROT***, gerade über die Bahn aufwärts, es beginnt kräftiger Anstieg über Treppen & Serpentinen, an Infotafel rechts halten
+Pánovo Pole ⇧495 m ➤1,3 km, rechts auf ***GELB*** in die Felsen Chléviště & Kalich
✧Husníkova vyhlídka ⇧504 m ➤1,6 km, prächtige Aussicht im Chléviště mit Blick bis zum Ještěd, auf Malá Skála, das Pantheon, Ruine Frýdštejn und ins Jizeratal
+Kalich *(Na Rovné)* ➤2,0 km, rechts ***GELB***
+Kalich *(Modlitebna)* ⇧479 m ➤2,3 km, links ***BLAU*** durch die Felsen Malý & Hrubý Kostel und zur Besedická vyhlídka *(Aussicht)*
+U Kalicha ⇧496 m ➤2,9 km ◈ ⚐, rechts
✧Besedice ➤3,2 km ⚐, am Ende der Siedlung nach dem Kiosk links der Straße folgen
+Besedice ⇧442 m ➤3,6 km, rechts auf ***ROT*** der Straße abwärts folgen
+Koberovy ⇧408 m ➤4,6 km ⚐⌂, auf ***BLAU*** rechts Richtung Hrad Rotštejn, am Ortsausgang ➤5,2 km, über die Straße,

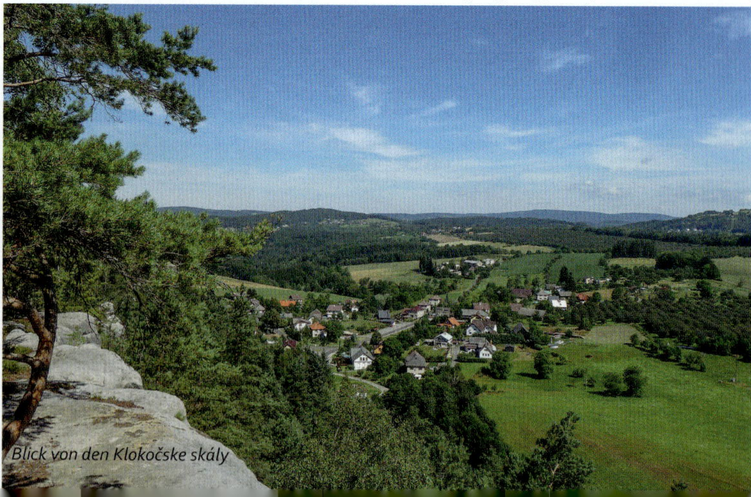
Blick von den Klokočske skály

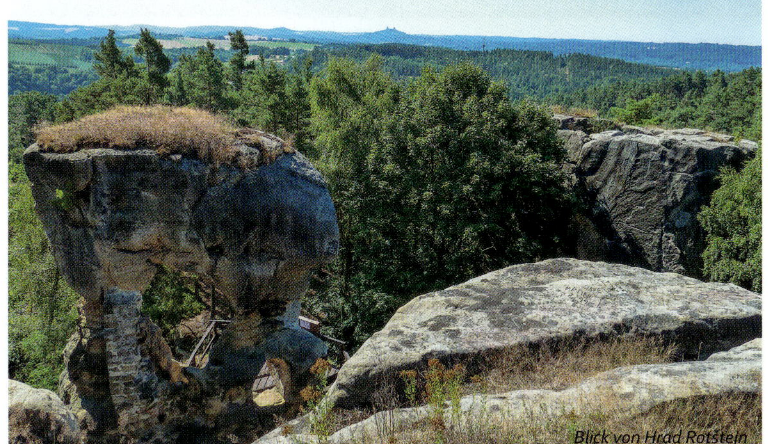
Blick von Hrad Rotštejn

nach ca. 100 m an einer Ruhebank unter einer Linde links auf dem Wiesenweg weiter, von dem bald folgenden Kammweg prächtiger Blick zum Kozákov Gipfel

+Fialník *(rozc.)* ⇧413 m ➤7,4 km, gerade auf ***BLAU*** in Richtung Hrad Rotštejn

✧Parkplatz ➤8,2 km ⚐, beim Gasthaus unterhalb der Ruine links, nach 20 m rechts auf Stufen aufwärts zur Hrad Rotštejn

+Hrad Rotštejn *(Zříc.)* ⇧420 m ➤8,5 km herrliche Aussicht von den Felsen der Ruine, weiter führt der Weg auf ***GELB*** über Stein- & Holzstufen und schmale Stege durch die Klokočske skály, es öffnen sich Ihnen fantastische Blicke

+Klokočské Průch *(rozc.)* ⇧422 m ➤9,5 km, ⌂⚐ geradeaus weiter auf ***ROT***, links 100 m die kleine Penzion Na Klokočských skalách

+Zdenčina Skála *(ODB.)* ⇧380m ➤11,5 km, rechts ab gehen Sie zur 400 m entfernten Aussicht Zdenčina Skála, dann zurück zum Abzweig und weiter auf ***ROT***

+Záholice ⇧338m ➤13,0 km ◈, gerade ***ROT***

+U Šlejfírny ⇧328m ➤13,4 km, links auf ***ROT***, nach 400 m am Ortsanfang Turnov rechts, ✋ am Ende der Siedlung ➤14,2 km rechts auf Stufen abwärts in den Wald, nach 400 m ◈ mit schönem Blick ins Jizeratal

+Metelkovy sady ⇧278 m ➤15,5 km, geradeaus weiter auf ***ROT*** ins Zentrum

✱Turnov *(náměstí Českého ráje)* ⇧260 m ➤16,6 km ⌂⚐, Ende der Tour beim Rathaus auf dem zentralen Platz Českého ráje

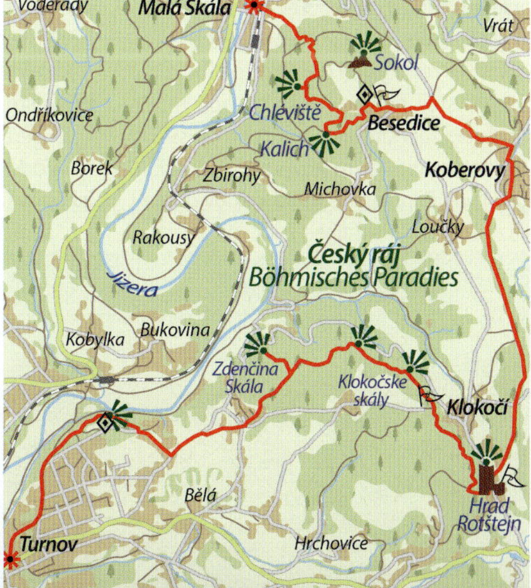

24 Malá Skála - Turnov - Hrubá Skála

Sehenswert: Felsenburg Vranov mit Pantheon, Ruine Hrad Frýdštejn, Skalní hrádek *(Felsenburg)* Drábovna, Bauernhof Dlaskův statek und Zámek Hrubý Rohozec *(Schloss Großrohosetz)* bei Turnov, Sandsteinfelsen Hlavatice, Hrad Valdštejn *(Burg Waldstein)*, Felsenstadt Hruboskalsko, Aussicht Marianská vyhlídka, Schloss Hrubá skála *(Groß Skal)*
Streckenlänge: 21,5 km **Höhenmeter:** ↑712 ↓613
Wanderkarten: Český Ráj, Mladoboleslavsko Nr. 421 von SHOCart - 1:40.000 oder Český Ráj Nr. 19 von KČT - Klub český turistů - 1:50.000
Wegmarkierung: mit Balken: ***ROT BLAU GELB GRÜN***

Von Malá Skála führt der Weg hinauf zur Ruine der Felsenburg Vranov mit dem Pantheon, wo Sie ein malerischer Blick ins Jizeratal erwartet. Über Steinstufen und durch enge Spalten können Sie die Felsenburg erkunden und gehen dann weiter zur Ruine der Hrad Frýdštejn mit dem gut erhaltenen Burgturm. Kurz vor Turnov erreichen Sie den malerischen an der Jizera gelegenen schmucken Bauernhof Dlaskův statek und das Schloss Hrubý Rohozec. Bevor Sie die Jizera auf einer Bahnbrücke überqueren, haben Sie die Möglichkeit für einen Abstecher in die Stadt der Edelsteine nach Turnov. Bei dem über eine Eisenspindeltreppe begehbaren Felsen Hlavatice erreichen Sie den Landschaftsschutzpark Böhmisches Paradies und bald die älteste Burg im Böhmischen Paradies, die Hrad Valdštejn. Über eine Vielzahl an Sandstein- und Holztreppen tauchen Sie ein in tiefe dunkle Schluchten und steigen auf zu den märchenhaften Aussichtspunkten der Felsenstadt Hruboskalsko.

Wegverlauf

✱Malá skála *(Kap.)* ⇧268 m, auf ***ROT*** Richtung Frýdštejn, vorbei am Campingplatz
+Malá skála *(V Teplicích)* ⇧271 m ➤0,6 km, links auf Fußgängerbrücke über die Jizera
+Malá skála *(pod Pantheonem)* ➤0,8 km, auf ***ROT*** rechts von der Pizzeria, bald auf Stufen steil bergan, nach ca. 300 m ein Abzweig zur Pantheon Vyhlídka *(Aussicht)*
+Pantheon ⇧340 m ➤1,3 km, links der Eingang von Pantheon & Hrad Vranov (Eintritt ca. 50 CZK), prächtiger Blick ins Jizeratal, Kiosk, Lustschloss und die begehbare Felsenruine Hrad Vranov, dann weiter auf ***ROT***, nach einem Holzhaus im traditionellen Stil, links aufwärts dem gepflasterten Weg folgen
+Frýdštejn *(ZŘIC.)* ➤2,9 km, Ruine der Hrad Frýdštejn (Eintritt), gerade weiter ***ROT***
+Frýdštejn *(Kaplička)* ⇧462 m ➤3,3 km ⚐⌂, gerade auf ***ROT*** über die Straße
+U Voděrad ⇧405 m ➤4,4 km, links ***ROT*** der aufwärts führenden Straße 600 m folgen, dann rechts an Infotafel in den Wald

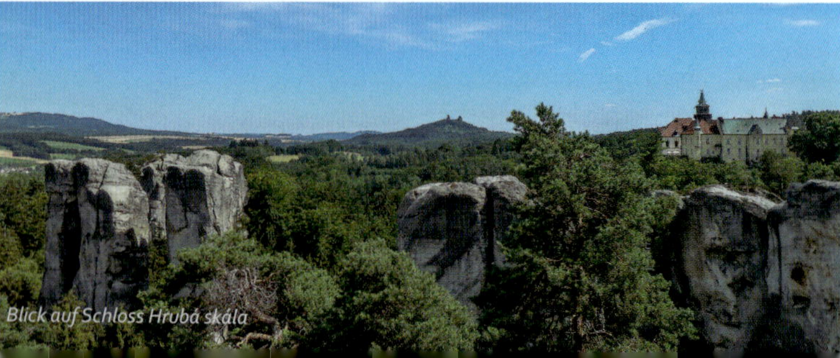
Blick auf Schloss Hrubá skála

✧**Holzbohlenweg** ➤5,4 km, zwischen den Felsen durch sumpfiges Gelände
+**Nad Malou skálou** ➤6,0 km, rechts ***ROT***
+**Odbočka na drábovnou** ➤6,4 km ◈, rechts 250 m die Felsenburg Drábovna, gerade 150 m die Aussicht Vyhlídka do Údolí Jizery
✧**Borek** ⇧391 m ➤7,3 km, bei der kleinen Siedlung rechts abwärts der Straße folgen
+**Zaborčí Bus** ⇧340 m ➤8,0 km, rechts, 50 m an der Straße, dann links ab auf Pfad
+**Bukovina** *(Socha sv. Jana)* ➤8,8 km, an der Steinstatue schöner Blick, links ab ***ROT***
+**Bukovina** *(Host.)* ➤9,6 km, links ab ***ROT***
+**Dolánky** *(Žst.)* ➤10 km, links über die Bahn
✧**Dlaskův statek** ➤10,1 km am Bauernhof rechts ***ROT***, vorbei am Kemp Dolánky und beim Hostinec Ábelův mlýn ⚐ links
+**Dolánky** *(rozc.)* ⇧250 m ➤10,3 km, gerade ***ROT*** dem Jizera-Ufer folgen
+**Pod Hrubým Rohozcem** ⇧257 m ➤12 km links ***ROT*** durch die Bahnunterführung
+**Turnov** *(u mostu)* ⇧250 m ➤12,7 km, rechts ***ROT*** nach 150 m links halten, nach 900 m auf der Eisenbahnbrücke über die Jizera
+**Turnov** *(Město-Žst.)* ⇧246 m ➤14,1 km, gerade ***ROT***, nach 200 m am Energiemast gerade, auf einer Holzbrücke über den Bach Libuňka ◇, dann auf Stufen aufwärts
+**Mašov** *(Bus)* ⇧307 m ➤14,9 km, gerade ⚐ ⌂ **Gasthaus Pod Hlavaticí** ➤15,0 km
+**Pod Hlavaticí** ⇧332 m ➤15,2 km, ***ROT***
+**Hlavatice** ⇧380 m ➤15,5 km ◇, Aussichtsfelsen, Kiosk, gerade weiter ***ROT***
+**U Konic** ⇧397 m ➤16,2 km, gerade
+**Valdštejn Hrad** ⇧390 m ➤16,7 km ◇, am Restaurant gerade ***ROT***, links die Burg
+**U Kavčin** ⇧406 m ➤17,1 km, links ab auf ***BLAU*** durch die Felsenstadt - wenn Sie die Strecke kürzen möchten, gerade ***ROT***
+**Janova Vhylidka** ⇧399 m ➤17,5 km, rechts
+**Pod Čertovou Rukou** ⇧327 m ➤18,0 km, gerade auf ***BLAU*** über Eisentreppen weiter
+**Smíchousův ryb.** ➤18,9 km, rechts ***BLAU***

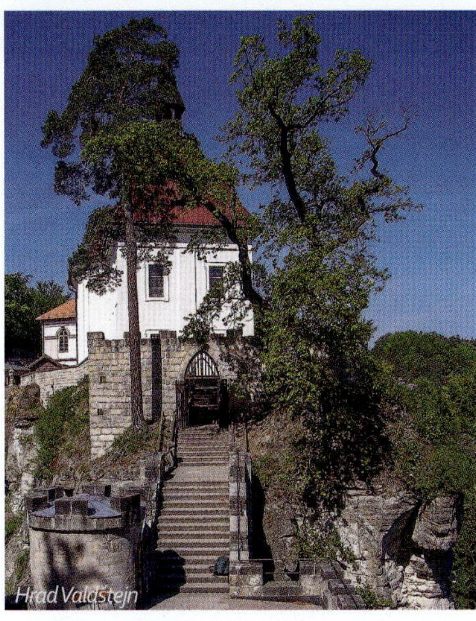
Hrad Valdštejn

+**Antonínův pram.** ➤19,5 km, rechts ***GELB***
+**Hřbitov horolezců** ⇧346 m ➤20,2 km, kleiner Bergsteigerfriedhof
+**Marianská vyhlídka** ➤20,5 km, prächtiger Blick in die Felsenstadt & zur Ruine Trosky
+**Zámek vyhlídka** ⇧376 m ➤20,8 km, schöner Blick zum Schloss Hrubá skála
+**U Adamova Lože** ➤21,1 km, links ab auf ***BLAU*** durch das Myší díra *(Mauseloch)*
✱**Zámek Hrubá skála** ➤21,5 km ⌂⚐

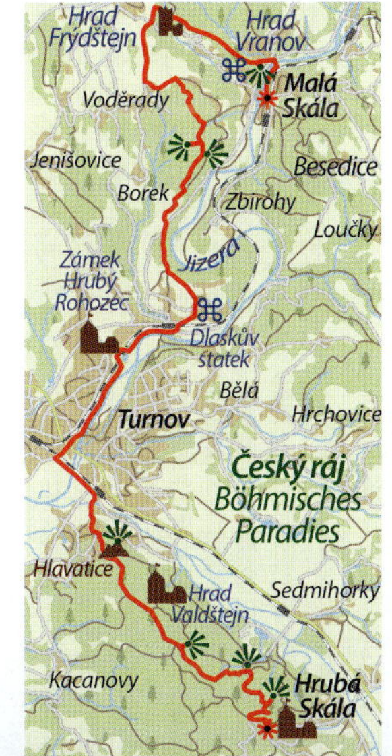

25 Hrubá Skála - Hrad Kost - Sobotka

Sehenswert: Zámek Hrubá skála *(Schloss Groß Skal)*, Hrad Trosky *(Burg Trosky)*, Hrad Kost *(Burg Kost)*, Vesec u Sobotky, Zámek Humprecht *(Schloss Humprecht)*, Sobotka *(Saboth)*
Streckenlänge: 24,5 km **Höhenmeter:** ↑414 ↓476
Wanderkarten: Český Ráj, Mladoboleslavsko Nr. 421 von SHOCart - 1:40.000 oder Český Ráj Nr. 19 von KČT - Klub český turistů - 1:50.000
Wegmarkierung: mit Balken: *ROT* *BLAU* *GRÜN* *GELB*

Die Wanderung beginnen Sie in der Felsenstadt beim Zámek Hrubá skála und wandern durch ein Tal im Naturschutzgebiet Podtrosecká údolí hinauf zur Hrad Trosky, die mit ihrer unverwechselbaren Silhouette das Symbol des Böhmischen Paradieses ist. Vorbei an den Teichen rybník Nebákov & Semínský erreichen Sie die mächtige gut erhaltene Hrad Kost mit ihrem trapezartigen Turm.
Auf dem letzten Abschnitt kommen Sie ins Dörfchen Vesec, bekannt durch seine vielen restaurierten traditionellen Holzhäuser, zum Zámek Humprecht und nach Sobotka, bekannt durch die in gut erhaltener Volksarchitektur gezimmerten Gebäude.

Wegverlauf

✱Zámek Hrubá skála ⇧367 m, links auf *ROT* dem Zlatá Českého Ráje Richtung Trosky folgen, nach 300 m am kleinen Friedhof die Straße nach rechts verlassen, auf einem Feldweg und bald Waldweg abwärts
+Věžické údolí ⇧266 m ➤3,8 km, links im Tal Podtrosecká údolí vorbei am Teich Krčák
+Vidlák Ryb. ⇧265 m ➤4,9 km, beim idyllisch am Teich gelegenen Restaurant Vidlák rechts ab *ROT*, noch kurz am Teich dann rechts auf Steinstufen steil bergauf
+Tachov *(Bus)* ⇧379 m ➤6,4 km, gerade auf *ROT*, Ruine Trosky schon gut in Sicht
+Trosky *(Rest.)* ⇧410 m ➤6,9 km, gerade auf *BLAU* zur ca. 400 m entfernten Burgruine, dann wieder zurück und auf *ROT* am Restaurant Trosky vorbei auf einem Wiesenweg abwärts
+Svitačka *(Tábořiště)* ➤7,7 km, *ROT* rechts der Straße folgen, an der Kreuzung dann links
+Troskovice *(Křenovy)* ➤7,9 km, rechts auf *ROT* durch die Siedlungen Slatějov und

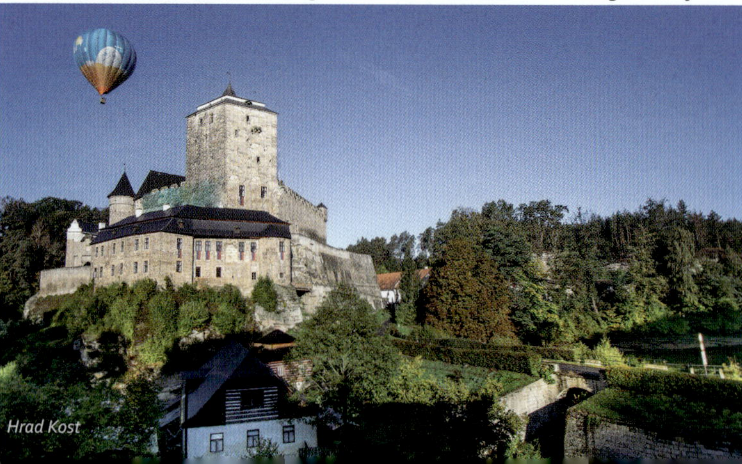
Hrad Kost

Ždár, bald auf Waldweg abwärts, schöne Blicke ins Tal zum Teich Nebákov, dann vorbei an bizarren Felsen zur Chata Nebákov

+Nebákov ⇧263 m ➤10 km ⚐⌂, idyllisch gelegene ehemalige Mühle, nach 250 m gerade auf *ROT* dem malerischen von Felsen gesäumten Tal Podtrosecká údolí folgen, vorbei am Teich zur Podsemínský most *(historische Steinbrücke)* an der ehemaligen Mühle, vor der Steinbrücke rechts weiter im Tal

+U Přibyla ⇧261 m ➤12,3 km, links ab *GRÜN*

+Údolí Žehrovky ➤12,7 km, gerade *GRÜN*

+Pleskotský Mlýn ⇧257 m ➤13,3 km, links der Straße im Tal folgen, nach 1,2 km beim Ortseingang Libošovice rechts ab von der Straße dem aufsteigenden Pfad folgen

+Rytířova Lhota ⇧342 m ➤15,3 km, gerade auf *GRÜN* am Teich vorbei

+Prokopské údolí ⇧275 m ⇧16,9 km, rechts halten auf *ROT* am Ufer vom Teich Bilý rybnik entlang zur Hrad Kost

+Hrad Kost ⇧278 m ➤17,5 km ⚐⌂, an der schmucken Burg auf *ROT* abwärts, vorbei am Hotel Podkost und nach ca. 250 m links auf *GELB* (schlecht markiert) in das oft sumpfige Tal Údolí Plakánek, mächtige Sandsteinfelsen säumen den Weg, am Ufer des Teiches Obara entlang, bei einem Holzhaus ➤19,1 km links ab

+Plakánek ⇧257 m ➤19,3 km, links ab auf *BLAU* Richtung Vesec, durch das wilde, enge, düstere Tal des Vesecký potok

+Vesec ⇧298 m ➤21,7 km, viele restaurierte historische Holzhäuser, am Ortsausgang bei einem Steinkreuz nach rechts auf *BLAU*, gerade der Straße folgen, es ist bereits das Schloss Humprecht zu sehen, an nächster Kreuzung gerade (nicht markiert), über die Bahngleise, beim Sommerbad die Straße verlassen und dem Pfad zwischen Straße und Bad folgen, auf einer kleinen Brücke über den Sobotka potok und dem Bach folgen, links halten hinauf zum auf einem kegelförmigen Hügel liegenden Schloss

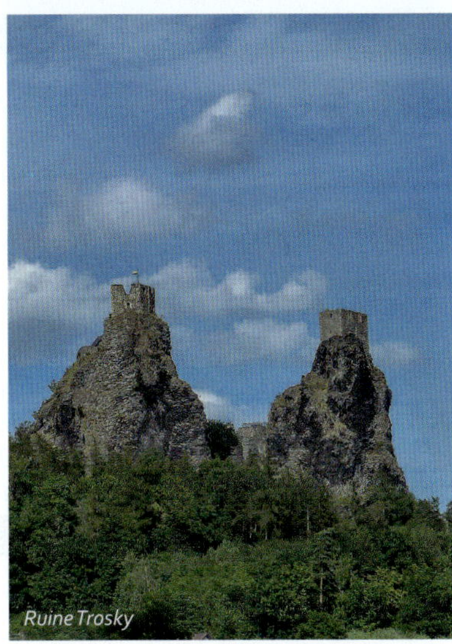
Ruine Trosky

✧Zámek Humprecht ➤23,7 km, Sie treffen wieder auf *BLAU*, folgen der Straße abwärts, an der Kreuzung bei der Hasiči *(Feuerwehr)* links ab auf *GRÜN* zum Marktplatz

✱Náměstí Míru Sobtoka ⇧295 m ➤24,5 km

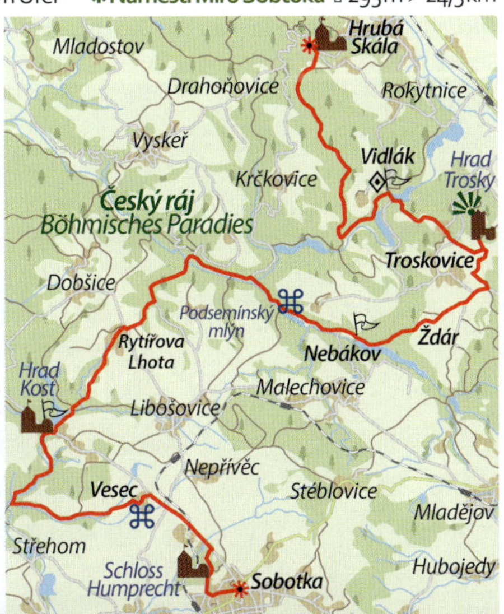

26 Sobotka - Prachovské skály *(Prachauer Felsen)*

Sehenswert: in Sobotka *(Saboth)* das Šolcův statek *(Bauernhaus)*, Ruine Hrad Pařez, Prachovské skály *(Prachauer Felsen)* mit den Aussichten Vyhlídka Pechova und Míru
Streckenlänge: 15,6 km **Höhenmeter:** ↑475 ↓367
Wanderkarten: Český Ráj, Mladoboleslavsko Nr. 421 von SHOCart - 1:40.000 oder Český Ráj Nr. 19 von KČT - Klub český turistů - 1:50.000
Wegmarkierung: mit Balken: ***GRÜN*** ***BLAU*** ***ROT***

Sie beginnen Ihre Wanderung auf dem Náměstí míru und vorbei am Šolcův statek, einem Bauernhof mit Söller in Volksarchitektur, wo im Jahr 1838 der tschechischen Dichter Václav Šolc geboren wurde, verlassen Sie Sobotka. Durch ein malerisches enges Tal beim Teich Doly wandern Sie nach Mladějov, zur Ruine der Hrad Pařez und beenden die Tour mit einer Runde durch die beeindruckende Prachauer Felsenstadt.

Wegverlauf

✱Sobotka *(Náměstí míru)* ⇧295m, auf ***GRÜN*** Richtung Stéblovice, am oberen rechten Eck den Platz verlassen, nach 50m rechts in die Straße Jičínská, nach 60m rechts durch eine Gasse zum Šolcův Bauernhof

✧Šolcův statek ➤0,2km, links ab auf der Šolcova zurück zur Jičínská ➤0,3 km, rechts und nach 100 m links auf dem Na Zadní cestě weiter, nach Sobotka gehen Sie auf Feldweg und folgen einer schmalen Straße

+Stéblovice ⇧388m ➤2,6 km, gerade auf ***GRÜN***, nach ca. 100 m links die Straße verlassen, steil bergab, auf Feldweg weiter

✧Podhůra ⇧322m ➤3,5km, über die Bahn, dann gerade über eine Straße, auf dem folgenden abwärts führenden Feldweg haben Sie einen herrlichen Blick zur Hrad Trosky

+Dolní mlýn ⇧269 m ➤5,2 km, an der Infotafel am Teich Doly rechts ***BLAU*** durch ein von Ferienhäusern gesäumtes, malerisches Tal

+Mladějov ⇧294 m ➤6,8 km ⚐⌂, am Teich rechts auf ***ROT***, unter der Bahn hindurch, am Bad der aufwärts führenden Straße folgen, bei Loveč schöner Trosky Blick ◊

+Pod Střelečskou Hůrou ⇧384 m ➤10,1km, gerade ***ROT*** auf schmalen Pfad abwärts

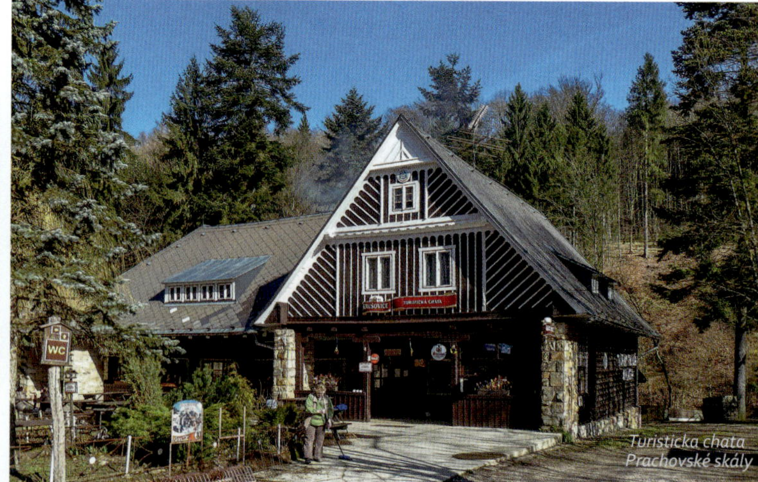

Turisticka chata Prachovské skály

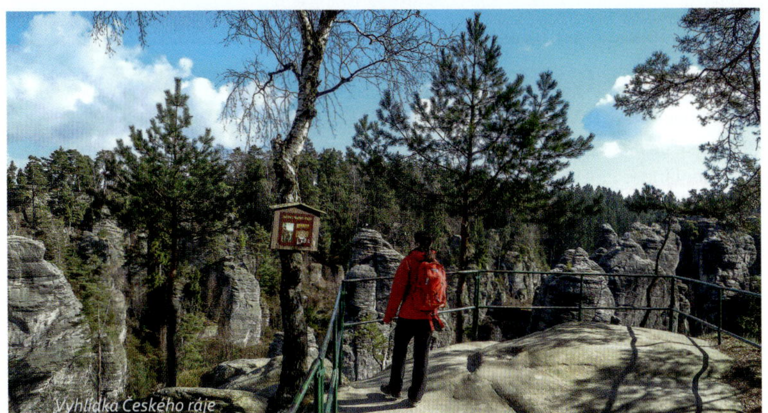
Vyhlídka Českého ráje

+Pařez *(Zříc.)* ⇧346 m ➤10,7 km, hier Aufstieg zur Ruine Hradu Pařez möglich, rechts halten auf ***ROT*** und sofort wieder links ab

+Na Stájích ⇧365 m ➤11,5 km, gerade ***ROT***, wenn Sie ohne Runde durch die Felsenstadt direkt zum Hotel Skalní Město wollen, so gehen Sie hier links ab auf ***GRÜN***

+U Peliška ⇧345 m ➤12,2 km ♢, Sie gehen im Bogen um den Teich Pelíšek, schön unterhalb eines Felsen gelegen, hier stehen auch zwei hölzerne Stauen, die mystischen Hüter des Felsen, weiter auf ***ROT*** zur Chata

+Prachovské skály *(TUR CH.)* ⇧360m ➤12,6 km ⚐, Sie gehen rechts bei der Kasse in die Prachauer Felsenstadt (Eintritt), steigen auf ***GRÜN*** aufwärts Richtung Nad Fortnou

+Zelená Rokle ⇧390 m ➤12,8 km, rechts ab auf ***GRÜN***, steil bergauf in die Felsen

+Vyhlídka Pechova ⇧435 m ➤12,9 km, herrliche Aussicht in die Felsenstadt

+Nad Fortnou ⇧436 m ➤13,1 km, gerade

+Fortnou ⇧408 m ➤13,3 km, nach rechts auf ***GRÜN*** eine kleine Runde (300m) zum Aussichtsfelsen Šikmá Věž, danach gehen Sie auf ***GRÜN*** über Steinstufen aufwärts, bald erwartet Sie eine besonders enge Felsspalte...

+U Buku ⇧445m ➤13,9 km, gerade auf ***GRÜN***, nach 50m Abzweig zur Vyhlídka Míru, mit prächtigen Blick in die Felsenstadt

+Nad Císařskou chodbou ➤14,4 km, links auf ***ROT*** über Steinstufen zwischen mächtigen Felswänden steil abwärts

+Zadní Točenice ⇧402 m ➤14,7 km, herrlicher Platz zwischen den Felstürmen, Ihre Route führt gerade auf ***ROT*** weiter

+Pod Prachovskou jehlou ⇧380 m ➤15,0 km, auf ***BLAU*** nach rechts ab

✱Pod Hotelem Skalní Město ⇧410 m ➤15,6km ⚐⌂, Ende der Tour beim Hotel am Rande der Felsenstadt

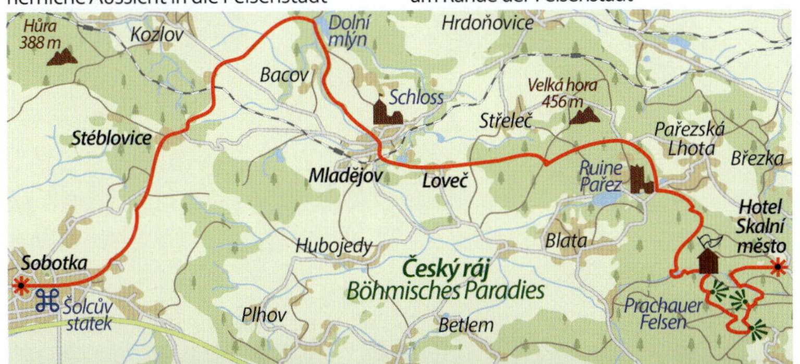

27 Prachovské skály *(Prachauer Felsen)* - Jičín

Sehenswert: die famosen Prachovské skály *(Prachauer Felsen)* mit zahlreichen prächtigen Aussichtspunkten, Přivýšina Gipfel ⇧464 m, Höhle und Gasthaus vom Räuberhauptmann Rumcajs *(Fürchtenix)*, Jičín *(Jitschin)* mit dem Wallenstein-Platz, Valdice-Tor und Schloss
Streckenlänge: 13,5 km **Höhenmeter:** ↑328 ↓452
Wanderkarten: Český Ráj, Mladoboleslavsko Nr. 421 von SHOCart - 1:40.000 oder Český Ráj Nr. 19 von KČT - Klub český turistů - 1:50.000
Wegmarkierung: mit Balken: *GELB* *ROT* *GRÜN* *BLAU*

Durch die kürzere Wanderung bleibt Zeit für eine ausgedehnte Runde durch die bizarre Wunderwelt der Prachauer Felsenstadt. Dabei erwarten Sie majestätisch steil aufragende Sandsteintürme, enge Felsschluchten und die beeindruckenden Aussichtskanzeln: Českého ráje, Šlikova, Všetečkova, Hakenova und Rumcajsova. Der Weg führt dann über den Přivýšina Gipfel, der Ihnen einen famosen Ausblick bietet, vorbei an der Höhle und dem Gasthaus vom Räuberhauptmann Rumcajs und über den Hügel Čeřovka (Aussichtsturm) bis nach Jičín.

Wegverlauf

✱Skalní Město Hotel ⇧410 m, auf *GELB* zur Turistické chaty, vorbei an einer Kapelle
+Skautská Vyhlídka ➤0,4 km an der Aussicht schöner Blick bis zur Hrad Trosky
+Prachovské skály *(TUR. Ch.)* ⇧360 m ➤1,0 km ⚐, an der Kasse (Eintritt) in die Felsenstadt, rechts halten und auf *ROT* aufwärts, vorbei an einer Holzstatue
+Zelená Rokle ⇧390 m ➤1,2 km, gerade auf *ROT* über Steinstufen aufwärts
+Vyhl Českého ráje *(odb.)* ⇧440 ➤1,5 km links halten weiter auf *ROT*
+U Vyhl. Českého ráje ⇧446 m ➤1,6 km, links zur prächtigen Aussicht Vyhlídka Českého ráje, danach gehen Sie hier gerade *GELB* über steile Stufen und enge Felsspalten abwärts in den Felsenstadtkessel
+Zadní Točenice *(Rozc.)* ⇧402 m ➤2,2 km hier im Tal umgeben von den mächtigen Felswänden gehen nun Sie auf *GRÜN*, über Stufen aufwärts durch die Felsen, im steten Auf und Ab erreichen Sie die wundervollen Aussichten: Šlikova, Všetečkova, Hakenova und Rumcajsova vyhlídka

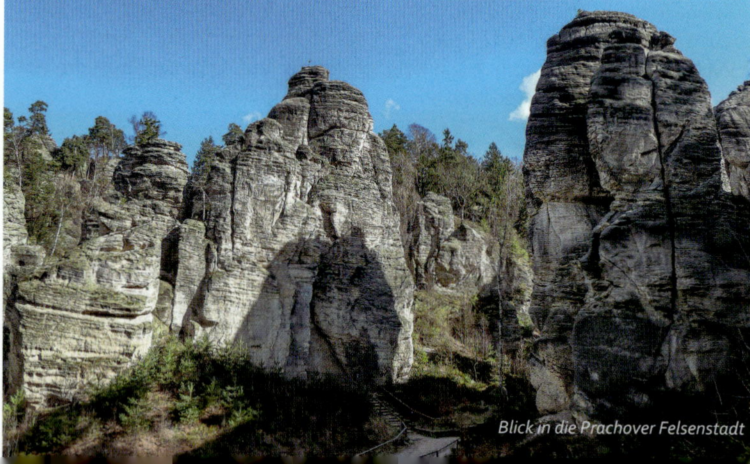
Blick in die Prachover Felsenstadt

+U Hlaholskyé Vyhlídky ➤3,4 km, hier Abstecher zur Hlaholská Vyhl. (ca. 200 m) auf ***GRÜN*** nach rechts, danach gehen Sie von hier gerade auf ***ROT*** weiter

+Křižkovského vyhlídka ⇧461 m ➤3,9 km, schöne Aussicht mit Blick zur Hrad Trosky und zum Ještěd Gipfel, gerade auf ***ROT***

+Prachov *(Vstup do Skal)* ⇧388 m ➤4,6 km ⚐⌂, rechts auf ***BLAU*** der Straße Richtung Kbelnice folgen, vorbei am Kiosk, Parkplatz, am Ortsausgang ➤5,3 km, links auf ***BLAU*** dem in den Wald führenden Pfad folgen, nach 100 m zweigt links ein ***GRÜN*** markierter Pfad zum Přivýšina Gipfel ⇧464 m ➤6,3 km ab, der Weg trifft nach dem Gipfel wieder auf ***BLAU*** - Sie können auch auf ***BLAU*** bleiben, ohne den Gipfel-Aufstieg

+Pod Přivýšinou ⇧398 m ➤6,8 km, gerade ***BLAU***, ✋ nach 300 m finden Sie 50 m rechts vom Weg die Höhle des Räubers *(Rumcajsova jeskyně)*, man könnte meinen er ist gerade unterwegs, das Bett ist fast noch warm...

+Brada ⇧408 m ➤7,4 km ⚐⌂, gerade weiter auf ***BLAU***, an der kleinen Kirche geht ein Weg zur Ruine der Hrad Brada

+Bradačka ⇧368 m ➤7,9 km, rechts ***BLAU***

+Kbelnice *(Bus)* ⇧280 m ➤9,7 km, gerade ***GELB*** über die Straße, hier ist ein Besuch im urigen Räuberhauptmann Gasthaus Hospoda U Rumcajse, zu empfehlen (50 m)

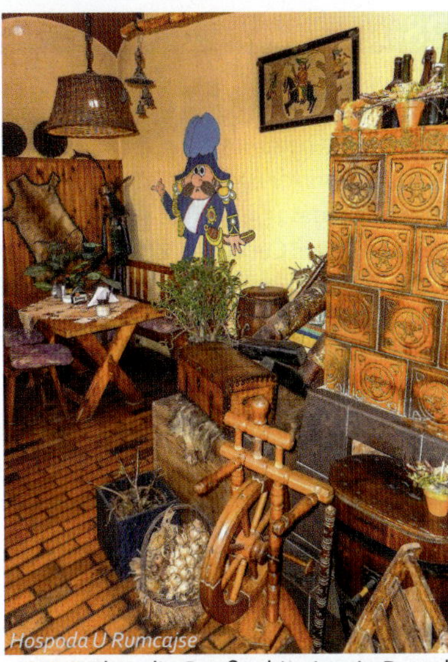
Hospoda U Rumcajse

+U Bílého mlýna *(rozc.)* ⇧278 m ➤11,1 km, nach der Ruine der Mühle rechts ***BLAU***

+Jičín *(ODB. Na Čeřovku)* ⇧312 m ➤12 km links zum Turm, dann ins Zentrum ***BLAU***

✱Jičín *(Valdštejnovo nám.)* ➤13,5 km ⚐⌂, Ende der Tour auf dem Wallenstein-Platz

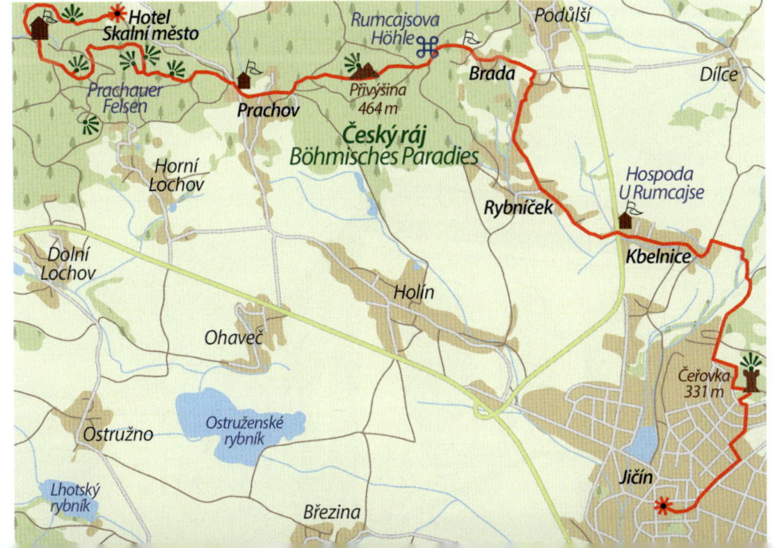

28 Jičín - Semily

Sehenswert: in Jičín *(Jitschin)* Wallenstein-Platz, Valdice-Tor & Schloss, Valdštejnská lodžie *(Wallenstein Loggia)* im Park Libosad, Tábor Gipfel ⇧678 m mit Aussichtsturm Tichánkova (35 m), in Lomnice nad Popelkou *(Lomnitz)* das Rathaus, Jan Hus Denkmal & Schloss
Streckenlänge: 25,3 km **Höhenmeter:** ↑629 ↓593
Wanderkarten: Český Ráj, Mladoboleslavsko Nr. 421 von SHOCart - 1:40.000 oder Český Ráj Nr. 19 von KČT - Klub český turistů - 1:50.000
Wegmarkierung: mit Balken: ***ROT BLAU***

Auf der Wanderung vom Wallenstein-Platz in Jičín hinauf zum Tábor Gipfel ⇧678 m mit Aussichtsturm Tichánkova kommen Sie an der Wallenstein Loggia im Park Libosad vorbei. Vom Tábor folgen Sie abwärts einen Kreuzweg nach Lomnice nad Popelkou. Auf dem Platz vor dem prächtigen Rathaus steht das Jan Hus Denkmal und links, nur 200 m entfernt auf dem Platz Karlovské náměstí die schmucken Umgebindehäuser.
Die lange Strecke können Sie kürzen, wenn Sie von Jičín mit der Bahn (oder Bus) ein oder zwei Stationen bis zum Haltepunkt Jičín zastávka (an der Loggia) oder Železnice fahren.

Wegverlauf

✱Jičín *(Valdštejnovo nám.)* ⇧279 m ⚐⌂, auf ***ROT***, durch das Valdická brána *(Wallensteintor)*, auf dem Žižkovo náměstí links in die Havlíčková, am Kreisverkehr gerade der Lindenallee folgen, schöner Blick zur Kirche Všech svatých und zur Kapelle sv. Maří Magdalény auf dem Zebín Hügel
+Valdštejnská lodžie ⇧300 m ➤2,3 km, Park mit der Wallenstein Loggia, links ***ROT***
+Zebínský dvůr ⇧324 m ➤2,7 km, gerade
+Pod Zebínem ⇧290 m ➤3,5 km, gerade
+Hotel Prostřední Mlýn ➤4,1 km ⚐, rechts
+Železnice *(žst.)* ⇧295 m ➤4,9 km, ***ROT***
+Železnice *(náměstí svobody)* ⇧324 m ➤6,2 km ⚐⌂, links ***ROT***, 150 m nach dem Ort an einem Abzweig rechts halten
+Ranč na Kamenci ⇧396 m ➤7,8 km, am Campingplatz ***ROT*** gerade in den Wald

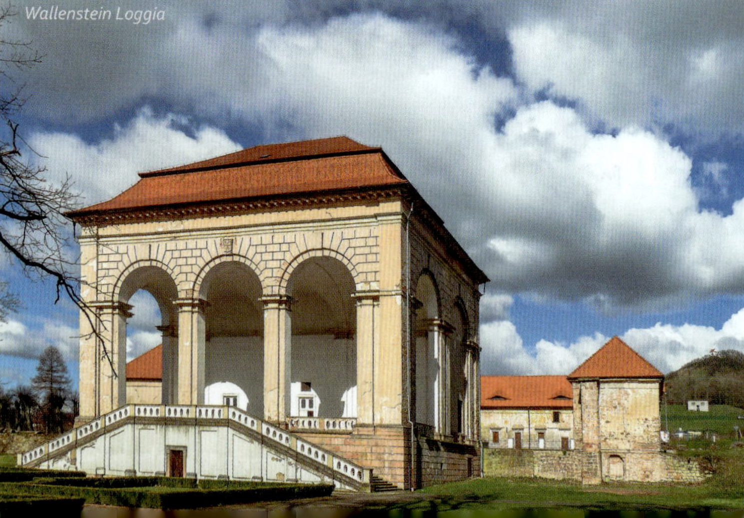
Wallenstein Loggia

Wanderteil

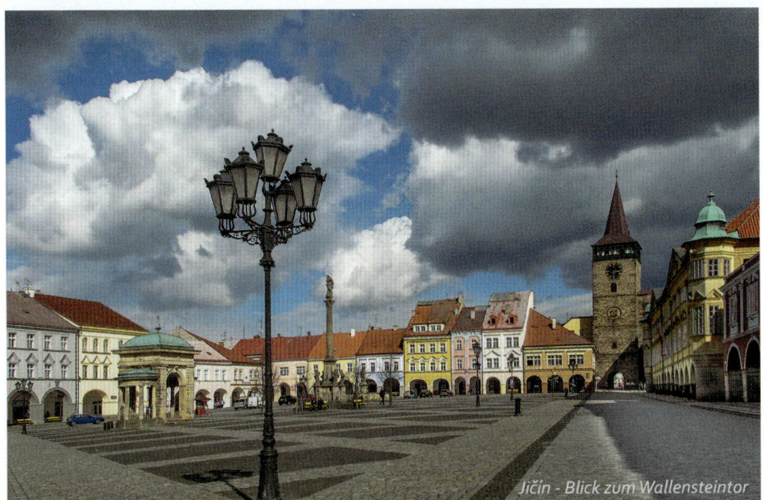
Jičín - Blick zum Wallensteintor

+Kyje u Jičína *(Žst.)* ⇧489 m ➤9,6 km, Bahnstation, links ***ROT***, Weg steigt kräftig an

+Tábor ⇧678 m ⚐⌂ 10,8 km, Gasthaus, Kapelle, Aussichtsturm Tichánkova, gerade ***BLAU*** auf dem Kreuzweg bergab

+Lomnice n. Popelkou *(U Obory)* ⇧512 m ➤12,4 km, gerade der Straße abwärts folgen

+Lomnice n. P. *(nám.)* ⇧476 m ➤13,7 km ⚐⌂, auf ***BLAU*** aufwärts über den Platz und weiter durch den Ort, 150 m nach der Tankstelle rechts auf der Straße über den Hügel, dann gerade auf einem Wiesenweg

✧Kaple Nové Dvory ⇧477 m ➤16,0 km, nach 150 m rechts auf den Feldweg, ***BLAU***

+Na Cikánce ⇧462 m ➤17,1 km, links ab

✧Stružinec ⇧437 m ➤17,6 km, rechts ab

+Pohoří ⇧412 m ➤18,7 km, nach der Haltestelle links ab und auf ***BLAU*** aufwärts

+Slaná Nedvězí ⇧350 m ➤22,1 km, weiter auf ***BLAU***, nach der Bahnlinie auf der Fußgängerbrücke über den Bach Oleška

+Bořkov *(na Poříčí)* ⇧334 m ➤23,2 km, links ***BLAU*** 200 m der Straße folgen, dann vor der Brücke nach rechts ab am Bach

+Semily *(u zahr. kolonie)* ➤24,6 km, gerade, bald links über die mündende Oleška

+Semily *(U Slavie)* ⇧324 m ➤25,0 km, auf der Brücke nach rechts über die Jizera

✱Semily *(nám.)* ⇧325 m ➤25,3 km ⚐⌂, Ende der Tour auf dem Riegrovo náměstí

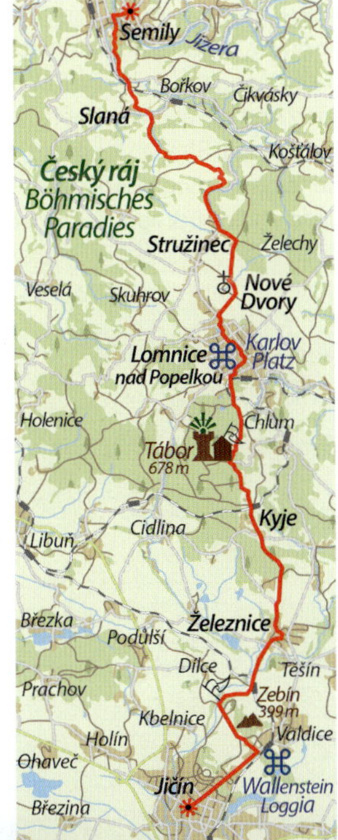

29 Semily - Malá Skála

Sehenswert: in Semily das Denkmal F. L. Rieger, Schloss, Statuengruppe Vater & Sohn, der Berg Kozákov ⇧744 m mit Chata & Aussichtsturm, die Felsenlabyrinthe Chléviště *(Kuhstall)* und Kalich *(Kelch)*, in Malá Skála *(Kleinskal)* die Felsenburg Vranov mit dem Pantheon
Streckenlänge: 17,0 km **Höhenmeter:** ↑596 ↓636
Wanderkarten: Český Ráj, Mladoboleslavsko Nr. 421 von SHOCart - 1:40.000 oder Český Ráj Nr. 19 von KČT - Klub český turistů - 1:50.000
Wegmarkierung: mit Balken: ***GRÜN*** ***ROT*** ***GELB***

Auf der Wanderung in den idyllisch im Jizeratal, unter dem Felsenkamm Vranov liegenden Ferienort Malá Skála, gehen Sie über den Gipfel des Kozákov mit der Riegerova Chata. Vom Rozhledna *(Aussichtsturm)* Kozákov haben Sie einen weiten Rundumblick über das Böhmische Paradies, bis zum Riesengebirge und zur Ruine Trosky. Ein weiterer Höhepunkt ist der Weg durch die bemerkenswerten Felsformationen Chléviště und Kalich mit ihren prächtigen Aussichtspunkten (z. B. Husníkova vyhl.), östlich von Malá Skála.

Wegverlauf

✱Semily *(Riegrovo nám.)* ⇧325 m ⚐⌂, links auf ***GRÜN*** Richtung Komárov, am Kreisverkehr rechts, dann über die Jizera
+Semily *(U Slavie)* ➤0,3 km, gerade ***GRÜN***
+Semily *(Žst.)* ⇧334 m ➤0,8 km, nach dem Bahnübergang links halten ***GRÜN***, bald kräftiger Anstieg auf Wiesenpfaden, an einer schmalen Straße ➤1,9 km, dieser gerade folgen, schöne Blicke zum Kozákov Gipfel und zurück aufs Riesengebirge
+Na Rovném *(Bus)* ⇧512 m ➤2,4 km, rechts auf der abwärts führenden Straße
+Na Rovném *(Silnice)* ⇧483 m ➤2,9 km, links von der Straße, auf Feldweg weiter
✧Komárov *(Steinkreuz)* ➤5,6 km, links ab und vorbei an der Kapelle, ***GRÜN*** aufwärts
+Komárov ⇧642 m ➤5,7 km ⌂, rechts ***ROT***
+Kozákov ⇧744 m ➤7,1 km ⚐⌂, Chata Riegerova mit Turm, prächtiger Blick bis zur Ruine Trosky, gerade ***ROT***

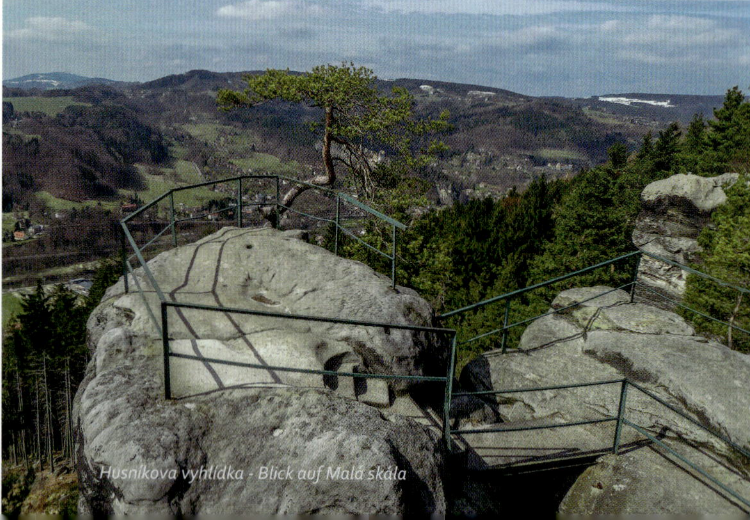
Husníkova vyhlídka - Blick auf Malá skála

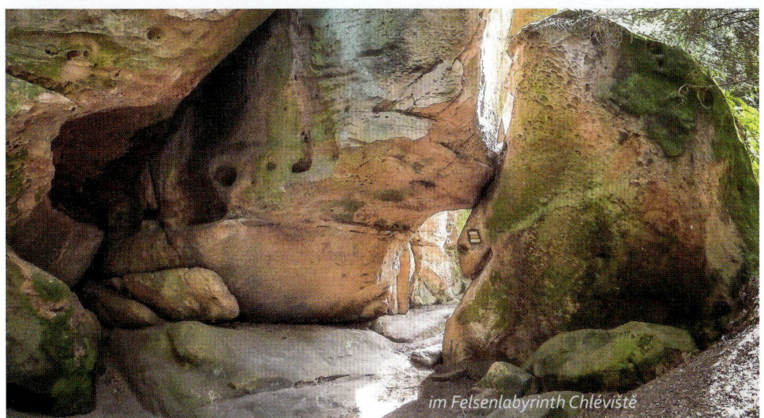

im Felsenlabyrinth Chléviště

+Kozákov *(Sev. Rozc.)* ⇧698 m ➤7,6 km, gerade auf ***ROT*** Richtung Malá Skála
+Vzdychánek ⇧568 m ➤8,9 km ◈, gerade über eine Wiese dem Kammweg folgen, prächtige Aussicht auf Turnov, zur Hrad Valdstejn, auf Hruba skála und die Klokočske skály *(Klokotscher Felsen)*
+Hamštejnský Hřeben ⇧593 m ➤10,0 km, gerade ***ROT*** auf einem Waldpfad weiter
✧Gasthaus Hamštejn ➤11,7 km ⚐ ⌂, gerade den Serpentinen der abwärts führenden Straße folgen, ✋ in einer Kurve bei dem Spiegel geradeaus die Straße verlassen
+Koberovy ⇧408 m ➤12,4 km, gerade ***ROT***
+Besedice ⇧442 m ➤13,4 km, links ab auf ***ROT*** der ansteigenden Straße folgen
✧Besedice ➤13,8 km ⚐, am Kiosk rechts
+U Kalicha ⇧496 m ➤14,1 km ◈, links, nach 100 m links halten und auf ***BLAU*** durch die Felsen Malý a Hrubý Kostel
+Kalich *(Modlitebna)* ➤14,7 km, rechts ***GELB***
+Kalich *(Na Rovné)* ⇧513 m ➤15,0 km, links auf ***GELB*** durch die die Felsenlabyrinthe *(Skalní bludiště)* Chléviště & Kalich
✧Husníkova vyhlídka ⇧504 m ➤15,4 km, prächtige Blicke bis zum Ještěd, auf Malá skála mit Pantheon & zur Ruine Frýdštejn
+Pánove Pole ⇧495 m ➤15,7 km, links ab auf ***ROT***, der Weg führt auf Serpentinen über vielen Stufen hinunter ins Jizera Tal
+Malá skála *(Kap.)* ⇧268 m ➤17,0 km ⚐ ⌂, Ende der Tour im Jizera Tal

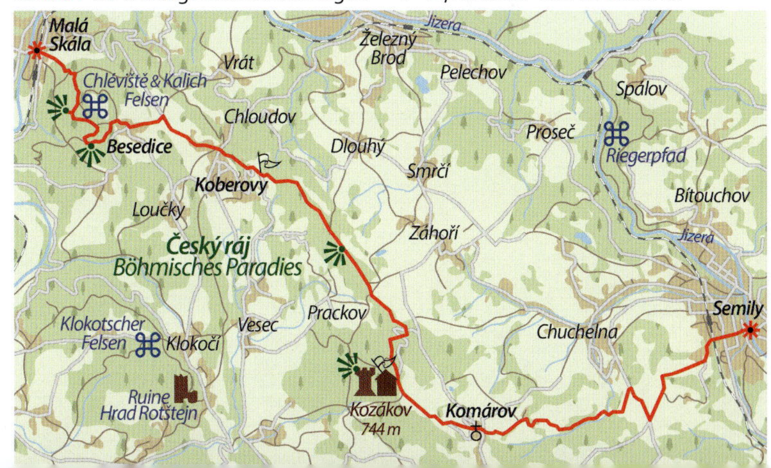

30 Hrad Kost - Příhrazské skály *(Pschichraser Felsen)* - Mnichovo Hradiště

Sehenswert: Hrad Kost *(Burg Kost)*, die Příhrazské skály mit Ruine der Hrad Valečov *(Burg Walletschow)*, Vyhlídka *(Aussicht)* Staré Hrady & Mužsky, enge Felsspalte Studený průchod *(Kalter Durchgang)*, Felsenburg Drábské Světničky, Ruine Hrad Klamorna, Gasthaus Na Krásné mit herrlicher Aussicht, Zámek *(Schloss)* Mnichovo Hradiště
Streckenlänge: 21,1 km **Höhenmeter:** ↑475 ↓511
Wanderkarten: Český Ráj, Mladoboleslavsko Nr. 421 von SHOCart - 1:40.000 oder Český Ráj Nr. 19 von KČT - Klub český turistů - 1:50.000
Wegmarkierung: mit Balken: ***ROT***

An der Burg Kost beginnt die Tour und führt durch das Örtchen Srbsko zu den wilden, aussichtsreichen Pschichraser Felsen. Beim Wegkreuz U Věže, kurz vor der Siedlung Příhrazy, beginnt dann der Weg auf Steintreppen und über Eisenleitern durch das Naturschutzgebiet der Felsenstadt.
Vom Gasthaus an der Krásná Vyhlídka, hoch über der Felskluft Trhlinová propast, haben Sie wunderschönen Blick über den Weiher Žabakory und können einen Abstecher zum Basalthügel Mužsky ⇧463 m unternehmen, wo sich Ihnen herrliche Rundumsicht öffnet.
Durch die enge Felsspalte Studený průchod erreichen Sie die Felsenburg Drábské Světničky *(Drabske Stübchen)* mit ihrem über Steintreppen zu begehenden Aussichtsplateau.
Bei Mnichovo Hradiště kommen Sie noch zur Ruine der Hrad Valečov, die mit ihren Felsenkammern, Gefängnis und Hungerturm zu den schönsten Felsenburgen Böhmens zählt.

Wegverlauf

✱Hrad Kost ⇧278 m, auf ***ROT*** abwärts im Bogen um die Burg, weiter zwischen dem Teich Černý rybník und mächtigen Felsen
+Pomníky ⇧304 m ➤1,7 km, links ***ROT***
+Chrby *(rozc.)* ⇧271 ms ➤3,0 km, rechts der Straße auf ***ROT*** bis Srbsko folgen
+Srbsko *(kaple)* ⇧268 m ➤3,7 km, gerade, am Ortsausgangschild, rechts ab ***ROT***
+Hynšta *(vyhl.)* ⇧367 m ➤7,0 km, rechts
+U Věže ⇧376 m ➤7,4 km, rechts ***ROT*** über Stufen durch die Felsen abwärts
+Příhrazy ⇧262 m ➤8,0 km, gerade ***ROT***

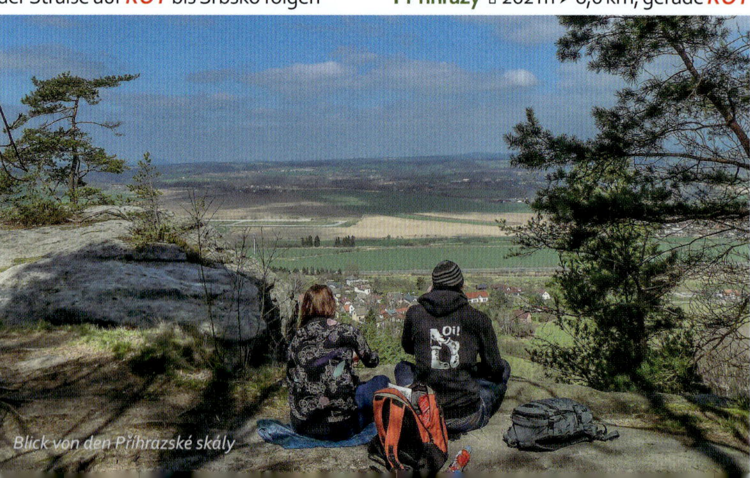
Blick von den Příhrazské skály

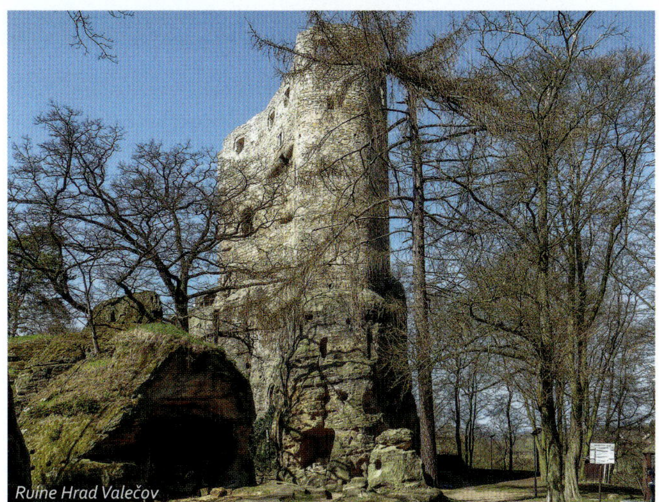
Ruine Hrad Valečov

nach 400 m über Holzstufen aufwärts, nach 1 km über Eisentreppen durch die Felsen

+Stará Hrada ⇧377 m ➤9,3 km, schöne Aussicht, gerade weiter auf ***ROT***

+Na Krásné Vyhlídka ⇧403 m ➤9,7 km ⌂⚐, von der Gasthaus-Terrasse haben Sie einen herrlichen Ausblick, links ***ROT***

+Studený Průchod ⇧377 m ➤10,6 km, links zwischen mächtigen Felsen durch eine enge Spalte, nach 250 m eine kleine Aussichtsterrasse, dann gabelt sich der Weg, gehen Sie rechts auf ***ROT***, es erwartet Sie eine reizvolle Strecke an der Felsenkante

+Drábské Světničky ⇧385 m ➤11,8 km ◊ beeindruckende Ruine der ehemaligen auf Felsen errichteten Burg, traumhafte Aussicht, auf ***ROT*** zwischen Felsen weiter, dann führt der Weg bald über Wiesen, wo Sie ebenfalls schöne Ausblicke haben

+Klamorna *(odb.)* ⇧372 m ➤12,4 km, links ***ROT***, hier 200 m rechts kommen Sie zur Aussicht von der Ruine Hrad Klamorna

+Skalka ⇧345 m ➤14,6 km, rechts ***ROT***

+Nad Valečovem ⇧15,7 km, gerade ***ROT***

+Valečov *(zříc.)* ⇧323 m ➤16,2 km ◊, an der Ruine links über Stufen abwärts

+Pod Valečovem ➤16,5 km, rechts ***ROT***, nach 200 m bei der Kapelle links ab

+Zásadka ⇧318 m ➤16,9 km, links ***ROT***, nach 2,6 km auf Brücke über die Autobahn

✱Mnichovo Hradiště *(žst.)* ⇧242 m, ⌂⚐ ➤21,1 km, Ende der Tour am Bahnhof

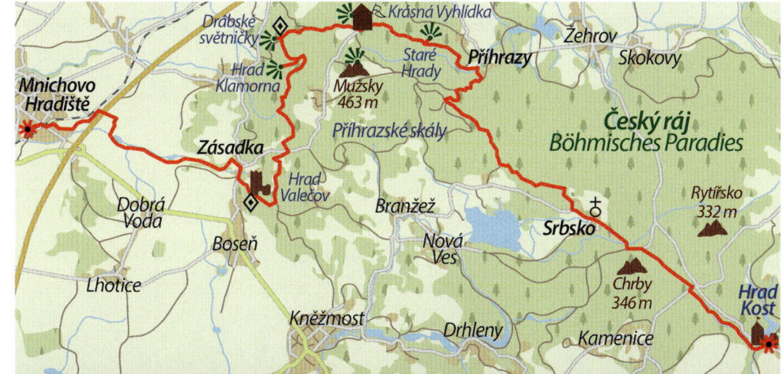

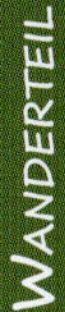

31 Lomnice nad Popelkou - Tábor - Lomnice nad Popelkou

Sehenswert: Lomnice nad Popelkou *(Lomnitz)* mit Rathaus, Jan Hus Denkmal und die Umgebindehäuser auf dem Platz Karlovské náměstí, Skischanze mit Turm am Berg Babylon ⇧631 m, Přírodní památka *(Naturschutzbgebiet)* Jezírko pod Táborem, der steinerne Aussichtsturm Alainova věž, auf dem Tábor Gipfel ⇧678 m die Bergbaude mit Aussichtsturm Tichánkova und die Kirche Proměnění Páně na hoře Tábor
Streckenlänge: 14,1 km **Höhenmeter:** ↑366 ↓366
Wanderkarten: Český Ráj, Mladoboleslavsko Nr. 421 von SHOCart - 1:40.000 oder Český Ráj Nr. 19 von KČT - Klub český turistů - 1:50.000
Wegmarkierung: mit Balken: *GELB* *GRÜN* *ROT* *BLAU*

Die Rundwanderung beginnen Sie beim Jan Hus Denkmal auf dem Platz Husovo náměstí mit dem prächtigen Rathaus in Lomnice nad Popelkou und gehen zu den schmucken bunten Umgebindehäusern auf dem Platz Karlovské. Vorbei an der Skisprungschanze mit dem futuristischen Turm verläuft die Tour durch ein Waldgebiet hinauf in die kleine Siedlung Košov. Im Naturschutzbgebiet Jezírko pod Táborem erreichen Sie erst den idyllisch gelegenen Teich mit der Cidlina-Quelle und danach den Aussichtsturm Alainova věž. Oben auf dem Tábor Gipfel angekommen, lädt die gemütliche Bergbaude zur Rast, und der Aussichtsturm bietet Ihnen eine herrliche Rundumsicht. Der Weg nach Lomnice führt Sie zum Rastplatz am Teich vom ehemaligen Jagdschloss und zurück zum Husovo náměstí.

Wegverlauf

✱Lomnice n. Pop. *(nám.)* ⇧476 m, in der Mitte vom Platz Husovo náměstí, zwischen Restaurant Praha und dem Stadtmuseum mit der Touristeninformation, gehen Sie 200 m auf der schmalen Straße Hálkova zum Karlovské náměstí mit den Umgebindehäusern, dann am unteren Ende vom Platz rechts, nach 100 m rechts in die Poděbradova und am Restaurant Babylon links *GELB* weiter auf der Smetanova
+V Popelkách *(Rozc.)* ⇧503 m ➤1,5 km, gerade *GRÜN*, nach 500 m links ab von der Straße, über den Bach Popelka
+Lyžařský areál ⇧548 m ➤2,4 km, rechts

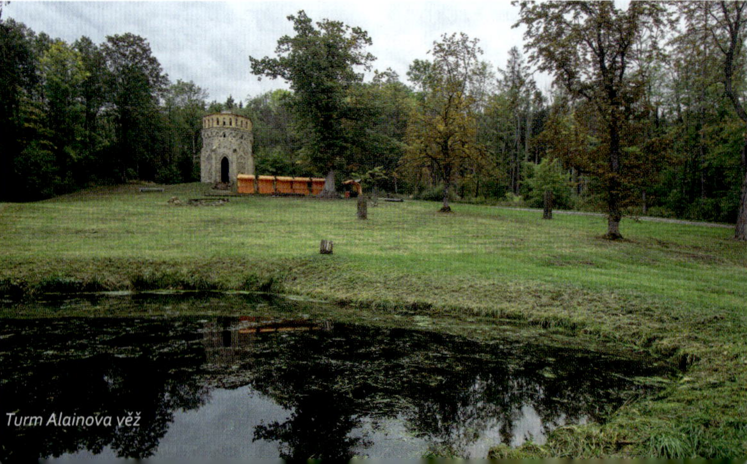
Turm Alainova věž

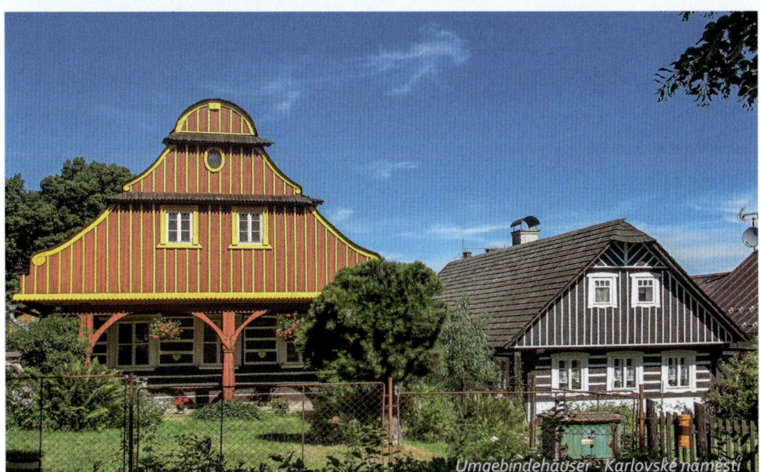
Umgebindehäuser - Karlovské náměstí

Restaurace Můstek ⇧553 m ➤2,7 km, links die Skischanze, Sie gehen gerade **GRÜN**, nach der letzten Ferienhütte links
+Zadní Popelka *(Rozc.)* ⇧595 m ➤3,5 km, links halten und aufwärts weiter auf **ROT**
+Košov *(Rozc.)* ⇧605 m ➤4,2 km, gerade **ROT**, schöne Aussicht vom Weg
+Košov *(Bus)* ⇧562 m ➤4,9 km, am kleinen Gasthaus Hospoda na Košově kurz links, dann sofort rechts ab **ROT**
+Pod Allainovým křížem ⇧568 m ➤5,2 km nach rechts ab und nun weiter auf **GELB**
+Jezírko pod Táborem ⇧503 m ➤6,8 km, am idyllisch gelegenen Teich gerade **GELB**
+Pod Alainovou věží *(rozc.)* ➤7,5 km, ⇧492 m, links halten auf **BLAU**
+Alainova věž *(rozc.)* ⇧514 m ➤8,0 km, links
✧Alainova věž ➤8,2 km, am kleinen begehbaren Turm gerade aufwärts **BLAU**
+Tábor *(záp. rozc.)* ⇧675 m ➤9,7 km, rechts ab und auf **ROT** weiter zum Turm
+Tábor *(Penzion, Rozhl.)* ⇧675 m ➤9,9 km, gemütliche Baude auf dem Gipfel, wieder zurück zum letzten Abzweig:
+Tábor *(záp. rozc.)* ➤10,1 km, nun hier am Abzweig gerade weiter auf **ROT**
+Allainův kříž ➤11,1 km, am Kreuz gerade
+Pod Allainovým křížem ➤11,3 km, hier waren Sie bereits…, rechts weiter **GELB**
✧Lesní správa ⇧522 m ➤12,4 km, am ehemaligen Jagdschloss ein Rastplatz mit Feuerstelle, gerade vorbei am Teich
+Lomnice n. Pop. *(u obory)* ➤12,9 km ⇧512 m, links ab **BLAU** ins Zentrum
✱Lomnice n. Pop. *(nám.)* ➤14,1 km, Ende der Tour wieder auf dem Husovo náměstí

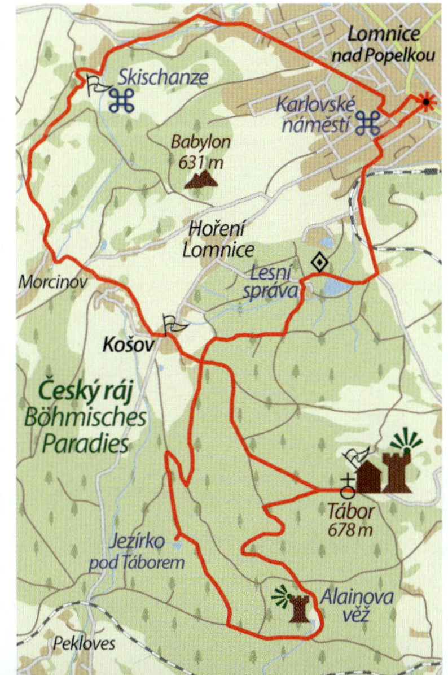

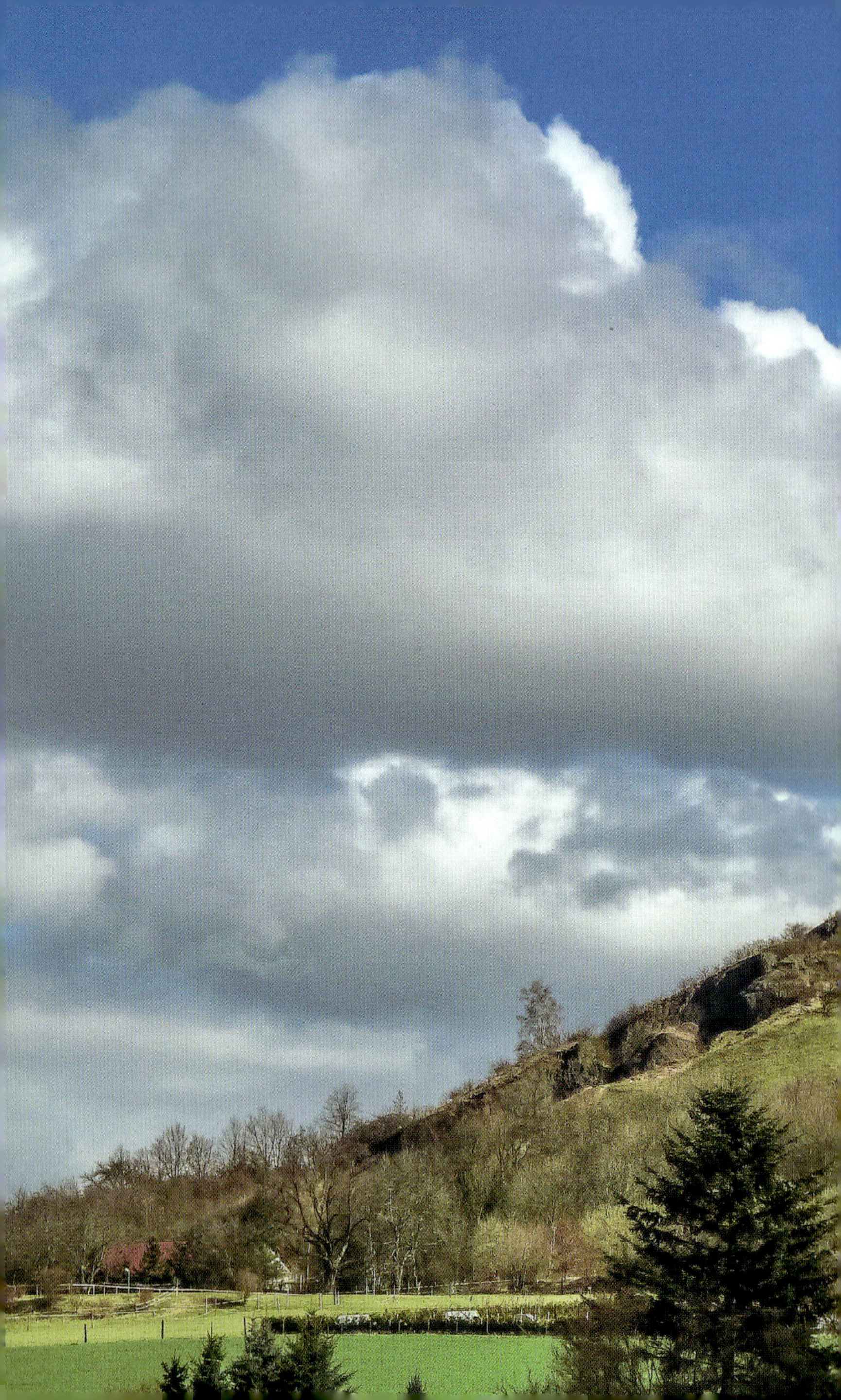

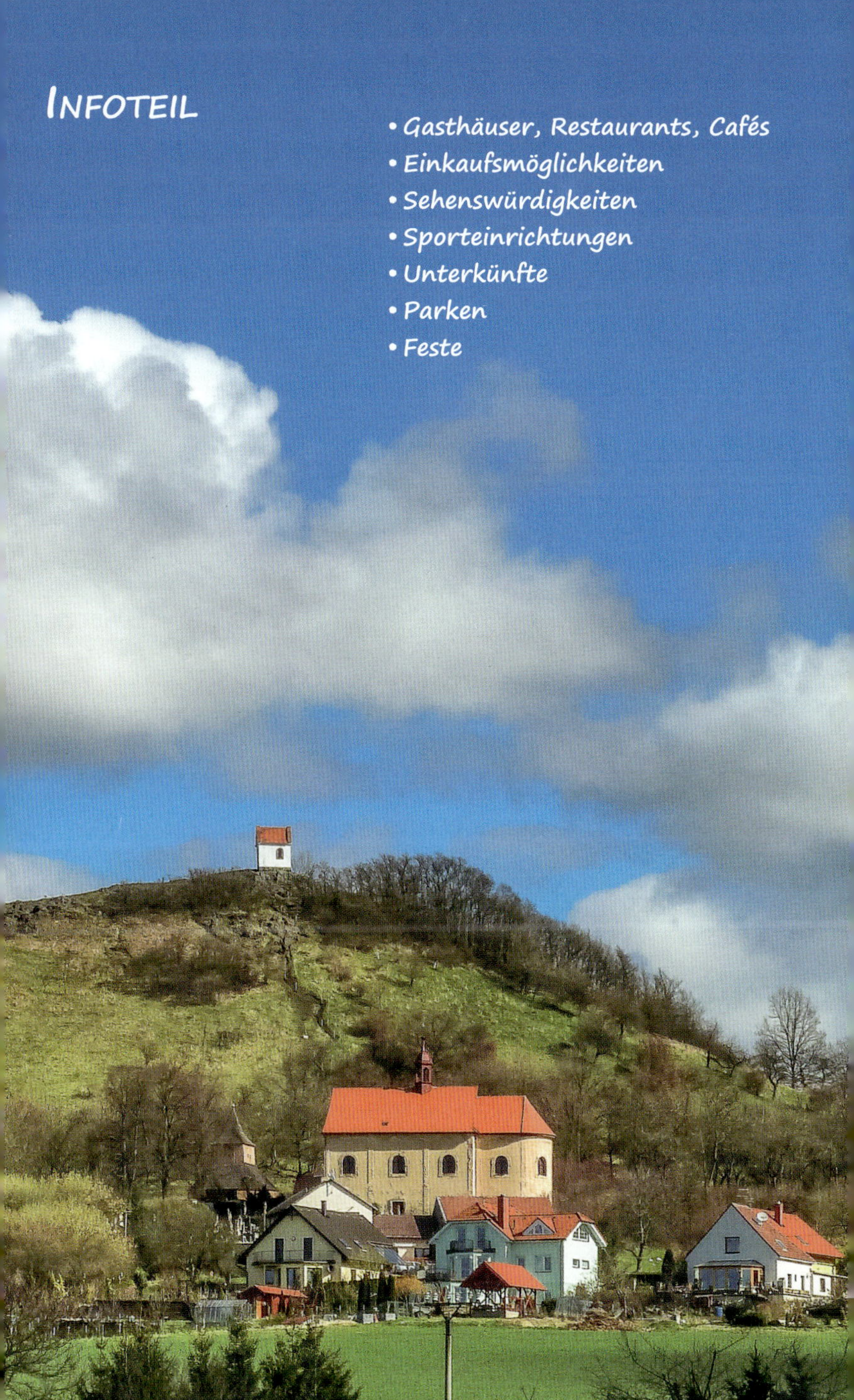
INFOTEIL
• Gasthäuser, Restaurants, Cafés
• Einkaufsmöglichkeiten
• Sehenswürdigkeiten
• Sporteinrichtungen
• Unterkünfte
• Parken
• Feste

Einreise

Die Tschechische Republik ist seit dem 1. Mai 2004 EU-Mitglied. Bewohner der Europäischen Union benötigen für die Einreise in die Tschechische Republik ihren Reisepass oder Personalausweis, die zum Zeitpunkt der Einreise noch mindestens bis zum Reiseende gültig sein müssen. Das gleiche gilt für Bürger der Schweiz, Norwegens, Islands und Liechtensteins, die innerhalb des Europäischen Wirtschaftsraums das Recht auf freien Personenverkehr genießen. Für Kinder sollten Sie einen Kinderausweis oder Kinderreisepass mitführen.

Zur Einreise in die Tschechische Republik mit Hunden und Katzen benötigen Sie einen Heimtierausweis, den der Tierarzt ausstellt. Dieser Ausweis dient dem Nachweis, dass das Tier gegen Tollwut geimpft ist und ersetzt die bisherigen einzelnen Dokumente.

Geld

Die offizielle Währungseinheit in der Tschechischen Republik ist die tschechische Krone (Koruna česká, Kč, CZK), die in 100 Heller *(haléř)* geteilt ist.

Obwohl man manche Dienstleistungen und in vielen Geschäften auch mit Euro bezahlen kann, ist es empfehlenswert, sich für Ihren Aufenthalt in der Tschechischen Republik mit der tschechischen Krone auszustatten.

In der Tschechischen Republik sind Münzen im Wert von 1 CZK, 2 CZK, 5 CZK, 10 CZK, 20 CZK und 50 CZK im Umlauf.

Die Papierbanknoten haben den Wert von 50 CZK, 100 CZK, 200 CZK, 500 CZK, 1.000 CZK, 2.000 CZK und 5.000 CZK.

Wechselkurs (1. März 2020): 1 EUR = 25,32 CZK 100 CZK = 3,95 EUR

Wir empfehlen Ihnen, am Geldautomaten (ATM) mit einer EC-, Maestro- oder Kreditkarte die Tschechischen Kronen abzuheben, je nach Bank müssen Sie mit einer Gebühr rechnen. In der Tschechischen Republik gibt es weit mehr als 3.600 Geldautomaten (Tschechisch: Bankomat). Von den meisten Geldautomaten werden die üblichen internationalen Karten akzeptiert - Visa, MasterCard, Maestro, Cirrus, Diners Club, American Express. Mit diesen Karten können Sie auch in vielen Geschäften, Hotels, Restaurants oder an Tankstellen zahlen.

Feiertage

1. Januar - Tag der Erneuerung des selbstständigen tschechischen Staates, Neujahr
Ostermontag - Ostern wird für zwei Tage zum Feiertag (Sonntag und Montag)
8. Mai - Tag des Sieges (Ende des Zweiten Weltkriegs)
5. Juli - Tag der Slawenapostel Kyrill und Method (die im 9. Jh. als Missionare das Christentum in der altkirchenslawischen Sprache nach Großmähren brachten)
6. Juli - Jan Hus Tag, (Tag der Verbrennung von Jan Hus auf Konstanzer Konzil in 1415)
28. September - Tag der tschechischen Staatlichkeit
28. Oktober - Tag der Entstehung eines selbstständigen tschechoslowakischen Staates am 28. Oktober 1918

17. *November* - Tag des Kampfes für Freiheit und Demokratie (große studentische Demonstrationen, die mit Gewalt unterdrückt wurden: 1939 gegen die Besetzung der Tschechoslowakei, 1989 gegen das kommunistische Regime)
24. *Dezember* - Heiligabend
25. *Dezember* - 1. Weihnachtsfeiertag
26. *Dezember* - 2. Weihnachtsfeiertag

Medizinische Versorgung

Um in der Tschechischen Republik medizinische Versorgung zu beanspruchen, ist der Europäische Krankenversicherungsausweis (EHIC) erforderlich, der bei Untersuchung und Behandlung in einer medizinischen Einrichtung dokumentiert, dass Sie versichert sind und dass die Behandlung von Ihrer Versicherung bezahlt wird.
Bei akuten schweren Erkrankungen, wenn Sie nicht selbst zum Arzt kommen können und wenn eine schnelle Behandlung notwendig ist, muss der Rettungsdienst unter der **Notrufnummer 112** gerufen werden.

Reisen im Land – Bus & Bahn

Schon für die Anreise können Sie die Grenzüberschreitenden Bus- und Bahnverbindungen nutzen, die in zahlreichen deutschen Städten starten. Die Tschechische Republik selbst verfügt über eines der dichtesten Eisenbahnnetze in Europa und ein gut ausgebautes System des öffentlichen Busverkehrs. Bus- und Bahnverbindungen für die Anreise und für das Reisen im Land finden Sie hier:
ww.idos.cz, www.cd.cz, alle auch auf Deutsch. Internationale Züge werden auf den Bahnhöfen in Tschechisch und Englisch angesagt, Züge, die nur im Inland verkehren, nur in Tschechisch.

Reisen im Land – Auto

Auf den meisten tschechischen Autobahnen wird eine Maut erhoben. Diese bezahlen Sie durch eine Vignette, die für alle Fahrzeuge bis zu einem Gesamtgewicht von 3,5 Tonnen Pflicht ist. Je nach Länge Ihres Urlaubes ist entweder die 10-Tages-Vignette oder die Monats-Vignette sinnvoll. Erstere kostet 310 CZK (ca. 14 Euro), letztere etwa 440 CZK (ca. 17 Euro).
Die erforderliche Vignette können Sie an den Grenzübergängen, bei vielen Tankstellen und in Postämtern erwerben. Sie ist als 10-Tages-, Monats- und Jahresvignette erhältlich, Preise für 2019: 310 / 440 / 1.500 CZK. Neben den klassischen Tankstellen gibt es in der Tschechischen Republik fast 900 LPG-Tankstellen, auch das Netz der Ladestellen für Elektromobile wächst. Die folgenden Dokumente sind bei Reisen mit dem Auto notwendig: Führerschein (europäisch oder international), Personalausweis (EU) oder Pass, Wagendokumente (Kraftfahrzeugschein, grüne Versicherungskarte wird empfohlen).

Strassenverkehr

Es gibt keine großen Unterschiede zwischen den tschechischen Verkehrsvorschriften und denen der übrigen europäischen Länder. Maximal zulässige Geschwindigkeit auf der Autobahn 130 km/h, außerhalb von Ortschaften 90 km/h und innerhalb von Ortschaften 50 km/h, Höchstgeschwindigkeit für Motorräder beträgt 90 km/h
Der Genuss von Alkohol ist allerdings untersagt, es gilt **0,0 Promille**!
Sicherheitsgurte müssen während der ganzen Fahrt angelegt bleiben.
Handys dürfen beim Autofahren nicht in der Hand gehalten werden, Telefonieren ist nur mit Freisprechanlage zulässig.
Alle Fahrzeuginsassen müssen seit 2011 eine Warnweste an Bord haben und diese anlegen, wenn sie das Fahrzeug bei einem Unfall oder Panne außerhalb geschlossener Ortschaften verlassen und sich auf der Fahrbahn bzw. dem Randstreifen aufhalten.
Ganzjährig ist das Fahren mit Licht gefordert.
Kinder bis 12 Jahre und kleiner als 150 cm dürfen nur im Kindersitz mitreisen.

Telefonieren

Die **Telefonvorwahl** für Tschechien ist generell 00420, dann folgt die Festnetznummer beginnend mit den Ziffern 2-5 oder die Mobilfunknummer beginnend mit 6 oder 7.

Notrufe

112: allgemeine europäische Notrufnummer - kostenlos aus allen Netzen, auch ohne eine SIM-Card und einem PIN-gesperrten Mobiltelefon, die Ansprechpartner in der Leitstelle sprechen Englisch und Deutsch.
150: Feuerwehr
155: Rettungsdienst
158: Polizei, Stadt-oder Ortspolizei
+420 12 10: Bergrettung

Reisewortschatz

Allgemeine Wörter und Redewendungen:

Hallo .... *Ahoj*
Guten Tag .... *Dobrý den*
Guten Morgen .... *Dobré ráno*
Guten Abend .... *Dobrý večer*
Gute Nacht .... *Dobrou noc*
Tschüss .... *Ahoj*
Auf Wiedersehen .... *Na shledanou*
Ja .... *Ano*
Nein .... *Ne*
Danke .... *Děkuji!A*
Bitte .... *Prosím*
Prost .... *Na zdraví*
Entschuldigung .... *Promiňte*
Hilfe .... *Pomoc*
Toilette .... *Toaleta*
Wo sind die Toiletten? *Kde jsou záchody?*
Ich heiße ... . *Jmenuji se ...*
Ich hätte gerne ... . *Rád bych měl ...*
Was kostet ...? .... *Co stojí ...?*
Zahlen bitte .... *Zaplatit, prosím!*
Wie bitte? .... *Jak prosím?*
Haben Sie...? .... *Máte...?*
Wieviel kostet das? .... *Kolik to stoji?*
Das ist gut .... *To je dobře*
Das ist schlecht .... *To je špatně*
Wieviel Uhr ist es? .... *Kolik je hodin*
Ich verstehe Sie nicht.. *Já Vám nerozumím*
Herr .... *pan*
Frau .... *paní*
Eingang .... *Vstup*

Ausgang .... Východ
Geöffnet .... otevřeno
Geschlossen .... zavřeno
Achtung .... Pozor
Polizei .... policie
Feuerwehr .... hasiče
Apotheke .... lékárna
Doktor .... lékař
rechts .... napravo
links .... nalevo
wo .... kde
wann .... kdy

Zahlen

0 .... nula
1 .... jeden, jedna, jedno
2 .... dva, dvě
3 .... tři
4 .... čtyři
5 .... pět
6 .... šest
7 .... sedm
8 .... osm
9 .... devět
10 .... deset
11 .... jedenáct
12 .... dvanáct
13 .... třináct
14 .... čtýřnáct
15 .... patnáct
16 .... šestnáct
17 .... sedmnáct
18 .... osmnáct
19 .... devátenáct
20 .... dvacet
21 .... dvacetjeden/jedna/jedno
22 .... dvacetdva/dvě
23 .... dvacettři ...
30 .... třicet
40 .... čtyřicet
50 .... padesát
60 .... šedesát
70 .... sedmdesát
80 .... osmdesát
90 .... devadesát
100 .... sto

Wochentage, Monate

Montag .... pondělí
Dienstag .... úterý
Mittwoch .... středa
Donnerstag .... čtvrtek
Freitag .... pátek
Samstag .... sobota
Sonntag .... neděle
Januar .... leden
Februar .... únor
März .... březen
April .... duben
Mai .... květen
Juni .... červen
Juli .... červenec
August .... srpen
September .... září
Oktober .... říjen
November .... listopad
Dezember .... prosinec
Jahr .... rok
Monat .... měsíc
Woche .... týden
Tag .... den
Stunde .... hodina

Unterwegs

Auto .... auto
Bahnhof .... nádraží
Flughafen .... letiště
Stadt .... město
Straße .... ulice
Norden .... sever
Osten .... východ
Westen .... západ
Süden .... jih
Aussicht .... vyhlídka
Aussichtsturm, Turm .... rozhledna
Berg, Höhe .... vrch, hora

Bergwacht .... *horská služba*
Burg .... *hrad*
Denkmal .... *památka*
Fähre .... *přívoz*
Fluss, Bach .... *potok, řeka*
Försterei .... *hájovna*
Friedhof .... *hřbitov*
Haltestelle .... *zastávka*
Kloster .... *klašter*
Krankenhau .... *nemocnice*
Kreuz .... *kříž*
Mühle .... *mlýn*
Nationalpark .... *národní park*
Platz, Ortsmitte .... *náměstí (nám.)*
Ruine .... *rozvalina, zřícenina*
Schloss .... *zámek*
See .... *jezero*
Teich .... *rybník*
Tor .... *brána*
Wegkreuz, Abzweigung ..... *rozcesti (rozc.)*

Im Hotel

Ich habe ein Zimmer reserviert .... *Mám zarezervovaný pokoj.*
Ich reise heute, morgen ab .... *Odjíždím dnes, zítra.*
Einzelzimmer, Doppezimmer .... *Pokoj pro jednu osobu, pokoj pro dvě osoby*
mit Bad/ Dusche .... *s koupelnou, se sprchou*
mit Frühstück, Halbpension .... *se snídaní, polopenze*
Vollpension .... *plná penze*

Essen und Trinken

Ist dieser Tisch frei? .... *Je tento stůl volný?*
Die Speisekarte, bitte! .... *Jídelní lístek, prosím!*
snídaně .... *Frühstück*
svačina .... *Zwischenmahlzeit, Jause*
oběd .... *Mittagessen*
večeře .... *Abendessen*
vařené .... *gekocht*
smažené .... *gebraten*
Dobrou Chut .... *Guten Appetit*

Speisen

Studený předkrm .... *Kalte Vorspeise*
kuřecí salát .... *Hühnchensalat*
pražská šunka .... *Prager Schinken*
utopenec .... *Wurst in Essig & Öl*
olomoucké tvarůžky .... *Olmützer Quargel*
Teplý předkrm .... *Warme Vorspeise*
topinka s zánkou .... *Röstbrot mit Aufstrich*
Polévky .... *Suppen*
cibulačka .... *Zwiebelsuppe*
česnečka .... *Knoblauchsuppe*
bramboračka .... *Kartoffelsuppe*
zelná polévka, zelňačka ... *Sauerkrautsuppe*
hovězí vývar s .... *Rinderbrühe mit*
Fertige Gerichte .... *Hotová jídla*
játrovými knedlíčky .... *Leberknödeln*
smažený sýr .... *gebratener Käse*
guláš s knedlíkem .... *Gulasch mit Knödeln*
pečené vepřové s ...... *Schweinebraten mit*
knedlíkem .... *Knödeln*
svíčková na .... *Lendenbraten mit*
smetaně .... *Sahnesoße*
bryndzové halušky .... *Brimsennockerln*

maso ... *Fleisch*
vepřové ... *Schwein*
hovězí ... *Rind*
telecí ... *Kalb*

Geflügel ... *drůbež*
kuře ... *Hühnchen*
krůta ... *Pute*
kachna ... *Ente*
šunka ... *Schinken*
párky ... *Würstchen*

Fisch ... *Ryba*
pstruh ... *Forelle*
losos ... *Lachs*
mořský jazyk ... *Seezunge*
tuňák ... *Thunfisch*

Gemüse ... *zelenina*
okurka ... *Gurke*
květák ... *Blumenkohl*
rajče ... *Tomate*
lilek, baklažán ... *Aubergine*
houba ... *Pilze*
hrách ... *Erbsen*
fazole ... *Bohnen*
mrkev ... *Möhren*
špenát ... *Spinat*
chřest ... *Spargel*
avokádo ... *Avocado*
kukuřice ... *Mais*

Beilagen ... *Přílohy*
brambory ... *Kartoffeln*
bramborový salát ... *Kartoffelsalat*
vařené brambory ... *Salzkartoffeln*
opékané brambory ... *Bratkartoffeln*
bramborová kaše ... *Kartoffelbrei*
bramboráky ... *Kartoffelpuffer*
hranolky ... *Pommes frites*
rýže ... *Reis*
knedlíky ... *böhmische Knödel*
houskové knedlíky ... *Semmelknödel*
bramborové knedlíky ... *Kartoffelknödel*
těstoviny/nudle ... *Nudeln*
rajská ... *Tomatensauce*
křenová ... *Meerrettichsauce*
houbová ... *Pilzsauce*
tatarská omáčka ... *Sauce Tartar*

Obst ... *ovoce*
jablko ... *Apfel*
hruska ... *Birne*
třešně ... *Kirsche*
švestka ... *Pflaume*
meruňka ... *Aprikose*
broskev ... *Pfirsich*
pomeranče ... *Orange*
jahoda ... *Erdbeere*
malina ... *Himbeere*

Getränk ... *nápoj*
voda ... *Wasser*
limonáda ... *Limonade*
džus ... *Saft*
mléko ... *Milch*
čaj ... *Tee*
káva ... *Kaffee*
víno (červené, bilé) ... *Wein (roter, weißer)*
pivo (světlé, tmavé) . *Bier (helles, dunkles)*
Frühstück ... *snídaně*
chléb ... *Brot*
rohlik ... *Hörnchen*
houska ... *Brötchen*
máslo ... *Butter*
džem/marmeláda ... *Marmelade*
sýr ... *Käse*
koláče ... *Hefegebäck*
michaná vejce ... *Rühreí*
s cibulkou ... *mit Zwiebeln*
Süßspeise, Dessert ... *zákusek, moučník*
koláč, buchta ... *Kuchen*
dort ... *Torte*
zmrzlina ... *Eis*
jablečný závin ... *Apfelstrudel*
buchtičky ... *Buchteln*

Wir stellen Ihnen im **Infoteil** Unterkünfte, Restaurants, Gasthäuser und Cafés vor, die uns aufgefallen sind, weil sie günstig liegen, uns gut gefallen haben oder irgendetwas Besonderes haben. Diese Tipps sind weder ein vollständiges Verzeichnis aller Möglichkeiten noch sind sie als Empfehlung zu verstehen, denn gerade diese Informationen veralten schnell. Da muss nur in einem Restaurant der Koch wechseln und mit ihm das Angebot und die Qualität der Speisen und schon stimmen unsere Beobachtungen nicht mehr! Auch bei den Quartieren ändern sich die Zustände oft schneller, als ein Buch erscheinen kann - Häuser werden renoviert, modernisiert und verschönert oder auch umgekehrt. Von der Angabe von Qualifikationssternen sehen wir ab - am besten, Sie machen sich selber auf der entsprechenden Hotel-Homepage selbst ein Bild. Da sich die Übernachtungspreise immer wieder ändern, haben wir auf eine Preisangabe verzichtet.

Über **Eintrittspreise** machen wir aus den gleichen Gründen keine Angaben. Aber falls Sie mal in England Urlaub gemacht haben, können Sie sich freuen: in Tschechien sind die Eintrittspreise in den meisten Fällen sehr moderat und die Guides sprechen oft sehr gut Deutsch und gestalten die Führungen lehrreich und unterhaltsam.
Sehen Sie unsere Hinweise als Anregung. Fast jeder hat heute die Möglichkeit, sich im Internet bei der Reiseplanung den neuesten Stand anzusehen oder sich mit modernen Kommunikationsmitteln vor Ort zu informieren.
Über **Öffnungszeiten** lässt sich sagen, dass viele Museen, Burgen, Schlösser usw. am **Montag geschlossen** haben. Die touristische Saison beginnt auch oft erst im Mai und von November bis April sind viele Sehenswürdigkeiten im Winterschlaf. Über Mittag sind wir manchmal trotz anders lautender Öffnungszeiten vor verschlossenen Türen gestanden - da hatte wohl jemand unvorhergesehen Hunger. Aber das macht ja nichts - SIE haben ja Urlaub!
In Tschechien beginnt der Alltag früh und dementsprechend schließen viele Sehenswürdigkeiten recht zeitig, oft um 17 Uhr. Eine Mittagspause von etwa 12-13 Uhr ist vielerorts üblich.
Wenn Sie gerne außerhalb der Öffnungszeiten etwas besichtigen wollen, rufen Sie vorher an - meist kommt man Ihnen gerne entgegen.
Große Betriebe haben Homepages mit einer guten deutschen Übersetzung. Kleinere Betriebe oder Adressen weiter im Landesinneren haben oft nur die in ihren Augen wichtigsten Dinge auf den Internetseiten übersetzt, der Rest ist oft nur in Tschechisch.

In vielen Orten gibt es eine **Touristeninformation**, die mit dem weißen „**i**" auf grünem Rechteck gekennzeichnet ist und sich manchmal im Gemeindeamt *(Městský úřad)*, im Rathaus *(radnice)* oder auch in der Bibliothek *(knihovna)* versteckt. Dort bekommen Sie Wanderkarten, Heimatbücher, Postkarten, Prospekte, Informationsbroschüren, Souvenirs und Auskünfte über Hotels und Pensionen.
Als **Kartenportal**, das sowohl Straßen, Wanderwege und Sehenswürdigkeiten zeigt als auch zur Adressensuche und Routenplanung dient, hat sich www.mapy.cz bewährt, dass es auch als app gibt.

Bergbauden im Riesengebirge

- **Bartlova Bauda:** Bílý Potok 187, 463 62 Hejnice, Tel. 602 148 958, ***www. bartlovabouda.cz***
- **Bouda u Bílého Labe:** Špindlerův Mlýn 176, 543 51 Špindlerův Mlýn, Tel. 499 422 121 ***www.boudabilelabe.cz***
- **Bouda v Obřím dole:** Obří důl 116, Pec pod Sněžkou, 542 21, Tel. 499 896 270, 728 465 454 ***www.boudavobrimdole.cz***
- **Bradlerovy Boudy** (Fučíkovy): Spindleruv Mlyn 543 51, Tel. 499 422 056, 606 793 001 ***www.bradlerovy-boudy.cz***
- **Černá Bouda:** Černá Hora 171, Janské Lázně, 542 25, Tel. 499 875 360, 222 521 706 ***www.cernabouda.cz***
- **Chata Mísečky:** Vítkovice 143, 512 38 Vítkovice, Tel. 499 828 013, www.chatamisecky.cz
- **Chata pod Studničnou:** Pec pod Sněžkou 120, Pec pod Sněžkou, 542 21, Tel. 607 612 068 ***www.podstudnicnou.cz***
- **Dvorská Bouda:** Strážné 111, Strážné 543 52, Tel. 499 422 188, 725 972 169 ***www.dvorska-bouda.cz***
- **Erlebachova bouda:** Špinderův Mlýn 109, Špinderův Mlýn 543 51, Tel. 499 523 329, 731 598 895 ***www.erlebachovabouda.cz***
- **Friesovy boudy:** č. p. 94, Strážné, 54352, Tel. 607 727 201, 736 778 208, ***www.friesovy-boudy.cz***
- **Horská bouda Dvoračky:** Rokytno 2, Rokytnice nad Jizerou 512 45, Tel. 481 522 364 ***www.dvoracky.cz***
- **Horská Bouda Růžohorky:** Pec pod Sněžkou 182, Pec pod Sněžkou 542 21, Tel. 606 300 767 ***www.ruzohorky.cz***
- **Bouda Klínovka:** Přední Labská 86, Špindlerův Mlýn, 543 51, Tel. 499 422 280, 775 245 004 ***www.bouda-klinovka.cz***
- **Lesní bouda:** Černý důl 187, Černý důl 543 44, Tel. 499 896 343, 602 148 099, ***www.lesnibouda.cz***
- **Luční Bouda:** Pec pod Sněžkou 203, Pec pod Sněžkou, 542 21, Tel. 499 736 144, 733 740 888 ***www.lucnibouda.cz***
- **Ludvíkova Bouda:** Zvonečková 108, Janské Lázně, 542 25, Tel. 499 875 297, 603 496 127 ***www.ludvikovabouda.com***
- **Lysečinská bouda:** Horní Lysečiny 51, Horní Maršov, 542 26, Tel. 499 895 114 ***www.lysecinskabouda.eu***
- **Lyžařská bouda:** Liščí hora 189, Pec p. Sněžkou 543 44, Tel. 499 736 407, ***www.lyzarskabouda.***com
- **Martinovka bouda:** Špindlerův Mlýn 543 51, Tel. 499 422 235, ***www.martinovka.cz***
- **Medvědí bouda:** Špindlerův Mlýn 84, Špindlerův Mlýn, 543 51, Tel. 499 421 751, 603 886 013 ***www.medvedibouda.cz***
- **Moravská bouda:** Špindlerův Mlýn 90, Špindlerův Mlýn 543 51, Tel. 604 684 140 ***www.moravskabouda.cz***
- **Pomezní Bouda:** Horní Malá Úpa 40, Malá Úpa, 542 21, Tel. 499 891 234, 604 268 327 ***www.pomezni-bouda.cz***
- **Pražská bouda:** Černý Důl 215, Černý Důl, 543 44, Tel. 724 716 230, 777 208 161 ***www.prazskaboudapec.cz***
- **Richtrovy boudy:** Richtrovy boudy č. p. 81, Pec pod Sněžkou, 542 21, Tel. 499 896 249 ***www.richtrovyboudy.cz***

⌂ **Rýchorská bouda:** Rýchorská bouda čp. 55, Žacléř, 542 01, Tel. 499 895 108 ***www.rychorskabouda.cz***

⌂ **Schronisko Wysoki Kamień:** 58-580 Szklarska Poręba, Polen, ***www.wysokikamien.com.pl***

⌂ **Špindlerova bouda:** Špindlerův Mlýn 108, Špindlerův Mlýn, 543 51, Tel. 499 329 200, 499 429 176 ***www.spindlerovabouda.cz***

⌂ **Vosecká bouda:** P.O.Box 52, Harrachov, 512 446, Tel. 481 529 610, ***www.voseckabouda.wz.cz***

⌂ **Vrbatova Bouda:** Vítkovice 1, Vítkovice, 512 38, Tel. 499 421 914

⌂ **Žižkova bouda:** Na Muldě 22, Pec pod Sněžkou, 542 21 , Tel. 499 896 333, ***www.zizkovabouda.cz***

Orts-Informationen

Bitte beachten: nicht alle Orte mit touristischen Angeboten haben auch das ganze Jahr über Saison. Vor allem in der Zwischensaison müssen Sie sich auf ein eingeschränktes Angebot an offenen Hotels oder Gaststätten einstellen. In vielen Wintersportorten ist im Sommer "tote Hose". Die hier vorgestellten Unterkünfte und Restaurants sind eine Auswahl, keine vollständige Auflistung.

Die Ausstattung der meisten Hotelzimmer ist gut bis sehr gut, WC, Du, TV und bis auf wenige Ausnahmen auch WLAN, gehören mittlerweise zum Standard und werden daher nicht extra erwähnt.

Wir legen Ihnen dringend ans Herz, sich über Öffnungszeiten zeitnah im Internet zu informieren, da diese sich oft schnell ändern.

Albrechtice v Jizerských horách *Albrechtsdorf* *PLZ 468 43*

Albrechtice verfügt als typischer Wintersportort über einige Hotels und Pensionen, die aber unter Umständen nicht das ganze Jahr über geöffnet sind. Die Homepage der Gemeinde informiert Sie über Quartiere: www.albrechtice-jh.cz

Penzion Světlá Hora, č. 243, Tel. 602 436 743, 606 158 668, zentral & nahe am Skiareál Tanvaldský Špičák, www.penzion-svetlahora.cz

Penzion & Restaurant Krmelec, Albrechtice 597, Tel. 775 369 645, am Lift, www.penzionkrmelec.cz

Penzion Permon, Albrechtice 611, Tel. 775 369 645, www.penzionpermon.cz

Muzeum výroby hraček *(Spielzeugmuseum)*, Jiřetín pod Bukovou 6, Tel. 483 356 330, Museum zur Herstellung von Holzspielzeug, Kreativraum, Museumsladen, www.muzeumvyrobyhracek.cz

Skiareál Tanvaldský Špičák: 7 Skilifte, eine Vier-sitzsesselbahn. Beschneiungsanlage, Nachtskilauf, Snowboard - Rampe, Skiverleih, Skischule, Parkplätze Tanvaldský Špičák I und II, Skibus zum Severák und Rodelbahn Janov. Das Skigebiet gehört zur Skiarena Jizerky mit gemeinsamem Skipass für Skigebiet Severák (10 Schlepplifte) und Bedřichov (2 Schlepplifte). Tageskarte Erwachsener ab 520 CZK.

Bedřichov *Friedrichswald* *PLZ 468 12*

Mehrere zentrale **Parkplätze** an den Liftanlagen.

Informační centrum, Bedřichov 218, Tel. 483 380 034, dort auch Verzeichnis von Unterkünften, www.bedrichov.cz

Sklářská osada Kristiánov, Bedřichov 52, Tel. 483 369 011, Zweigstelle des **Bijouteriemuseums** in Jablonec, nur im Sommer geöffnet, www.msb-jablonec.cz

Hotel Horská chata Jarmilka, Bedřichov 163,

Tel. 727 808 937, Ältere Baude, stimmig renoviert. Umfangreiche Speisekarte mit böhmischer Küche, www.chatajarmilka.cz

Horský hotel Jelinek, Bedřichov 1695, Tel. 483 380 140, 75 Betten, www.hoteljelinek.cz

Horská chata Hubert, Bedřichov 1729, Tel. 737 385 616, Kinderfreundliche Pension direkt an der Skipiste, www.chatahubert.eu

Das familiäre **Skigebiet Bedřichov** bietet 7 Lifte und 5,4 km Abfahrtspisten. Es ist Teil der Skiarena Jizerky mit gemeinsamem Skipass für Skigebiet Severák (10 Schlepplifte) und Albrechtice v Jizerských horách. Tageskarte Erwachsener ab 520 CZK.

Benecko *Benetzko* *PLZ 512 37*

Skiareal Benecko: 4-Sitz-Seilbahn, 11 Schlepplifte, Kunstschnee, Abendskilauf, gutes System an Langlaufpisten mit 100 km präparierten Trassen, Snowpark, Skipass Tageskarte 520 CZK.

Horský hotel Kubát, Benecko 37, Tel. 481 582 110, nahe an der Piste, schöne Aussicht, www.hotelkubat.cz

Pension Panorama, Benecko 108, Tel. 481 582 641, Neue Zimmer, Superaussicht, www.pension-panorama.cz

Martinova bouda, Benecko 50, Tel. 602 187 916, Unterkunft im Stil einer traditionellen Bergbaude www.martinovabouda-benecko.cz

Auswahl an Hotels, Pensionen, Appartements unter: www.obecbenecko.cz

Boseň *Bosin* *PLZ 295 01*

Burgruine Valečov, Boseň 86, Tel. 603 837 024, Zu sehen sind Felsenburgen, Burg, Ausstellung, Hungerturm. Parkplatz, WC, Imbiss. www.bosen-obec.cz

Na krásné vyhlídce, Mužský 40, Tel. 728 371 961, Ausflugsgaststätte mit super Aussicht, dementsprechend rappelvoll am Wochenende, www.nakrasnevyhlidce.cz

Bozkov *Boskau* *PLZ 512 13*

Turistické informační středisko Bozkov, Bozkov 290 , Tel. 603 368 471 , Parken Sie bei der Kirche oder 200 m weiter auf dem offiziellen gebührenpflichtigen Höhlenparkplatz, Von dort noch knapp 1 km Fußweg bis zur Höhle. Am Parkplatz Kiosk, WC. www.obecbozkov.cz

Bozkovské dolomitové jeskyně, Bozkovské dolomitové jeskyně 263, Tel. 481 682 167, Nur im Rahmen einer Führung zu besichtigen, Führungen etwa alle Stunde, Tour dauert 45 Min. Flyer & Audioguide in Deutsch. Ziehen Sie sich warm an, denn die Temperatur beträgt in den Höhlen das ganze Jahr über 7-8°C. Imbiss, WC, www.caves.cz

Restaurace Dřevěnka, Bozkov 39, Tel. 603 944 728, Mo Ruhetag, Nov-April auch Di. Lässiges Gasthaus in einem Bauerngehöft aus dem 18. Jh.. Der ehemalige Ballsaal ist zu einer Pension umgebaut worden, www.drevenkabozkov.cz

Černý Důl *Schwarzenthal* *PLZ 543 44*

Turistické informační centrum, Černý Důl 48, Tel. 499 429 618, So & Mo geschlossen www.cernydul.cz

Muzeum Podzemí Krkonoš, Černý Důl 48, Tel. 499 429 618, So, Mo & Di geschlossen. Thema Bergbau im Riesengebirge. www.cernydul.cz

Die Homepage www.cernydul.cz/turiste lässt erkennen, dass praktisch jedes Haus im Ort Pension, Appartementhaus oder Hotel ist.

Hotel Aurum, Černý Důl 83, Tel. 499 435 169, Restaurant mit Riesengebirgsspezialitäten www.hotel-aurum.cz

Skiareal Černý Důl: 2 Seilbahnen, 5 Schlepplifte, Kunstschnee, Skibus nach Černá hora, Skischule, Loipen, familiäres Skigebiet mit breiten, sanften Pisten.

Český Dub *Böhmisch Aicha* *PLZ 463 43*

Podještědské muzeum, Svobody 31, Tel. 485 147 090, www.muzeumceskydub.cz

Johanitská komenda, Stary Zamek 1 , Tel. 485 147 090, www.muzeumceskydub.cz

Restaurace Koruna, nám. Bedřicha Smetany 5, Tel. 603 223 217. Tägl. ab 10 Uhr geöffnet. Hier essen die Einheimischen, v. a. zum Mittag brummt das Gasthaus wegen der günstigen Mittagsgerichte.

Chrastava *Kratzau* *PLZ 463 31*

Městské informační centrum, Muzejní 40, Tel. 485 143 161, www.chrastava.cz

Městské muzeum, Liberecká 40,Tel. 485 143 161, im Sommer tägl. geöffnet, im Winter So zu, Heimatmuseum, Bergbauaustellung, www.chrastava.cz

Rodný dům malíře Josefa Führicha, V. Nejedleho 74, Tel.485 143 161, geöffnet wie Městské muzeum Elternhaus des Malers Josef Führich, www.chrastava.cz

Muzeum hasičské techniky, Bílokostelecká 1, Tel. 482 720 856, Historische Feuerlöschgeräte in einem alten Bauernhaus, www.chrastava.cz

Termální lázně Chrastava (Thermalbad) zur Zeit der Recherche geschlossen.

Penzion & Restaurace Gloria, nam. 1. Maje 45, Tel. 777 772 277, moderne, einfache, hostelartige Übernachtungsmöglichkeit, Restaurant, www.gloriachrastava.cz

Im Ortsteil Andělská Hora: **Penzion U Wolfů,** Andělská Hora 40, Tel. 604 352 795, gemütliche Pension mit Terrasse, Grill, großem Garten, www.uwolfu.cz

Im Ortsteil Vysoká: **Hotel Farma Vysoká**, Vysoka 9, Tel. 488 881 023, Hübsche Reiterpension auf einem Bauernhof mit schöner Aussicht auf die Berge, www.farmavysoka.cz

Desná *Dessendorf* *PLZ 468 61*

Muzeum Riedlova Vila, Krkonošská 120, Desná II, 468 61, Tel. 483 383 019. Mo geschlossen, Geschichte der Glasindustrie.

Skiareál Černá Říčka: Miniskigebiet mit Schlepplift und vier Abfahrtstrecken, Nachtskilauf, Kinderlift, Ski- und Snowboardschule. Tageskarte Erwachsene 390 CZK.

Hotel Bolson, Údolní 526, 468 61 Desná II, Tel. 606 480 367, kleines Hotel in einer der ehemaligen Riedel-Villen, www.bolson.cz

Hotel u Můstků, Údolní 368, 468 61 Desná I, Tel. 777 666 273, gemütliches Hotel im alpenländischen Stil direkt am Schanzenareal, www.umustku.cz

Montanie Resort, Soušská 791, 468 61 Desná III, Tel. 483 360 666, modernes Holzhaus direkt am Souš-Stausee. www.montanie.cz

Chata Na Souši, Soušská 610, 468 61 Desná III, Tel. 704 011 088, www.chatanasousi.wz.cz

Frýdlant v Čechách *Friedland in Böhmen* *PLZ 464 01*

In dem kleinen Ort gibt es ein raffiniertes System von Einbahnstraßen - parken Sie am besten auf dem Parkplatz ul. Husova/Ecke ul. Okružní (die ul. Husova von nordöstlicher Richtung einfahren); Parken gratis, 100 m bis ins Zentrum.

Městské informační centrum, náměstí T. G. Masaryka 37, Tel. 488 886 603, www.mesto-frydlant.cz

Městské muzeum Radnice & Městské muzeum Špitálek, nám. T. G. Masaryka 37, Tel. 488 886 600, Mo geschlossen, Heimatmuseum mit Wallenstein-Schwerpunkt, Archäologie, Kunsthandwerk. www.mesto-frydlant.cz

Frýdlantský betlém, Zahradní 356, Tel. 605 106 298, 725 501 896. Mo geschlossen, Mechanische Weihnachtskrippe.

Hrad a zámek, Zámecká 4001, Tel. 482 312 130, Mo geschlossen, 5 geführte Rundgänge (einer speziell für Kinder) zeigen museale Schlossräume und Waffensammlungen. Gebührenpflichtiger Parkplatz am Schloss. www.zamek-frydlant.cz

Zámecký Pivovar Frýdlant, Hejnická 4073, Tel. 487 989 000. Wenn Sie in der kleinen Brauerei Bier verkosten wollen, sind Sie willkommen. Wenn Sie Bier kaufen wollen, müssen Sie es vorher auf der Homepage bestellen. Sorten & Preise unter www.pivovar-frydlant.com, Brauereigasthof.

Antonie Hotel, Zelená 905, Tel. 481 001 070 , Restaurant mit internationaler, moderner Küche.

Liegt ein bisschen außerhalb des Zentrums, trotzdem laufen Sie nur 15 Min. zur Burg, www.antoniehotel.cz.

Penzion & Restaurace Beseda, Tyršova 927, Tel. 604 515 989, tägl. geöffnet, traditionelle tschechische Küche, www.restaurace-frydlant-beseda.cz.

Restaurace Na Kamenu, Zámecká 433, Tel. 702 065 652, Gemütliches Restaurant in einer ehemaligen Schmiede, www.nakamenu.cz.

Veranstaltungen: Ostermarkt am letzten Samstag vor Ostern; Wallensteinfest am dritten Mai-Wochenende jedes ungerade Jahr; Karel Velebný -Sommer-Jazzwerkstatt, dritte August-Woche

Frýdštejn *Friedstein* *PLZ 468 42*

Hrad Frýdštejn, Frýdštejn 80, Tel. 483 393 060, Geöffnet April-Okt, Mo geschlossen, Parkplatz gebührenpflichtig, 600 m Fußweg zur Burgruine, dort kein Gasthaus. Bitte in Routenplaner als Zřícenina hradu Frýdštejn eingeben, www.frydstejn.cz.

Penzion Sport, Frýdštejn 75, Tel. 728 243 227, www.pension-sport.eu

Penzion Vila Frýdštejn, Frýdštejn 91, Tel.739 424 017, Ausflugsgasthaus mit Garten, einfache Speisen, Limo vom Fass, www.penzion-frydstejn.cz

Restaurace Kovárna, Frýdštejn 47, Tel. 774 686 532, hausgemachte Spezialitäten vom Spezialgrill, www.restauracekovarna.cz

Chata Kopanina, Kopanina 6, 468 02 Pulečný, Kopanina, Tel. 485 100 500, traditionelles Ausflugsgasthaus, Von der Chata spaziert man in 10 Min. zum Aussichtsturm Kopanina, den Schlüssel bekommen Sie in der Chata. Wer es gerne schnell hat, kann sich hier Scooter leihen und auf verschiedenen Routen zu drei verschiedenen Stationen ins Jizera-Tal flitzen je nach Route ab 200 CZK pro Person. www.chatakopanina.cz.

Harrachov *Harrachsdorf* *PLZ 512 46*

Turistické informační centrum, Harrachov 150, Tel. 481 529 600, www.harrachov.cz.

Infocenter, Harrachov 442, Tel. 481 529 188, www.harrachov.cz.

Mit der **Harrachov Card** bekommen Sie in verschiedenen Museen, im Skiareal, bei Sportveranstaltern und gastronomischen Betrieben Ermäßigungen. Die Card gibt es gratis im Hotel oder in der Touristeninformation.

Pivovar Novosad, Nový Svět 95, Tel. 481 528 141, Minibrauerei, Restaurant, Glashütte, Laden mit Bier und Glas. Restaurant mit Bierspezialitäten, z.B. hausgemachtem Bierkäse, Bratwürsten auf dunklem Bier zubereitet, traditionellem Eisbein oder marinierten Schweinkoteletten. Vom Restaurant kann man durch eine verglaste Wand die Glasherstellung beobachten. Tägl. geöffnet. www.sklarnaharrachov.cz

Bierbäder: Schwimmen Sie 30 Min. in einer Badewanne voller Bier! Reservierung unter Tel. 481 528 141, www.sklarnaharrachov.cz.

Glashütte: Kommentare in tschechischer, deutscher oder englischer Sprache. Dazu gehört das Glasmuseum mit Ausstellungen zur Geschichte des Harrachover Glases und zum Thema Skifahren.

Hotel Harrachov, Nový Svět 95, Tel. 481 528 141, Einfache Unterkunft, aber der ideale Platz, wenn Sie nach einem Bierbad (innerlich und/oder äußerlich) nur noch ins Bett fallen wollen! www.sklarnaharrachov.cz

Expozice Šindelka, Harrachov 269, Tel. 481 528 310, Interessante Ausstellung der Forstwirtschaft, Jagdkunst in der alten Schindelfabrik, www.krnap.cz.

Hornické muzeum (Bergbaumuseum), Harrachov 654, Tel. 602 603 739, Bergwerkmuseum, Schaustollen, Texte in englischer, deutscher, polnischer und niederländischer Sprache, www.hornicke-muzeum.eu.

Vertical Park im Zentrum von Harrachov, Tel. 603 777 255, geöffnet Mai-Sept. Hochseilgarten Proud, Riesenschaukel (Big Swing), Bungee-Trampolin, Kletterwand, Kindertrampolin, Mini-Zoo. Bei schlechtem Wetter geschlossen. www.verticalpark.cz

Bobová dráha HappyWorld (Bobbahn),

Harrachov 603, Tel. 602 389 534, Attraktive, beheizte Bobbahn mit 17 Kurven im Waldpark. Zum Areal gehört der Monkey Park, ein 273 m langes Seilgelände mit 14 Hindernissen, www.bobovka.cz.

Skigebiet Čertova hora (Teufelsberg): 8 km Pisten, 3 Seilbahnen, 2 Lifte, Skischule, Snowboardpiste, Kunstschnee, Skibus, Tageskarte Erwachsener ab 690 CZK. 108 km Langlaufloipen für alle Ansprüche, Anschluss an den markierten Krkonošská lyžařská cesta *(Riesengebirgsskiweg)*, der über das ganze Riesengebirge verläuft.

Lanovka na Čertovú horu (Seilbahn Teufelsberg): 130 Vierer-Sessel, 1.303 m lang, Transportkapazität 1.782 Personen pro Stunde, Fahrt dauert 8,7 Minuten. www.skiareal.com

Horská ozubnicová dráha (Zahnradbahn Tanvald-Harrachov), www.zubacka.cz, Fahrplan unter www.info.harrachov.cz.

Ein so bekannter Urlaubsort bietet viele verschiedene Quartiere an. Hier eine kleine Auswahl:

Orea Resort Sklář, Harrachov 520, Tel. 481 560 111, Gut ausgestattetes Hotel, man sieht fast überall hin und wird auch von fast überall gesehen! www.resortsklar.cz

Parkhotel, Ryžoviště 485, Tel. 731 913 914, familiäres Hotel im ruhigen Ortsteil Ryžoviště, www.park-hotel.cz

Pension Svatý Jan, Nový Svět 356, Tel. 774 949 593, Moderner Komfort im traditionell gestalteten Haus, zentral gelegen, www.svaty-jan.cz

Camping Jiskra, Harrachov 257, Tel. 481 529 536, 80 Stellplätze, Campinghütten, Appartements, Kiosk. Absolut günstig für Bierfreunde - liegt direkt hinter der Brauerei! www.jiskra-harrachov.cz

Hejnice *Haindorf* *PLZ 463 62*

WC im Klostergang

Turistické informační centrum, Klášterní 87, Tel. 482 322 276, www.mestohejnice.cz

Kostel Navštívení Panny Marie, Klášterní 1, Tel. 482 360 211, Geöffnet tägl. 8-17 Uhr. Geführte Besichtigung, auch in Deutsch, per Telefon vereinbaren. Gottesdienste in Tschechisch, Polnisch und Deutsch. Wallfahrten: 8. Mai - Wallfahrt zur Versöhnung, 1.+2. Juli - Jahreswallfahrt. Dazu gehört das Internationale Zentrum der geistlichen Erneuerung im ehemaligen Franziskanerkloster, Kongresszentrum, Hotel, Restaurant mit HP für Hotelgäste zwischen 18 & 19 Uhr. www.mcdo.cz.

Pension Dvůr, Hejnice 36, Tel. 603 290 606, 50 Betten in 16 Zi, TV, Küche für Selbstversorger, Garten, Kinderspielplatz, Tennisplatz. www.ubytovanilaznelibverda.cz

Pension Hejnice, Jizerská 97, Tel. 732 202 845, www.pensionhejnice.cz.

Im Zenrum gibt es aktuell kein Gasthaus oder Restaurant. Etwa 1 km auf der Straße 290 Richtung Bílý Potok:

Restaurace Dělnický dům, P. Bezruče 194, Tel. 482 322 297, kein Ruhetag

Camping, Tel. 602 593 592, Auf 3.000 km^2 ist Platz für Zelte, 18 Wohnwagen. 13 Vierbett-Bungalows. www.autocamphejnice.cz

An einer Wegkreuzung im Isergebirge steht die **Horská chata Smědava** (Berghütte Wittighaus), Bílý Potok 163, 463 62 Bílý Potok, Tel. 732 878 790, Die alte Hütte, die hier seit 1841 stand, gibt es nicht mehr; der heutige Bau ist von 1935. 2014 wurde groß renoviert und hinter der Fassade einer alten Berghütte verbirgt sich ein modernes Selbstbedienungsrestaurant. www.chatasmedava.cz

Hodkovice nad Mohelkou *Liebenau* *PLZ 463 42*

Restaurace Pod Kostelem, Růžová 125, Tel. 739 086 258, www.restauracepodkostelem.cz

Skiareal Obří Sud Javorník, Javornická 350, Jeřmanice, Tel. 488 570 520, Viersessellift, 900 m lange Abfahrtspiste, Snowpark, Skicross Piste, Kunstschnee, Nachtskilauf, Kinderlift, Imbiss. Tageskarte Erwachsener 590 CZK. Bobbahn ganzjährig geöffnet. www.areal-obrisud.cz.

Restaurace a penzion Obří sud Javorník, Dlouhý Most 330, 463 12 Dlouhý Most, Tel. 488 570 530, www.areal-obrisud.cz.

Horní Branná *Brennei* *PLZ 512 36, 514 01*

Zámek Horní Branná, Horní Branná 1, Tel. 481 584 178, Comenius-Ausstellung, www.hbranna.cz

Zámecká restaurace, Horní Branná 1, Tel. 606 901 777, www.zamecka-branna.webnode.cz

Penzion Pod Hájkem, Horní Branná 117, Tel. 910 050 070, www.ubytovani-stravovani-krkonose.cz

Horní Maršov *Marschendorf* *PLZ 542 26*

Informační centrum Veselý výlet, Temný Důl 46, Tel. 499 874 298, www.veselyvylet.cz

An der Menge der Beherbergungsbetriebe merkt man die Nähe zum Riesengebirge.

Hotel U Zámku, Bertholdovo náměstí 66, Tel. 773 025 411, www.penzionuzamku84.cz

Penzion a Restaurace Kneifel, Bertholdovo náměstí 61, Tel. 777 162 993, www.krkonosepensionkneifel.cz

Penzion Pod Třešňovkou, Lysečinská 7, Tel. 736 674 500, kleine Pension im Riesengebirgshaus direkt am Lift, www.podtresnovkou.cz

Skilift Třešňovka am Ortsrand von Horní Maršov, bei Schnee Betrieb tägl.

Hostinné *Arnau* *PLZ 543 71*

Informační centrum, Nám. 70, Tel. 499 404 746, So geschlossen, www.hostinne.info

Františkánský klášter, Nádražní 119, Tel. 499 524 239, Mo geschlossen, www.klasterhostinne.cz

Městský Hotel Dorinka, Náměstí 67, Tel. 499 429 366, Guter Kontrast: altes Haus mit topmodernen Zimmern direkt neben dem Rathaus, www.dorinka.eu

Restaurace U Soudku, Arnultovice 48, Tel. 603 549 824, Rustikales Restaurant etwas außerhalb an der Straße 325 Richtung Rudník. www.u-soudku.cz.

Penzion 14, E. Votočka 14,Tel. 733 714 110, Zimmer im Stil der 60'er Jahre mit den Annehmlichkeiten von heute, Restaurant, www.penzion14.cz

Cukrárna-kavárna Davídek, Náměstí 71, Tel. 734 311 004, Kuchen, Torten, - die tschechischen Backwaren sind sooo lecker! Versuchen Sie auch mal Café auf türkische Art, Turecká káva - 80% des tschechischen Kaffees wird angeblich so getrunken, www.cukrarna.org

Hrádek nad Nisou *Grottau* *PLZ 463 34*

Informační centrum, Horní náměstí 71, Tel. 725 457 066, www.branatrojzemi.cz

Hrad Grabštejn, Grabštejn, Tel. 482 724 301, Geöffnet April-Okt, Mo geschlossen, 6 Besichtigungstouren auch in Englisch, Deutsch, Polnisch, Kleiner Parkplatz, Imbiss, WC, Souvenirs. www.hrad-grabstejn.cz

Restaurace Camelot, Horní náměstí 124, Tel. 776 777 776, www.restaurantcamelot.cz

Hotel Jimmy, Školní 440, Tel. 485 109 062, Restaurant, Disco, www.hoteljimmy.cz

Pension Sona, 1. máje 226, Tel. 485 140 585

Nördlich des Ortes liegt das **Rekreační areál Kristýna** *(Erholungsgebiet)* an einem See mit Badestelle, Hochseilgarten und Campingplatz.

Lanový park Kristýna *(Hochseilgarten)*, Areal koupaliste Kristyna, Tel. 602 150 709, www.lanoveparky.com

Campingplatz, Tel. 482 723 469, www.campingkristyna.eu

Hrubá Skála *Groß Skal* *PLZ 511 01-512 63*

Informační centrum beim Arboretrum in der Felsenstadt, Tel. 606 704 924, www.cesky-raj.info

Hotel Zámek, Hrubá Skála 1, Tel. 271 090 832, Restaurant. Von den Zimmern hat man z. T. schöne Ausblicke in die Felsenstadt oder zur Ruine Trosky. Hostel in Dependance. Im Sommer Schlossführungen. www.hrubaskala.cz.

Hotel Štekl, Hrubá Skála 5, Tel. 481 389 684, Restaurant mit moderner tschechischer Küche. Das Gebäude wirkt wie ein englisches Schloss. Im Winter geschlossen, www.hotel-stekl.cz

Das Schlosshotel und das Hotel Štekl liegen beide direkt am Eingang zur Felsenstadt - also ideale Ausgangspunkte für Wandertouren. Allerdings ist dort tagsüber viel Wirbel mit Tagesausflüglern, Imbissbude und Andenkenshop.

Pension Harmonie, Doubravice 83, Tel. 724 002 393, eine renovierten Jugendstilvilla - günstig, wenn Sie dem Touristenrummel vor dem Schloss entgehen wollen, www.pensionharmonie.cz

Jablonec nad Jizerou *Jablonetz* *PLZ 512 43*

Öff. WC am Hauptplatz

Hotel & Penzion Krakonoš, Jablonec nad Jizerou 425, Tel. 603 283 577, Restaurant, www.breuer.cz

Autokemp Zátiší, Blansko 643, Tel. 604 674 824. Kleiner Zeltplatz an der Jizera, Bungalows, Zi. im Gästehaus, Restaurant, www.autocampjablonec.com

Skiareál Kamenec Jablonec nad Jizerou, 2 Schlepplifte, 3 km Piste, Kunstschnee, Skiverleih, Abendskilauf, Skibus.

Jablonec nad Nisou *Gablonz an der Neiße* *PLZ 466 01*

Öff. WC Str. Soukenná 916

Die meisten Parkplätze im Stadtzentrum sind von 8-18 Uhr gebührenpflichtig (beim Theater, in der Straße Komenského oder am Dolní náměstí). Am trznice lipanska sind die ersten 30 min gratis, dann kostet es. In der Straße Revoluční parken Sie gratis und zentrumsnah.

Turistické informační, Kostelní 1/6, Tel. 774 667 677, www.jablonec.com.

Dům Jany a Josefa V. Scheybalových, stará fara *(Museum im alten Pfarrhaus)*, Kostelní 1/6, Tel. 483 356 203, So geschlossen, www.jablonec.com

Muzeum skla a bižuterie, U Muzea 398/4, Tel. 483 369 011, Schmuck- und Glasmuseum hat geöffnet Di-So 9-17 Uhr. Unbedingt anschauen - ein Zauberreich aus Glas! Erklärungen in Tschechisch und Englisch, Audioguide, Mo geschlossen.

Hotel Zlatý lev, Kostelní 19/1, Tel. 483 333 000, Restaurant, www.zlatylevjbc.cz

Hotel Na Baště, Horní náměstí 774/5, Tel. 483 711 640, www.hotelnabaste.cz

Penzion Pivovar Volt, Palackého 2302/28, Tel. 739 059 955, Pension in einer Villa am See, Restaurant mit neuer, kleiner Brauerei (Führungen nach Vorbestellung), www.pivovarvolt.cz

Penzion Ayky, Oblouková 732/8, Tel. 602 136 353, schöner Blick über die Stadt, www.ayky.cz

Pension Restaurant Rybářská Bašta, Josefa Hory 4255/3, Tel. 602 659 792, Pension und Fischrestaurant direkt am Ufer des Jablonecer Stausees, www.rybarskabasta.cz

Restaurant Stará pošta, Lidická 653/6, Tel. 777 088 207, www.staraposta.net

Dům Vína Vinařství Chateau Lednice, Komenského 791/23, Tel. 602 373 813, Weinstube & Weinverkauf mährischer Weine, www.dum-vina.cz

Jablonné v Podještědí *Deutsch Gabel* *PLZ 471 25*

IInformační centrum, náměstí Míru 23, Tel. 487 829 972, www.jablonnevp.cz

Bazilika minor sv. Vavřince a sv. Zdislavy *(Basilika)*, Klášterní 33, Die Katakomben mit den sterblichen Überresten der heiligen Zdislava sind nur bei der Hauptwallfahrt am letzten Samstag im Mai zugänglich, im Sommer können Kirche und Kloster bei Führungen besichtigt werden, www.zdislava.cz

Zámek Lemberk, Lvová 1, Tel. 487 762 305, 4 Besichtigungsrundgänge, deutschsprachige Führungen nur nach vorhergehender Bestellung. www.zamek-lemberk.cz

Restaurace a penzion Venezia, Staroměstská 74, Tel. 723 552 650, www.ceskavenezia.cz

Penzion U Salvátora, nám. Míru 161, Tel. 777 104 614, www.salvator.webz.cz

Autokemp Jablonné v Podještědí, Markvartice 22, Tel. 774 450 622, Zeltplätze, Plätze für Wohnwagen, Campinghütte, Kiosk, www.tsmjabl.cz

Janov nad Nisou *Johannesberg* *PLZ 468 11*

Bobová dráha *(Bobbahn)*, Hraničná ulice, Tel. 607 160 652, Bahn mit 22 Kurven und einem Karussell, in dem sich der Schlitten um 450 Grad dreht. Dazu gehört ein Selbstbedienungsrestaurant mit Pizzeria und Räucherkammer. www.bobovadrahajanov.cz

Vitrum, *(Glashütte)*, Janov nad Nisou 49, Tel. 483 369 999, Schauraum, Werksverkauf, www.vitrum-sj.cz

Hotel Epocha, Loucna nad Nisou 59, Tel. 483 300 019 , Restaurant, www.hotelepocha.cz

Penzion Na rozcestí, Janov nad Nisou 358, Tel. 737 385 616, Restaurant - lecker ist der Pfannkuchen mit Waldbeeren, www.pensionrozcesti.cz

Janské Lázně *Johannisbad* *PLZ 542 25*

Parken Sie auf dem Zentralparkplatz unter der Seilbahn mit ca. 500 Plätzen oder auf dem Parkplatz an der Unteren Promenade unter dem Bethlehem mit 20 Plätzen (Parkscheinautomat). **Öff. WC:** Eingang ins Kino Vlast, Svoboda- Marktplatz.

Bedingt durch seine gute Lage hat sich Janské Lázně zu einem beliebten Ferienort mit mindestens 50 Unterkünften in verschiedener Lage und für alle Bedürfnisse entwickelt.

Informační Centrum, Černohorská 265, Tel. 499 875 186, www.janskelazne.cz

Lanový park, Černohorská 343, Tel. 499 775 010, Hochseilgarten mit 40 Elementen in zwei Parcours, www.ski-school.cz

Stezka korunami stromů Krkonoše, Krkonošská, ev. č. 350, Tel. 499 110 019 , gebührenpflichtiger Parkplatz. Der Pfad ist auch mit einem Shuttle-Bus (Pendelbus) zu erreichen, Haltestelle Janské Lázně, Hofmannova Bouda. www.stezkakrkonose.cz

Ski Areál Černá Hora, Černohorská 265, Tel. 499 875 152, zusammen mit Pec das größte tschechische Ski-Resort: 41 km Pisten mit 1 Skipass. Dazu gehört Černá hora (Janské Lázně), Pec pod Sněžkou, Černý Důl, Velká Úpa, Svoboda nad Úpou. 1 Gondelbahn, 7 Sesselbahnen, 28 Schlepplifte, 3 Teppichlifte, 90 km Loipen. Kunstschnee, Nachtskilauf, Unterhaltungspiste funline, Skischule, Skiverleih. Skibussystem kostenlos zwischen den Arealen. Tageskarte Erwachsener 880 CZK. Verleih von Bergfahrrädern, Scootern und Elektrofahrrädern. www.skiresort.cz

Rodelbahn 3,5 km vom Černá hora über das Klaustal, die Schlitten können Sie in der Talstation der Seilbahn leihen.

Černohorský Express, Kabinenbahn, Transport Bergfahrräder, Roller & Kinderwagen kostenlos. In der Sommersaison fährt stündlich ein Tourbus von und nach Pec pod Sněžkou

Tourpass: In der Gültigkeitsdauer der Zeitkarte können Sie die 3 Seilbahnen des Ski-Resorts Černá Hora-Pec uneingeschränkt nutzen. Ab 450 CZK, erhältlich an den Seilbahnkassen.

Aquazentrum, Rekreační 304, Tel. 499 860 303, Schwimmbad mit Heilmineralwasser, Innen- und Außen-Whirlpools, Sprudelliegen, Wasservorhänge, Sauna, Massage-und Ozontherapie geniessen, www.janskelazne.com

Horský hotel, Horská 145, Tel. 499 775 008, auf dem Gipfel des Černá hora, Restaurant, www.janskelazne.cz

Restaurace hotelu Černá Bouda, Horská 171, Tel. 499 875 360, Haus auf dem Gipfel des Černá hora wurde 2005 renoviert. Restaurant, Schnellimbiss, www.cerna-bouda.cz

Ještěd *Jeschken* *PLZ 460 08*

Turistické informační centrum, Ještědská 479, 460 08 Liberec, XIX-Horní Hanychov, Tel. 603 328 699, www.kallib.cz

Lanová dráha *(Seilbahn)*, Ještědská 47, 460 08 Liberec, Tel 485 104 287. Aus Liberec zu erreichen mit Straßenbahnlinie 3 von Lidové sady-Zoo nach Horní Hanychov bis zur Endhaltestelle Horní Hanychov, dann noch ca. 1.000 m zu Fuß. Parkplatz direkt an der Talstation kostenpflichtig. Sie können auch mit dem Auto auf den Gipfel fahren (Straße zum Schluss sehr schmal), Hotelgäste parken gratis, sonst kostenpflichtig.

Skigebiet Ještěd: 1 Gondelbahn, 2 Viersitzer, fünf neue Lifte, fast 10 Kilometer Pisten, Skischule, Snowpark, Nachtskilauf, 17 km Loipen, Tageskarte Erwachsener 590 CZK.

Hotel Ještěd, Horní Hanychov 153, 460 07 Liberec 7, Tel. 485 104 291, Die halbrunden Zimmer mit Klimaanlage sind recht groß, haben viele Fenster mit Panoramablick, die sich aber leider nicht öffnen lassen. Restaurant mit atemberaubenden Blick auf Liberec, funktionalistisch eingerichtet, solide Küche. Das Frühstücksbuffet ist unauffällig bis auf die Flasche Birnenschnaps. Buffet für Tagesgäste. www.jested.cz

Horská chata Ještědka, Světlá pod Ještědem 60, 463 43 Světlá pod Ještědem, Verleih von Bergfahrrädern und Scootern, www.jestedka.cz.

Chata Pláně pod Ještědem, Světlá pod Ještědem 47, 463 43 Světlá pod Ještědem, Tel. 482 770 997, Unterkunft im Retro-Stil der 50er Jahre, Restaurant, www.chataplane.cz.

Jičín *Jitschin* *PLZ 506 01*

Gratisparkplatz Ecke Na Tobolce/Na Hrádku in der Nähe vom Zimní stadion *(Eisstadion)*. Der zentrale Platz mitten in der Stadt ist gebührenpflichtig. **Öff. WC** im Rathaus in der Straße Smiřických

Městské informační centrum, Valdštejnovo nám. 1, Tel. 493 534 390, www.kzmj.cz

Valdštejnský zámek, Valdštejnovo nám 1, Tel.493 532 204, Galerie & Regionální muzeum a galerie Jičín - Muzeum hry *(Regionalmuseum und Galerie Jičín - Museum der Spiele)*, www.muzeumhry.cz

Synagoge, Židovská 100, Tel. 724 029 359, Im Winter geschlossen, www.basevijc.webnode.cz

Valdštejnská lodžie *(Wallensteins Loggia)*, Jicin-Sedlický 4, Tel. 724 284 456, Café Loggia, www.valdstejnskalodzie.cz

Hotel Jičín, Havlíčkova 21, Tel. 493 544 250, Restaurant U Dělové koule 1866 *(Zur Kanonenkugel)*, mit Militärdevotionalien dekoriert. Liegt günstig am Beginn der Fußgängerzone und des historischen Stadtzentrums. www.hoteljicin.cz

Hotel U Krále, Nerudova 45, Tel. 777 137 305, zentrale Lage www.ukrale.cz.

Hotel Paříž, Žižkovo náměstí 3, Tel. 493 532 750, Restaurant mit tschechischer Küche, Gartencafé mit leckeren Mehlspeisen, Bowlingbahn, www.hotel-pariz-jicin.cz

Jičínská cukrárna, Valdštejnovo náměstí 58, Tel. 493 525 252, bis 17 Uhr können Sie Apfelkuchen mit zarter Vanillecreme, Cremeschnitten und anderes Hüftgold probieren! www.horickacukrarna.cz

Jilemnice *Starkenbach* *PLZ 514 01*

Öff. WC im Rathaus am Masarykovo náměstí, dort auch gratis Parkmöglichkeiten.

Informační centrum, Kavánova 140, Tel. 481 541 008, So geschlossen, www.ic.mestojilemnice.cz

Zámek Jilemnice & Krkonošské muzeum, Kostelní 75, Tel. 481 543 041, Riesengebirgsmuseum im Schloss Mo geschlossen, www.kmjilemnice.cz

Hotel Na Staré poště, Masarykovo náměstí 9, Tel. 608 160 006, www.bottacaffe.cz

Penzion & Restaurace Alexander, Krkonošská 503, Tel. 774 648 775, Restaurant, www.pension-alexander.cz

Grill Restaurant U Horkých Kamenů, Komenského 86, Tel. 481 541 007, Essen vom heißen Lavastein, Weinkeller mit mährischen Weinen. So & Mo Ruhetag, www.grillrestaurant.cz.

Restaurace Šaldův statek, K Břízkám 121, Tel. 606 819 250, Altes Bauernhaus im „Neugieren Gässchen", urige Einrichtung, www.salduvstatek.cz.

Kavárna a Cukrárna, Jana Harracha 127, gemütliches Café, leckerer Kuchen.

Jindřichovice pod Smrkem *Heinersdorf an der Tafelfichte* *PLZ 463 65*

Žijící skanzen *(Freilichtmuseum)*, Jindřichovice pod Smrkem 12, Tel: 605 345 467, das Gelände ist eingezäunt, bitte klingeln Sie, wenn die Tür verschlossen ist. Museumsladen, im Winter und Mo geschlossen, www.lunaria-jindrichovice.cz.

Penzion U Můrinek, Jindřichovice pod Smrkem 59, Tel. 603 225 808, Hübsche Pension in einem traditionellen Bauernhaus, www.murinky.cz.

Jizerka *Klein Iser* *PLZ 468 50*

IInformační centrum & Muzeum Jizerských hor, Kořenov 43, Tel. 723 519 290, geöffnet Sa & So, www.csopjizerka.cz.

Hotel Panský dům a Pyramida na Jizerce, Jizerka 20, Tel. 420 483 384 985, In drei Häusern behagliche Zimmer mit schwarzweißen Holzbalken im alten Stil, die super in diese Berghütte passen. Restaurant mit ländlichen, böhmischen Gerichten, www.dudovi.cz.

Gemütliche, aber einfache Unterkünfte finden Sie in diesen drei Chatas:

Penzion Sklárna, Jizerka 16, Tel. 723 084 601, Pension in der ehemaligen Riedel-Glashütte, www.penzionsklarna.cz.

Chata Pod Bukovcem, Jizerka 36, Tel. 777 049 769, www.chatapodbukovcem.cz

Chata Stará Pila, Jizerka 9, Tel.734 573 559, Mehrbettzimmer, www.chatastarapila.cz.

Jonsdorf *(D)* *PLZ 02796 Vorwahl 035844*

Tourist Information, Auf der Heide 11, Tel. 70616, Unterkünfte unter www.jonsdorf.de

Zittauer Schmalspurbahn: Fahrpläne, Preise und Details zu den Lokomotiven unter www.soeg-zittau.de.

Schmetterlingshaus, Zittauer Str. 24, Tel. 76420, geöffnet tägl. Über 200 Schmetterlinge, Reptilien, Schlangen, Spinnen und Insekten, www.schmetterlingshaus.info.

Mühlsteinbrüche in der Felsenstadt, Führungen Mo 9 Uhr Treffpunkt Touristeninfo

Waldbühne, Im Wiesental, Sommertheater des Gerhart-Hauptmann-Theater Görlitz-Zittau mit wechselnden Stücken, www.g-h-t.de

Museum Weberstube, Lindenweg 9, Tel. 72 040, Mo, Mi, So geschlossen, Historische Schauwerkstatt in einem 200 Jahre alten Umgebindehaus, www.weberstube-jonsdorf.de.

Hotel Kurhaus Jonsdorf, Auf der Heide 9, Tel. 7110, Restaurant, www.kurhaus-jonsdorf.de

Hotel Gondelfahrt, Großschönauer Straße 38, Tel. 7 360, schön gelegen am Beginn der Wanderzone, Teich hinter dem Haus, wo man Kähne und Kinderfahrzeuge mieten kann, www.hotel-gondelfahrt.de.

Berggasthof Nonnenfelsen, Lauscheweg 11, Tel. 76300, Mi Ruhetag. Am Ende des Klettersteiges, www.nonnenfelsen-berggasthof.de

Gebirgsexpress, verschiedene Haltestellen im Ort, fährt in der Sommersaison zum Hochwald, zum Töpfer, Burg Oybin, Lückendorf, Kleine oder große Gebirgsrundfahrt. Fahrpläne an den Haltestellen oder in Tourismusinfo.

Josefův Důl *Josefsthal* *PLZ 468 44*

Informační centrum & Muzeum místní historie Josefův Důl *(Heimatmuseum)*, Josefův Důl 210, Tel. 483 381 110, Do & So geschlossen, www.josefuvdul.eu

Hotel V Nebi, Josefův Důl 26, Tel. 483 381 318, Bar, Terrasse, Parkplatz, Sauna. Rustikales Hotel, etwas abgelegen, aber dafür schöner Blick über das Tal, Restaurant, www.hotelvnebi.cz

Hotel Perla Jizery, Josefův Důl 187, Tel. 483 70 4339, Restaurant, Hotel liegt direkt am Fluss Kamenice, www.hotel-perla-jizery.cz

Skiareal in 3 Gebieten Lucifer, Jatka, Bukovka mit 5 Skiliften, 6 Pisten, Abendsskifahren.

Karpacz *Krummhübel (Polen)* *PLZ 58-540 bis 58-550 Vorwahl (+48) 75*

Touristeninformation, ul. Konstytucji 3 Maja 25a, Tel. 7 61 86 05, Auskünfte über die zahlreichen Unterkünfte. www.karpacz.pl

Stabkirche Wang, ul. Na Śnieżkę 8, Tel. 75 282 92, www.wang.com.pl

Muzeum Sportu i Turystyki, ul. M. Kopernika 2, Tel. 761 96 52, Mo. geschlossen, www.muzeumsportu.dolnyslask.pl

Western City, Ściegny 200, Tel. 761 95 60Saloon, Goldwaschen, Rodeoreiten, Shows, Cowboyladen, Speerwerfen, Bogenschießen, Lassowerfen, www.western.com.pl

Miejskie Muzeum Zabawek *(Spielzeugmuseum)*, ul. Karkonoska 5, Tel. 7 618 523, Mo. geschlossen, www.muzeumzabawek.pl

Hotel Konradówka, ul. Nad Łomnicą 20C, Tel. 761 81 73, unser absolutes Lieblingshotel im Riesengebirge, www.konradowka.pl

Skigebiet: 11km Pisten, 10 Lifte, Tageskarte Erwachsener 80 PLN, Langlaufloipe

Karczma Sądowa 1735, Karkonoska 7, eine der drei ehemaligen Gerichtsschänken des Ortes

Karczma Śląska Oskar, Rybacka 1, Tel. 605 633 231, große Auswahl an alten polnischen Gerichten.

Klášter Hradiště nad Jizerou *Kloster an der Iser* *PLZ 294 15*

Pivovar Klášter, Klášter Hradiště nad Jizerou 38, Tel. 326 771 421, Brauereibesichtigung möglich, www.pivovarklaster.cz

Hotel Malý Pivovar Klášter, Klášter Hradiště nad Jizerou 22, Tel. 702 136 980, www.hotelmalypivovar.cz

Koberovy *Koberwald* *PLZ 468 22*

Penzion Hamštejn, Hamštejn 2, Tel. 737 249 540, Von der Terrasse hat man einen umwerfenden Blick auf das Böhmische Paradies! www.penzionhamstejn.cz

Im Ortsteil **Besedice** geht's ins Felsenlabyrinth Kalich-Chléviště, parken kostet dort 50 CZK. Beim Parkplatz können Sie im Sommer einkehren bei **Občerstvení Besedice**, 468 22 Koberovy, ein Ausflugslokal mit großem Biergarten.

Kořenov *Bad Wurzelsdorf* *PLZ 468 48 bis 468 50*

Informační centrum, Příchovice 378, Tel. 725 805 266, Kořenov selber hat nur ein Mini-Skigebiet, aber Harrachov ist mit dem Auto so schnell zu erreichen, dass es einige Hotels, Pensionen und Chatas gibt, die Sie auf der Website der Tourismusinformation finden. www.jizerkyprovas.cz

Aussichtsturm & Muzeum Cimrmanovy doby, Příchovice 1, Te. 602 225 131, www.ucapa.eu

Penzion & Pivovárek U Čápa, Kořenov 1, Tel. 602 225 131, überraschend schicke Zi. in einem alten Isergebirgshaus, Minibrauerei mit eigenen Biersorten, www.ucapa.eu.

Wellnesshotel V Nebi, Příchovice 627, Tel. 608 600 740, Restaurant, in dem morgens ein üppiges Frühstücksbuffet serviert wird, www.vnebi.cz

Hotel Příchovice, Příchovice 600, Tel. 483 399 666, Restaurant, www.hotelprichovice.cz

Hotel Maredis, Kořenov 1262, Tel. 412 517 241, www.hotelmaredis.cz

Skiareál U Čápa, Kořenov 1, Tel. 606 339 625, Zwei Schlepplifte, zwei kleine Pisten, Nachtskilauf, Kiosk. www.ucapa.eu

Kryštofovo Údolí *Christofsgrund* *PLZ 460 01*

Muzeum betlémů *(Weihnachtskrippenmuseum)*, Kryštofovo Údolí 26,Tel. 604 997 272, Juli, Aug, Dez tägl. geöffnet, sonst Sa & So, www.orloj-betlemy-chaloupka.cz

Hostinec U Kryštofa, Kryštofovo Údolí 26, Tel. 482 720 340. Landestypische kleine Gerichte zum Bier, z.B. utopenec s cibulí a chlebem (eingelegte Wurst mit Brot). Ab 14.00 geöffnet.

Penzion a restaurace U Uhlířů, Kryštofovo Údolí 126, Tel. 482 720 357. Im November Gänsebratenessen, Mo & Di Ruhetag

Lázně Libverda *Bad Liebwerda* *PLZ 463 62*

Infocentrum, Lázně Libverda 17, Tel.482 322 457, www.laznelibverda.cz. Die folgenden Quartiere können Sie über die Homepage buchen:

Hotel Nový dům, Lázně Libverda 1, **Villa Frýdlant**, Lázně Libverda 87, **Hotel Lesní Zátiší**, Lázně Libverda 155, und **Hotel Vodoléčba**, 10 Zi., gehören zu einem Hotelverbund.

Pension Protěž, Lázně Libverda 150, Tel. 482 322 573, www.ubytovani-lazne-libverda.cz

Pension Lučina, Lázně Libverda 159, Tel. 775 706 492, www.pensionlucina.cz

Chata Piktych, Lázně Libverda 7, Tel. 777 648 532, www.piktych.cz.

Restaurace Obří Sud, Lázně Libverda 186, Tel.

792 279 903, Mo-Mi Ruhetag, Restaurant in Fassform mit herrlichem Panoramablick; zwischen den geläufigen Speisen verstecken sich Leckerbissen wie Schmalzbrot oder hausgemachte Liwanzen mit Heidelbeersahne. www.obrisud.cz Der Ort liegt ein bisschen ab vom Schuss, Geschäfte, Bank, Zug usw. finden Sie im nahen Hejnice.

Liberec *Reichenberg* *PLZ 460 01*

Das **Parken** ist in Liberec fast überall kostenpflichtig; in den Einkaufszentren Forum und Plaza sind die ersten zwei Stunden und das Wochenende gratis. An der Talstation der Kabinenbahn auf den Ještěd sind mehrere große Parkplätze und ein Parkhaus (im Winter kostenfrei für Skifahrer). Beim Zoo ist ein Parkplatz an der Straßenbahn-Endstation „Lidové sady/Zoo".

Straßenbahntickets (für 40 oder 75 min oder Tageskarte) gibt es beim Fahrer, in der Touristinfo oder in der Trafic, Tickets müssen noch entwertet werden.

Öff. Wc im Forum und Plaza

Městské informační centrum, nám. Dr. E. Beneše 23, Tel. 485 101 709, www.visitliberec.eu

Zoo, Lidové sady 425/1, Tel. 487 377 110, tägl. geöffnet, www.zooliberec.cz

Severočeské museum *(Nordböhmisches Museum)*, Masarykova 437/11, Tel. 485 246 111, Mo geschlossen, www.muzeumlb.cz

Oblastní galerie *(Kunstgalerie)*, Masarykova 723/14, Tel. 485 106 325, Mo geschlossen, www.ogl.cz

Technické muzeum, Masarykova 5/424, Tel. 731 737 969, Mo geschlossen, www.tmliberec.cz

Radnice, nám. Dr. E. Beneše 1/1. Rathausbesichtigungen: Juni-Sept Mo-Fr, Okt-Mai Do, immer jede volle Stunde. Bei schlechtem Wetter ist der Turm aus Sicherheitsgründen geschlossen.

Pivovar Konrad, ulice Pivovarská 164, Tel. 485 393 122, Besichtigungen für Gruppen ab 10 Pers. www.hols.cz

Botanická zahrada, Purkyňova 630/1, Tel. 485 252 811, www.botaniliberec.cz.

Centrum Babylon & iQLANDIA, Nitranská 415/1, Tel. 485 249 311, www.centrumbabylon.cz, www.iqlandia.cz

Wellnesshotel Babylon, Nitranská 415/1, Tel. 485 249 593, www.hotelbabylon.cz

Hotel Praha, Železná 2/1, Tel. 485 102 655, Jugendstilgebäude direkt am Marktplatz, Restaurant, Café im Stil eines Wiener Caféhauses, www.hotel-praha-liberec.cz

Hotel Liberecká výšina, Wolkerova 251, Tel. 728 945 990, in einer ehemaligen Liebieg-Villa auf dem Aussichtshügel Liberecká výšina, Restaurant, www.liberecka-vysina.cz

Residence Salvia, Pražská 47/12a, Tel. 485 113 297, Sehr zentral gelegenes Appartementhaus, www.residencesalvia.cz

Pivnice Budvarka, nám. Sokolovské 312/1, Tel. 722 003 323, Brauereigaststätte im Gründerzeithaus, www.pivnice-budvarka.cz

Restaurace Rybářská bašta, Masarykova 726/29, Tel. 482 710 177, Fischrestaurant am unteren Ende des Zoos, das auch eine große Auswahl an Fleischgerichten bietet, www.rybarska-basta-liberec.cz

Restaurace Plzeňka-Duli, Moskevská 13/4, Tel. 485 100 738, auf drei Etagen in folkloristisch eingerichteten Räumen gibt es tschechische und internationale Küche und 100 Whiskysorten, www.plzenka-duli.cz

Lomnice nad Popelkou *Lomnitz an der Popelka* *PLZ 512 51 bis 512 63*

IInformační centrum, Husovo náměstí 44, Tel. 481 673 107, www.kislomnice.cz

Městské muzeum a galerie, Husovo náměstí 43, Tel. 481 671 872, April-Nov Mo, Dez-März Sa, So, Mo geschlossen, www.muzeumlomnice.cz

Aussichtsturm Tichánkova rozhledna, Chlum 20, Eintritt durch Drehkreuz nach Münzeinwurf

Penzion Vyhlídka, Chlum 20, Tel. 775 201 617, sehr einfache Zi., Restaurant. Schöne Lage beim Aussichtsturm Tichánkova rozhledna auf dem Berg Tábor, www.penzionvyhlidka.webnode.cz

Penzion Babylon, Poděbradova 670, Tel. 603 284 741, Restaurant, www.ubytovani-lomnice.cz

Restaurace Praha, Husovo náměstí 37, Tel. 608 561 802

Řemeslný pivovar *(Brauerei)*, Poděbradova 49, Tel. 731 562 022, Bierverkauf, www.lomnickepivo.cz

Cukrárna a kavárna U Marcely, Husovo náměstí 46, Tel. 481 671 295, www.turek-czech.cz Wieder eine Quelle hausgemachter, sündhaft-sahniger Torten. Den Schlüssel für die Toilette im Hausflur neben dem Eingang der Konditorei bekommen Sie am Tresen.

Malá Skála *Kleinskal* *PLZ 468 22*

Informační centrum, Labe 687, Tel. 774 795 803, geöffnet Juni-Sept

Informační středisko, Vranové 1. díl 12, Tel. 485 100 500. Mo geschlossen, www.infocentrum-malaskala.cz

Zřícenina skalního hradu Vranov *(Felsenburg Vranov)*, Malá Skála, Tel. 734 264 226, www.vranov-pantheon.cz

Hotel Kavka, Malá Skála 159, Tel. 777 576 281, Restaurant mit tschechischer Küche, vom Hotel aus hat man einen schönen Blick auf die Jizera und die Suché skály, www.hotelkavka.cz

Hotel Malá Skála, Vranové 1. díl 69, Tel. 776 778 377, www.hotelskala.cz

Penzion Neco, Vranové 1. díl 54, Tel. 605 298 596, www.penzionneco.cz

Hotel Skála und Penzion Neco liegen sehr zentral fast direkt an der Jizera.

Hostinec U Boučků, Vranové 1.díl 12, Tel. 732 570 958, urige Kneipe im alten Bauerngehöft mit Garten direkt an der Jizera, Mo Ruhetag, www.hostinecuboucku.cz

Půjčovna lodí Žlutá plovárna *(Sportareal)*, Tel. 775 580 388, Schwimmbad, Kayakschule, Kanuverleih, Scooterverleih, Hochseilgarten, Kiosk, einfache Unterkunft für Paddler, www.sundiskfamily.cz

Autokemp Ostrov, Vranové 2.díl 668, Tel. 776 370 823, Plätze für Zelte und Wohnwagen, Campinghütten. Lässiger Campingplatz auf einer Insel in der Jizera, www.camp-ostrov.info

Malá Úpa *Kleinaupa* *PLZ 542 27*

Informační centrum, Horní Malá Úpa 129, Tel. 499 891 112, www.malaupa.cz

Penzion U Kostela, Dolní Malá Úpa 113, Tel. 724 330 713, Altes Riesengebirgshaus, Restaurant mit tschechischen Spezialitäten, Wildgerichten, www.krkonose-ukostela.cz

Sokolí Boudy, Dolní Malá Úpa 114, Tel. 731 186 000, www.sokoliboudy.cz

Pivovar Trautenberk, Horní Malá Úpa 87, Tel. 733 746 444, 6 verschiedene Sorten Bier, Restaurant, Hotel, www.pivovartrautenberk.cz

Skigebiet am südwestlichen Hang des Kamms Pomezní hřeben, fünf Lifte, fünf Abfahrtpisten, Kinderlift, Loipen, Tageskarte Erwachsener ab 350 CZK, www.skimu.cz.

Mladá Boleslav *Jungbunzlau* *PLZ 293 01*

Genügend gebührenpflichtige **Parkplätze,** z.B. an den Straßen Pivovarská, Na kozině, Palackého kurz vor dem Českobratrské náměstí, am Staroměstské náměstí oder das zentrale Parkhaus Militká. **Öff. WC** am Parkplatz in der Straße Pivovarská.

Infocentrum, Železná 107, Tel. 326 322 173, im modernen Zentrum am nám. Míru, kurz vor Beginn der Altstadt, www.mladoboleslavsko.eu

Hrad & Muzeum Mladoboleslavska, Staroměstské náměstí 1, Tel. 326 325 616, Mo geschlossen, www.muzeum-mb.cz

Městský palác Templ *(Stadtpalais Templ)*, Krajířova 102, Tel. 326 109 403, Mo geschlossen, www.kulturamb.eu

Škoda Auto Muzeum, tř. Václava Klementa 294, Tel. 326 832 038, tägl. geöffnet, Führungen in mehereren Sprachen, Möglichkeit der Besichtigung der Werkshallen, bitte vorher telefonisch anfragen, www.museum.skoda-auto.cz

Hotel Zlatý kohout, Železná 31, Tel. 773 476 797, Top-Lage, Restaurant, www.zlatykohout.cz

Hotel U Hradu, Staroměstské náměstí 108, Tel. 326 721 049, Südböhmisches Restaurant mit moderner nationaler und internationaler Küche, zentral gelegen, www.uhradu.cz

Cukrárna-Lahůdky U Bertíka, Železná 50, Tel. 326 725 097, Hier heißen die Sahnetorten Harlekin, Florida oder Tokio und die Wahl zwischen Kokoskuppeln, Nusskugeln oder Kastanienrollen fällt schwer! www.ubertika.cz

Mnichovo Hradiště *Münchengrätz* *PLZ 294 11 bis 295 01*

Městské informační centrum, Masarykovo náměstí 299, Tel. 326 772 464, www.mnhradiste.cz

Zámek Mnichovo Hradiště, V Lípách 148, Tel. 326 773 098, Nov-März geschlossen, der Schlosspark kann tagsüber frei besichtigt werden. Kostenpflichtiger Parkplatz in der Straße V Lípách etwa 400 m nach dem Schloss. Die Kirche kostel tří Králů a kaple sv. Anny mit dem Grab Wallensteins kann im Rahmen des 3. Besichtigungsrundganges betreten werden. www.mnichovo-hradiste.cz

Muzeum města Mnichovo Hradiště, V Lípách 148, Tel. 326 771 001, geöffnet April & Okt Sa, So & Feiertag, Mai-Sept Mo geschlossen, Nov geschlossen, www.mnhradiste.cz

Hotel U Hroznu, Poříčská 27, Tel. 775 793 973, Restaurant: heimische Küche trifft auf die chinesische... Lecker: Biergoulasch mit Pilzknödel, www.hoteluhroznu.cz

Hotel u Kvapilů, Jana Švermy 384, Tel. 602 654 980 , www.hotelukvapilu.cz

Restaurant Plaudit, Masarykovo náměstí 245, Tel. 326 734 526, Pizza und saisonale Gerichte, www.plaudit.eu

Hostinec u Karlových Varů, Masarykovo náměstí 284, einfache Gastwirtschaft, in der vor allem die Einheimischen einkehren - kein Essen kostet über 100 Kronen.

Nová Paka *Neupaka* *PLZ 509 01*

Turistické informační centrum, F. F. Procházky 70, Tel. 493 721 943, www.muzeum.cz

Suchardův dům Stanislava Suchardy 68, Tel. 493 723 542, Stadtmuseum, Mo geschlossen, www.muzeum.cz

Řeckokatolický kostelík *(Griechisch-Katholische Kirche)*, Fibichova, das letzte Wegstück ist ein Fußpfad. Besichtgungstermin vorher im Museum vereinbaren.

Muzeum automobilů a motocyklů, Krkonošská 330, Tel. 493 722 817, www.automotomuseum.eu

Pivovar *(Brauerei)*, Pivovarská 400, Tel. 493 721 025, Führungen (Dauer 1,5 h) für Gruppen ab 10 Pers. www.novopackepivo.cz

Penzion Restaurant Novopacké sklepy, Lomnická 76, Tel. 608 555 091, www.penzion-novopackesklepy.cz

Penzion Ježkův statek, Harantova 261, Tel. 731 622 580, Restaurant, www.jezkuvstatek.cz

Vinárna U Rynku, Jiřího z Poděbrad 43, Tel. 493 721 023, Weinkeller, Restaurant mit originellen Gerichten, www.urynku.cz

Café Central, Masarykovo náměstí 18, Tel. 606 346 267

Nové Město pod Smrkem *Neustadt an der Tafelfichte* *PLZ 463 65*

Öff. WC neben dem Museum

Informační centrum & Městské muzeum, Palackého 276, Tel. 482 360 344, Geöffnet Mo-Do, Juli & Aug auch Sa & So, www.nmps.cz

Hotel Měděnec, Husova 580, Tel. 725 955 588, www.bike-hotel.cz

Oybin *(D)* *PLZ 02797 Vorwahl 035844*

Tourist-Information im Haus des Gastes, Hauptstraße 15, Tel. 73 312, www.oybin.com

Burg & Kloster, Hauptstraße 15, Tel. 73 311, Auf der Homepage der Gemeinde werden verschiedene Themenführungen angeboten, www.burgundkloster-oybin.com

Museum Schmalspurbahn am Bahnhof, Mo geschlossen, www.soeg-zittau.de

Oybiner Gebirgsexpress, Tel. 7 07 83, 0172 5846490, www.oybin.com

Naturparkhotel Haus Hubertus, Hubertusweg 10, Tel. 7830, Restaurant mit regionalen Gerichten, Biergarten, www.naturparkhotel-oybin.de

Parkhotel Oybin, Str. der Jugend 4, Tel. 7120, in schöner Villa, Restaurant, www.parkhotel-oybin.de

Hotel Oybiner Hof, Hauptstraße 6, Tel. 770, Restaurant mit Lausitzer Küche, Biergarten, www.oybiner-hof.de

Hotel am Berg Oybin, Friedrich-Engels-Straße 34, Tel. 7320, Oberhalb vom Dampfbahn-Bahnhof, Restaurant, www.hotelambergoybin.de

Berggasthof Oybin, Hauptstraße 24, Tel. 70271, Spezialität: Ritteressen

Schauwerkstatt, Friedrich-Engels-Str. 20, Tel. 72 548, originelle Keramik

Pecka *Petzka* *PLZ 507 82*

Informační centrum, Pecka 204, Tel. 499 396 381, www.infopecka.cz

Hrad Pecka, Pecka 1, Tel. 493 799 129, Zwei Besichtigungstouren, geöffnet April & Okt Sa, So, sonst Mo geschlossen, www.hradpecka.cz

Hotel Koruna, Pecka 14, Tel. 493 799 010, Restaurant, www.hotel3pecka.cz

Hotel Roubal, Pecka 7, Tel. 493 799 005, www.hotelroubal.cz

Pec pod Sněžkou *Petzer* *PLZ 542 21*

Sie können auf mehreren zentralen **Parkplätzen** parken, mit Gästekarte ermäßigt. Die Gästekarte, mit der Sie z.B. bei den Liften Rabatt bekommen, gibt es gratis in den meisten Unterkünften. Mehr unter www.pecpodsnezkou.cz

Informační centrum, Pec pod Sněžkou 172, Tel.420 499 896 213, www.krnap.cz

Informační centrum Veselý výlet, Pec pod Sněžkou 196, Tel. 499 736 130, www.veselyvylet.cz

Infocentrum Turista, Pec pod Sněžkou 337, Tel. 499 736 280, www.turistapec.cz

Historisches Bergwerk Kovárna in Obří důl 2019 wegen Umbau geschlossen

Seilbahn zur Sněžka, Pec pod Sněžkou 230, Tel. 499 405 522, 499 405 531, Geöffnet Mai-Sept tägl., sonst Sa & So, nur bis Windgeschwindigkeit 60 km/h, Betrieb zum Gipfel in Abhängigkeit vom aktuellen Wetter, www.snezkalanovka.cz

Relaxpark, Pec pod Sněžkou 303, Tel. 739 335 466, Geöffnet tägl. hier kann man rodeln, rutschen, auf Trampolinen springen, klettern.... www.relaxpark.cz

Skiresort Černá Hora-Pec Pod Sněžkou (Janské Lázně, Pec pod Sněžkou, Velká Úpa, Černý Důl, Svoboda nad Úpou und teils in Malá Úpa), 6 Seilbahnen, 38 Schlepplifte, gemeinsamer Skipass. Skigebiet in Pec: Viersessellift, 9 Schlepplifte, 9 km Abfahrtsstrecken, 3 Schlepplifte mit Abendbetrieb, Snowbordpark. Tageskarte Erwachsener 880 CZK. www.skiresort.cz

Hotel Krokos, Pec pod Sněžkou 189, Tel. 499 896 961, Kleines, zentral gelegenes Hotel, Restaurant mit knusprigem Schmalzbrot, würzigem Żurek, Rippchen, Kaninchen, Salat, Fisch und einem guten Frühstücksbuffet. Parkplatz hinter dem Haus. www.hotelkrokus.cz

Hotel Horizont, Pec pod Sněžkou 141, Tel. 499 861 522, Restaurant mit Themenbuffets, Bar mit herrlicher Aussicht, bewachter, kostenpflichtiger Parkplatz

Hotel Pecr Deep, Pec pod Sněžkou 356, Tel. 732 424 470, das neueste & modernste Hotel in Pec, 2 Restaurants, www.pecr.cz

Bouda Pod Sněžkou, Pec pod Sněžkou 199, Tel. 491 617 077, Baude im Obří důl, www.boudapodsnezkou.cz

Eine große Auswahl von **Unterkünften** finden sie unter www.pecpodsnezkou.cz.

Restaurace Enzian, Pec pod Sněžkou 209, Tel. 720 960 510, zünftiges, rustikales Lokal, leider geschlossen

Hospoda na Peci, Pec pod Sněžkou 142, Tel. 499 896 210, Charakteristisches Gasthaus in einem Gebäude von 1773, www.hospodanapeci.cz

Pěnčín *Pintschei* PLZ 468 21

Informační centrum & **Výletní areál** *(Vergnügungsgelände)* Pěnčín 60, Tel. 483 368 468, Glashütte, Perlenwerkstatt, landwirtschaftliches Museum, Geschäft für Ziegenprodukte. www.vapen.cz

Kittelovo muzeum na Krásné-Pěnčíně Krásná č.p. 11, Tel. 774 424 266, Geöffnet Mai, Juni, Sept Sa & So, Juli & Aug tägl., www.pencin-zittau.eu.

Restaurace Dřevěnka Pěnčín 29, Tel. 732 289 082, Dorfgasthaus in einem traditionellen Bauerngehöft.

Pertoltice *Berzdorf* PLZ 463 73

Vesnické muzeum Dolní Pertoltice 198, Tel. 737 056 464, geöffnet April-Okt Fr-So.

Poniklá *Ponikla* PLZ 512 42

Muzeum krkonošských řemesel *(Handwerksmuseum im Riesengebirge)*, Poniklá 156, Tel. 732 326 198, Führungen tägl. 10 & 14 Uhr, www.krkonose-muzeum.cz

Firma Rautis Weihnachtsschmuck, Poniklá 151, Tel. 483 300 036. www.rautis.cz

Skiareál Homole, Lyžařské středisko, Poniklá 499, Tel. 734 201 314, Miniskigebiet mit 1 Lift, 3,5 km Piste

Hotel Krakonošovo Zátiší, Poniklá 84, Tel. 739 021 133, familiäres, ruhig gelegenes Hotel, www.krkonose-zatisi.cz

Prachov *Prachow* PLZ 506 01 (Holín)

Muzeum přírody Český ráj & Touristinfo, Prachov 37, Tel. 732 858 380, Geöffnet März, April, Sept, Okt Sa-So, Mai-Aug tägl., www.mpcr.cz

Touristika chata, Blata 15, Tel. 493 524 641, Touristenhütte im Herzen der Prachovské skaly, Juli & Aug nur wochenweise Aufenthalte möglich, Restaurant, www.prachov.cz

Parkhotel Skalní město, Pařezská Lhota 34, Tel. 493 525 011, Restaurant im Ausflugsgasthausstil des vorigen Jh., Parkplatz, für Hotelgäste gratis. Von hier ist der Eingang in die Felsenstadt nur knapp 1 km entfernt. www.skalnimesto.cz

Prachover Felsenstadt Eingänge:

- am Turistické centrum Český ráj, Prachov 37
- bei der Touristika chata, Blata 15

Tägl. geöffnet, Parkgebühren, 2 Rundgänge: grün, 3,5 Km, ca. 2,5 h; gelb: 1,5 Km, 1 h.

Raspenava *Raspenau* PLZ 464 01

Informační centrum, Fučíkova 421, Tel. 482 360 447, www.knihovnaraspenava.webk.cz

Muzeum v podstávkovém domě *(Werkhaus)*, Luhová 25, Tel. 731 320 356, Geöffnet Juni-Sept Sa & So nachmittags und nach tel. Vereinbarung, www.os-kolovrat.cz.

Hotel Zámeček, Fučíkova 500, Tel. 482 319 064, Restaurant mit böhmischer und internationaler Küche, www.hotelzamecek.com

Hostinec Na Křižovatce, Novoměstská 510, Tel. 776 593 086, www.hnkhostinec.wz.cz

Rokytnice nad Jizerou *Rochlitz an der Iser* PLZ 512 44

Městské informační centrum, Horní Rokytnice 197, Tel. 481 522 001, www.mesto-rokytnice.cz

Wintersportort mit vielen verschiedenen Unterkünften, die aber nicht alle das ganze Jahr über offen haben! Mehr darüber unter www.rokytnice.com. Hotels, die im Sommer offen haben, sind z.B.

Hotel Stary Mlyn, Rokytno 17, Tel. 481 522 340, www.hotel-stary-mlyn.com

Hotel Helena, Horní 60, Tel. 481 523 304, 604 246 873, www.hotelhelena.cz

Skiareál, Tel. 483 103 140, 2 Seilbahnen, 11 Schlepplifte, 18 Pistenkilometer, Snowpark, Skibus von Jablonec nad Jizerou. Tageskarte Erwachsener 550 CZK, www.skiareal-rokytnice.cz

Lanový park *(Hochseilgarten)*, Horní Rokytnice, Tel. 777 876 765, Im Sommer tägl. geöffnet, Routen in 4-12 m Höhe, www.lanoveparky.com.

Rovensko pod Troskami *Rowensko bei Turnau* *PLZ 512 63*

Městské informační středisko, Komenského 107, Tel. 724 195 959, www.rovensko.cz

Restaurace Radnice, nám. prof. Drahoňovského 1, Tel. 604 830 302, www.restauraceradnice.cz

Městské muzeum, náměstí prof. Drahoňovského 1, Tel. 481 382 119, geöffnet nach Vereinbarung, www.rovensko.cz

Rychnov u Jablonce nad Nisou *Reichenau* *PLZ 468 02*

Městské muzeum *(Stadtmuseum)*, Husova 490, Tel. 488 880 927, www.rychnovjbc.cz

Rynoltice *Ringelshain* *PLZ 463 53*

Hotel Jítrava, Jítrava 70, Tel. 485 172 105, www.jitrava.cz

Restaurace Nikola, Rynoltice 96, Tel. 602 742 541, www.restauracenikola.cz

Sedmihorky *Wartenberg* *PLZ 511 01 & 512 62*

Autocamp - Sedmihorky, Karlovice, Sedmihorky 72, Tel. 481 389 162, Zelte, Wohnwagen, Finnhütten, Familienzelte, Wohnwagen und Tipis zu mieten. Am Rand der Felsenstadt Hrubá skála gelegen, www.campsedmihorky.cz.

Semily *Semil* *PLZ 513 01*

Muzeum a Pojizerská galerie & Informační centrum, Husova 2, Tel. 481, 624 721, 737 212 723, geöffnet tägl., hier auch Auskunft über die Besichtigungsmöglichkeiten für die Blockhütten in der Jílovecká-Straße, www.muzeumsemily.com

Hotel Obecní dům, Husova 70, Tel. 481 621 044, Durch die Bowling-Bahn im Haus kann es laut werden, www.hotel-semily.cz.

Pension Erika, Špidlenova 442, Tel., 604 366 379, www.penzionsemily.cz

Da Giorgio, Ke Stadionu 238, Tel. 481 540 430, Modern-rustikal eingerichtet mit riesigem Angebot an Pizza, Pasta, Risotto.... Sowohl Pizza als auch Risotto schmecken sehr gut. www.pizza-semily.cz

Hospůdka U Námořníka, Jižní 113, Tel. 773 624 793, So geschlossen, www.unamornika.cz

Pivnice Bernard, Husova 5, Tel. 777 611 601, www.restauracevpivovaru.cz

Smržovka *Morchenstern* *PLZ 468 51*

Městské informační centrum, nám. T. G. Masaryka 638, Tel. 483 382 286, www.smrzovka.cz

Muzeum místní historie a výstavní síň Smržovka *(Heimatmuseum)*, nám. T. G. Masaryka 1, Tel. 83 369 325, Geöffnet Sa Nachmittag & nach tel. Vereinbarung, www.smrzovka.cz

Muzeum obrněné techniky *(Panzertechnisches Museum)*, Jana Švermy 1372, Tel. 602 370 575, www.tankysmrzovka.cz

Muzeum Panenek, Údolní 940, Tel. 723 231 908, www.panenky-muzeum.webnode.cz

Sáňkařská dráha *(Rodelbahn)*, Táborová, www.sane.cz

Parkhotel, Kostelní 892, Tel. 602 724 377, Restaurant, www.parkhotel-smrzovka.cz

Penzion Siesta, Komenského 846, Tel. 777 039 174, www.penzionsiesta.com

Sobotka *Saboth* *PLZ 507 43*

Informační centrum, nám. miru 3, Tel. 493 571 587, www.sobotka.cz

Muzeum a archiv Fráni Šrámka, nám. miru 3, Tel. 493 571 587, Juli & Aug tägl. geöffnet, sonst So geschlossen, www.franasramek.cz

Hotel Pošta, nám. Míru 215, Tel. 732 445 151 Restaurant, www.hotelsobotka.cz

Šolcův statek, Šolcova 133, Geöffnet Mai-Okt tägl., bitte im Nachbarhaus Nr. 262 klingeln, www.solcuvstatek.cz

Zámek Humprecht, Tel. 493 571 583, Geöffnet im Winter auf Anfrage, im Sommer Mo geschlossen, Führung dauert etwa 50 Minuten. www.humprecht.cz

Hrad Kost, Podkost 1, Tel. 721 756 041 4 Rundgänge, Nov-März geschlossen, April & Okt Mo, Di geschlossen, Mai, Juni, Sept Mo geschlossen, Juli, Aug. tägl. geöffnet, gebührenpflichtige Parkplätze, Restaurant mit großem überdachten Garten, in der Saison Grillwurst. Bei Kost gibt es die Möglichkeit, Segway-Touren zu buchen: www.segway-cesky-raj.cz

Hotel Podkost, Podkost 19, 506 01 Libošovice, Tel. 608 836 300, www.hotelpodkost.cz

Vila Bobes, Podkost 48, 506 01 Libošovice, Tel. 607 122 473, www.vilabobes-kost.cz

Kemp Sobotka, Sobotka 408, Tel. 774 332 534 Zeltplätze, Wohnwagenplätze, Campinghütten, www.stenasobotka.cz

Restaurace Syrovanda, Boleslavská 339, Tel. 775 727 210

Cukrárna Stáza, nám. Míru 218, Tel. 493 571 531. Sahniges Eis, frischer hausgemachter Kuchen, belegte Brote, gemütlich eingerichtet.

Špindlerův Mlýn *Spindlermühle* *PLZ 543 51*

Turistické informační centrum, Špindlerův Mlýn 173, Tel. 499 523 656, Unterkunftsverzeichnis: www.mestospindleruvmlyn.cz

Muzeum Lega *(Lego-Museum),* Bedřichov 22, Tel. 776 709 040, geöffnet tägl., Traumziel für alle kleinen und großen Kinder www.muzeumlega.cz

Monkey Park *(Hochseilgarten)* & **Bobová dráha** *(Sommerrodelbahn),* Špindlerův Mlýn 127, Tel. 499 433 430, 3 Seilrouten. Bobbahn von 1.400 m, 7% Gefälle, 22 Kurven, 5 Geländekanten, 3 Tunnel, www.bobovka.cz

Adventure Park, gegenüber dem Monkey Park, Tel. 731 160 152. Jakobsleiter, Riesentrampolin, Riesenschaukel, www.ypoint.cz

Skigebiet: Areale Svatý Petr, Hromovka, Medvědín, Horní Mísečky und Labaská, durch Gratis-Skibus miteinander verbunden, Tel. 499 467 101, 25 Pistenkilometer, 16 Liftanlagen, Kunstschnee, Abendskilauf, Halfpipe, Snowbordareal. Tageskarte Erwachsener 1.000 CZK. 16 Langlaufloipen mit unterschiedlicher Länge. www.skiareal.cz

Hotel Start, Bedřichov 17, Tel. 499 433 305, Nachbau eines Holzhotels von 1896, gemütlich und modern, www.hotelstart.cz.

Hotel Sněžka, Okružní 155, Tel. 499 433 360, Schönes altes Berghotel oberhalb des Orte, Restaurant mit moderner Küche, www.felicity.cz/hotel-snezka/cz

Hotel Špindlerova bouda, Špindlerův Mlýn 108, Tel. 499 329 200, keine „Hütte" oder urige „Baude" - da führt der Name in die Irre, sondern ein Wellnesshotel fest in den Händen eines Reiseunternehmens mit drei Buchstaben, in dem auch Wanderer einkehren, Restaurant. Tolle Lage am Riesengebirgskamm direkt an der polnischen Grenze. www.spindlerovabouda.cz

Unser Tipp: **Resort Sv. František-Erlebachova bouda,** Špindlerův Mlýn 109, Tel. 499 523 329, 5 mit Fingerspitzengefühl renovierte 200 Jahre alte Gebäude, 3 Restaurants, www.erlebachovabouda.cz

Světlá pod Ještědem *Swetla* *PLZ 463 43*

Baraka Paragliding, Hodky 56, Tel. 603 472 296, Kurse, Tandemsprünge, www.pgbaraka.cz

Chata Pláně pod Ještědem, Světlá pod Ještědem, Pláně č.p. 47, www.chataplane.cz

Penzion Horka v Podještědí, Hoření Paseky 12, Tel. 775 729 051, www.horka-penzion.cz

Infos über den Rundgang „**Auf den Spuren von Karolína Světlá**": www.karolinasvetla.cz

Svijany *Swijan* *PLZ 463 46*

Pivovar Svijany, Svijany 25, Tel. 481 770 700, Fr & Sa werden die 5l Fässer frisch gefüllt. 10 Biersorten, eine süffiger als die andere, gemütliche Brauereigaststätte mit deftigen Gerichten, Führungen auf Anfrage, www.pivovarsvijany.cz

Zámek Svijany, Svijany 30, Tel. 481 770 703, April-Okt tägl. geöffnet, Nov-März auf Anfrage, Besichtigungstouren, speziell auch für Kinder, Hotel mit 17 Zi., Grillrestaurant, Picknickkörbe auf Bestellung, www.zameksvijany.cz

Svoboda nad Úpou *Freiheit* *PLZ 542 24*

Wer gerne in den Riesengebirgsorten skifahren möchte, aber den Après-Ski-Rummel nicht mag und lieber ruhiger wohnt, ist mit Svoboda gut beraten.

Turistické informační centrum, nám. Svornosti 527, Tel. 499 871 167

Farmapark Muchomůrka, Horská, Tel. 734 326 810, Streichelzoo, Spielplatz, www.farmapark-muchomurka.cz

Pension Měšťanský Dům, nám. Svornosti 497, Tel. 732 871 537, Restaurant (Spezialität: Bierproben von ost-böhmischen Bieren), Skibushaltestelle vor der Tür, www.mestanskydum.cz

Penzion Revis, Lázeňská 316, Tel. 604 361 971, www.penzionrevis.cz

Rudolfův dvůr, Luční 519, Tel. 777 070 987, www.rudolfuvdvur.com

Restaurace Helena, Úpská 493, Tel. 607 655 520, direkt an der Upa

Sychrov *Sichrow* *PLZ 463 44*

Zámek Sychrov, Sychrov 1, Tel. 482 416 011, 10 verschiedene Besucherrundgänge, auch speziell für Kinder, geöffnet tägl., großer gebührenpflichtiger Parkplatz, Café in der Orangerie. Ostermarkt, Handwerkermarkt, Musikfestival, Schottische Spiele, Adventsmarkt. www.zamek-sychrov.cz

Hostinec Konrad, Radimovice 44, Tel. 603 753 863, Ausflugsgasthaus beim Schloss, www.hostinecsychrov.cz

Szklarska Poręba *Schreiberhau (PL)* *PLZ 58-580 Vorwahl (+48) 75*

Informacja Turystyczna, Jedności Narodowej 1a, Tel. 75 47 740, Unterkunftsverzeichnis unter www.szklarskaporeba.pl

Park przy Domu Carla i Gerharta Hauptmannów - Muzeum Karkonoskie, ul. 11 Listopada 23, Tel. 7 172 611, Mo geschlossen www.muzeumdomhauptmannow.pl

Karkonoskie Centrum Edukacji Ekologicznej *(Museum über die Natur des Riesengebirges)*, ul. Okrzei 28, Tel. 717 21 24, tägl. geöffnet, www.szklarskaporeba.pl

Muzeum Mineralogiczne *(Mineralogisches Museum)*, ul. Kilińskiego 20, Tel. 607 100 880, Mai-Sept & Dez-März tägl. geöffnet, sonst Mo geschlossen, www.sokolowski-muzea.pl

Muzeum Ziemi-Juna (Museum der Erde), ul. Jeleniogórska 9, Tel. 717 32 87, tägl. geöffnet, muzeumziemi-juna.pl

Glashütte Leśna Huta, ul. Kołłątaja 2, Tel 717 23 03, Schauglasblasen, workshops, Werksverkauf, tägl. geöffnet, www.lesnahuta.pl

Rodzinny Park Rozrywki Esplanada *(Freizeitpark)*, Pstrowskiego 5A, Tel. 742 87 17, geöffnet tägl., Minigolf, Rodeo, Alpine Coaster und viele andere Attraktionen, www.parkesplanada.pl

Bei den zwei Granitfelsen **Krucze Skały** *(Rabenstein)* am rechten Ufer der Kamienna finden Sie das Zentrum für Extremsportarten „Quasar".

Dinopark, ul. Museum 7 Tel. 795 577 755, geöffnet tägl., www.dinopark.com.pl

Sudety Lift *(Seilbahn auf den Szrenica)*, ul. Turystyczna 25a, Tel. 717 30 35, im Nov geschlossen, 3 Seilbahnen, 5 Lifte, 12 Pistenkilometer. Tageskarte Erwachsener 109 PLN, sudetylift.com.pl

Cristal Resort, Kołłątaja 4A, Tel. 91 404 04 00, moderne Zi. mit Küchenzeile, Restaurant, ruhige Lage, www.cristal-resort.pl

Hotel Kryształ, 1 Maja 19, Tel. 75 717 49 30, zentral, gemütlich, komfortabel, Restaurant, www.hotelkrysztal.pl

Pension Jural, ul. Tourist 28, Tel. 607 271 249, am Lift zum Szrenica, Restaurant, www.jural.pl

Niebo w Gębie, 1 Maja 20A, Tel. 795 887 074, gemütliches Restaurant mit polnischer Küche

Michalowa Gospoda, ul. Wrzosowa 1, Tel. 534 930 006

Tanvald *Tannwald* *PLZ 468 41*

Öff. WC am zentralen Parkplatz in der Straße Krkonošská.

Infocentrum Tanvald, Krkonošská 629, Tel. 483 369 670, www.tanvald.cz

Hotel Grand, Protifašistických bojovníků 337, Tel. 483 384 855, Gebäude im Bauhausstil, zentral, Restaurant, Pizzeria, www.hotelgrand.cz

Hotel Bon, Pod Špičákem 621, Tel. 777 855 199, Altes Riesengebirgshaus am Hang des Špičák, geschmackvoll renoviert, www.hotel-bon.cz.

Autokemp Tanvaldská Kotlina, Pod Špičákem 650, Tel. 483 311 928, kleiner Zeltplatz, www.tanvald.cz

Skiareál Tanvaldský Špičák: 7 Skilifte, eine Viersitzsesselbahn, Beschneiungsanlage, Nachtskilauf, Snowboard-Rampe, Skiverleih, Skischule, Parkplätze Tanvaldský Špičák I und II, Skibus zum Severák und Rodelbahn Janov. Das Skigebiet gehört zur **Skiarena Jizerky** mit gemeinsamem Skipass für Skigebiet Severák (10 Schlepplifte) und Bedřichov (2 Schlepplifte). Tageskarte Erwachsener ab 520 CZK.

Tanvaldská ozubnicová dráha *(Zahnradbahn Tanvald-Harrachov)*, Museum der Zahnradbahn im Bahnhof Kořenov, www.zubacka.cz

Troskovice *Troskowitz* *PLZ 512 63*

Zřícenina *(Ruine)* **hradu Trosky,** Státní hrad Trosky, 512 63 Rovensko pod Troskami, Tel. 602 342 627, Besichtigungsrundgang, Ausflugsgaststätte vor der Burg, großer Parkplatz. Öffnungszeiten: www.hrad-trosky.eu

Bahnstation für Burg Trosky: Ktová, von dort etwa 3 km Fußweg zur Burg.

Muzeum panenek a medvídků pod Troskami *(Puppenmuseum)*, Troskovice 40, Tel. 724 577 389, geöffnet Mai-Sept. tägl. außer Mo, www.muzeumpanenek.cz

Hotel Trosky, Troskovice 31, Troskovice, Tel. 608 222 410, Restaurant, www.hoteltrosky.cz

An den acht Teichen unterhalb der Burg einige Ausflugsgasthäuser, z. B.

Restaurace Vidlák, Bohuslav 11, 511 01 Hrubá Skála, Tel. 608 740 416, im Winter nur am Wochenende geöffnet. Wir sind hier an einem sehr heißen Sommertag eingekehrt, das kalte Bier und das würzige Essen (z.B. gefüllte Kartoffelpuffer) auf der Terrasse waren ein Genuss! Beim Restaurant ist ein kleiner Campingplatz. In einigen der Teiche kann gebadet werden. www.restauracevidlak.eu

Trutnov *Trautenau* *PLZ 541 01*

Viele gebührenpflichtige **Parkplätze** im Zentrum, **Öff. WC** im Magistrat und am Busbahnhof

Informační centrum, Krakonošovo náměstí 72, Tel. 499 818 245, www.ictrutnov.cz

Muzeum Podkrkonoší *(Museum des Riesengebirgsvorlandes)*, Školní 150, Tel. 499 811 897, Mo geschlossen, www.muzeumtrutnov.cz

Dělostřelecká tvrz Stachelberg *(Festung Stachelberg & Museum)*, Pampelišková 505, Tel. 731 629 531, Öffnungszeiten: www.stachelberg.cz

Hotel Adam, Havlíčkova 10, Tel. 499 811 955, www.hotel-adam.cz

Hotel Davídek, Horská 140, Tel. 499 300 300, liegt außerhalb, Restaurant, www.hoteldavidek.cz

Hotel Krakonoš, Barvířská 41, Tel. 499 819 190, Restaurant, Hotel organisiert auf Anfrage eine Brauereibesichtigung. www.hotel-krakonos.cz

Pivovar Krakonos, Krizikova 486, braut 5 Biersorten, von denen Sie sich im Werksverkauf einen Vorrat besorgen können, So geschlossen, www.pivovar-krakonos.cz

Restaurace Jednička No.1, Horská 1, Tel. 499 941 212, böhmische Küche, www.restauracetrutnov.cz

Hospůdka U rozmarýnku, Havlíčkova 2, Tel. 732 219 991, www.rozmarynek.cz

Kemp Dolce, Oblanov 37, Tel. 774 233 342, lässiger Campingplatz am See für Zelte & Wohnwagen, Ferienhäuser, Bungalows, Wohnwagen und Zelte zum Mieten, Restaurant, Badestelle, www.kemp-dolce.cz

Turnov *Turnau* *PLZ 511 01*

Gebührenpflichtige **Parkplätze** im Zentrum: Havlíčkovo náměstí, náměstí Českého Ráje, der Parkplatz am autobusové nádraží *(Busbahnhof)* oder U Raka. **Öff. WC** am náměstí Českého ráje.

Informační centrum, 5. Května 26, Tel. 481 366 255, www.infocentrum-turnov.cz

Muzeum Českého ráje *(Museum des Böhmischen Paradieses)*, Skálova 71, Tel. 481 322 106, tägl. geöffnet, www.muzeum-turnov.cz

Zámek Hrubý Rohozec, Hrubý Rohozec 1, Tel. 481 321 012, 5 Besucherrundgänge, erklärende Texte in Englisch, Deutsch, Polnisch, Russisch. Parkplatz, Café, WC, www.zamek-hrubyrohozec.cz

Hrad Valdštejn, 511 22 Turnov, Tel. 739 014 104. Nov-März geschlossen, Unterhalb der Burg

Hospůdka U Hradu, Kadeřavec 24, Tel. 773 686 064, www.hrad-valdstejn.cz

Synagoge, Krajířova 2199, Tel. 481 366 255, Nov-März geschlossen, www.synagoga-turnov.cz

Dlaskův statek, Skanzen, Dolánky u Turnova 12, Tel. 481 322 954, Nov-März geschlossen, Unser Tipp: Ostermarkt, altböhmischer Handwerkermarkt Ende Mai. www.muzeum-turnov.cz

Dům přírody Českého ráje, Muzeum, Dolánky u Turnova 9, Tel. 775 899 459, www.dumprirody.cz/ceskyraj

Galerie Granát, náměstí Českého Ráje 4, Tel. 481 323 598, www.granat.eu

Verkaufsstellen der DUV Granat: www.granat.cz/de/laden

Hotel Viktoria,Trávnice 890, Tel. 481 311 139,

Bohemia Inn Hotel, 5. května 63, Tel. 770 600 795, schönes Jugendstilgebäude, www.bohemiainn.cz

Penzion U Svatého Jana, Hluboká 142, Tel. 481 323 325, Restaurant, www.penzionsvatyjan.cz

Hotel Králíček, Kacanovy 38, Tel. 604 464 032, renoviertes Haus mitten im Cesky Raj, www.hotelkralicek.cz

Hostinec Ábelův mlýn, Dolánky u Turnova 7 , Tel. 481 312 479, Hier wird pfiffig gekocht und entsprechend voll ist es auch immer am Wochenende, tägl. geöffnet, www.abeluvmlyn.cz.

Kemp Dolánky, Dolánky u Turnova, Tel. 485 100 500, 775 580 388, geöffnet April-Okt. Campingplatz an der Jizera bei Dlaskův statek, www.kempdolanky.cz

Velké Hamry *Großhammer* *PLZ 468 45*

Muzeum obnovitelných zdrojů energie *(Museum der erneuerbaren Energie)*, Bohdalovice 79, Tel. 607 872 242, nur für Gruppen ab 10 Pers. nach vorheriger tel. Anmeldung, www.muzeumenergie.cz

Hotel Britz, Velké Hamry 560, Tel. 776 508 317, Restaurant für Hotelgäste, www.hotel-britz.cz

Pension Signum Laudis, Velké Hamry 429, Tel. 603 812 708, Villa aus den 1920'er Jahren, www.signumlaudis.cz

Restaurace Motorest Morava, Plavy 79, 468 46 Plavy, Tel. 775 282 383

Vesec u Sobotky *Wesetz* *PLZ 506 01*

Chalupa Vesec, Vesec u Sobotky 3, 506 01 Libošovice, Tel. 731 523 541, App. in einem der schönen Holzhäuser, www.chalupavesec.cz

Vrchlabí *Hohenelbe* *PLZ 543 01*

Gratis Parkplätze: Parken am kulturní dům Střelnice, am Friedhof bzw. Augustinerkloster (klášter) in der Dobrovského, am Divadelní klub, in der Krkonošská ulice, bei der Komerční bank, am Eishockeystadion, am Kozí plácek

Informační centrum, Krkonošská 8, Tel. 499 405 744, www.muvrchlabi.cz

Informační centrum, Nám. Míru 223, Tel. 499 456 761, www.krnap.cz

Krkonošské muzeum ve Vrchlabí-Čtyři historické domky, Nám. Míru 223, Tel. 499 456 705, Mo geschlossen, Erklärungen an den Schaukästen in Tschechisch, an der Kasse gibt es eine Mappe mit ausführlichem deutschen Text, www.krnap.cz

Krkonošské muzeum ve Vrchlabí-klášter, Husova 213, Tel. 499 456 708. Seit 2017 bis vorraussichtlich 2021 wegen Rekonstruktion komplett geschlossen. Die Klosterkirche wird als Zeremonien- und Konzertsaal genutzt.

Hotel U Zvonu, Krkonošská 27, Tel. 733 323 339, moderne, fesche Zi, www.hoteluzvonu.eu

Wellness Hotel Gendorf, Krkonošská 153, Tel.

499 429 629, , Restaurant, www.gendorf.cz

Hotel Labuť, Krkonošská 188, Tel. 739 750 312 . gemütliches Restaurant, www.hotellabut.cz

Penzion Imlauf, Hořejší Vrchlabí 498, Tel. 739 309 768, Restaurant, direkt am Ski areál Vrchlabí-Kněžický vrch, www.pension-imlauf.cz

Minipivovar Pivovarská Bašta, Horská 198, Tel. 777 240 55216 DZ, Hotel, Gasthaus, Brauerei, www.pivovarskabasta.cz

Ski areál Vrchlabí-Kněžický vrch, Stavidlový vrch 504, Tel. 603 802 303 ,1 Seilbahn, 3 Skilifte, 10 eher kurze Pisten, Kunstschnee. Tageskarte Erwachsener 500 CZK. Mit Sessellift Zugang zur 50 km Langlaufloipe. www.skiareal-vrchlabi.cz

Skiareál Bubákov, Na Stráni 481, Tel. 605 175 643, 1 Kabinenbahn, 2 Sessellifte, 7 Schlepplifte, 12 Pisten mit 12 km Gesamtlänge, Kunstschnee, Nachtskilauf. Tageskarte Erwachsener ab 600 CZK. Gratisskibus im Umkreis von 10 km, www.bubakov.cz

Holiday Park Liščí Farma, Dolní Branná 350, 543 62 Dolní Branná, Tel. 733 636 797, Ferien- und Freizeitpark. Unterkunft in Tipis, Zelten, 30 Zimmern, Hütten, 240 Wohnwagenstellplätze. Viele Sportmöglichkeiten, Wellness, Restaurant, Bar, Pool, Garten, Terrasse, Kiosk. www.liscifarma.cz

Camp Vejsplachy, Valteřická, Tel. 603 776 706, Geöffnet Juni-Sept., Stellplätze für Zelte und Wohnwagen. Badestelle am See, Gartenrestaurant, www.vejsplachycamp.cz.

Vysoké nad Jizerou *Hochstadt an der Iser* *PLZ 512 11*

Informační centrum, Vysoké nad Jizerou 165, Tel. 481 593 903, www.info.vysokenadjizerou.cz

Vlastivědné muzeum *(Ethnografisches Museum)*, Dr. Karla Farského 130, Tel. 481 593 118, Mo geschlossen, www.vysokenadjizerou.cz

Cukrárna U Bachtíků, Staroveská 120, Tel. 481 593 595, guter Café, gutes Gebäck aus eigener Produktion, www.cukrarnavysoke.cz

Pension Rebelka, Věnceslava Metelky 66, Tel. 724 299 334, www.rebelkaubytovani.cz

Penzion Barunka, Dr. Karla Farského 137, Tel. 775 155 155, www.barunka.cz

Restaurace U Medvěda, Náměstí Dr. Karla Kramáře 227, Tel. 733 197 555, modern-gemütliches Restaurant mit deftigen Speisen www.vysockarestaurace.cz

Žacléř *Schatzlar* *PLZ 542 01*

Turistické informační centrum & Městské muzeum, Rýchorské náměstí 10, Tel. 499 739 225, Mo geschlossen & im Winter auch am Wochenende, www.zacler.cz

Důl Jan Šverma mit dem **Hornický skanzen** *(Grube & Bergbaumuseum)*, Tel. 724 633 283, Kurz nach dem nördlichen Ortsausgang rechts ab geht es zum Bergbaugelände. Infos über Führungen: www.hornickyskanzenzacler.cz

Penzion v Restaurace Sport, náměstí Josefa Čapka 272, Tel. 608 880 481

Pension U Fary, J. E. Purkyně 3, Tel. 499 876 168, www.esite.cz/ufary

Penzion & Restaurant Korálek, J. A. Komenského 268, Tel. 604 962 904, www.koralekzacler.sweb.cz

Penzion Baba Jaga, Prkenný Důl 35, Tel. 603 827 575, im Stil einer Berghütte, www.baba-jaga.cz

Skiareál Prkenný Důl, Žacléř 1, Tel. 603 827 575, 3 Lifte, 7 Pisten, Kunstschnee, Langlauf, Tageskarte Erwachsener 450 CZK. www.skizacler.com

Železnice *Eisenstadtel* *PLZ 507 13*

Vlastivědné muzeum *(Heimatmuseum)*, Muzejní 181, Tel. 732 836 309, Mai-Sept Mo geschlossen, Okt-April Sa-Mo geschlossen, www. muzeumzeleznice.webk.cz

Penzion & Restaurace Mikulovská vinárna, Náměstí Svobody 30, Tel. 493 523 359, Mo Ruhetag, www.mikulovska.cz

Železný Brod *Eisenbrod* *PLZ 468 22*

Parken: nam. 3. Kvetna mit Parkuhr, am Malé náměstí.

Informační centrum, náměstí 3. května 37, Tel. 483 333 999 , www.zeleznybrod.cz

Městské muzeum, náměstí 3. května 37, Tel. 483 389 081, Mai-Sept. Mo geschlossen, Okt-April Sa & So geöffnet, www.muzeumzb.cz

Bauernhof Běliště, Běliště 57, Tel. 483 391 149 www.muzeumzb.cz

Muzeum a Galerie Detesk, náměstí 3. května 20, Tel. 731 518 351, Glasgeschäft mit witzigen Flaschen, gefüllt und ungefüllt, Gläser, Orchideenstäbe... www.galerie.detesk.cz

Hotel Starý Mlýn, Štefánikova 89, Tel. 731 367 233, Hotel in einer alten Mühle am Fluss. www.hotel-starymlyn.cz

Restaurace U Zvonice, Husova 144. Tel. 483 391 268

Zittau *Žitava* *PLZ 02763 Vorwahl 03583*

Tourist-Information, Markt 1, Tel. 752-0 , Infos über Führungen & Öffnungszeiten der Museen mit den Fastentüchern: www.zittau.de

Kulturhistorisches Museum Franziskanerkloster & Kleines Zittauer Fastentuch 1573, Klosterstraße 3, www.zittauer-fastentuecher.de

Museum Kirche zum Heiligen Kreuz, Frauenstraße 23, Tel. 55479-0, mehrsprachiger Audioguide. www.zittauer-fastentuecher.de

Tierpark, Weinaupark 2, Tel. 701122, tägl. geöffnet, www.tierpark-zittau.de

Hotel Dreiländereck, Bautzner Straße 9, Tel. 555 0, Brasserie, www.hotel-dreilaendereck-zittau.de

Hotel Dresdner Hof, Äußere Oybiner Straße 9, Tel. 5730-0, www.hotel-dresdner-hof.de

Hotel Zittauer Hof, Neustadt 28, Tel. 7 918 850, Restaurant, www.hotel-zittauer-hof.de

Hotel Schwarzer Bär, Ottokarplatz 12, Tel. 551-0, zentral gelegen, Restaurant, www.hotel-schwarzer-baer.de

Dornspachhaus, Bautzner Str. 2, Tel. 795 883, Historisches Wirtshaus mit regionalen Spezialitäten, www.dornspachhaus.de

Seeger Schänke, Innere Weberstraße 38, Tel. 510 980. U(h)rige Bierkneipe, originell eingerichtet, moderne, abwechslungsreiche Küche, www. seeger-schaenke.de

Seecamping, Zur Landesgartenschau 2, 02785 Olbersdorf, Tel. 696 292, ganzjährig geöffnet. www.sachsencamping.com

Register

INFOTEIL

T

U

V

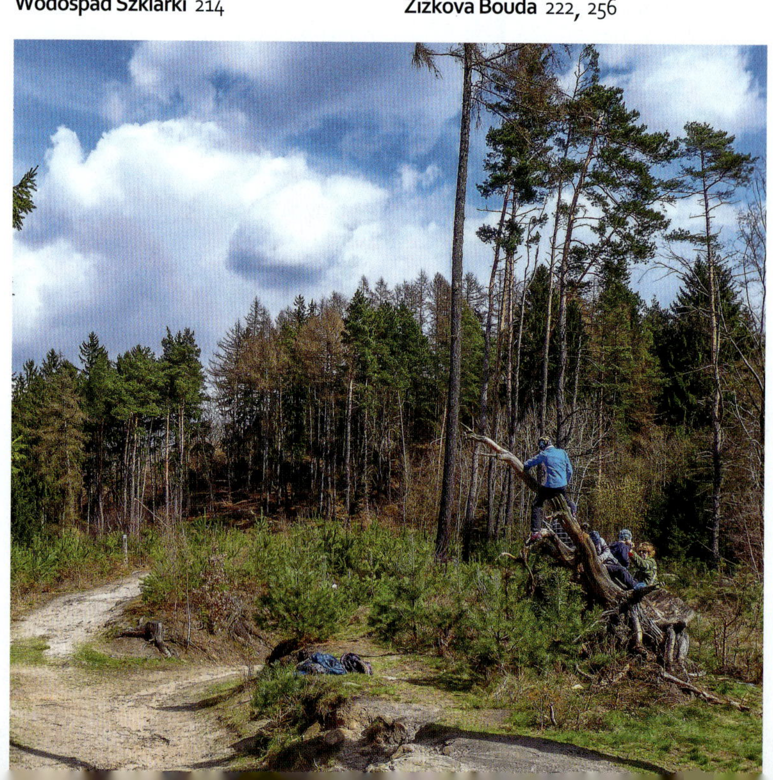

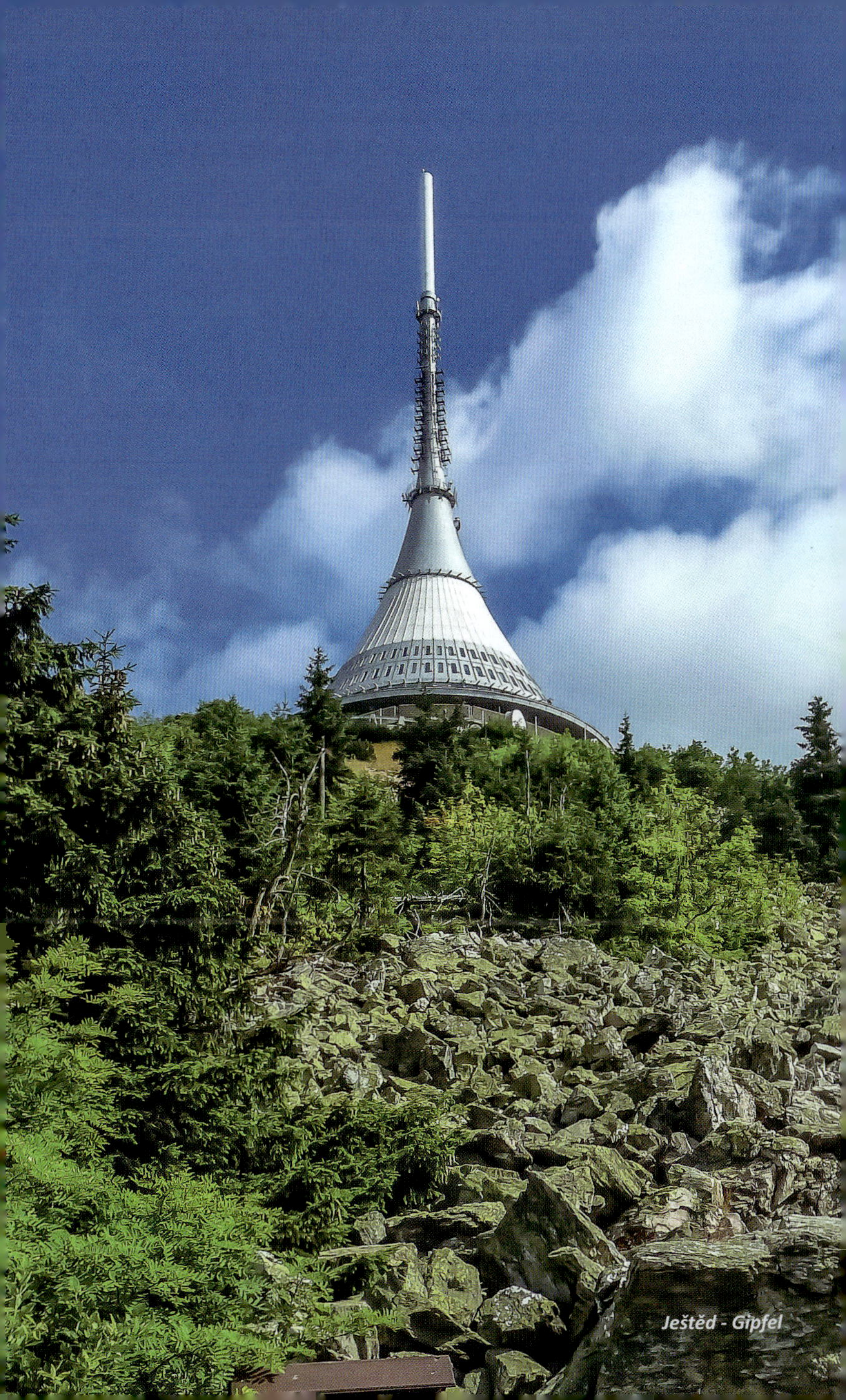
Ještěd - Gipfel

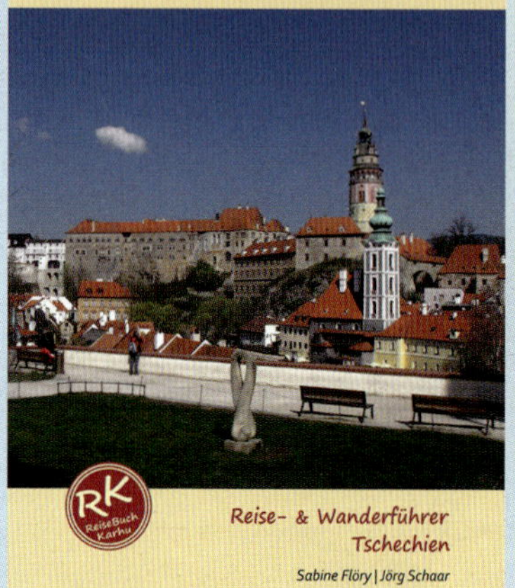

Böhmerwald & Kaiserwald

Ein Reiseführer für Böhmen mit Wanderungen vom **Westböhmischen Bäderdreieck**, durch den **ŠUMAVA-Nationalpark**, zum **Lipnostausee** und bis nach **Krumau & Budweis.**

Autoren:
Sabine Flöry & Jörg Schaar

Verlag: REISEBUCH-KARHU

1. Auflage 2015
292 Seiten mit 37 Übersichtskarten
Format 12 x 19
Taschenbuch
ISBN 978-3-9816577-0-8

Preis 17,95 €

Ein Buch für Aktivurlauber, Wanderer und Kulturtouristen, die den bunten Landschafts-Mix Westböhmens entdecken wollen!

Zwischen den Buchdeckeln finden Sie:

Im Teil „Land und Leute": Wissenswertes über Natur, Geschichte, Kultur, Sprache & Küche in Böhmen
Im Reiseteil: Beschreibung der Sehenswürdigkeiten
Im Wanderteil: 37 Tourenbeschreibungen mit Übersichtskarten
Im Infoteil: Informationen über Öffnungszeiten, Adressen, Unterkünfte, Sportmöglichkeiten
Viele Fotos, die Appetit aufs Reisen machen, Rezepte und Sagen

Das Besondere ist, das sowohl der aktive Wanderer als auch der Kulturtourist gleichermaßen auf ihre Rechnung kommen, denn beiden Aspekten wird die gleiche Bedeutung eingeräumt.
Der klassische Wanderer, der dieses reizvolle Land erlaufen möchte, findet im Wanderteil detaillierte, sorgfältig recherchierte Tourenbeschreibungen, mit denen planen und wandern fast ein Kinderspiel ist.
Der Reiseteil bietet ausführliche Informationen über die vielfältigen Sehenswürdigkeiten, denn rings um die Wanderlandschaften locken kulturreiche Städte wie České Budějovice, Český Krumlov, Horšovský Týn, Klatovy, Prachatice, Sušice, Vimperk oder Zlatá Koruna mit aufregende Entdeckungen nicht nur den Städtetouristen.

GERA
Thüringer Vogtland

Weiße Elster Weg | Thüringer Lutherweg
Zeulenrodaer Talsperrenweg & Hohenwarte Stausee Weg

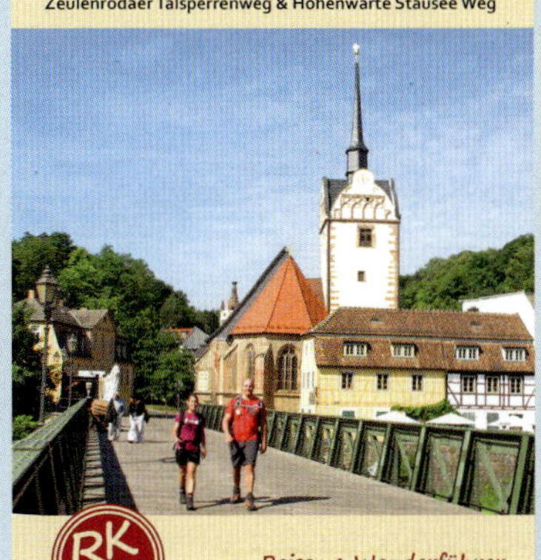

RK ReiseBuch Karhu

Reise- & Wanderführer Thüringen

Sabine Flöry | Jörg Schaar

GERA
Thüringer Vogtland

Ein Reiseführer für Gera
mit Wanderungen im
Vogtland
auf dem
Weiße Elster Weg,
Thüringer Lutherweg,
Zeulenrodaer Talsperrenweg,
Hohenwarte Stausee Weg.

Autoren:
Sabine Flöry & Jörg Schaar

Verlag: REISEBUCH-KARHU

1. Auflage: 2017
ISBN 978-3-9816577-2-2
Preis 17,95 €

Adersbach-Weckelsdorfer Felsenstadt
Nationalpark Heuscheurgebirge

Ein Reiseführer für mit Wanderungen
im **Adlergebirge,**
Altvatergebirge,
über den **Glatzer Schneeberg,**
in den **Braunauer Wänden**
und durch die
Wilden Löcher *(Błędne Skały).*

Autoren:
Sabine Flöry & Jörg Schaar

Verlag: REISEBUCH-KARHU

1. Auflage: 2019
Taschenbuch
ISBN 978-3-9816577-3-9
Preis 19,95 €

Adersbach-Weckelsdorfer
Felsenstadt
Adlergebirge & Altvatergebirge

Nationalpark Heuscheuergebirge | Braunauer Wände
Olomouc | Ostrava | Pardubice | Hradec Králové

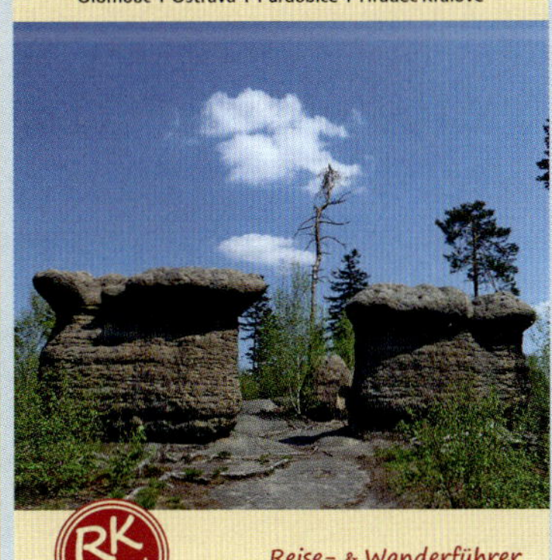

RK ReiseBuch Karhu

Reise- & Wanderführer

Sabine Flöry | Jörg Schaar

Impressum

Riesengebirge & Böhmisches Paradies
Reise- & Wanderführer Tschechien - 2. ergänzte, überarbeitete Auflage 2020
Verlag REISEBUCH-KARHU
REISE-KARHU - AktivReisen & ReiseBücher e.K., Bahnhofstraße 14, 07545 Gera
www.reisebuch-karhu.de

ISBN: 978-3-9816577-4-6

Entwurf, Gesamtgestaltung, Satz, Bildgestaltung: Sabine Flöry, Jörg Schaar.
Karten: Jörg Schaar
Druck: FINIDR - Tschechien

Fotos:
Titelbild: Blick zur ehemalige Schneegrubenbaude im Riesengebirge
Rückseite: Ještěd, Hrubá Skála, Wegweiser im Riesengebirge
Innenklappe: Jičín, Vesec, Burg Valdštejn, Isergebirgs-Tracht
Kapitelanfänge: S. 1: Kostel svaté Máří Magdaleny in Arnoltice, S. 2-3: Hrad Frýdštejn *(Burg Friedstein)*, S. 8-9: Kunsthandwerker in Frýdlant *(Friedland)*, S. 36-37: Blick vom Ještěd, S. 84-85 Wanderer bei der Žižkova Bouda, S. 125-126: Hruboskalské skalní město *(Groß-Skaler Felsenstadt)*, S. 166-167 bei den Śnieżne Kotły *(Schneegruben, tschech. Sněžné jámy)*, S. 178-179: Ještěd, S. 202-204: auf dem Freundschaftsweg, S. 226-228 Hrad Trosky *(Burg Trosky)*, S. 246-247 Berg Zebín
Alle Fotos von: Sabine Flöry und Jörg Schaar.

Wir - der Verlag und die Autoren - sind bemüht, Ihnen immer die aktuellsten Informationen über die im Buch beschriebenen Reiseziele zu vermitteln. Alle Angaben und Informationen wurden von den Autoren sorgfältig recherchiert, persönlich abgefahren und die Wanderungen „erwandert".
Trotzdem können wir für die Richtigkeit der Angaben keine Gewähr übernehmen. Sollten sich Fehler eingeschlichen oder Informationen geändert haben, nehmen wir gern Ihre Hinweise entgegen (per E-Mail unter tour@reise-karhu.de).

Widmung:
Für zwei, die diese Wege nie gehen konnten und trotzdem immer dabei sind.

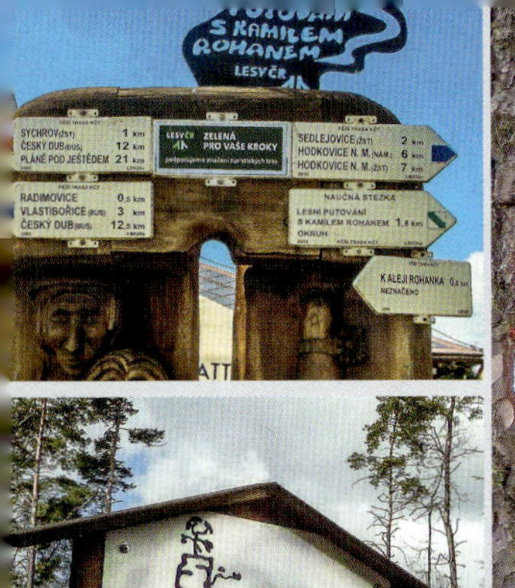
S KAMILEM
ROHANEM
LESYČR
SYCHROV (ŽST) 1 km
ČESKÝ DUB (BUS) 12 km
PLÁNĚ POD JEŠTĚDEM 21 km
LESYČR ZELENÁ PRO VAŠE KROKY
SEDLEJOVICE (ŽST) 2 km
HODKOVICE N. M. (NÁM.) 6 km
HODKOVICE N. M. (ŽST) 7 km
RADIMOVICE 0,5 km
VLASTIBOŘICE (BUS) 3 km
ČESKÝ DUB (BUS) 12,5 km
NAUČNÁ STEZKA
LESNÍ PUTOVÁNÍ
S KAMILEM ROHANEM 1,8 km
OKRUH
K ALEJI ROHANKA
NEZNAČENO

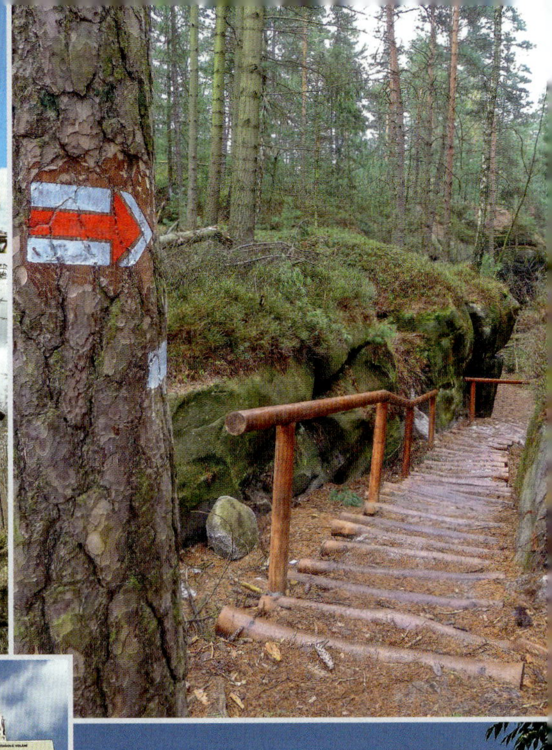
PRACHOVSKÉ SKÁLY

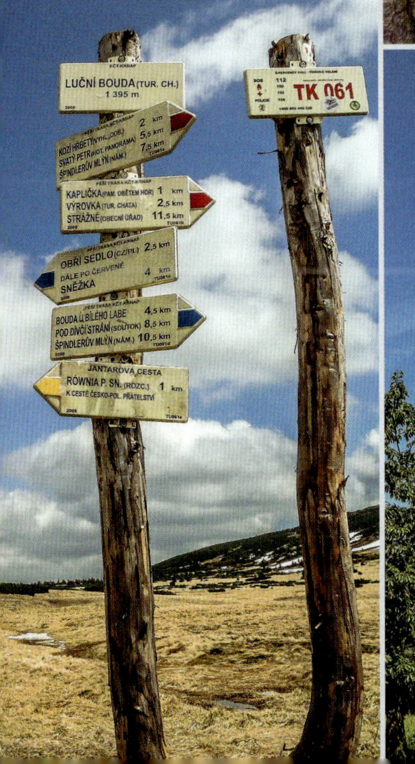
KČT-KRNAP
LUČNÍ BOUDA (TUR. CH.)
1 395 m
KOZÍ HŘBETY (VYHL. ODB.) 2 km
SVATÝ PETR (HOT. PANORAMA) 5,5 km
ŠPINDLERŮV MLÝN (NÁM.) 7,5 km
PĚŠÍ TRASA KČT-KRNAP
KAPLIČKA (PAM. OBĚTEM HOR) 1 km
VÝROVKA (TUR. CHATA) 2,5 km
STRÁŽNÉ (OBECNÍ ÚŘAD) 11,5 km
OBŘÍ SEDLO (CZ/PL) 2,5 km
DÁLE PO ČERVENÉ 4 km
SNĚŽKA
BOUDA U BÍLÉHO LABE 4,5 km
POD DÍVČÍ STRÁNÍ (SOUTOK) 8,5 km
ŠPINDLERŮV MLÝN (NÁM.) 10,5 km
JANTAROVÁ CESTA
RÓWNIA P. SN. (ROZC.) 1 km
K CESTĚ ČESKO-POL. PŘÁTELSTVÍ
SOS 112
POLICIE
TK 061

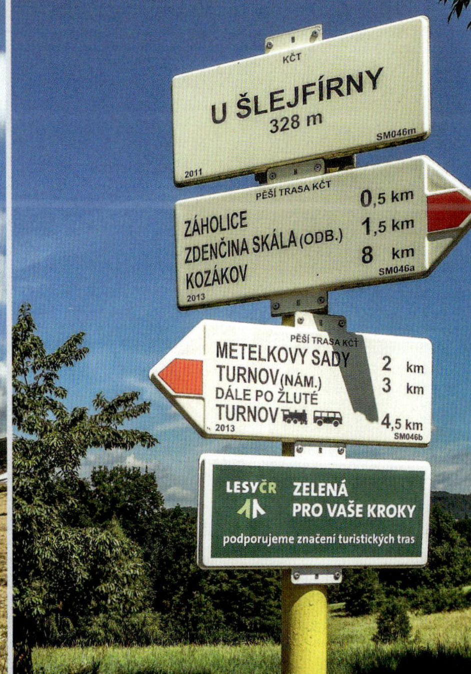
KČT
U ŠLEJFÍRNY
328 m
SM046m
2011
PĚŠÍ TRASA KČT
ZÁHOLICE 0,5 km
ZDENČINA SKÁLA (ODB.) 1,5 km
KOZÁKOV 8 km
SM046a
2013
PĚŠÍ TRASA KČT
METELKOVY SADY 2 km
TURNOV (NÁM.) 3 km
DÁLE PO ŽLUTÉ
TURNOV 4,5 km
2013
SM046b
LESYČR ZELENÁ PRO VAŠE KROKY
podporujeme značení turistických tras

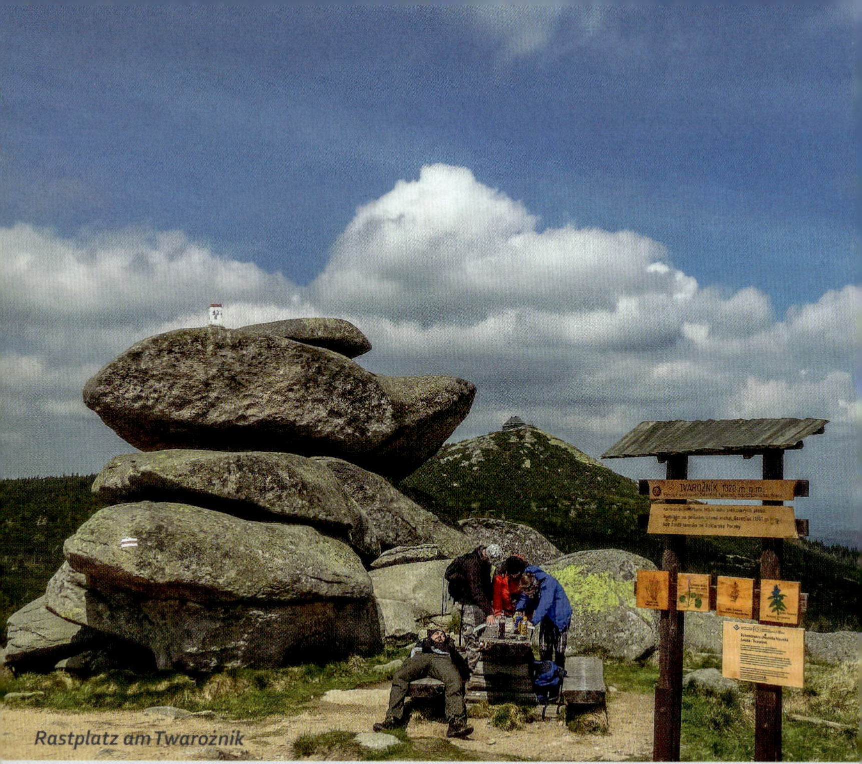

Rastplatz am Twarożnik

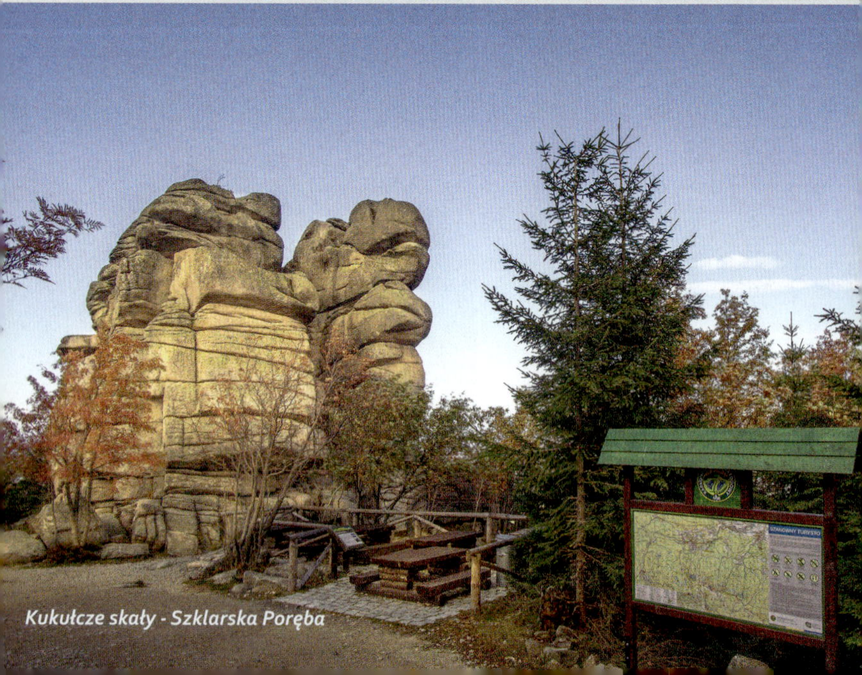

Kukułcze skały - Szklarska Poręba